適用各類科考試

職業安全衛生
經典計算題解析

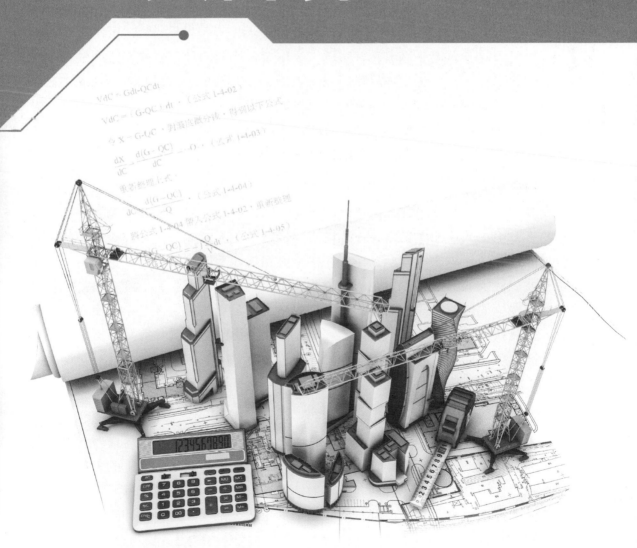

序

　　職業安全衛生管理是一門為防止職業災害、保障工作者安全及健康之「應用科學」。但是，各事業單位之規模、性質及風險態樣各不相同，依據中華民國行業標準分類之「各業」範圍，從化學製程到營造工程、從金屬加工作業到吊掛作業、從農藥、火藥業到高壓氣體業、從潛水作業異常氣壓災害到辦公室電腦靜態作業人因災害等，上山下海、包羅萬象、無所不包。尤其，身處現今產業急遽變動的時代，例如科技業急速擴廠、傳統產業轉型、各領域上下游垂直整合等，安全衛生人員更應學習所處產業以外的各種危害，需隨時做好準備，「無恃敵之不來，恃吾有以待之」。

　　也正因為安全衛生涵蓋範圍廣泛，要學習各領域的計算公式及原理讓考生望之卻步，但面對實務，需要足夠的科學理論基礎。可惜的是，台灣的教育在國中之後，就不再注重基礎學科，導致考生與基礎學科成了最熟悉的陌生人。每次看到計算題就想起國、高中時期被各種計算題型荼毒的痛苦回憶。有句話說「數學不會背叛你，因為不會就是不會！」，計算題成為考生心裡深處的夢魘。

　　但是，不論是技能檢定、專技高考技師、公務人員高、普、特考或國營事業（含類國營事業）招考，都有計算題型，且佔分比例很高，是考生繞不過去、逃不掉、躲不開、避不去的坎。尤其近來技能檢定逐步轉為電腦考試，乙級技術士技能檢定的題型越來越廣泛、越來越靈活，考生往往一面對新題型就束手無策；另一方面，甲級技術士技能檢定的考試類型則越來越實務、越來越深入，考生有一種「讀的都沒考、考的都沒讀」的感覺。而技師、公務考試更是計算題型的重災區，只要沒拿到計算題分數，大概就榜上無名、名落孫山了。遺憾的是，目前坊間雖然有許多擬答可供考生參考，惟尚缺乏對計算公式及原理充分解說的教材，無法提供正確的觀念，而且缺乏系統性的解說，使得考生只能模仿擬答的答題方式解題，但當遇到題目變化較大，或是從未看過的題型，則無從下手，乾脆放棄。

　　本書由職業安全衛生界名師蕭中剛技師領軍，邀請安全衛生各類考試榜首許曉鋒雙技師、安全衛生消防三榜首劉誠三技師以及技師、高考每考必上的王韋傑雙技師及張嘉峰雙技師共同編纂，針對各種類型試題予以分門別類，並詳細解說相關學科之基礎知識，針對目前各種題型詳細解說並提供題解，給考生最完整的概念、最正確的解說和最充分的練習。

雖然撰寫過程，作者群皆兢兢業業、不敢大意，但疏漏難免，若本書之中尚有錯誤或不完整之處，尚祈讀者先進多多包涵，並不吝提供指正或建議予出版社或作者群，在此致上十二萬分的感謝！

蕭少剛　　許曉鋒　　王韋傑

張嘉峰　　劉　誠

作者簡歷

■ 作者　**蕭中剛**

職安衛總複習班名師，人稱蕭技師為蕭大或方丈，是知名職業安全衛生 FB 社團「Hsiao 的工安部屋家族」版主、「Hsiao 的工安部屋」部落格版主。多年來整理及分享的考古題和考試技巧幫助無數考生通過職安考試。

【學　　歷】　健行科技大學工業工程與管理系
【專業證照】　工業安全技師、工礦衛生技師、通過多次甲級職業安全管理、甲級職業衛生管理、乙級職業安全衛生管理技能檢定考試、職業安全衛生科目 - 地特四等、公務普考、公務高考考試及格

■ 作者　**許曉鋒**

從事職業安全衛生管理、輔導與檢查相關工作經驗近 10 年，並曾於事業單位、大專院校擔任職業安全衛生課程講師。

【學　　歷】　輔英科技大學職業安全衛生系
　　　　　　　國立中山大學環境工程研究所
【專業證照】　工業安全技師、工礦衛生技師、甲級職業安全管理、甲級職業衛生管理、乙級職業安全衛生管理、職業安全衛生科目 - 公務普考、公務高考、國營考試及格

■ 作者　**王韋傑**

曾於六輕化工廠及勞動檢查機構服務，並榮獲勞動檢查員訓練第一名，目前任職於國營事業擔任職業安全衛生人員，具職業安全衛生管理、製程安全管理及勞動檢查相關經驗。

【學　　歷】　國立高雄第一科技大學環境與安全衛生工程研究所
【專業證照】　工業安全技師、工礦衛生技師、甲級職業安全管理、甲級職業衛生管理、製程安全評估人員、職業安全衛生科目 - 二次公務高考考試及格、二次國營事業聯合招考考試及格

■作者　**張嘉峰**

職業安全衛生現場工作出身，曾於營造工地、服務業及政府單位服務，半工半讀考取多項安全衛生專業證照，FB 社團「職業災害調查與預防學院」版主，目前任職於國營事業擔任職業安全衛生人員。

【學　　歷】　國立清華大學材料科學與工程學系研究所
【專業證照】　工業安全技師、職業衛生技師、製程安全評估人員、施工安全評估人員、職業安全管理師甲級技術士、職業衛生管理師甲級技術士、職業安全衛生科目 - 公務高考、國營事業考試及格

■作者　**劉誠**

具職業安全衛生、消防管理多年實務經驗，並於大專院校、科技大學擔任職業安全衛生課程講師。

【學　　歷】　國立陽明交通大學產業防災碩士
【專業證照】　職業衛生技師、工業安全技師、消防設備師、消防設備士、甲級職業安全管理師、甲級職業衛生管理師、甲級廢棄物處理技術員、乙級職業安全衛生管理員、製程安全評估人員

目錄

第 2 章 安全.. **37**

第 3 章　衛生.. 209

第 4 章 人因工程 371

本書試題來源：

技術士技能檢定（甲安、甲衛、乙級）、專技高考、公務人員考試、國營事業單位考試，
以及作者群自建模擬題。

第 1 章　工業通風

一　工業通風的目的

1. 排除空氣中的有害物質（局部排氣）
2. 稀釋空氣中的有害物質（整體換氣）
3. 防止火災爆炸意外事故
4. 補充新鮮空氣、避免缺氧意外
5. 維持空氣的良好品質
6. 維持作業場所的舒適

二　工業通風的分類

工業通風分為整體換氣和局部排氣，其中，整體換氣又分為自然通風和強制排氣 2 種。比較如下：

項目	整體換氣	局部排氣
特性 差異	1. 原理：引進室外空氣並稀釋有害物發生源所逸散的物質，使其低於容許濃度值以下。 2. 系統組成：鼓風機、導管、排風及回風口。	1. 原理：捕集有害物發生源的物質，加以處理後再排出於室外。 2. 系統組成：氣罩、導管、空氣清淨裝置、排氣機、排風口。
使用 時機	1. 有害物低毒或低危害性。 2. 有害物產生量少且速率慢。 3. 含有害物空氣產生量小於稀釋用的空氣量。 4. 勞工遠離污染物發生源。 5. 工作場所區域廣闊，非隔離空間。 6. 有害物發生源多且分布範圍廣泛。	1. 有害物高毒、高危害性或具有放射性。 2. 有害物產生量多且速率快。 3. 勞工作業需接近有害物發生源。 4. 工作場所區域小，並為隔離空間。 5. 屬於較惡劣的工作環境。

項目	整體換氣	局部排氣
效益	1. 可將有害物濃度降低至容許濃度以下。 2. 利用機械換氣可獲得必要之換氣量。 3. 建置與維護成本較局部排氣低。	1. 對有害物污染源的逸散控制較整體換氣好。 2. 在需大量空氣調節或寒冷地帶之工廠，局部排氣所需之補償空氣較少。 3. 有害物不易進入勞工呼吸域。 4. 可回收部份再利用物質。
限制	1. 不適用在有害物毒性大或量多的作業環境。 2. 有害物的比重較大時，不易稀釋與排除。 3. 無法將有害物加以回收或再利用。	1. 較不適用在有害物發生源多且分布範圍廣泛之場所。 2. 有害物發生源較多時，較不易維持適當的捕捉或搬運風速。 3. 氣罩或導管等設計或安裝不當，無法達到適當的功效。 4. 排氣機種類繁多，需經專業人員適當設計與評估後，再選購。 5. 設備的維護保養成本較重。

三 流體力學基本原理說

1. 亞佛加厥假說

在相同的壓力和溫度下，不論何種氣體，只要莫耳數相同，則體積必定相同。空氣的組成約 78% 的氮氣（N_2，分子量 28）和 21% 的氧氣（O_2，分子量 32）和 1% 稀有氣體和其他氣體等，在標準狀況（STP、1atm, 0℃）下空氣密度為 1.293 kg/m³，在常溫常壓（NTP、1atm, 25℃）下約 1.184 kg/m³。又從之後的理想氣體方程式可以得知，在一大氣壓，25℃ 下，1 莫耳的理想氣體體積約為 24.45 公升。

2. 理想氣體方程式

PV=nRT

其中，

P：絕對壓力

V：體積、內容積（儲槽）

n：氣體 mole 數

R：亞佛加厥常數

T：溫度（凱氏溫標）

> **TIPS**
>
> 註 1： 當 P=1atm、n=1mole、R=0.082（atm·L/mol·K）以及 T = 25℃（即 298K）代入理想氣體方程式，得到亞佛加厥假說。
>
> 註 2： R 的另外一個常用的常數和單位是 8.314（J/mol·K）。

3. 質量不滅定律

（1）基本概念

物質不生不滅，流入的質量等於流出的質量。

$Q_{in} = Q_{out}$

$Q = Av$

Q = 流率（體積 / 時間），如 m^3/min

A = 管徑截面積，如 m^2

v = 流體流速（長度 / 時間），如 m/sec

（2）精選試題

1 有一以部分外氣、部分回風方式通風之室內作業空間，在截面尺寸為 40 公分 ×25 公分之供氣管路中所量得之平均風速為 4.0 公尺 / 秒。在外氣進口處、外氣與回風之空調箱（plenum）中及回風口等三處所測得之二氧化碳濃度分別為 300ppm、425ppm 及 535ppm。若此作業空間有 12 位勞工，請問在上述條件下，每位勞工所分配到的外氣為多少 m^3/min？

答：

$Q = AV = 0.4m \times 0.25m \times 4.0m/s = 0.4 \left(m^3/s \right) = 24 \left(m^3/min \right)$

Q = 外氣 + 回氣

外氣的二氧化碳總量和回氣的二氧化總量 = 進到室內作業空間的二氧化碳總量：

$300 \times X + 535 \times (24 - X) = 425 \times 24$

外氣進氣量為 11.23 m^3/min

平均每位勞工分配到的外氣為：11.23/12 = 0.94 m^3/min

4. 能量不滅定律

排氣機所作之功 = 壓力能（PV）+ 動能（mv²/2）+ 內能（狀態）

$$\dot{m}_1\left(\frac{SP_1}{\rho} + \frac{\vec{v}_1^2}{2 \cdot g} + u_1\right) = \dot{m}_2\left(\frac{SP_2}{\rho} + \frac{\vec{v}_2^2}{2 \cdot g} + u_2\right)$$

四 整體換氣

1. 設計整體換氣系統須考量的因素

（1）應有足夠之換氣量。

（2）有害物濃度小於容許濃度，危險物濃度小於 0.3LEL。

（3）排氣機、送風機或導管開口應接近發生源。

（4）勞工呼吸帶勿暴露於排氣流線中。

（5）排氣不受阻礙有效運轉。

（6）依有害物產生之特性使換氣要均勻。

（7）補充之空氣應平均分佈於作業場所每一角落且應調溫調濕。

（8）高毒性、高污染作業場所應與其他作業場隔離。

2. 基本假設

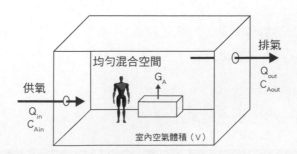

（1）沒有沈降發生。假設空間內所有物體表面的皆無沈降或吸附反應。

（2）室內空氣均勻混合。

（3）室內化學品散布速率（G）不隨時間而改變。

（4）由供氣系統進入室內之化學品濃度（C_{Ain}）不隨時間改變。

（5）散布速率低。化學品以氣體、蒸氣或氣膠形式散布至模式空間中，可直覺推想模式空間之空氣排氣率（Q_{out}）應大於空氣供氣率（Q_{in}）。然而，暴露空間模式假設化學品在室內中以極低的速率散布至空氣中，以致可忽略其對室內壓力造成之影響。因此可假設供氣率等於排氣率，空間中空氣流通速率相等，$Q_{in} = Q_{out} = Q$。

3. 公式推導

（1）基本概念

濃度的改變乘以體積為汙染物總量 (下簡稱總量) 的改變，亦即總量的改變為 VdC，上面這些改變，來自三個部分：分別是發生源 G、流入 C_{in} 與流出 C_{out}。

$$VdC = Gdt + QC_{in}dt - QC_{out}dt \quad （公式 1-4-01）$$

對一般汙染物而言 $C_{in} = 0$、$C_{out} = C$（當時作業環境的濃度），上式簡化如下：

$$VdC = Gdt - QCdt$$

$$VdC = （G - QC）dt \quad （公式 1-4-02）$$

令 $X = G - QC$，對濃度微分後，得到以下公式，

$$\frac{dX}{dC} = \frac{d(G - QC)}{dC} = -Q \quad （公式 1-4-03）$$

重新整理上式，

$$dC = \frac{d(G - QC)}{-Q} \quad （公式 1-4-04）$$

將公式 1-4-04 帶入公式 1-4-02，重新整理

$$\int \frac{d(G - QC)}{(G - QC)} = -\int \frac{Q}{V}dt \quad （公式 1-4-05）$$

兩邊同時積分

$$\ln\left(\frac{G - QC}{G - QC_0}\right) = -\frac{Q}{V} \times \Delta t \quad （公式 1-4-06）$$

令 $\Delta t = t$，則公式 1-4-06 可簡化為

$$\ln\left(\frac{G - QC}{G - QC_0}\right) = -\frac{Q}{V} \times t \quad （公式 1-4-07）$$

整理公式 1-4-07，可得如下：

$$C = \frac{G}{Q} - \frac{G}{Q}e^{-\frac{Q}{V} \times t} + C_0 e^{-\frac{Q}{V} \times t} \quad （公式 1-4-08）$$

上式物理意義探討：

在一個體積為 V 的作業空間中，有一個固定消費量 G 的發生源 A，原本的濃度為 C_0，為了降低作業環境中有害物 A 的濃度，因此使用整體換氣 Q，則整體換氣 t 時間後其濃度為 C。

（2）精選試題

2 請以簡單混和模式（Well-Mixing Box Model），估算下述工作環境中甲苯之最高可能濃度（請以 ppm 表示）。

室溫：25℃；大氣壓：750 mmHg；甲苯產生速率 10 mg/hr；產生時間：8 小時；工作場所空間：100 m³；空氣交換次數：0.5 hr⁻¹。

答：

依題旨，及依據公式 1-4-01

$$V \times dC = G \times dt + Q \times C_{in}dt - Q \times C_{out}dt$$

（請自行參閱上述推導過程）

$$C = \frac{G}{Q} - \frac{G}{Q}e^{-\frac{Q}{V} \times t} + C_0 e^{-\frac{Q}{V} \times t}$$

$C_0 = 0$、$C_{in} = 0$、$G = 10$（mg/hr）、$V = 100$ m³、$Q/V = 0.5$ hr⁻¹（亦即，$Q = 50$ m³/hr）代入上式

$$C = \frac{10}{50} - \frac{10}{50}e^{-\frac{50}{100} \times 8} = 0.1964\left(mg/m^3\right)$$

換算成 ppm 時，需將 NTP 狀態校正為 750 mmHg、25℃ 之狀態。依據理想氣體方程式 PV = nRT 可知

$$\frac{P_1V_1}{T_1} = \frac{P_2V_2}{T_2}$$

$$\frac{760 \times 24.45}{273 + 25} = \frac{750 \times V}{273 + 25}$$

V=24.78（L），即每 mole 分子在該狀態氣化時的體積

$$\frac{0.1964\left(mg/m^3\right) \times 10^{-3}\left(g/mg\right)}{92\left(g/mol\right)} \times 24.78(l) \times 10^3\left(cm^3/l\right) = 0.053(ppm)$$

3 某 200 公升桶在進行可燃性液體罐裝時需先吹入氮氣，將桶內氧氣濃度降低，以避免產生火災爆炸，桶內氧氣濃度的變化可用微分方程式表示：

$$V\frac{dC}{dt} = -kQ_vC$$

其中，C 為桶內氧濃度，t 為時間，V 為桶之容積，Q_v 為吹入氮氣之體積流速，k 為桶內非均勻混合之修正因子（ k=1），計算以每分鐘 100 公升的氮氣吹入，將桶內氧濃度由 20.9% 降至 1% 所需之時間為何？

答：

依題旨，微分方程重新整理如下：

$$V\frac{dC}{dt} = -kQ_vC$$

$$\frac{dC}{C} = -\frac{kQ_v}{V}dt$$

兩邊同時積分

$$\int \frac{1}{C}dC = \int -\frac{kQ_v}{V}dt$$

$$C = C_0 \times e^{-\frac{kQ_v}{V}t}$$

C = 1%、C_0 = 20.9%、k = 1、Q = 100 L/min、V = 200 L 代入上式如下：

$$1\% = 20.9\% \times e^{-\frac{100t}{200}}$$

t ≒ 6.08 min，所需時間至少 6.08 分鐘。

4. 穩定狀態模式（Steady-State）

(1) 基本概念

穩定狀態是指當一個系統裡的狀態（參數）不隨時間而改變。當狀態改變的初期，會經歷一段擾動期間，但是當各項參數均固定時，系統會漸漸趨於一個穩定狀態（如下圖），此時系統的微觀狀態雖然是變動的，但是巨觀的狀態卻是穩定不變的。例如在密封的瓶子中（如下圖），液體的蒸發和凝結速率受到溫度的影響，當溫度固定的時候，蒸發效率等於凝結效率，瓶子內的系統（水蒸氣和水）達到平衡的狀態。注意，此時液態水蒸發的速度等於水蒸氣凝結的速度，系統處於一個動態平衡的狀態，但是水蒸氣和水的總量不隨時間而改變；當升高系統溫度時，液態水蒸發的速度增加，且大於水蒸氣凝結的速度，此時系統中水和水蒸氣的量分別隨時間減少和增加，直到達到新的穩定狀態，即為新的水液位和水蒸氣的濃度（濕度）。

　　試想，當通風系統剛啟動或是消費量增加的時候，作業場所的濃度會開始改變，但是經過一段時間之後，通風換氣與消費量（揮發量）達到穩定的平衡狀態，此時濃度不隨時間改變，亦即式 1 中之 $\frac{dC}{dt} = 0$，又作業場所之氣積 $V \neq 0$，即 $G + QC_{in} - QC_{out} = 0$，重新整理如下：

$Q = \dfrac{G}{C_{out} - C_{in}}$（公式 1-4-09），此即為熟知的 $Q = \dfrac{K}{p-q}$。

　　其中，Q 為通風換氣量，G 為消費量，C_{out} 為排出去的濃度（即為作業環境中的濃度，也是目標濃度或容許濃度），C_{in} 為背景濃度。此即大家最耳熟能詳的通風換氣公式，要使用此公式的前提是系統的狀態已經不再變動（先決條件），且到達穩定狀態（即各項參數不隨時間改變），才可以使用此一公式。

(2) 精選試題

4 某室內工作場所之二氧化碳產生率為 8m³/hr，戶外二氧化碳背景濃度為 200ppm，若欲使此室內工作場所二氧化碳濃度不超過 1000ppm，則換氣量應至少多少 m³/hr 以上？

答：

依據公式 1-4-09

$$Q\left(m^3 / hr\right) = \frac{G}{C_{in} - C_{out}} = \frac{8\left(m^3 / hr\right)}{\left(1000 \times 10^{-6} - 200 \times 10^{-6}\right)} = 10000\left(m^3 / hr\right)$$

5 某作業場所之內僅有 A 化學品逸散，其逸散率 G_0 為 5,000 mg/min，其所需理論換氣率 Q 為 100 m³/min，假設其設計時採用之安全因子（K）為 5，則：

（一）該場所之最終平衡濃度 C_0（單位：mg/min）為何？

（二）假設該場所因趕工，其化學品逸散率變為 G_1（=50,000 mg/min），如欲維持前（一）之最終平衡濃度，且設計時 K 仍為 5，則所需之理論換氣率 Q_1（單位：m³/min）為何？

（三）承（二）之假設，如最終平衡濃度變為 $0.5C_0$，則還需要增加之理論換氣率 Q_2（單位 m^3/min）為何？

答：

（一）由公式 1-4-09，$Q = \dfrac{G}{C_{out} - C_{in}} = \dfrac{5,000}{C_0} = 100$

$C_0 = 500$（mg/min）

（二）承上，當消費量變成 10 倍（5,000 mg/min 變成 50,000 mg/min），則設計安全係數不變時，欲維持相同之最終平衡濃度，則理論換氣率亦須增為原本之 10 倍。

$Q = 100 \times 10 = 1,000$（$m^3/min$）

（三）承（二），若要最終平衡濃度變成原本的一半，則換氣率需要增加一倍，即為 1,000 m^3/min。

5. 無消費量模式

（1）基本概念

當沒有消費量（即無氣體排放時，即 G=0），但仍然繼續維持通風換氣時（$Q \neq 0$），此時可以理解工作場所內的氣體濃度會不斷下降，重新整理公式 1-4-01 並帶入 G=0，

$$\frac{dC}{dt} = -C \times \frac{Q}{V}$$

$$\int_{C_0}^{C} \frac{dC}{C} = \int_{0}^{t} -\frac{Q}{V} \times dt$$

$$\ln \frac{C}{C_0} = -\frac{Q}{V} \times \triangle t$$

$$C = C_0 \times e^{-\frac{Q}{V} \times \triangle t} \quad \text{（即公式 1-4-10）}$$

其中，$Q/V = N$ 定義為單位時間內的換氣次數（或換氣頻率、換氣率），單位為 1/t。

（2）精選試題

6　一工作場所氣積為 500m³，有一汙染物傾倒後完全揮發現場無殘留液體，經實施作業環境監測後得知汙染物濃度為 1,000 ppm，此時以 100 m³/hr 實施整體換氣 2 小時之後，求該場所汙染物濃度多少 ppm？

答：

現場汙染物濃度不再增加，依據公式 1-4-10

$$C = C_0 \times e^{-\frac{Q}{V} \times t} = 1000 (ppm) \times e^{-\frac{100(m^3/hr)}{500(m^3)} \times 2(hr)} = 670.32 (ppm)$$

7　有一工作場所，現場汙染物濃度為 3,000 ppm，且不再發散出來，欲將其濃度降低至 100ppm，以換氣率 3.4hr⁻¹ 實施整替換氣。請問需要幾個小時？

答：

現場汙染物不再增加，依據公式 1-4-10

$$C = C_0 \times e^{-\frac{Q}{V} \times t} = 3000 (ppm) \times e^{-3.4 \times t(hr)} = 100 (ppm)$$

$$t = \left(-\frac{1}{3.4}\right) \times \ln\left(\frac{100}{3000}\right) \approx 1.000352 \approx 1 (hr)$$

8　工作場所每一勞工所佔立方公尺數在 5.7 至 14.2 之間時，每分鐘每一勞工所需之新鮮空氣應在 0.4 立方公尺以上，當每一勞工佔 10 立方公尺時，請問該工作場所之新鮮空氣換率為每小時至少多少次？

答：

N=Q/V，N= 換氣次數，Q= 通風量（單位：每立方公尺 / 小時），V= 勞工站立之空間

N =（0.4×60）/ 10=2.4（次 / 小時）

9 某工作場所平均每一勞工佔 5.5 立方公分，雇主須提供每一勞工每分鐘 0.6 立方公尺新鮮空氣。請計算該工作場所平均換氣率為每小時多少次？

答：

換氣率計算如下：

$$N = \frac{Q}{V} = \frac{0.6\left(m^3/min\right) \times 60\left(min/hr\right)}{5.5\left(m^3\right)} \approx 6.54545 \approx 6.55\left(次/hr\right)$$

10 有一局限空間體積為 70 m³，假設空氣組成為氧氣 20.9%，其餘為氮氣。現場有丙酮發生源以每分鐘 0.74 m³ 速率逸散到此局限空間中，且僅排出原本的空氣。請問此局限空間幾分鐘後會使氧氣濃度降至 18%？

答：

丙酮發生源比空氣重，僅排出原本的空氣，氧氣濃度計算如下：

$$\frac{\left(70 \times 20.9\% - 0.74 \times t \times 20.9\%\right)}{70} = 18\%$$

t=13.12557（min）

11 有一局限空間體積為 70 m³，假設空氣組成為氧氣 20.9%，其餘為氮氣。現場有氮氣發生源以每分鐘 0.42 m³ 速率逸散到此局限空間中，請問此局限空間幾分鐘後會使氧氣濃度降至 18%？

答：

現場氧氣濃度不再增加，排出的氣體也會等比例逸散到外面，故使用式 10：

$$C = C_0 \times e^{-\frac{Q}{V} \times t} = 18\% = 20.9\% \times e^{-\frac{0.42}{70} \times t}$$

$$\ln\left(\frac{18\%}{20.9\%}\right) = -\frac{0.42}{70} \times t$$

t=24.89623（min）

12 一使用中之 Class II 級生物安全櫃 type B2，其櫃內產生之污染空氣，全部經處理過後由排氣系統排放（空氣再循環率 0%）。因為要變更操作之病原體，需要進行燻蒸消毒，因此以 2 g 甲醛液體加入催化劑進行燻蒸消毒，並封閉生物安全櫃對外之排氣管線，已知櫃內有效燻蒸空間為 1.5 m³。（25ºC、一大氣壓條件下，氣狀有害物之毫克摩爾體積立方公分數為 24.45。）

（一） 催化反應開始並產生甲醛蒸汽後，立即將操作門關閉，最後除餘有甲醛殘留液體 0.8 g 外，其餘全部經催化揮發成蒸汽，在 25 ºC，1 atm 下，甲醛蒸汽均勻分布在安全櫃內，請計算櫃內初始甲醛蒸汽濃度為多少 ppm？

（二） 燻蒸結束後，若甲醛蒸汽未逸散出安全櫃，且櫃外自然空氣中並無甲醛濃度，而櫃內甲醛蒸汽殘餘濃度維持穩定為 120 ppm，若開啟排氣系統及操作門，以 3 m³/hr 之排氣量進行均勻之稀釋換氣，於 1 小時之後重新測定殘餘甲醛蒸汽濃度，請估算其遞減後濃度為多少 ppm？

（三） 承上題，若改以 9 m³/hr 之排氣量進行均勻之稀釋換氣，在同樣狀況下，需要多少分鐘才能遞減至題（二）同樣的濃度？

答：

（一） 甲醛（HCHO）的分子量：$M = 1 + 12 + 1 + 16 = 30 \left(\dfrac{g}{mol} \right)$

依題旨，25ºC、一大氣壓條件下，氣狀有害物之毫克摩爾體積立方公分數為 24.45，即每 mole 氣體佔 24.45 公升，又已知有（2-0.8）甲醛氣體揮發成蒸氣，所以甲醛的初始濃度為：

$$X(ppm) = \frac{\dfrac{(2-0.8)(g)}{30(g/mol)} \times 24.45(l) \times 1000(cm^3/l)}{1.5(m^3)} = 652(ppm)$$

（二） 現場甲醛不再增加，使用無消費模式，由式 1-4-10，

$$C = C_0 \times e^{-\frac{Q}{V} \times t} = 120 \times e^{-\frac{3}{1.5} \times 1} = 120 \times e^{-2} = 16.24(ppm)$$

（三） 同上，使用無消費量模式，由公式 1-4-10，$C = 16.24 = C_0 \times e^{-\frac{Q}{V} \times t} = 120 \times e^{-\frac{9}{1.5} \times t}$

$$\frac{16.24}{120} = e^{-\frac{9}{1.5} \times t}$$

$$\ln\left(\frac{16.24}{120}\right) = \ln\left(e^{-\frac{9}{1.5} \times t}\right)$$

$$-2 = -6 \times t$$

t=1/3（hr）=20（min）

13 有一處地下室發生 CO_2 氣體鋼瓶洩漏，已將氧氣濃度稀釋至 13%，有立即的致命危險，請問此刻的 CO_2 濃度約為多少？若此時鋼瓶洩漏已被控制並關斷，且開始啟動排風機，以每小時 4 次的換氣量將地下室氣體抽出。若 CO_2 的容許濃度標準是 5,000 ppm，請問一個鐘頭後，地下室已達安全要求了嗎？請用計算結果說明之。（此題濃度屬體積濃度，且假設換氣時地下室氣體始終分布均勻。）

答：

設空氣中原本的氧氣（O_2）和氮氣（N_2）濃度分別為 21% 和 79%，且無其他氣體，當 O_2 被稀釋至 13% 時，N2 也被等比例稀釋至 $79\% \times \dfrac{13\%}{21\%} = 48.9\% \cong 49\%$

此時，CO_2 的體積濃度為：100%-13%（氧氣濃度）-49%（氮氣濃度）=38%。

依據完全混合模式，CO_2 不再洩漏，為無消費量模式，濃度成指數衰減，且依照（一）之結論可得 C_0=38%=380,000ppm，故

$$C = C_0 \times e^{-\frac{Q}{V} \times t} = 380,000 \times e^{-4 \times 1} = 6,960 (ppm) > 5,000 (ppm)$$

仍未達到安全要求。

14 一作業場所在人員全部離開後，室內無其他二氧化碳發生源，測得二氧化碳濃度為 1,600 ppm，經 12 分鐘後，二氧化碳濃度已降到 1,000 ppm。作業場所室內空氣體積為 1,000 m³。戶外環境二氧化碳濃度為 400 ppm。ln 2 = 0.697，ln 3=1.10。

（一）根據均勻混合模式，該室內作業場所的每小時有效空氣交換次數（air change per hour，ACH）為何？

（二）該室內作業場所的有效通風流率為多少 m³/min？

（三）假設人員全部離開時，該室內作業場所達到最高且為穩態的二氧化碳濃度為 1,600 ppm，若希望將其降至 1,000 ppm，在室內二氧化碳發生率、室內混合因子與室外二氧化碳維持不變的條件下，室內整體換氣通風流率應如何調整？

答：

（一）依題旨，因為無 CO_2 發生源，為無消費量模式，依據完全混合模式，濃度變化如下：$C = C_0 \times e^{-\frac{Q}{V} \times t}$，其中 C=1,000、$C_0$=1,600、t=12 min=0.2 hr

$$1000 = 1600 \times e^{-0.2n}$$

n=2.35

每小時約交換 2.35 次

（二）依題旨，作業場所室內空氣體積為 1,000 m^3。所以該室內作業場所的有效通風流率如下：

$$Q = n \times V = 2.35 \left(hr^{-1}\right) \times 1000 \left(m^3\right) \times \frac{1}{60} \left(\frac{hr}{min}\right) = 39.1666666 \left(m^3 / min\right) \cong 39.17 \left(m^3 / min\right)$$

（三）依題旨，在有通風的情況下能達到穩態的濃度，表示是一邊有發生源一邊換氣的情況，G、Q_1 和 Q_2 的關係如下：

$$Q_1 = \frac{G}{(1600 - 400)}$$

$$Q_2 = \frac{G}{(1000 - 400)}$$

$Q_2 = 2Q_1$，流率變為原來的 2 倍。

6. 理論換氣量

（1）基本概念

依據公式 1-4-09：

$$Q \left(\frac{m^3}{min}\right) = \frac{K \left(消費量 \frac{g}{hr}\right)}{P \left(容許暴露濃度\right) - q \left(背景濃度\right)}$$

$$Q \left(\frac{m^3}{min}\right) = \frac{K (kg / hr)}{p (ppm)} = \frac{K (kg / hr) \times 10^{-3} (g / kg) \times 24.45 \left(\frac{L}{mol}\right) \times 10^{-3} \left(m^3 / L\right)}{60 \left(\frac{min}{hr}\right) \times M (g / mol) \times p \times 10^{-6}} = \frac{24.45 \times K}{60 \times M} \left(m^3 / min\right)$$

若需取安全係數 K，則換氣量為 Q×K。

（2）精選試題

15　近期國際上發生人群推擠及踩踏事件，除了人為因素之外，通風換氣問題更顯重要。某工廠因場地狹小，廠內並無隔間，僅以地面標線標示分隔緊鄰至作業區與辦公區。作業區有 28 名員工進行輕工作手部操作作業，而辦公區有 7 人進行輕工作文書作業，已知工廠內每人二氧化碳平均呼出量為 0.026 m^3CO_2/hr，而工廠外空氣中二氧化碳平均濃度為 420 ppm（即：0.00042 m^3CO_2/1 m^3 Air），假設廠內為均勻混合流場分布，請計算以下個問題？

（一）若依據「勞工作業場所容許暴露標準」之規定，作業場所中二氧化碳容許濃度為 5,000 ppm（即 0.005 m^3CO_2/1 m^3 Air），為符合容許暴露標準，且以工廠外空氣進行廠內稀釋通風，請問廠內每分鐘需要多少換氣量？

（二）承上題，若廠內發現有二氧化碳充氣管線，因為接頭處有洩漏，且測得平均洩漏量為 0.068m^3CO_2/hr，為符合容許暴露標準，且以工廠外空氣 進行廠內稀釋通風，請問廠內每分鐘需要多少換氣量？

（三）承上第（二）題，若依據室內空氣品質管理法「室內空氣品質標準」之規定，室內二氧化碳污染物之標準為 1,000 ppm（即 0.001 m^3CO_2/1 m^3 Air），為符合室內空氣品質標準，且以工廠外空氣進行廠內稀釋通風，請問廠內每分鐘需要多少換氣量？

答：

（一）依題旨，每人之二氧化碳呼出量為 0.026 m^3CO_2/hr × （28+7）=0.91 m^3CO_2/hr= 0.0151666⋯m^3CO_2/min

$$Q(m^3/min) = \frac{0.0151666\ldots}{(5000-420)\times10^{-6}} = 3.31(m^3/min)$$

（二）依題旨，G=0.91+0.068=0.978 m^3CO_2/hr= 0.0163 m^3CO_2/min

$$Q(m^3/min) = \frac{0.0163}{(5000-420)\times10^{-6}} \cong 3.56(m^3/min)$$

（三）承上題，G 為 0.0163 m^3CO_2/min

$$Q(m^3/min) = \frac{0.0163}{(1000-420)\times10^{-6}} \cong 28.10(m^3/min)$$

16　某一壓克力板製造廠之注模工作場所室內體積為 360 m³，該工作場所僅有甲基丙烯酸甲酯（分子量 M=100 g/mol）逸散之暴露危害風險，其逸散率為 20 g/min。甲基丙烯酸甲酯之容許濃度標準為 100 ppm，已知理想氣體莫耳體積為 24 L/mol，當時該場所之溫度及壓力分別為 25℃、一大氣壓，試回答下列問題：

（一）為降低甲基丙烯酸甲酯之暴露危害風險，所需之理論換氣量（Q_1）應為多少？（單位：m³/min，4 分）

（二）經評估作業環境，該場所之實際需求換氣量應再考量並乘以安全係數（K=5）後方可達較佳之通風狀態，此時該場所之最終平衡濃度為多少？（單位：mg/m³；4 分，非整數時四捨五入至小數點以下第 2 位）

（三）承上題，該場所每小時之換氣次數為多少？（4 分）

（四）該場所因生產量增加，甲基丙烯酸甲酯使用量增加後之逸散率變為 40 g/min，如欲維持相同之最終平衡濃度，且設計時安全係數不變（K=5），則所需之理論換氣量（Q_2）應為多少？（單位：m³/min；4 分，非整數時四捨五入至整數位）

（五）承上題，該場所每小時之換氣次數為多少？（4 分）

答：

（一）　$Q\left(\dfrac{m^3}{min}\right) = \dfrac{G}{PEL} = \dfrac{20\left(\dfrac{g}{min}\right)? \dfrac{1}{100\left(\dfrac{g}{mol}\right)} \times 24\left(\dfrac{L}{mol}\right)? 10^{-3}\left(\dfrac{m^3}{L}\right)}{100? 10^{-6}} = 48\left(\dfrac{m^3}{min}\right)$

（二）　消費量不變，通風量變為 5 倍，最終平衡濃度為原本的　倍：

$PEL_2 = \dfrac{1}{5} \times 100\,(ppm) = 20\,(ppm) = \dfrac{1}{12}\left(\dfrac{g}{m^3}\right)$

（三）　換氣率 $N = \dfrac{Q}{V} = \dfrac{48 \times 5\left(\dfrac{m^3}{min}\right) \times 60\left(\dfrac{min}{hr}\right)}{360\left(m^3\right)} = 40\left(hr^{-1}\right)$

（四）　消費量為 2 倍 (40 g/min)、欲維持安全係數 K=5 時的最終平衡濃度 (依前提為 20ppm)，則

$Q_2\left(\dfrac{m^3}{min}\right) = 48 \times 5 \times 2 = 480\left(\dfrac{m^3}{min}\right)$

（一）　換氣率 $N_2 = \dfrac{Q}{V} = \dfrac{480\left(\dfrac{m^3}{min}\right) \times 60\left(\dfrac{min}{hr}\right)}{360\left(m^3\right)} = 80\left(hr^{-1}\right)$

7. 法規換氣量

（1）基本概念

A. 職業安全衛生設施規則

第 312 條

雇主對於勞工工作場所應使空氣充分流通，必要時，應依下列規定以機械通風設備換氣：

一、應足以調節新鮮空氣、溫度及降低有害物濃度。

二、其換氣標準如下：

工作場所每一勞工所佔立方公尺數	每分鐘每一勞工所需之新鮮空氣之立方公尺數
未滿 5.7	0.6 以上
5.7 以上未滿 14.2	0.4 以上
14.2 以上未滿 28.3	0.3 以上
28.3 以上	0.14 以上

B. 有機溶劑中毒預防規則

本規則第五條第二項規定之有機溶劑或其混存物之容許消費量，依次表之規定計算。

整體換氣裝置之換氣能力及其計算方法

本規則第十五條第二項之換氣能力及其計算方法如下：

有機溶劑或其混存物之種類	有機溶劑或其混存物之容許消費量
第一種有機溶劑或其混存物	容許消費量 =1/15× 作業場所之氣積
第二種有機溶劑或其混存物	容許消費量 =2/5× 作業場所之氣積
第三種有機溶劑或其混存物	容許消費量 =3/2× 作業場所之氣積

（1）表中所列作業場所之氣積不含超越地面 4 公尺以上高度之空間。

（2）容許消費量以公克為單位，氣積以立方公尺為單位計算。

（3）氣積超過 150 立方公尺者，概以 150 立方公尺計算。

TIPS

表中每分鐘換氣量之單位為立方公尺，作業時間內一小時之有機溶劑或其混存物之消費量之單位為公克。

C. 鉛中毒預防規則

第 32 條

雇主使勞工從事第二條第二項第十款（於通風不充分之場所從事鉛合金軟焊）規定之作業，其設置整體換氣裝置之換氣量，應為每一從事鉛作業勞工平均每分鐘 1.67 立方公尺（1.67m³/min=100 m³/hr）以上。

（2）精選試題

17 （一）某未使用有害物作業之工作場所，其長、寬、高分別為 40 公尺、20 公尺及 4 公尺，內有勞工 100 人。今欲以機械通風設備實施換氣，以維持勞工的舒適度及安全度。試問：依職業安全衛生設施規則規定，其換氣量至少應為多少 m³/min ？

（二）某通風不充分之軟焊作業場所，作業勞工人數為 60 人。若以整體換氣裝置為控制設施時，依鉛中毒預防規則規定，其必要之換氣量為多少 m³/min ？

答：

依據職業安全衛生設施規則規定，計算如下：

（一）工作場所的氣積 工作場所的氣積 $= 40 \times 20 \times 4 = 3,200$ m³

$$工作場所每一勞工所佔立方公尺數 = \frac{3,200}{100} = 32 \left(m^3 / 人 \right)$$

每一分鐘每一勞工所需之新鮮空氣之立方公尺數為 0.14m³，換氣量至少 14 m³/min。

（二）依據鉛中毒預防規則規定，每一從事鉛作業勞工平均每分鐘 1.67 立方公尺以上，共有勞工 60 人，必要之換氣量至少為

$$1.67 \times 60 = 100.2 \left(m^3 / min \right)$$

18

某汽車車體工廠使用第二種有機溶劑混存物，從事烤漆、調漆、噴漆、加熱、乾燥及硬化作業，若調漆作業場所設置整體換氣裝置為控制設備，該混存物每日 8 小時的消費量為 20 公斤，依有機溶劑中毒預防規則規定，設置整體換氣裝置應具備之換氣能力為多少 m³/min ？

答：

依據有機溶劑中毒預防規則（第 15 條）規定，設置整體換氣裝置應具備之換氣能力如下：

每分鐘換氣量＝作業時間內一小時之有機溶劑或其混存物之消費量 ×0.04

其中消費量的單位要轉換為（g/hr），故：

$$Q_1 = W(g/h) \times 0.04 = \frac{20 \times 1000}{8} \times 0.04 = 100(m^3/min)$$

換氣能力為 100 m³/min。

19

某有機溶劑作業場所，每小時使用 2.4 kg 的二甲苯，1.2 kg 的丙酮，該作業場所使用整體換氣裝置須多少換氣量才符合法令規定？

答：

二甲苯、丙酮皆為第二種有機溶劑，其所需之換氣量分別為

Q（二甲苯）＝ 0.04×2.4*1000 ＝ 96 m³/min

Q（丙酮）＝ 0.04×1.2*1000 ＝ 48 m³/min

其危害視為相加效應，所需換氣量需相加，故所需之換氣量為

Q ＝ Q（二甲苯）＋ Q（丙酮）＝ 96 m³/min ＋ 48 m³/min ＝ 144 m³/min

五 局部排氣

　　局部排氣裝置管段主要可分為氣罩、導管（含彎曲部分，也稱肘管）、空氣清淨裝置、排氣機及排氣口等，其中導管又可分為吸氣導管及排氣導管等二部分，排氣機前之導管為吸氣導管，排氣機之導管為排氣導管，概念圖如下所示。

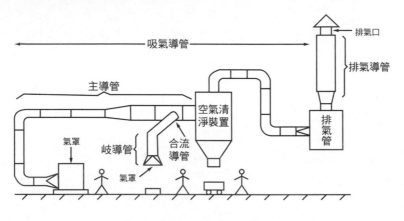

▲ 局部排氣裝置構造概念圖

局部排氣裝置的系統內風壓的變化情況

　　由下圖可知，在排風機『前』之靜壓、全壓皆為負壓；而排氣機『後』之靜壓、全壓皆為正壓；動壓則在系統內均為正壓。

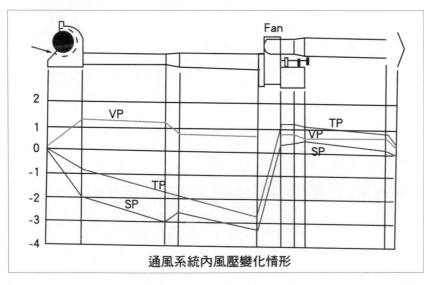

通風系統內風壓變化情形

▲ 局排系統內風壓的變化情況概念圖

> **TIPS**
>
> 全壓 TP =
> 靜壓 SP + 動壓 VP

1. 氣罩的種類及設計規定

（1）基本概念

A. 包圍型

將汙染源包覆，並持續強制排氣，以防止汙染源逸散到作業環境中，只留下小開孔以方便觀察及作業之氣罩，例如手套箱。

B. 崗亭型

機台體積過大或視作業上的需要，無法完全封閉汙染源時，則可在設計結構較大之結構整體包覆。

C. 外裝型

無法將汙染源包圍時，則在靠近汙染源外側適當位置設置氣罩，將汙染物導入氣罩內，又可分為：

（A）向上吸引型

（B）側向吸引型

（C）向下吸引型

D. 接收型

在汙染源外之汙染物向外發散之方向設置氣罩，藉由汙染物本身的熱浮力或是慣性力，順應其所產生的氣流並輔以機械動力強制排氣所設置的氣罩。

E. 吹吸型氣罩

使用吹氣氣罩，將汙染物從污染源往吸氣氣罩吹噴，而達到集中收集效果的氣罩。一般而言，吹氣氣罩氣流較不易發散，有較好的穩定性，從而達到較大的輸送能力，能夠有效的將汙染物輸送進吸氣氣罩內。

F. 氣罩進入係數

氣罩進入係數（Coefficient of entry）$C_e = \dfrac{Q_{\text{進入導管}}}{Q_{\text{氣罩}}} = \sqrt{\dfrac{P_v}{P_{sh}}}$

氣罩進入係數：指「氣罩靜壓」（Psh）轉化為動壓 P_v（相當於氣體流動）的比例。氣罩進入係數越大，則氣罩的吸力（靜壓）越完整轉化成氣體的流動能量（動壓）。因為氣流沿著氣罩進入導管時，截面積會先縮小後再擴張後充滿整個導管，導致壓力損失 he，即 $|P_{sh}| = P_v + P_{sh}$。亦即理想狀態下，沒有壓力損失時，$|P_{sh}|$ =Pv，此時 $C_e = 1$。

G. 氣罩型式與通風量 Q

氣罩型式	描述	縱橫比	通風量
	狹槽	$W/L \leqq 0.2$	$Q = 3.7LVX$
	帶凸緣的狹槽	$W/L \leqq 0.2$	$Q = 2.6LVX$
A-WL(ft^2)	簡單開口	$W/L \geqq 0.2$	$Q = V(10X^2 + A)$
	帶凸緣的開口	$W/L \geqq 0.2$	$Q = 0.75V(10X^2 + A)$
	崗亭	依需求調整	$Q = VA = VWH$
	頂罩	依需求調整	$Q = 1.4PVD$ $P = 周長$ $D = 距離工作面高度$
	簡單多狹槽開口 2 個或更多狹槽	$W/L \geqq 0.2$	$Q = V(10X^2 + A)$
	帶凸緣多狹槽開口 2 個或更多狹槽	$W/L \geqq 0.2$	$Q = 0.75V(10X^2 + A)$

（2）法規彙整

法規	規定
有機溶劑危害預防標準	一、氣罩應設置於每一有機溶劑蒸氣發生源。 二、外裝型氣罩應儘量接近有機溶劑蒸氣發生源。 三、氣罩應視作業方法、有機溶劑蒸氣之擴散狀況及有機溶劑之比重等，選擇適於吸引該有機溶劑蒸氣之型式及大小。 四、應儘量縮短導管長度、減少彎曲數目，且應於適當處所設置易於清掃之清潔口與測定孔。
特定化學物質危害預防標準	一、氣罩應置於每一氣體、蒸氣或粉塵發生源；如為外裝型或接受型之氣罩，則應接近各該發生源設置。 二、應儘量縮短導管長度、減少彎曲數目，且應於適當處所設置易於清掃之清潔口與測定孔。 三、設置有除塵裝置或廢氣處理裝置者，其排氣機應置於各該裝置之後。但所吸引之氣體、蒸氣或粉塵無爆炸之虞且不致腐蝕該排氣機者，不在此限。 四、排氣口應置於室外。 五、於製造或處置特定化學物質之作業時間內有效運轉，降低空氣中有害物濃度。
粉塵危害預防標準	一、氣罩宜設置於每一粉塵發生源，如採外裝型氣罩者，應儘量接近發生源。 二、導管長度宜儘量縮短，肘管數應儘量減少，並於適當位置開啟易於清掃及測定之清潔口及測定孔。 三、局部排氣裝置之排氣機，應置於空氣清淨裝置後之位置。 四、排氣口應設於室外。但移動式局部排氣裝置或設置於附表一乙欄（七）所列之特定粉塵發生源之局部排氣裝置設置過濾除塵方式或靜電除塵方式者，不在此限。 五、其他經中央主管機關指定者。
鉛中毒預防規則	一、應設置於每一鉛、鉛混存物、燒結礦混存物等之鉛塵發生源。 二、應視作業方法及鉛塵散布之狀況，選擇適於吸引該鉛塵之型式及大小。 三、外裝型或接受型氣罩之開口，應儘量接近於鉛塵發生源。 四、雇主設置之局部排氣裝置之導管其內部之構造，應易於清掃及測定，並於適當位置開設清潔口及測定孔。 五、雇主設置局部排氣裝置之排氣機，應置於空氣清淨裝置後之位置。但無累積鉛塵之虞者，不在此限。 六、雇主設置整體換氣裝置之排氣機或設置導管之開口部，應接近鉛塵發生源，務使污染空氣有效換氣。 七、雇主設置局部排氣裝置或整體換氣裝置之排氣口，應設置於室外。但設有移動式集塵裝置者，不在此限。

2. 導管

（1）基本概念

A. 動壓（VP、P_v）、靜壓（SP、P_{sh}）、全壓（TP）

全壓 TP= 靜壓 SP+ 動壓 VP

靜壓 SP：作用於管壁上的壓力，對流體而言，管壁上無流動，無剪力，只有垂直正向應力。

動壓 VP：又稱速度壓，因流體流動所產生的壓力，恆 ≥ 0。

B. 動壓與風速

動壓就是把動能換成以壓力的型式來表達

$$動能(J) = \frac{1}{2} \times m(kg) \times \vec{v}(m/s)^2$$

$$壓力能(J) = P\left(\frac{kg}{m^2}\right) \times V(m^3) \times \vec{g}(m/s^2) = P(mmH_2O) \times V(m^3) \times \vec{g}(m/s^2)$$

合併以上 2 式

動能 = 壓力能

$$\frac{1}{2} \times m(kg) \times \vec{v}(m/s)^2 = P(mmH_2O) \times V(m^3) \times \vec{g}(m/s^2)$$

$$動壓\ P_v(mmH_2O) = \frac{\rho(kg/m^3) \times \vec{v}(m/s)^2}{2 \times \vec{g}(m/s^2)} = \frac{1.2(kg/m^3) \times \vec{v}(m/s)^2}{2 \times 9.8(m/s^2)} = \frac{1}{16.3333} \times \vec{v}(m/s)^2$$

$$= \left(\frac{\vec{v}(m/s)}{4.04}\right)^2$$

$$\vec{v}(m/s) = 4.04 \times \sqrt{P_v(mmH_2O)}$$

$$P_v(mmH_2O) = \left(\frac{\vec{v}(m/s)}{4.04}\right)^2 = \left(\frac{\sum Q}{4.04 \times \sum A}\right)^2$$

上式前半部為固定管徑且流量為定值時，流速為定值之動壓，後半部則為合成動壓。

（2）精選試題

20 請選擇下列各圖何者為全壓、靜壓及動壓？

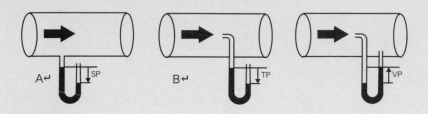

答：

A：靜壓 SP、B：全壓 TP、C：動壓 VP

21 下表為某單一固定管徑導管內測點之壓力，試求表中 a、b、c、d、e 等 5 項之壓力值。

測點	空氣壓力 (mmH$_2$O)		
	全壓 (TP)	靜壓 (SP)	動壓 (VP)
1	【a】	-5	+2
2	-5	【b】	+2
3	-7	【c】	+2
4	【d】	+6	【e】

答：

【a】：-3、【b】：-7、【c】：-9、【d】：+8、【e】：+2。

22 下圖為局部排氣導管（截面積＝1 m²）內之壓力量測示意圖。已知導管中 U 型管液位壓力計 A 處之液位高差為 27.9 mm、B 處之液位高差為 14.2 mm、F 處之液位高差為 19.3 mm。U 型管液位壓力計係以純水為填充液。試問途中之甲側或乙側何者為吸氣側？原因為何？吸氣側及排氣測知靜壓、動壓及全壓又為何？導管內之空氣流率又為何？

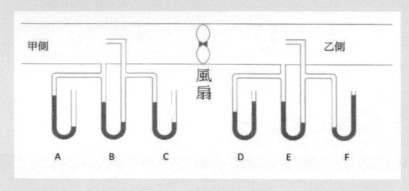

答：

（一）甲側為吸氣側，因為甲之靜壓 A 與全壓 C 均小於大氣壓力。

（二）∵ A 靜壓（Ps）　＝　-27.9 mmH$_2$O

　　　B 動壓（Pv）　＝　14.2 mmH$_2$O

　　∴ C 全壓（Pt）　＝　-27.9mmH$_2$O + 14.2mmH$_2$O ＝ -13.7 mmH$_2$O

　　∵ F 全壓（Pt）　＝　19.3 mmH$_2$O

　　　E 動壓（Pv）　＝　B 動壓（Pv）＝ 14.2mmH$_2$O

　　∴ D 靜壓（Ps）　＝　19.3 mmH$_2$O-14.2mmH$_2$O ＝ 5.1 mmH$_2$O

（三）風速 Va（m/s）　＝　4.04 $\sqrt{Pv(mmH_2O)}$

　　　　　　　　　＝ 4.04 $\sqrt{14.2}$

　　　　　　　　　＝ 15.22（m/sec）

　　　風量 Q（m³/s）＝ Va（風速）× A（截面積）

　　　　　　　　　＝ 15.22（m/s）× 1（m²）＝ 15.22（m³/s）

3. 壓力損失

（1）基本概念

A. 氣罩

$\left|SP_h\right|$（排氣機一次側通常為負值）＝動壓VP（恆為正）＋氣罩壓力損失he（恆為正）

氣罩壓力損失he ＝ $F_h \times VP$

又依據前述 $\left|P_{sh}\right| = P_v + h_e$ ，及 $C_e = \sqrt{\dfrac{P_v}{\left|P_{sh}\right|}}$ ，則：

$$C_e^2 = \frac{P_v}{\left|P_{sh}\right|} = \frac{P_v}{P_v + h_e} = \frac{P_v}{P_v + \left(F_h \times P_v\right)} = \frac{P_v}{P_v \times \left(1 + F_h\right)} = \frac{1}{1 + F_h} \quad 。$$

上式可改寫成

$$F_h = \frac{1 - C_e^2}{C_e^2}$$

B. 導管

導管摩擦損失 ＝ 導管摩擦損失係數$\left(\dfrac{mmH_2O}{m}\right)$×導管長度$(m)$

C. 肘管

肘管摩擦損失 ＝ 肘管摩擦損失係數$\left(F_{el}\right)$×動壓(mmH_2O)

D. 除塵設備

除塵設備壓力損失 ＝ 指定值（mmH_2O）

E. 合流管

合流管一般是 2 組以上岐管合流處，為減少合流時壓力損失，一般在合流處會漸擴，構造如下圖所示：

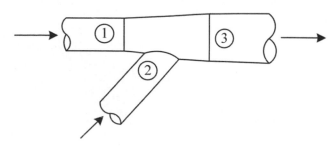

▲ 合流管之構造示意圖

（A）合成動壓 VP_r

$$VP_r = \left[\frac{(Q_1 + Q_2)}{4.04 \times (A_1 + A_2)}\right]^2$$

（B）全壓計算

合流後靜壓 + 合流後動壓 = 合流前靜壓 + 合成動壓

$$SP_3 + VP_3 = SP_1 \left(取靜壓負值較大者\right) + VP_r$$

（2）精選試題

23 在多氣罩多導管之局部排氣系統中，常有歧管需匯流入主導管的情形，如下圖中所示。然而，此合流現象也是局部排氣系統部分壓損的來源。試以下表中所提供之數據，並考慮主、歧管合流後之加減速所造成之能量損失，推算合流處主導管（即管路3）之靜壓值為多少 Pa？

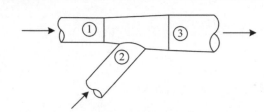

（注意：圖示管徑並未依實際尺寸描繪）

管路編號	直徑（mm）	面積（m²）	流率（m³/s）	風速（m/s）	動壓（Pa）	靜壓（Pa）
1	240	0.045	0.79	17.6	186	-530
2	120	0.011	0.19	17.3	180	-530
3	260	0.053	0.98	18.5	206	?

答：

合成動壓 $VPr = \left[\frac{Q_1 + Q_2}{4.04(A_1 + A_2)}\right]^2 = \left[\frac{0.79 + 0.19}{4.04 \times (0.045 + 0.011)}\right]^2 = 18.76 \left(mmH_2O\right)$

$1mmH_2O = 9.8Pa$，$VPr = 18.76mmH_2O \times 9.8 = 183.8Pa$

依據

$SP_3 + 206 = -530 + 183.8$

$SP_3 = -552.2$（Pa）。

24 某局部排氣裝置用於電銲作業之燻煙控制（如下示意圖），A 點處裝有凸緣圓形開口氣罩（開口直徑 d = 0.2m，損失係數 F = 0.49）；作業點與氣罩開口的距離 X = 0.5m；AB 點間為 50m 圓形導管，且包含一個 90° 肘管（損失係數 Fel = 0.33），BC 點間有一個除塵設備（壓損 △ SP = 50mmH₂O）；CD 點為 30m 圓形導管、中間無肘管。若已知捕捉風速 Ve = 1m/s、導管風速 V_d = 12m/s 單位長度導管摩擦壓損 P = 0.2mmH₂O/m、排氣量 Q = 0.75×V×（10X² + A），A 為氣罩開口面積，試問：

（一）氣罩靜壓 SPh（亦即 A 點靜壓）為何（mmH₂O）？

（二）AB 點間之導管直徑為何（m）？

（三）D 點處之靜壓力為何（mmH₂O）？

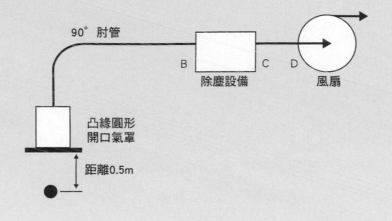

答：

（一）依題旨，導管內之風速為 12m/s，動壓為：

$$動壓 VP = \left(\frac{12m/s}{4.04}\right)^2 = 8.82\,(mmH_2O)$$

又已知氣罩進口壓力損失如下：

$$氣罩進口壓力損失 he = F_h \times VP = 0.49 \times 8.82 = 4.32\,mmH_2O$$

$$氣罩靜壓 \left|SP_h\right| = VP + he = 8.82 + 4.32 = 13.14$$

$$\therefore 氣罩靜壓\ SPh\ 為\ -13.14\,mmH_2O。$$

（二）依題旨

$$Q = 0.75 \times V \times (10X^2 + A)$$

其中，V=1m/s、X=0.5m

$$A = \frac{\pi \times d^2}{4} = \frac{\pi \times (0.2)^2}{4}$$

$$Q = 0.75 \times 1 \times \left[10 \times (0.5)^2 + \frac{\pi \times (0.2)^2}{4}\right] = 1.9\,(m^3/s)$$

又依據質量守恆定律，氣罩風量＝導管風量。

導管風量＝導管截面積 × 導管風速

$$1.9\,(m^3/s) = \left(\frac{\pi \times d^2}{4}\right)(m^2) \times 12\,(m/s)$$

$$d \cong 0.45\,(m)$$

（三）1. 由（一）可知氣罩之靜壓為 -13.14（mmH_2O）。

2. AB 間的導管摩擦損失 $= 0.2\,(mmH_2O/m) \times 50\,(m) = 10\,(mmH_2O)$

3. AB 間 90° 肘管摩擦損失 $= F_{el} \times VP = 0.33 \times 8.82 = 2.91\,(mmH_2O)$

4. 除塵設備壓力損失 $\triangle SP = 50\,(mmH_2O)$

5. CD 間的導管摩擦損失 $= 0.2\,(mmH_2O/m) \times 30\,(m) = 6\,(mmH_2O)$

D 點的靜壓 $=$（-13.14）-10-2.91-50-6=-82.05（mmH_2O）

六 排氣機

$$P(kW) = \frac{Q(m^3/min) \times P_{tf}(mmH_2O)}{6120 \times \eta}$$

$$P(馬力 hp) = \frac{Q(m^3/min) \times P_{tf}(mmH_2O)}{4500 \times \eta}$$

1hp ≈ 745.699872W ≈ 746W ≈ 0.746kW　P_{tf} 為總壓。

排氣機三大定律

排氣機的流量和轉數一次方成正比

$$\frac{Q_1}{Q_2} = \frac{N_1}{N_2}$$

排氣機的壓力和轉數二次方成正比

$$\frac{P_1}{P_2} = \left(\frac{N_1}{N_2}\right)^2$$

排氣機的功率和轉數三次方成正比

$$\frac{W_1}{W_2} = \left(\frac{N_1}{N_2}\right)^3$$　P.S. 轉速 N 可以換成風扇直徑 D。

（1）基本概念

（2）精選試題

25 有一事業單位，為加強整體換氣的排氣效果，增加排氣機的轉速，為原來的 2.5 倍，求其動力為原來的幾倍？（四捨五入到小數點以下第 1 位）

答：

依據排氣機定律，轉速為原來的 2.5 倍，則動力為原來的（2.5）³ 倍，約 15.6 倍。

26

有一通風設備，若增加馬達轉速為原來的 1.4 倍，則電力消耗為原來的幾倍？（四捨五入到小數點以下第 1 位）

答：

依據排氣機定律，轉速為原來的 1.4 倍，則動力為原來的（1.4）³ 倍，約 2.7 倍。

27

某鋼鐵廠內有 A、B、C 三座鄰近之相同尺寸長方形熔爐，長及寬分別皆為 2m 及 1.5m，熔爐溫度分別為 800℃、650℃、580℃，環境周界平均溫度為 30℃，在各融爐上方均有設置懸吊型矩形氣罩，分別與熔爐高度差 0.8、0.65、0.5m，若三座懸吊型矩形氣罩共管連接至同一排氣系統，且互不干擾個別抽氣機效率及不考慮共管抽氣壓力損失，請挑選下列適合且正確之公式計算各子題。

公式一：$Q = (W+L)HV$

公式二：$Q = 0.06(LW)^{1.33}(\Delta T)^{0.42}$

公式三：$Q = 0.045(D)^{2.33}(\Delta T)^{0.42}$

公式四：$Q = 1.4PHV$

公式五：$P_{wr} = \dfrac{Q \times FTP}{6120 \times \eta}$

其中 Q：排氣流率；H：作業面與氣罩開口面之垂直高度差；V：捕捉風速；P：作業面周長；W：氣罩寬度；L：氣罩長度；D：氣罩直徑；ΔT：溫度差；Pwr：排氣扇動力；FTP：排氣扇總壓；η：排氣扇機械效率。

（一）請問 A、B、C 三座長方形熔爐之理論排氣流率各為多少 m³/min？請列出計算式。

（二）若排氣系統之排氣扇機械效率為 0.65，連接排氣扇進口之總壓為 -80mmH₂O，連接排氣扇出口之總壓為 45mmH₂O，請問排氣機所需理論動力為多少 kW？請列出計算式。

答：

依題旨，適用公式二，計算如下：

$$Q_A = 0.06 \times (LW)^{1.33} \times (\Delta T)^{0.42} = 0.06 \times (2 \times 1.5)^{1.33} \times (800-30)^{0.42} = 4.22 \left(\frac{m^3}{min} \right)$$

$$Q_B = 0.06 \times (LW)^{1.33} \times (\Delta T)^{0.42} = 0.06 \times (2 \times 1.5)^{1.33} \times (650-30)^{0.42} = 3.85 \left(\frac{m^3}{min} \right)$$

$$Q_C = 0.06 \times (LW)^{1.33} \times (\Delta T)^{0.42} = 0.06 \times (2 \times 1.5)^{1.33} \times (580-30)^{0.42} = 3.66 \left(\frac{m^3}{min} \right)$$

依題旨，

FTP=45-（-80）=125（mmH$_2$O）

代入公式五

$$P_{wr} = \frac{Q \times FTP}{6120 \times \eta} = \frac{11.73 \left(\dfrac{m^3}{min} \right) \times 125 (mmH_2O)}{6120 \times 0.65} \approx 0.3686 \cong 0.37 (kW)$$

---

28 某工廠設計一局部排氣系統，如下表選定兩種參數組合，希望將吸氣側導管入口內運送風速 v 設定為 8 m/s，排氣量 Q 為 80 m³/min，導管總長度為 5 m，而其導管壓損為 1.5 mmH$_2$O/m，之後連接一空氣清淨裝置，其壓損為 20 mmH$_2$O，若假設其後之風機出口端總壓（TPout，total pressure at fan outlet）均為 15 mmH$_2$O，而風機之機械效率為 0.68，請計算以下①～⑤答案。題後為相關參考公式形式，請選擇正確公式進行計算（A，B，C…僅為公式參數代號）。

$$A = B \times (1+C) \cdot D = \sqrt{\frac{1}{1+E}} \cdot F = \left(\frac{G}{4.04} \right)^2 \cdot H = \frac{1}{J^2} \cdot K = \frac{L \times M}{6120 \times O} \cdot P = \frac{1-Z^2}{Z^2}$$

局部排氣系統參數　　各種已知參數組合	氣罩接管道之入口損失係數 (F$_h$, duct entry loss coefficient for hood)	進入係數 (C$_e$, coefficient for entry)	氣罩內靜壓 (SP$_h$, hood static pressure, mmH$_2$O)	導管動壓 (VP, velocity pressure, m/s)	進入風機前總壓 (TP$_{in}$, total pressure at fan inlet, mmH$_2$O)	風扇動力 (P, fan power, kwO)
1	0.90	①	③	④	⑤	⑦
2	②	0.80	6.13		⑥	⑧

（註：題目動壓單位應為 mmH$_2$O 誤植）

答：

組合 1

已知導管內 v=8 m/s，導管內之動壓 $VP = \left(\dfrac{8}{4.04}\right)^2 = 3.92\,(mmH_2O)$

入口損失係數 Fh=0.9，損失壓力 $h_e = F_h \times VP = 0.9 \times 3.92 = 3.528\,(mmH_2O)$

吸氣側靜壓 $|SP_h| = VP + h_e = |VP(1+he)| = 3.92 + 3.528 = 7.448\,(mmH_2O)$

進入係數 $C_e = \sqrt{\dfrac{VP}{|SP_h|}} = \sqrt{\dfrac{3.92}{7.448}} = 0.725$

進入風機前總壓 TP_{in} 為：

$TP_{in} = h_e + 單位長度導管壓損 \times 導管長度 + 空氣清淨機壓損 = 3.528 + 5 \times 1.5 + 20 =$
$\qquad = 31.028\,(mmH_2O)$

風扇動力

$P = \dfrac{Q \times P_{tf}}{6120 \times \eta} = \dfrac{80 \times (3.528 + 7.5 + 20 + 15)}{6120 \times 0.68} = 0.8848\,(kw)$

組合 2

依定義，入口損失係數 $F_h = \dfrac{1 - C_e^2}{C_e^2} = \dfrac{1 - 0.8^2}{0.8^2} = 0.5625$

損失壓力 $h_e = F_h \times VP = 0.5625 \times 3.92\,(mmH_2O) = 2.205\,(mmH_2O)$

進入風機前總壓為

$TP_{in} = h_e + 單位長度導管壓損 \times 導管長度 + 空氣清淨機壓損 = 2.205 + 5 \times 1.5 + 20$
$\qquad = 29.705\,(mmH_2O)$

風扇動力

$P = \dfrac{Q \times P_{tf}}{6120 \times \eta} = \dfrac{80 \times (2.205 + 7.5 + 20 + 15)}{6120 \times 0.68} = 0.859\,(kw)$

29 有個局部排氣系統，具有開口圓形氣罩直徑 1m（公尺），依序連接（1）圓形導管，（2）空氣清淨裝置，（3）圓形排氣導管，（4）離心式排氣扇，及煙囪；氣罩口風速 =10 m/sec，氣罩進口總損失為 1PV+0.75PV，風管摩擦係數 H_f=0.1/m；風管長 10m，風管平均風速 15m/sec；總共有 3 個 R/D=2，90 度肘管損失係數 K=0.27；空氣清淨器（air cleaner）壓損為 Pcleaner=50 mmH_2O；煙囪平均風速 15 m/sec；而排氣扇之機械效率為 0.56，動力單位轉換係數為 4500，試計算：

（一）該局部排氣裝置排氣量為多少 m^3/sec ？

（二）該局部排氣裝置全壓損為多少 mmH_2O ？

（三）該局部排氣裝置排氣機所需之理論動力為多少馬力 hp ？

答：

（一）依題旨，氣罩口風速 =10 m/sec，故

$$Q(m^3/s) = A(m^2) \times v(m/s) = \frac{\pi}{4} \times d^2(m^2) \times v(m/s) = \frac{\pi}{4} \times 1^2 \times 10 = 7.854(m^3/s)$$

（二）依題旨，全壓損 = 氣罩進口壓力損失 + 導管摩擦損失 + 肘管壓力損失 + 空氣清淨裝置壓力損失，分別計算如下：

1. 導管內動壓

$$P_v(mmH_2O) = \left(\frac{\vec{v}(m/s)}{4.04}\right)^2 = \left(\frac{15}{4.04}\right)^2 = 13.79(mmH_2O)$$

氣罩進口壓力損失he $= 1PV + 0.75PV = 1.75 \times 13.79 = 24.13(mmH_2O)$

2. 導管壓力損失

$$\triangle P = 0.1(mmH_2O/m) \times 10(m) = 1(mmH_2O)$$

3. 肘管壓力損失（共 3 個）

$$\triangle P = 3 \times 0.27 \times 13.79(mmH_2O) = 11.17(mmH_2O)$$

總損失壓力 = 氣罩內壓力損失 + 導管壓力損失 + 肘管壓力損失 + 空氣清淨裝置壓力損失

P_{tf}=24.13+1+11.17+50=86.30（mmH_2O）

（三）$$P(馬力hp) = \frac{Q(m^3/min) \times P_{tf}(mmH_2O)}{4500 \times \eta} = \frac{7.854 \times 60 \times 86.30}{4500 \times 0.56} = 16.14(hp)$$

第2章 安全

1. 化學反應平衡式

（1）基本概念

燃燒（Combustion）是一個快速放熱的過程，由可燃物與氧化劑（又稱助燃物）進行氧化還原的化學反應，氧氣是燃燒反應中最常見的助燃物，一般來說碳氫氧化合物完全燃燒後，會假設全部生成二氧化碳與水，其化學反應方程式如下：

$$C_aH_bO_c + mO_2 \rightarrow aCO_2 + (b/2)H_2O$$

如果遇到燃燒（爆炸）界限計算相關的試題，就需要將題目所給的燃料（碳氫氧化合物，如甲烷、乙醇等），以上式進行化學反應平衡，再去計算燃燒（爆炸）上限或下限。其符號可表示為燃燒／爆炸上限：UFL/UEL、燃燒／爆炸下限：LFL/LEL。

提醒讀者，試題不一定會提示燃料的分子式，所以要記住常見化合物的分子式，或透過官能基計算該燃料的分子式，這樣才能順利解題，筆者將常見化合物的分子式列在下表提供讀者參考；據以往相關職安衛的考試題型來看，烯烴與烷烴類的出題次數最多，若讀者準備考試的時間有限，務必將此兩種類型的碳氫化合物分子式記住。

類別	通式	化合物	分子式（示性式）
烷烴	C_nH_{2n+2}	甲烷	CH_4
		乙烷	C_2H_6
		丙烷	C_3H_8
烯烴	C_nH_{2n}	乙烯	C_2H_4
		丙烯	C_3H_6
炔烴	C_nH_{2n-2}	乙炔	C_2H_2
		丙炔	C_3H_4

類別	通式	化合物	分子式（示性式）
芳香烴	C_nH_{2n-6}	苯	C_6H_6
		甲苯（甲基苯）	C_7H_8
		乙苯（乙基苯）	C_8H_{10}
醇類	$C_nH_{2n+2}O$ （$C_nH_{2n+1}OH$）	甲醇	CH_4O（CH_3OH）
		乙醇	C_2H_6O（C_2H_5OH）
酮類	$C_{n+1}H_{2n+2}O$ （$C_nH_{2n+1}COC_{n'}H_{2n'+1}$）	丙酮	C_3H_6O（CH_3COCH_3）
		丁酮	C_4H_8O（$CH_3COC_2H_5$）
醛類	$C_nH_{2n}O$	甲醛	CH_2O
		乙醛	C_2H_4O（CH_3CHO）

將化學反應方程式進行平衡（使箭號兩邊原子的種類、數目相同）後，可以得到理論燃燒需要的氧氣莫耳數（m），而 m 可以用下式求得：

$$m = a + \frac{b}{4} - \frac{c}{2}（公式 2-1-01）$$

或者讀者可使用觀察法進行反應平衡，步驟如下：

A. 將最複雜的化合物的係數訂為 1 或 2，如將燃料的莫耳數訂為 1。

B. 依序平衡箭號兩端原子的種類、數目，優先找兩邊各出現一次，且原子數又不等的元素先下手平衡，如碳元素或氫元素。

筆者舉甲醇燃燒為例，以觀察法平衡化學反應方程式的步驟如下：

A. 先寫出反應方程式：

$$CH_4O + mO_2 \rightarrow xCO_2 + yH_2O$$

B. 平衡碳元素莫耳數，左邊只有 1 個碳，所以 x 訂為 1：

$$CH_4O + mO_2 \rightarrow 1CO_2 + yH_2O$$

C. 平衡氫元素莫耳數，左邊有 4 個氫，所以 y 訂為 2（因為 $2 \times 2 = 4$）：

$$CH_4O + mO_2 \rightarrow 1CO_2 + 2H_2O$$

D. 分別將左右邊的氧相加，且二邊需相等：

$$1 + 2m = (1 \times 2) + (2 \times 1) = 4$$

$$2m = 4-1 = 3$$

$$m = 3/2 = 1.5$$

E. 將所有莫耳數帶入原方程式，檢查是否正確：

$$CH_4O + 1.5O_2 \rightarrow CO_2 + 2H_2O$$

C：1=1（正確）

H：4=2×2（正確）

O：1+（1.5×2）=（1×2）+（2×1）（正確）

（2）精選試題

1

某科技股份有限公司以丙烷（C_3H_8）作為燃料，用以加熱潮濕粉末，請列出丙烷完全燃燒之化學反應式。

答：

丙烷之完全燃燒化學反應式：

$$C_3H_8 + 5O_2 \rightarrow 3CO_2 + 4H_2O$$

2

正己烷（C_6H_{14}）與氧氣完全燃燒之完全燃燒反應式為 $mC_6H_{14}+nO_2 \rightarrow pCO_2+qH_2O$，上列反應式中 m、n、p、q 均為正整數。平衡上列完全燃燒反應式後，m、n、p、q 之值為何（最簡單整數）？

答：

$$mC_6H_{14}+nO_2 \rightarrow pCO_2+qH_2O$$

$$1C_6H_{14}+9.5O_2 \rightarrow 6CO_2+7H_2O$$

反應式中 m、n、p、q 之正整數值為 $2C_6H_{14}+19O_2 \rightarrow 12CO_2+14H_2O$

反應式中 m、n、p、q 之最簡單整數值 m=2、n=19、p=12、q=14

2. 燃燒理論空氣量

（1）基本概念

　　根據燃燒的反應方程式，可以得到完全燃燒時燃料與氧氣的莫耳數比，也就是說可以知道理論上燃燒 1 莫耳的燃料需要搭配多少莫耳的氧氣，以前一節的甲醇燃燒方程式為例，甲醇與氧氣的莫耳數比為 1 比 1.5，亦即欲燃燒 1 莫耳的甲醇需要 1.5 莫耳的氧氣。

　　但是，地球的大氣環境中並非全部由氧氣組成，在燃燒的計算應用上，通常會考量實際情況，也就是以「空氣」作為助燃物進行計算，所以試題一般會請考生計算燃燒的「理論空氣量」。

　　因為氧氣大約只佔空氣的 21%（v/v），所以空氣可以下式表示：

$$\frac{21}{100} \times moles\ Air = moles\ O_2$$

$$moles\ Air = \frac{moles\ O_2}{0.21}\quad（公式\ 2\text{-}1\text{-}02）$$

以 1 莫耳的甲醇為例，燃燒的理論「氧氣」量為 1.5 莫耳，帶入公式 2-1-02 計算：

$$Air = \frac{1.5}{0.21} \cong 7.14$$

　　所以，1 莫耳甲醇的燃燒理論空氣量約為 7.14 莫耳，亦即燃燒 1 莫耳的甲醇約需要 7.14 莫耳的空氣。

　　另外，試題如果要求燃燒理論空氣量以體積（如 m³）表示，就要再計算每莫耳空氣的體積，此時要以題目提示的空氣相關條件計算，如無相關提示，可假設空氣條件為 25℃、1 大氣壓，筆者以此條件為例，以理想氣體方程式計算 1 莫耳的空氣體積。

　　理想氣體方程式：$PV = nRT$

$$1 \times V = 1 \times 0.082 \times (25 + 273.15)$$

$$V \cong 24.45\ L = 0.02445\ m^3$$

　　繼續以 1 莫耳甲醇為例，當燃燒理論空氣量約為 7.14 莫耳時，換算成體積約為 0.175 立方公尺，亦即燃燒 32 公克的甲醇（1 莫耳）理論上約需要 0.175 立方公尺的空氣。

（2）精選試題

3　某科技股份有限公司以丙烷（C_3H_8）作為燃料，用以加熱潮濕粉末，若其每天 8 小時之消耗量為 40 公斤，大氣環境為 1 大氣壓、溫度 25°C、氧氣濃度 21%，為使丙烷完全燃燒，請計算所需之理論空氣量，以每小時立方米（m^3/hr）表示之。

答：

每小時消耗之丙烷量 W 為（40kg×1,000 g/kg）/8hr=5,000 g/hr

5,000 g/hr ÷ 44 g/mole ＝ 113.64 mole/hr

$$C_3H_8 + 5O_2 \rightarrow 3CO_2 + 4H_2O$$

$$\frac{113.64 \text{ mole}}{1 \text{ mole}} = \frac{X \text{ mole}}{5 \text{ mole}} \Rightarrow X = 113.64 \times 5 \Rightarrow X = 568.2 \text{ mole}$$

568.2 mole × 0.02445 m^3/mole=13.8925

因空氣中氧含量為 21%（體積比），故所需之理論「空氣」量（以體積表示）計算如下：

$$\frac{21}{100} = \frac{13.9209 \text{ m}^3}{Y \text{ m}^3} \Rightarrow Y = \frac{13.9209 \text{ m}^3 \times 100}{21} = 66.29 \text{ m}^3$$

經計算後得知丙烷每小時之燃燒理論空氣量約為 **66.15 m^3**。

4　所謂理論空氣量係指可燃性物質完全燃燒所需要的空氣量，以正己烷為例，其完全燃燒反應式為 C_6H_{14} ＋ 9.5O_2 → 6CO_2 ＋ 7H_2O。現有正己烷（分子量 86，LEL ＝ 1.1%）每天 8 小時消費 48kg（大氣條件：25°C、一大氣壓、氧氣濃度 21%），正己烷每小時之燃燒理論空氣量（m^3/hr）為何？

答：

每小時使用之正己烷量 W 為（48 kg×1,000 g/kg）/8hr=6,000 g/hr

6,000 g/hr ÷ 86 g/mole ＝ 69.77 mole/hr

$$C_6H_{14} + 9.5O_2 \rightarrow 6CO_2 + 7H_2O$$

$$\frac{69.77 \text{ mole}}{1 \text{ mole}} = \frac{X \text{ mole}}{9.5 \text{ mole}} \Rightarrow X = 69.77 \times 9.5 \Rightarrow X = 662.82 \text{ mole}$$

$662.82 \text{ mole} \times 0.02445 \text{ m}^3/\text{mole} = 16.21 \text{ m}^3$

因空氣中氧含量為 21%（體積比），故所需之理論「空氣」量（以體積表示）計算如下：

$$\frac{21}{100} = \frac{16.21 \text{ m}^3}{Y \text{ m}^3} \Rightarrow Y = \frac{16.21 \text{ m}^3 \times 100}{21} = 77.19 \text{ m}^3$$

故正己烷每小時之燃燒理論空氣量為 77.19 m³。

---

5 所謂理論空氣量係指可燃性物質完全燃燒所需要的空氣量，如碳氫化合物完全燃燒產物為 CO_2 及 H_2O，以丙烷為例，其完全燃燒反應式為 $C_3H_8 + 5O_2 \rightarrow 3CO_2 + 4H_2O$。現有四種物質其分別為：丙烷（$C_3H_8$，分子量 44 g/mole）、丙酮（$CH_3COCH_3$，分子量 58 g/mole）、異丙醇（$CH_3CHOHCH_3$，分子量 60 g/mole）、甲乙醚（$CH_3OC_2H_5$，分子量 60 g/mole），試問當上述四種物質質量相等時，何者燃燒時具最低之理論空氣量？

答：

設上述四種物質質量均為 X g，其所需之理論「氧氣」量（以莫耳表示）計算如下：

丙烷　　$C_3H_8 + 5O_2 \rightarrow 3CO_2 + 4H_2O$

$\dfrac{X}{44} \times 5 = 0.1136 \text{ X mole}$

丙酮　　$CH_3COCH_3 + 4O_2 \rightarrow 3CO_2 + 3H_2O$

$\dfrac{X}{58} \times 4 = 0.0690 \text{ X mole}$

異丙醇　$CH_3CHOHCH_3 + 4.5O_2 \rightarrow 3CO_2 + 4H_2O$

$\dfrac{X}{60} \times 4.5 = 0.075 \text{ X mole}$

甲乙醚　$CH_3OC_2H_5 + 4.5O_2 \rightarrow 3CO_2 + 4H_2O$

$\dfrac{X}{60} \times 4.5 = 0.075 \text{ X mole}$

上述四種物質質量相等且氧氣濃度固定時，丙酮燃燒時具最低之理論空氣量。

6 若正己烷 10 小時共消費 86 kg，空氣相關條件為 25°C、1 大氣壓、氧氣濃度 21%、每莫耳體積 24.5 公升，試回答正己烷完全燃燒所須每小時之空氣流量為多少（m³/h）？

答：

正己烷分子量 M.W 為 86 g（$C_6H_{14}=12\times6+1\times14=86$）

每小時消耗之正己烷量 W 為（$86kg\times1,000$ g/kg）/10 hr=8,600 g/hr

8,600 g/hr ÷ 86 g/mole ＝ 100 mole/hr

$$C_6H_{14}+9.5O_2 \rightarrow 6CO_2+7H_2O$$

$$\frac{100\ mole}{1\ mole}=\frac{X\ mole}{9.5\ mole} \rightarrow X=100\times9.5 \rightarrow X=950\ mole$$

950 mole × 24.5 L/mole=23,275 L

23,275 L × 0.001 m³/L ＝ 23.275 m³

因空氣中氧含量為 21%（體積比），故所需之理論「空氣」量（以體積表示）計算如下：

$$\frac{21}{100}=\frac{23.275\ m^3}{Y\ m^3} \rightarrow Y=\frac{23.275\ m^3 \times 100}{21}=110.83\ m^3$$

經計算後得知正己烷每小時之燃燒理論空氣量約為 110.83 m³。

3.Cst（易燃性氣體在空氣中完全燃燒所需之化學劑量濃度）計算

（1）基本概念

當缺少碳氫氧化合物的燃燒（爆炸）界限數據時，可用下列經驗式進行估算：

$$LEL(LFL)=0.55\times Cst \quad （公式\ 2\text{-}1\text{-}03）$$

$$UEL(UFL)=3.5\times Cst \quad （公式\ 2\text{-}1\text{-}04）$$

而 Cst 是指燃料於空氣混合物中以計量係數比燃料的體積百分比，以下式表示：

$$Cst(\%)=\frac{燃料莫耳數}{混合物莫耳數}\times100=\frac{燃料莫耳數}{燃料莫耳數＋空氣莫耳數}\times100 \quad （公式\ 2\text{-}1\text{-}05）$$

又假設一般環境下，空氣中具有 21%（v/v）的氧氣，並將公式 2-1-05 改寫如下：

$$C_{st} = \frac{\text{moles fuel}}{\text{moles fuel} + \text{moles air}} \times 100$$

$$= \frac{100}{1 + \dfrac{\text{moles air}}{\text{moles fuel}}}$$

$$= \frac{100}{1 + \left(\dfrac{\text{moles O}_2}{0.21} \times \dfrac{1}{\text{moles fuel}}\right)}$$

$$= \frac{100}{1 + \left(\dfrac{1}{0.21} \times \dfrac{\text{moles O}_2}{\text{moles fuel}}\right)}$$

$$= \frac{100}{1 + \left(\dfrac{1}{0.21} \times \dfrac{m}{1}\right)}$$

$$= \frac{100}{1 + \left(\dfrac{m}{0.21}\right)} \quad （公式 2-1-06）$$

筆者建議將公式 2-1-06 的計算式背下來，以便在有限的考試時間內順利作答完，但如果不想記住多如牛毛的公式，就需要理解上述的推導過程，在考場上推導公式後再應用。另外請讀者注意上式是假設空氣中有 21% 的氧氣體積，如果題目有提示氧氣比例時，應改以該比例計算。最後，當我們計算出 Cst 後，需要再透過燃燒（爆炸）上限及下限的經驗式（公式 2-1-03、公式 2-1-04），求得題目的答案。

綜合第一節的理論燃燒氧氣莫耳數公式（公式 2-1-01）與本節的 Cst 計算式（公式 2-1-03、公式 2-1-04），可將燃燒（爆炸）上限及下限的經驗式改寫成下二式，供讀者參考：

$$LEL = \frac{55}{4.76a + 1.19b - 2.38c + 1} \quad （公式 2-1-07）$$

$$UFL = \frac{350}{4.76a + 1.19b - 2.38c + 1} \quad （公式 2-1-08）$$

另外除了以 Cst 估算化合物的燃燒（爆炸）界限之外，還有許多學者發表其他的估算方法，例如以下方法，讀者答題時需細看試題有無提示其餘的估算方式，不可不慎。

$$LFL = \frac{-3.42}{\triangle H_c} + 0.569 \triangle H_c + 0.0538 \triangle H_c^2 + 1.80 \quad （公式 2-1-09）$$

$$UFL = 6.30 \triangle H_c + 0.567 \triangle H_c^2 + 23.5 \quad （公式 2-1-10）$$

其中，$\triangle H_c$ 是指燃料的燃燒熱$(10^3 kJ / mol)$

（2）精選試題

7　某科技股份有限公司以丙烷（C_3H_8）作為燃料，用以加熱潮濕粉末，若其每天 8 小時之消耗量為 40 公斤，若大氣環境為 1 大氣壓、溫度 25℃、氧氣濃度 21%，丙烷之理論爆炸下限為 0.55 Cst，請計算丙烷之爆炸下限。

答：

$$Cst = \frac{100}{1 + \dfrac{5}{0.21}} = \frac{100}{1 + 23.81} = \frac{100}{24.81} = 4.03\%$$

$$或 \; Cst = \frac{0.21 \times 100}{0.21 + N} = \frac{21}{0.21 + 5} = \frac{21}{5.21} = 4.03\%$$

丙烷（C_3H_8）之理論爆炸下限 $= 0.55 \times Cst = 0.55 \times 4.03\% = 2.22\%$。

8　一碳氫混合氣體，其組成與其體積百分比分別為乙烷（C_2H_6）80%、丙烷（C_3H_8）10%、丁烷（C_4H_{10}）10%，燃燒過程中空氣之氧氣體積百分此為 21%，請依題意回答下列問題：

（一）列出完全燃燒之化學平衡方程式並計算乙烷、丙烷、丁烷個別氣體之理論混合比（Cst）

（二）計算乙烷、丙烷、丁烷個別氣體之爆炸下限（LEL）。

參考公式：碳氫氣體完全燃燒之化學平衡方程式：

$$C_xH_Y + \frac{4x + y}{4}O_2 \rightarrow xCO_2 + \frac{y}{2}H_2$$

LEL（爆炸下限）$= 0.55Cst$（理論混合比）

答：

（一）乙烷、丙烷、丁烷個別氣體之理論混合比（C_{st}）及（二）個別氣體之爆炸下限（LEL）計算如下列：

乙烷（C_2H_6）之燃燒化學式　$C_2H_6 + 3.5O_2 \rightarrow 2CO_2 + 3H_2O$

$$Cst = \frac{100}{1+\dfrac{3.5}{0.21}} = \frac{100}{1+16.67} = \frac{100}{17.67} = 5.66\% \text{ 或 } Cst = \frac{0.21\times100}{0.21+N} = \frac{21}{0.21+3.5} = \frac{21}{3.71} = 5.66\%$$

乙烷（C_2H_6）之理論爆炸下限 $= 0.55\times Cst = 0.55\times5.66\% = 3.11\%$

丙烷（C_3H_8）之燃燒化學式　$C_3H_8 + 5O_2 \rightarrow 3CO_2 + 4H_2O$

$$Cst = \frac{100}{1+\dfrac{5}{0.21}} = \frac{100}{1+23.81} = \frac{100}{24.81} = 4.03\% \text{ 或 } Cst = \frac{0.21\times100}{0.21+N} = \frac{21}{0.21+5} = \frac{21}{5.21} = 4.03\%$$

丙烷（C_3H_8）之理論爆炸下限 $= 0.55\times Cst = 0.55\times4.03\% = 2.22\%$

丁烷（C_4H_{10}）之燃燒化學式　$C_4H_{10} + 6.5O_2 \rightarrow 4CO_2 + 5H_2O$

$$Cst = \frac{100}{1+\dfrac{6.5}{0.21}} = \frac{100}{1+30.95} = \frac{100}{31.95} = 3.13\% \text{ 或 } Cst = \frac{0.21\times100}{0.21+N} = \frac{21}{0.21+6.5} = \frac{21}{6.71} = 3.13\%$$

丁烷（C_4H_{10}）之理論爆炸下限 $= 0.55\times Cst = 0.55\times3.13\% = 1.72\%$

---

9 若正己烷之爆炸下限為 0.55 倍理論混合比例值（LEL=0.55Cst），正己烷之爆炸下限為多少？

答：

正己烷（C_6H_{14}）之燃燒化學式　$C_6H_{14} + 9.5O_2 \rightarrow 6CO_2 + 7H_2O$

$$Cst = \frac{100}{1+\dfrac{9.5}{0.21}} = \frac{100}{1+45.24} = \frac{100}{46.24} = 2.16\% \text{ 或 } Cst = \frac{0.21\times100}{0.21+N} = \frac{21}{0.21+9.5} = \frac{21}{9.71} = 2.16\%$$

正己烷（C_6H_{14}）之理論爆炸下限 $= 0.55\times Cst = 0.55\times2.16\% = 1.19\%$

4. 勒沙特列定律（Le Chatelier's law）

（1）基本概念

勒沙特列（Le Chatelier）於 1891 年提出一個簡單的加法經驗式，用於預測雙成分混合氣體的燃燒下限，他的實驗是先確定混合氣體（甲烷與煤氣）中各別的燃燒下限，然後固定混合氣中甲烷的體積，再依序加入不同的煤氣體積去試驗該混合氣是否燃燒，用以驗證所提的經驗式，經驗式如下：

$$\frac{n}{N} + \frac{n'}{N'} = 1 \text{（公式 2-1-11）}$$

其中，N 與 N' 分別為甲烷與煤氣在空氣下的燃燒下限，以百分比表示；n 與 n' 分別為甲烷與煤氣在包含空氣的混合氣體中所佔的體積比，以百分比表示。

例如，勒沙特列在實驗中已知甲烷與煤氣在空氣下的燃燒下限分別為 6.45% 與 8.15%，先將 1.5% 的甲烷加入玻璃管中，再一次又一次地加入不同體積的煤氣，直至煤氣加入到 6.2% 至 6.3% 之間，玻璃管中的混合氣才可以燃燒，若以圖形解釋，說明如下：

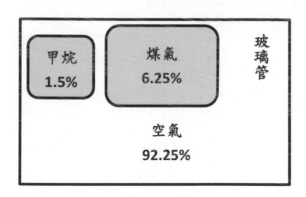

如果將實驗結果帶入公式 2-1-11，以 N 與 N' 分別為 6.45% 與 8.15%、n 為 1.5% 進行計算，也可以得知 n' 約為 6.25%。

後來經過更多的實驗驗證，將公式 2-1-11 推廣適用到多成分的混合氣體，公式如下：

$$1 = \sum \frac{y_i}{LFL_i} \text{（公式 2-1-12）}$$

其中，LFL_i 為可燃物 i 在空氣下的燃燒下限、y_i 為包含空氣時可燃物 i 的體積百分比

筆者建議可以用易燃指標（FI）來理解公式 2-1-12，易燃指標是描述可燃物的蒸氣濃度對燃燒下限的比值：

$$E_M = \frac{y_i}{LFL_i} \text{（公式 2-1-13）}$$

　　當易燃指標為 1 時，代表可燃物的蒸氣濃度（空氣中的體積百分比）等於燃燒下限，該可燃物 i 可燃，公式 2-1-12 即為混合氣體的易燃指標為 1。

　　而公式 2-1-12 並非現在常見的勒沙特列混合氣體燃燒下限公式，常見的混合氣體燃燒下限公式是經由適當的數學換算而來，常見的公式如下：

$$LFL = \frac{100}{\sum \dfrac{z_i}{LFL_i}} \quad （公式 2-1-14）$$

　　其中，LFL_i 為可燃物 i 在空氣下的燃燒下限。

　　z_i 為不包含空氣時可燃物 i 的體積百分比。

　　公式 2-1-12 推導至公式 2-1-14 的數學換算過程，說明如下。

　　因為 y_i 是包含空氣時可燃物 i 的體積百分比，所以 y_i 的總合為該混合氣體的燃燒下限，公式表示如下：

$$LFL = y_1 + y_2 + \cdots + y_i = \sum y_i \quad （公式 2-1-15）$$

　　以勒沙特列的實驗為例，甲烷與煤氣在包含空氣的體積百分比分別為 1.5% 與 6.25% 時的混合氣體可以燃燒，代表該混合氣體的燃燒下限為 7.75%。

　　又公式 2-1-14 中，z_i 是可燃物 i 佔所有可燃物的體積百分比，所以可將 z_i 以下式表示：

$$z_i = \frac{100 \times y_i}{\sum y_i}$$

　　進行移項，將 y_i 留在等式左邊，並將公式 2-1-15 帶入：

$$y_i = \frac{\sum y_i}{100} \times z_i = \frac{LFL}{100} \times z_i \quad （公式 2-1-16）$$

　　將公式 2-1-16 帶入公式 2-1-12 中，並整理成公式 2-1-17：

$$1 = \sum \frac{\dfrac{LFL}{100} \times z_i}{LFL_i}$$

$$= \left(\frac{LFL}{100}\right) \times \left(\sum \frac{z_i}{LFL_i}\right)$$

$$\frac{100}{LFL} = \sum \frac{z_i}{LFL_i}$$

$$LFL = \frac{100}{\sum \frac{z_i}{LFL_i}} \quad (\text{公式 2-1-17})$$

至於混合氣體的燃燒上限也可使用公式 2-1-11 進行概算，只是其中的 N 與 N' 分別變成甲烷與煤氣在空氣下的燃燒上限，也以百分比表示。一樣經過數學換算後，可將計算燃燒上限的公式 2-1-11 變為下式：

$$UFL = \frac{100}{\sum \frac{z_i}{UFL_i}} \quad (\text{公式 2-1-18})$$

其中，UFL_i 為可燃物 i 在空氣下的燃燒上限

z_i 為不包含空氣時可燃物 i 的體積百分比

筆者建議將公式 2-1-17 與公式 2-1-18 背下來，但讀者要注意式中的 $\sum z_i = 100$，也就是說 z_i 的總合須為 100，當試題給定的各可燃物百分比相加不到 100 時，代表該百分比為包含空氣在內的體積百分比，亦即公式 2-1-12 中的 y_i，解題時要先以公式 2-1-16 計算出 z_i，再帶入公式 2-1-17 與公式 2-1-18 計算該混合物的燃燒上限與燃燒下限。

（2）精選試題

10 某液化石油氣之組成為乙烷 10%（C_2H_6，LEL=3%，UEL=12.5%）；丙烷 50%（C_3H_8，LEL=2.2%，UEL=9.5%）；丁烷 40%（C_4H_{10}，LEL=1.8%，UEL=8.4%），請依勒沙特列（Le Chatelier）定律估算此液化石油氣之爆炸上限與爆炸下限。

答：

1. 依勒沙特列（Le Chatelier）定律此混合氣體在空氣中的爆炸下限（LEL）計算如下：

$$LEL = \frac{100}{\frac{V_1}{L_1} + \frac{V_2}{L_2} + \frac{V_3}{L_3}} = \frac{100}{\frac{10}{3.0} + \frac{50}{2.2} + \frac{40}{1.8}} = \frac{100}{3.33 + 22.73 + 22.22} = \frac{100}{48.28} = 2.07\%$$

2. 依勒沙特列（Le Chatelier）定律此混合氣體在空氣中的爆炸上限（UEL）計算如下：

$$UEL = \frac{100}{\frac{V_1}{U_1} + \frac{V_2}{U_2} + \frac{V_3}{U_3}} = \frac{100}{\frac{10}{12.5} + \frac{50}{9.5} + \frac{40}{8.4}} = \frac{100}{0.8 + 5.26 + 4.76} = \frac{100}{10.82} = 9.24\%$$

11 下表為混合可燃氣體之組成百分比與其組成三種可燃性氣體之爆炸界限，請由該混合可燃性氣體之組成百分比，以勒沙特列定律（Le Chatelier's Equation）計算混合氣體之爆炸下限與爆炸上限。

可燃性氣體種類	爆炸界限（%）	組成百分比（%）
A	1.8~8.4	45
B	1.0~7.1	10
C	3.0~12.4	45

答：

1. 依勒沙特列（Le Chatelier）定律此混合氣體在空氣中的爆炸下限（LEL）計算如下：

$$LEL = \frac{100}{\dfrac{V_1}{L_1}+\dfrac{V_2}{L_2}+\dfrac{V_3}{L_3}} = \frac{100}{\dfrac{45}{1.8}+\dfrac{10}{1.0}+\dfrac{45}{3.0}} = \frac{100}{25.00+10.00+15.00} = \frac{100}{50.00} = 2\%$$

2. 依勒沙特列（Le Chatelier）定律此混合氣體在空氣中的爆炸上限（UEL）計算如下：

$$UEL = \frac{100}{\dfrac{V_1}{U_1}+\dfrac{V_2}{U_2}+\dfrac{V_3}{U_3}} = \frac{100}{\dfrac{45}{8.4}+\dfrac{10}{7.1}+\dfrac{45}{12.4}} = \frac{100}{5.36+1.41+3.63} = \frac{100}{10.40} = 9.62\%$$

12 可燃性氣體之組成百分比與其爆炸界限如下表所示，請依勒沙特列（Le Chatelier）定律計算混合可燃性氣體之爆炸上限（UEL）與爆炸下限（LEL）。

組成物質名稱	爆炸界限（%）	組成體積百分比（%）
乙烷（C_2H_6）	3.0-12.4	30
丙烷（C_3H_8）	2.1-10.1	30
丁烷（C_4H_{10}）	1.6-8.4	40

答：

1. 依勒沙特列（Le Chatelier）定律此可燃性氣體在空氣中的爆炸下限（LEL）計算如下：

$$LEL = \frac{100}{\dfrac{V_1}{L_1} + \dfrac{V_2}{L_2} + \dfrac{V_3}{L_3}} = \frac{100}{\dfrac{30}{3.0} + \dfrac{30}{2.1} + \dfrac{40}{1.6}} = \frac{100}{10.0 + 14.29 + 25.0} = \frac{100}{49.29} = 2.03\%$$

2. 依勒沙特列（Le Chatelier）定律此混合氣體在空氣中的爆炸上限（UEL）計算如下：

$$UEL = \frac{100}{\dfrac{V_1}{U_1} + \dfrac{V_2}{U_2} + \dfrac{V_3}{U_3}} = \frac{100}{\dfrac{30}{12.4} + \dfrac{30}{10.1} + \dfrac{40}{8.4}} = \frac{100}{2.42 + 2.97 + 4.76} = \frac{100}{10.15} = 9.85\%$$

13 某石化公司以採樣鋼瓶採集製程氣體，製程氣體體積組成為 0.8% 己烷（hexane）及 2.0% 甲烷（methane）與 0.5% 乙烯（ethylene）其他為空氣之混合物，該等採樣鋼瓶要送到室內實驗室分析，工安人員欲評估其安全考量，請問該製程氣體燃燒上下限為何？該製程氣體是否具可燃性？

氣體	燃燒下限（體積 %）	燃燒上限（體積 %）
己烷	1.1	7.5
甲烷	5.0	15
乙烯	2.7	36

答：

（一）先計算各氣體間比例：

$$己烷 = \frac{0.8}{0.8 + 2.0 + 0.5} \cong 24.24(\%)$$

$$甲烷 = \frac{2.0}{0.8 + 2.0 + 0.5} \cong 60.61(\%)$$

$$乙烯 = \frac{0.5}{0.8 + 2.0 + 0.5} \cong 15.15(\%)$$

（二）帶入勒沙特列方程式計算該製程氣體燃燒上下限：

$$LFL = \frac{100}{\frac{24.24}{1.1} + \frac{60.61}{5.0} + \frac{15.15}{2.7}} \cong 2.51(\%)$$

$$UFL = \frac{100}{\frac{24.24}{7.5} + \frac{60.61}{15} + \frac{15.15}{36}} \cong 13(\%)$$

（三）可燃性計算：

　　1. 方法一（原始勒沙特列方程式）：

$$\frac{0.8}{1.1} + \frac{2.0}{5.0} + \frac{0.5}{2.7} \cong 1.31$$

$$\frac{0.8}{7.5} + \frac{2.0}{15} + \frac{0.5}{36} \cong 0.25$$

因為燃燒下限的易燃指標大於 1 且燃燒上限的易燃指標小於 1，所以該製程氣體濃度位於燃燒範圍之內，具有可燃性。

2. 方法二：

該製程氣體濃度 = 0.8 + 2.0 + 0.5 = 3.3(%)，介於 2.51 至 13 之間，故該製程氣體具可燃性。

5. 危險度／指數（Dangerous Index, DI；或以 H 代表）

（1）基本概念

　　燃燒界限是指可燃物的燃燒下限與燃燒上限之間的範圍，如果燃燒界限範圍越大，代表在空氣中該可燃物較其他範圍較小的可燃物更容易達到適當濃度，更容易燃燒。另外，因為燃燒下限越低的可燃物比其他下限較高的可燃物更容易滿足燃燒條件，所以更容易被引燃。

　　綜合以上結果，欲知道兩個可燃物之間的相對危險性，就可以比較彼此的燃燒上限與下限，如果 A 物質的燃燒下限比 B 物質的燃燒下限低，且燃燒界限也較大，A 物質的危險性當然高於 B 物質。但是，如果遇到 A 物質的燃燒下限比 B 物質的燃燒下限低，而燃燒界限卻比較小呢？

所以，為了能夠容易比較各種可燃物的危險性，就以危險指數（度）H 的數值高低來表示相對危險程度，其公式如下：

$$H = \frac{UFL - LFL}{LFL} \text{（公式 2-1-19）}$$

公式 2-1-19 的組成是因為燃燒下限越低越危險，置於分母；燃燒界限越大越危險，置於分子，當危險指數越高，代表該可燃物的相對危險程度就越大。

筆者在這一節額外說明溫度、壓力與氧氣濃度對可燃物燃燒界限的影響，以應付更多有關燃燒界限的試題。

通常，可燃物的燃燒界限會隨著溫度的升高而增加，可根據以下經驗式求得不同溫度下的燃燒界限：

$$LFL_T = LFL_{25} - \frac{0.75}{\Delta H_c}(T - 25) \text{（公式 2-1-20）}$$

$$UFL_T = UFL_{25} + \frac{0.75}{\Delta H_c}(T - 25) \text{（公式 2-1-21）}$$

其中，ΔH_c 是淨燃燒熱或稱低位發熱量（kcal/mole）

T 是溫度（℃）

壓力對可燃物的燃燒下限影響不大，但對燃燒上限的影響卻很顯著，燃燒上限會隨著壓力的增加而顯著增加，造成燃燒界限也跟著變大，以下經驗式可用來計算壓力對燃燒上限的影響：

$$UFL_P = UFL + 20.6(\log P + 1) \text{（公式 2-1-22）}$$

其中，P 是絕對壓力（MPa）

UFL 是一大氣壓下的燃燒上限

氧氣濃度同樣對可燃物的燃燒下限影響不大，但對燃燒上限的影響卻很顯著，燃燒上限在純氧中會顯著上升，造成燃燒界限也跟著變大，以下經驗式可用來計算純氧對燃燒上限的影響：

$$UOL = \frac{UFL[100 - C_{UOL}](100 - UFL_O)}{UFL_O + UFL(1 - C_{UOL})} \text{（公式 2-1-23）}$$

其中，UOL 是在純氧下的燃燒上限（氧氣中燃料的體積百分比）

UFL 是在空氣下的燃燒上限（空氣中燃料的體積百分比）

UFL_O 是在空氣下的燃燒上限時的氧氣濃度（空氣中氧氣的體積百分比）

C_{UOL} 是擬合常數

經大量實驗數據分析，對於多數燃料，C_{LOC}= -1.87 時可以有較好的擬合。

（2）精選試題

14 某科技股份有限公司以丙烷（C_3H_8）作為燃料，用以加熱潮濕粉末，若丙烷之爆炸下限為 2.22%、上限為 9.5%，請計算丙烷之危險性（指數）。

答：

丙烷之危險指數＝（爆炸上限－爆炸下限）÷ 爆炸下限

丙烷之危險指數＝（9.5% － 2.22%）÷2.22% ＝ 3.28

15 （一）試定義「爆炸範圍」。

（二）試說明氧氣濃度對爆炸範圍之影響為何。

（三）某液化石油氣之組成為乙烷 10%（C_2H_6，LEL=3%，UEL=12.5%）；丙烷 50%（C_3H_8，LEL=2.2%，UEL=9.5%）；丁烷 40%（C_4H_{10}，LEL=1.8%，UEL=8.4%），其爆炸上限與爆炸下限分別為 2.07% 與 9.24%，請計算此液化石油氣之危險度。

答：

（一）爆炸範圍：係指引火性液體之蒸氣及可燃性氣體與空氣混合後遇到火種可以爆炸最低與最高之體積百分比，其界限謂之爆炸範圍或燃燒範圍。要發生燃燒或爆炸，一定要使可燃物質在適當之濃度範圍，特別是氣體或蒸氣，如果濃度太濃或太稀薄，都不會發生燃燒或爆炸，充其量只發生化學反應，這適當之濃度範圍就稱之為爆炸範圍。

（二）一般來說，對於大多數常見的碳氫化合物，在純氧下的燃燒下限（LOL）接近於在空氣中的燃燒下限（LFL），但在純氧下的燃燒上限（UOL）會遠高於在空氣中的燃燒上限（UFL），可見氧氣濃度越高將會提高可燃性氣體的燃燒上限，造成燃燒範圍變大。

（三）危險度 H ＝（9.24% － 2.07%）/ 2.07% ＝ 3.46

16 下表為混合可燃氣體之組成百分比與其組成三種可燃性氣體之爆炸界限，請計算表中三種可燃氣體之危險指數，並由計算結果排列該三種可燃性氣體之危險性。

可燃性氣體種類	爆炸界限（%）	組成百分比（%）
A	1.8~8.4	45
B	1.0~7.1	10
C	3.0~12.4	45

答：

（一） 危險度（指數）＝（爆炸上限－爆炸下限）÷ 爆炸下限

可燃性氣體 A 之危險度＝（8.4 － 1.8）÷ 1.8 ＝ 3.67

可燃性氣體 B 之危險度＝（7.1 － 1.0）÷ 1.0 ＝ 6.1

可燃性氣體 C 之危險度＝（12.4 － 3.0）÷ 3.0 ＝ 3.13

相對危險度之大小順序為：B ＞ A ＞ C

17 某可燃性氣體之組成百分比與其爆炸界限如下表所示，請計算表中乙烷、丙烷與丁烷之爆炸危險性（指數），並依計算結果將前述三種可燃性氣體之爆炸危險性，由低至高排列。

組成物質名稱	爆炸界限（%）	組成體積百分比（%）
乙烷（C_2H_6）	3.0-12.4	30
丙烷（C_3H_8）	2.1-10.1	30
丁烷（C_4H_{10}）	1.6-8.4	40

答：

（一）爆炸危險性（指數）＝（爆炸上限－爆炸下限）÷ 爆炸下限

乙烷氣體之危險度＝（12.4 － 3.0）÷ 3.0 ＝ 3.13

丙烷氣體之危險度＝（10.1 － 2.1）÷ 2.1 ＝ 3.81

丁烷氣體之危險度＝（8.4 － 1.6）÷ 1.6 ＝ 4.25

相對爆炸危險性由低至高排列順序為：乙烷＜丙烷＜丁烷

18 若乙烷之爆炸下限為 3.11%、爆炸上限為 12.4%，計算乙烷之相對危險指數。

答：

乙烷之相對危險指數計算如下

乙烷之危險指數＝（爆炸上限－爆炸下限）÷ 爆炸下限

乙烷之危險指數＝（12.4% － 3.11%）÷3.11% ＝ 2.99

19 若正己烷之爆炸爆炸下限為 1.19%、上限為 7.5%，正己烷之危險度為何？

答：

正己烷之相對危險指數計算如下

正己烷之危險指數＝（爆炸上限－爆炸下限）÷ 爆炸下限

正己烷之危險指數＝（7.5% － 1.19%）÷1.19% ＝ 5.3

6. 限氧濃度（Limit Oxygen Concentration,LOC）/ 最低需氧量（Minimum Oxygen Concentration,MOC）

（1）基本概念

雖然 LFL 是基於可燃物在空氣中的濃度，但氧氣才是空氣中的關鍵成分，燃燒時火焰傳播有最低的氧氣濃度需求。所以，根據以上原因，無論可燃物的濃度多寡，都可以通過惰化方式降低氧氣濃度，防止火災或爆炸發生。

當氧氣濃度低於限氧濃度（LOC）時，燃燒反應無法產生足夠使包含惰性氣體的混合可燃氣體可以自我傳播火焰的熱量，造成無法連續燃燒。因為限氧濃度是可否燃燒的氧氣濃度標準，所以也可以稱為最低需氧量（MOC）或最大安全氧濃度（Maximum Safe Oxygen Concentration, MSOC）等其他名詞。

LOC 的單位是氣體中氧莫耳數佔總莫耳數的百分比，如果無法取得 LOC 的實驗數據，對於大部分的碳氫化合物，可以用燃燒反應的化學計量比及 LFL 進行估算，公式推導如下：

$$LOC = \frac{\text{moles } O_2}{\text{total moles}} = \left(\frac{\text{moles fuel}}{\text{total moles}}\right) \times \left(\frac{\text{moles } O_2}{\text{moles fuel}}\right) = LFL \times \left(\frac{\text{moles } O_2}{\text{moles fuel}}\right) \quad （公式 2-1-24）$$

筆者以甲醇為例，計算其 LOC，首先列出燃燒反應方程式：

$$CH_4O + 1.5O_2 \rightarrow CO_2 + 2H_2O$$

再以公式 2-1-03 及公式 2-1-06 估算甲醇的 LFL：

$$LFL = 0.55 \times Cst = \frac{0.55 \times 100}{1 + \left(\frac{1.5}{0.21}\right)} \cong 6.75(\%)$$

將化學計量及 LFL 帶入公式 2-1-24：

$$LOC = LFL \times \left(\frac{\text{moles O2}}{\text{moles fuel}}\right) = 6.75 \times \left(\frac{1.5}{1}\right) = 10.125(\%)$$

以該方法估算甲醇的 LOC 為 10.125%，與實驗值 10% 相去不遠。

另外，Hansen and Crowl 提出估算 LOC 更好的方式，公式如下，供讀者參考：

$$LOC = \left(\frac{LFL - C_{LOC}UFL}{1 - C_{LOC}}\right) \times \left(\frac{UFL_O}{UFL}\right) \quad （公式 2-1-25）$$

其中，LFL 是燃燒下限（可燃物在空氣中的體積百分比）

UFL 是燃燒上限（可燃物在空氣中的體積百分比）

UFL_O 是在燃燒上限的氧氣濃度（空氣中氧氣的體積百分比）

C_{LOC} 是擬合常數

經大量實驗數據分析，對於多數碳氫化合物，$C_{LOC} = -1.11$ 時可以有較好的擬合。

（2）精選試題

20 限氧濃度（Limiting Oxygen Concentration, 簡稱 LOC）又稱為最小需氧量（Minimum Oxygen Concentration, 簡稱 MOC），常應用於惰化（inerting）。丙烯的燃燒下限為 2%，求丙烯的限氧濃度。

答：

（一）列出丙烯的燃燒化學式：

$$C_3H_6 + 4.5O_2 \rightarrow 3CO_2 + 3H_2O$$

（二）計算丙烯的限氧濃度：

LOC=n×LFL

其中，n 為燃燒所需之氧氣莫耳數

LOC=4.5×2=9（%）

7. 安東尼方程式（Antonic equation）

（1）基本概念

閃火點是決定液體火災爆炸危害的最重要指標之一，各種對液體易燃性分級的方法皆會使用閃火點來分類，閃火點是指液體產生可燃性蒸氣與周遭空氣混合後，經點燃可產生閃火現象的最低溫度，意即當液體溫度達閃火點時，其表面蒸氣濃度恰好為燃燒下限，若以公式表示如下：

$$LFL_i = \frac{P_{i,F.P.}^{sat}}{P} \quad \text{（公式 2-1-26）}$$

其中，LFL_i 為易燃性液體i的燃燒下限

$P_{i,F.P.}^{sat}$ 為易燃性液體 i 在閃火點時的飽和蒸氣壓

P 為周遭的大氣壓力

所以，根據公式 2-1-26，可由易燃性液體在閃火點時的飽和蒸氣壓估算其燃燒下限或由易燃性液體的燃燒下限估算其在閃火點時的飽和蒸氣壓。

而液體的蒸氣壓可由安東尼方程式來預估,經驗式如下:

$$\ln P = A - \frac{B}{T+C} \quad 或 \quad \log P = A - \frac{B}{T+C} \quad （公式 2-1-27）$$

其中,P為液體蒸氣壓

T 為溫度

A、B、C 為常數(隨物質而不同)

另外,根據拉午耳定律（Raoult's Law）,多成分溶液中,溶質為非揮發性、非電解質的稀薄溶液,其蒸氣壓和溶劑的莫耳分率成正比。若溶質為揮發性高蒸氣壓物質,溶液的蒸氣壓等於溶液中每一成份的蒸氣壓的總和（包含溶質和溶劑）,而每一成份的蒸氣壓等於此純物質的蒸氣壓和它在溶液中的莫耳分率（Mole Fraction）的乘積,溶液的總蒸氣壓 P 可以表示為下面的式子:

$$P = \sum \left(P_i^{sat} \times X_i \right) \quad （公式 2-1-28）$$

其中,P_i^{sat}為純物質i的飽和蒸氣壓

X_i為純物質在溶液中的莫耳分率

以廖宏章教授等人的研究顯示,雙成分溶液的閃火點預測,如果考慮到溶液的非理想性（加入活性係數 γ_i）,可利用氣液平衡估算氣相中易燃性液體蒸氣的濃度,並經過一連串數學處理,將公式 2-1-12 修飾成下式:

$$1 = \sum \frac{x_i \gamma_i P_i^{sat}}{P_{i,F.P.}^{sat}} = \frac{x_1 \gamma_1 P_1^{sat}}{P_{1,F.P.}^{sat}} + \frac{x_2 \gamma_2 P_2^{sat}}{P_{2,F.P.}^{sat}} \quad （公式 2-1-29）$$

數學處理過程詳述如下,供讀者參考。

公式 2-1-28 僅適用於理想溶液,如考慮非理想溶液的蒸氣壓估算,則可使用氣液平衡式（vapor-liquid equilibrium, VLE）求得,在相同的壓力與溫度下,液相 x_i 和氣相 y_i 之間達到平衡的條件如下式:

$$y_i \hat{\Phi}_i P = x_i \gamma_i f_i \quad （公式 2-1-30）$$

液相溶液的逸度係數 $\hat{\Phi}_i$ 可降至等於 1,且純液體在系統溫度和壓力下的逸度 f_i 可以簡化為 P_i^{sat},重新整理公式 2-1-30 後得:

$$y_i P = x_i \gamma_i P_i^{sat} \quad （公式 2-1-31）$$

或

$$y_i = \frac{x_i \gamma_i P_i^{sat}}{P} \quad （公式 2\text{-}1\text{-}32）$$

將公式 2-1-26 帶入公式 2-1-12 中，可得：

$$1 = \sum \frac{y_i P}{P_{i,F.P.}^{sat}} \quad （公式 2\text{-}1\text{-}33）$$

再將公式 2-1-31 與公式 2-1-33 合併，整理後得公式 2-1-29：

$$1 = \sum \frac{x_i \gamma_i P_i^{sat}}{P_{i,F.P.}^{sat}} \quad （公式 2\text{-}1\text{-}29）$$

對於雙成分水溶液（一個易燃性液體加上水）的閃火點預測，廖宏章教授等人假設氣相中有充足的氧氣狀態下，於氣相添加水蒸氣不會改變該易燃性物質的燃燒下限。在易燃性物質的燃燒下限為常數的假設下，將純物質的閃火點定義擴展至雙成分水溶液：「在任何組成濃度下，於雙成分水溶液閃火點，其易燃性物質的氣相組成相當於該易燃性物質的燃燒下限。」因此，當水溶液溫度到達該溶液的閃火點時，氣相中易燃性物質 i 的氣相組成可表示成：

$$y_i = LFL_i \quad （公式 2\text{-}1\text{-}34）$$

其中，y_i 為易燃性物質在氣相中的濃度

LFL_i 為純物質 i 的燃燒下限

由公式 2-1-32 可以求得易燃性物質的氣相濃度，並帶入公式 2-1-34，可得：

$$LFL_i = \frac{x_i \gamma_i P_i^{sat}}{P} \quad （公式 2\text{-}1\text{-}35）$$

將公式 2-1-26 與公式 2-1-35 合併，整理後得：

$$P_{i,F.P.}^{sat} = x_i \gamma_i P_i^{sat} \quad （公式 2\text{-}1\text{-}36）$$

或

$$P_i^{sat} = \frac{P_{i,F.P.}^{sat}}{x_i \gamma_i} \quad （公式 2\text{-}1\text{-}37）$$

最後，再由公式 2-1-37 求得的飽和蒸汽壓，以公式 2-1-27 換算回該水溶液的閃火點。

如果水溶液為理想溶液時，液相中任何組成的活性係數等於 1，水溶液閃火點的預測模式可以簡化成以下形式：

$$T = \frac{B}{\frac{B}{T_{i,F.P.} + C} + \log x_i} - C \quad （公式 2\text{-}1\text{-}38）$$

（2）精選試題

21 某一廠於緊急應變時，欲利用加水稀釋外洩的丙酮以降低其危害。已知丙酮的閃火點為 -18℃，若加入的水量其莫耳數為丙酮的兩倍時，此時丙酮水溶液的閃火點為何（該條件下丙酮的活性係數 γ_i 為 2.25）？若欲將丙酮水溶液的閃火點提高至 20℃，試問水溶液中丙酮的莫耳分率為何（該條件下丙酮的活性係數 γ_i 為 8.97）？其中丙酮的蒸氣壓（mmHg）與溫度（K）的關係式如下：

$$\ln P^{sat} = 16.6513 - \frac{2940.46}{T - 35.93}$$

氣相莫耳組成 y_i 與液相莫耳組成 x_i 間的關係可利用以下氣液平衡關係式求得：

$$y_i P = x_i \gamma_i P_i^{sat}$$

其中，P 和 P_i^{sat} 分別為氣相壓力（大氣壓）和飽和蒸氣壓。

答：

（一）假設丙酮氣相中有充足的氧氣狀態下，於氣相添加水蒸氣不會改變其燃燒下限，所以對於丙酮水溶液的閃火點，其氣相組成相當於丙酮的燃燒下限。

　　1.計算丙酮在閃火點下的飽和蒸氣壓：

$$\ln P_{F.P.}^{sat} = 16.6513 - \frac{2940.46}{(-18 + 273.15) - 35.93}$$

$$P_{F.P}^{sat} \cong 25.48$$

　　2.計算丙酮在水溶液中的莫耳分率：

$$x_{丙酮} = \frac{M_{丙酮}}{M_{丙酮} + M_{水}} = \frac{1}{1 + 2} = \frac{1}{3}$$

3. 帶入氣液平衡式：

$$25.48 = x_i \gamma_i P^{sat}$$

$$25.48 = \frac{1}{3} \times 2.25 \times P^{sat}$$

$$P^{sat} \cong 33.98$$

4. 帶入安東尼方程式：

$$\ln(33.98) = 16.6513 - \frac{2940.46}{T - 35.93}$$

$$T \cong 259.95(K)$$

$$= -13.2(℃)$$

（二）1. 計算丙酮水溶液在閃火點為 20℃ 下的飽和蒸氣壓：

$$\ln P^{sat}_{20℃} = 16.6513 - \frac{2940.46}{(20 + 273.15) - 35.93}$$

$$P^{sat}_{20℃} \cong 184.86$$

2. 帶入氣液平衡式：

$$25.48 = x_i \gamma_i P^{sat}$$

$$25.48 = x_i \times 8.97 \times 184.86$$

$$x_i \cong 0.0154$$

8. 反應速率（Reaction rate）

（1）基本概念

　　反應性化學物質意外事故可能會造成嚴重的爆炸或毒性物質釋放，一般常用絕熱熱量計評估反應性化學物質相關的熱危害，但為了克服反應失控的高壓，傳統的絕熱熱卡計，加速熱卡計（Accelerating Rate Calorimeter, ARC）的試驗容器外殼變得極厚，造成化學反應的部分熱量被容器吸收，低估實際的熱危害。較先進的絕熱熱卡計 Phi-TEC II，採用壓力補償方式克服高壓，雖然熱慣性比 ARC 小很多，但對於實際化學製程仍然還是太大。

　　所以，可以看出熱慣性對於以實驗結果評估實際製程的熱危害的影響很大，廖宏章教授等人透過研究發表預測熱危害的模型，以數學模型預測反應性物質在不同初始濃度下的溫度與壓力變化。

A. 溫度變化：

當反應容器吸收的熱量不可忽略時，絕熱反應系統的能量平衡方程描述為：

$$\Phi m C_v \frac{dT}{dt} = (-\Delta H) \cdot r \cdot V \quad \text{（公式 2-1-39）}$$

熱慣性定義如下：

$$\Phi \equiv \frac{mC_v + m_R C_{vR}}{mC_v} \quad \text{（公式 2-1-40）}$$

其中，m_R 反應容器質量

m 為反應物質量

C_{vR} 為反應容器單位質量的定容熱容量

C_v 為反應物單位質量的定容熱容量

公式 2-1-40 的倒數即是反應產生的總熱量作用住反應物的比例，意即有 $\left(1 - \frac{1}{\Phi}\right)$ 的反應熱量被反應容器所吸收。

反應速率方程式的描述為：

$$r = -\frac{dC}{dt} \quad \text{（公式 2-1-41）}$$

將公式 2-1-41 帶入公式 2-1-39，並假設 $-\Delta H$、Φ、ρ 及 C_v 為恆定，由初始溫度（Onset Temperature, T_o）、初始濃度（Onset Concentration, C_o）積分至反應最終溫度（Final Temperature, T_f）、零濃度：

$$\Phi m C_v \frac{dT}{dt} = (-\Delta H) \cdot r \cdot V \quad \text{（公式 2-1-39）}$$

$$\frac{-\Delta H}{\Phi \rho C_v} = \int_{T_o}^{T_f} \int_{C_o}^{0} \left(-\frac{dT}{dC}\right)$$

$$\frac{-\Delta H}{\Phi \rho C_v} = \frac{T_f - T_o}{C_o} \quad \text{（公式 2-1-42）}$$

將公式 2-1-42 帶回公式 2-1-39：

$$\frac{dT}{dt} = \frac{-\Delta H}{\Phi \rho C_v} \times r$$

帶入公式 2-1-41：

$$\frac{dT}{dt} = \frac{T_f - T_o}{C_o}\left(-\frac{dC}{dt}\right) \text{（公式 2-1-43）}$$

將公式 2-1-43 自初始溫度、初始濃度積分至某溫度 T、濃度 C，可以得到適當的濃度與溫度的關係式：

$$\frac{dT}{dt} = \frac{T_f - T_o}{C_o}\left(-\frac{dC}{dt}\right) \text{（公式 2-1-43）}$$

$$\int_{C_o}^{C}\left(-\frac{1}{C_o}\right)dC = \int_{T_o}^{T}\left(\frac{1}{T_f - T_o}\right)dT$$

$$\frac{C}{C_o} = \frac{T_f - T}{T_f - T_o} \text{（公式 2-1-44）}$$

對於單個 n 級反應，公式 2-1-41 可改寫為：

$$r = -\frac{dC}{dt} \text{（公式 2-1-41）}$$

$$= kC^n \text{（公式 2-1-45）}$$

其中，$k = k_0 e^{-\frac{E}{RT}}$ （公式 2-1-46）

將公式 2-1-44、公式 2-1-45 帶入公式 2-1-43 中，得到自加熱速率（self-heat rate）方程式：

$$\frac{dT}{dt} = \frac{T_f - T_o}{C_o} \cdot kC^n$$

$$= \frac{T_f - T_o}{C_o} \cdot kC_o^n\left(\frac{T_f - T}{T_f - T_o}\right)^n$$

$$= k\left(\frac{T_f - T}{T_f - T_o}\right)^n (T_f - T_o)C_o^{n-1} \text{（公式 2-1-47）}$$

所以，移項整理得：

$$k = \frac{dT/dt}{\left(\dfrac{T_f - T}{T_f - T_o}\right)^n (T_f - T_o)C_o^{n-1}} \text{（公式 2-1-48）}$$

將公式 2-1-46 與公式 2-1-48 合併：

$$\ln k = \ln k_0 - \frac{E}{RT} = \ln \frac{dT/dt}{C_o^{n-1} \left(\frac{T_f - T}{T_f - T_o}\right)^n (T_f - T_o)} \quad (\text{公式 2-1-49})$$

B. 參數估計：

（A）將實驗條件及數據結果帶入公式 2-1-42 中，以 C_o/Φ 對 $T_f - T_o$ 對作圖，經由穿過零點直線的斜率 $(-\Delta H/\rho C_v)$，估算反應熱 $-\Delta H$。

（B）由公式 2-1-49 可求出頻率因子 k_0 及活化能 E，同樣方法以 $\ln k$ 對 $1/T$ 作圖，可以得到斜率為 $-E/R$、截距為 $\ln k_0$ 的直線。

（C）至於反應級數的假設正確性，可經由在相同動力方程式中活化能和頻率因子與初始濃度無關的假設下，不同濃度的數據結果應分布在上圖的同一直線上來確認。

（2）精選試題

22 絕熱卡計常被用來模擬物質在絕熱狀況下反應失控過程的溫度、壓力變化。已知絕熱條件下熱分解的自加熱速率為：

$$\frac{dT}{dt} = k \left(\frac{T_f - T}{T_f - T_0}\right)^n (T_f - T_0) C_0^{n-1}$$

其中速率常數

$$k = k_0 e^{-\frac{E}{RT}}$$

T_o 和 T_f 分別為反應起始溫度（onset temperature）和反應最終溫度，C_o 為反應物熱分解前的最初濃度。當反應級數 n=1 時，絕熱條件下熱分解反應的自加熱速率可化簡為何？若反應活化能（activation energy）E 為 94838 J/mol，反應的頻率因子（frequency factor）k_0 為 4.17×1011 min-1，若反應最高溫度 T_f =160.5°C，反應起始溫度 T_o =60.1°C，若 t=200 分時，T=98.73°C，此時的溫度上升速率（熱分解反應的自加熱速率）為何？t=201 分時，T 為多少°C ？

答：

（一）當 n=1 時，可化簡為：

$$\frac{dT}{dt} = k \left(\frac{T_f - T}{T_f - T_0}\right)^n (T_f - T_0) C_0^{n-1}$$

$$\frac{dT}{dt} = k\left(T_f - T_0\right)$$

（二）E=94838J/mol，$k_0=4.17 \times 10^{11} min^{-1}$，$T_f=160.5°C$，$T_0=60.1°C$

1. 當 t=200 分，T=98.73°C

$$k = k_0 e^{-\frac{E}{RT}} = 4.17 \times 10^{11} \times = 0.0199$$

$$\frac{dT}{dt} = 0.0199(160.5-98.73) = 1.229223 \ °C/min$$

2. 當 t=201 分

T=98.73+1.229223=99.959223°C

9. 絕熱壓縮（Adiabatic compression）

（1）基本概念

絕熱壓縮是一種特別的點火方式，例如：汽油與空氣混合的氣體，在汽缸內被壓縮到絕熱溫度超過自燃溫度，該混合氣體就會被點燃。有一些重大意外事故的原因就是因為空氣壓縮機由進氣口吸入可燃性蒸氣，氣體在內部被壓縮後自燃引起的。所以，製程設計必須考量絕熱壓縮可能導致的火災爆炸，加入必要的安全設施。

理想氣體的絕熱溫升是根據熱力學的絕熱壓縮公式計算，公式如下：

$$T_f = T_i \left(\frac{P_f}{P_i}\right)^{(\gamma-1)/\gamma} \quad （公式 2-1-50）$$

其中，T_f 是絕熱壓縮後的最終絕對溫度（K）

T_i 是初始的絕對溫度（K）

P_f 是絕熱壓縮後的最終絕對壓力

P_i 是初始的絕對壓力

$\gamma = C_p / C_v$（空氣 γ 約為 1.4）

通常試題會提示公式 2-1-50，考生只要注意帶入公式的數值要使用絕對溫度與絕對壓力即可輕鬆應答，但有時試題不會提示 r 值，所以需要了解 C_p 與 C_v 的關係。

在理想氣體的狀態下，$C_{p,m}=C_{v,m}+R$，雙原子氣體（如氮氣或氧氣）的 $C_{v,m}$ 為 2.5R，$C_{p,m}$ 則為 3.5R，故 r=（3.5R）/（2.5R）=1.4。另外，單原子氣體的 $C_{v,m}$ 為 2.5R、三原子氣體的 $C_{v,m}$ 為 2.5R，相關 r 值整理如下表。

氣體種類	$C_{v,m}$	$C_{p,m}$	絕熱指數$\gamma = C_{p,m}/C_{v,m}$
單原子氣體	$\frac{3}{2}\cdot R$	$\frac{5}{2}\cdot R$	$\frac{5}{3}=1.\overline{6}$
雙原子氣體	$\frac{5}{2}\cdot R$	$\frac{7}{2}\cdot R$	$\frac{7}{5}=1.4$
三原子氣體	$\frac{6}{2}\cdot R$	$\frac{8}{2}\cdot R$	$\frac{4}{3}=1.\overline{3}$

筆者將公式 2-1-50 的推導過程詳述如下，供讀者參考：

根據熱力學第一定律（The first law of thermodynamics）能量守恆，系統內的能量為系統內所有粒子的位能與動能的總和，系統的內能（Internal encrgy,U）會因為熱（Heat,q）與功（Work,w）改變，所以內能的變化就可以表示為：

$dU = \delta w + \delta q$ （公式 2-1-51）

而在絕熱過程當中，其系統內外的熱量交流為0，即熱量變化 $\delta q=0$，可將式子改寫得到：

$dU = \delta w$ （公式 2-1-52）

對理想氣體而言：

$dU = nC_v dT$ （公式 2-1-53）

功的表示如下：

$\delta w = -PdV$ （公式 2-1-54）

將公式 2-1-53 與公式 2-1-54 帶入公式 2-1-52：

$nC_v dT = -PdV$ （公式 2-1-55）

帶入理想氣體方程式：

$$nC_v dT = -\frac{nRT}{V}dV$$

$$C_v dT = -\frac{RT}{V}dV$$

$$\frac{dT}{T} = \left(-\frac{R}{C_v}\right)\left(\frac{dV}{V}\right) \text{（公式 2-1-56）}$$

因為在理想氣體的狀態下，$R = C_p - C_v$：

$$\frac{dT}{T} = \left(-\frac{C_p - C_v}{C_v}\right)\left(\frac{dV}{V}\right) \text{（公式 2-1-57）}$$

又絕熱指數（Adiabatic Index）是指等壓熱容 C_p 和等容（等體積）熱容 C_v 的比值：

$$\gamma \equiv \frac{C_p}{C_v} \text{（公式 2-1-58）}$$

將公式 2-1-58 帶入公式 2-1-57：

$$\frac{dT}{T} = -(\gamma - 1)\left(\frac{dV}{V}\right) \text{（公式 2-1-59）}$$

將公式 2-1-59 積分：

$$\ln T + C_1 = -(\gamma - 1)(\ln V + C_2)$$

$$\ln T + (\gamma - 1)\ln V = C_3$$

$$TV^{\gamma - 1} = C_4 = \text{const.} \text{（公式 2-1-60）}$$

公式 2-1-60 是絕熱過程中溫度與體積的關係式，在等壓過程中，壓力亦為一常數，因此改寫公式 2-1-60：

$$(PV)(V)^{\gamma - 1} = \text{const.}$$

$$PV^\gamma = \text{const.} \text{（公式 2-1-61）}$$

公式 2-1-61 是絕熱過程中壓力與體積的關係式。

將絕熱壓縮前後的壓力與體積帶入公式 2-1-61：

$$PiV_i^\gamma = P_f V_f^\gamma$$

$$\frac{P_i}{P_f} = \left(\frac{V_f}{V_i}\right)^\gamma$$

$$\frac{P_i}{P_f} = \left(\frac{T_f P_i}{T_i P_f}\right)^\gamma$$

$$T_f^\gamma P_i^\gamma P_f = T_i^\gamma P_f^\gamma P_i$$

$$T_f^\gamma = T_i^\gamma \left(\frac{P_f}{P_i}\right)^{\gamma-1}$$

$$T_f = T_i \left(\frac{P_f}{P_i}\right)^{(\gamma-1)/\gamma} \quad （公式 2\text{-}1\text{-}50）$$

（2）精選試題

23 氣體在絕熱環境下壓縮，溫度會急速上升，可能使物質著火爆炸。絕熱壓縮過程中，系統溫度隨系統壓力變化的方程式如下：

$$T_2 = T_1 \left(\frac{P_2}{P_1}\right)^{(\gamma-1)/\gamma}$$

其中 $\gamma = \dfrac{C_p}{Cv}$

（　）T_1、T_2 及 P_1、P_2 分別為壓縮前後系統的溫度及壓力，試推導之。

（二）20℃ 的空氣由 1 atm 壓縮至 100 atm 時，溫度為多少？

　　　提示：（1）壓縮過程，氣體可假設為理想氣體

　　　　　　（2）空氣的 $C_p = 3.5R$，R：氣體常數

答：

（一）在理想氣體狀態下：$T_f = T_i \left(\dfrac{P_f}{Pi}\right)^{(\gamma-1)/\gamma}$

所以

$$P_1 V_1^\gamma = P_2 V_2^\gamma$$

$$\frac{P_1}{P_2} = \left(\frac{V_2}{V_1}\right)^\gamma$$

$$\frac{P_1}{P_2} = \left(\frac{T_2 P_1}{T_1 P_2}\right)^\gamma$$

$$T_2^\gamma P_1^\gamma P_2 = T_1^\gamma P_2^\gamma P_1$$

$$T_2^\gamma = T_1^\gamma \left(\frac{P_2}{P_1}\right)^{\gamma-1}$$

$$T_2 = T_1 \left(\frac{P_2}{P_1}\right)^{(\gamma-1)/\gamma}$$

（二）帶入 20℃、1atm、100atm 等參數：

$$T_2 = (20+273.15)\left(\frac{100}{1}\right)^{(\gamma-1)/\gamma}$$

又 $C_p = C_v + R$，$C_v = 2.5R$，$r = 3.5R/2.5R = 1.4$

$$T_2 = (20+273.15)\left(\frac{100}{1}\right)^{(1.4-1)/1.4}$$

$$T_2 = 1092.74(K) = 819.59(℃)$$

10. 三硝基甲苯（TNT）爆炸當量及過壓換算

（1）基本概念

不同的化學物質爆炸會產生不同的威力，為了讓這些爆炸的威力可以有統一的標準來衡量比較，所以使用每單位質量所產生的爆炸程度基本相同的 TNT 當作參考基準，將爆炸的威力相當於多少質量單位的 TNT 爆炸所造成的威力相同。如果某種化學物質表明爆炸當量為 2 噸，意思即是該種物質爆炸所產生的威力與 2 噸 TNT 爆炸產生的威力相同。計算公式如下：

$$m_{TNT} = \eta \times m_i \times \frac{\Delta H_i}{\Delta H_{TNT}} \quad （公式 2-1-62）$$

其中，m_{TNT} 是 TNT 當量重

η 是物質 i 的爆炸效率

m_i 是物質 i 的重量

ΔH_i 是物質 i 的燃燒熱

ΔH_{TNT} 是 TNT 的燃燒熱

計算 TNT 當量時，務必注意物質與 TNT 間的重量及燃燒熱的單位皆應一致，如果不一致要適當的轉換。

經過 TNT 的爆炸當量換算後，可以再透過以下方式估算不同 TNT 當量重在不同距離的爆炸過壓值：

$$\frac{P_o}{P_a} = \frac{1616\left[1+\left(\frac{z_e}{4.5}\right)^2\right]}{\sqrt{1+\left(\frac{z_e}{0.048}\right)^2}\sqrt{1+\left(\frac{z_e}{0.32}\right)^2}\sqrt{1+\left(\frac{z_e}{1.35}\right)^2}} \quad （公式 2-1-63）$$

其中，$z_e = \dfrac{r}{m_{TNT}^{1/3}}$ （公式 2-1-64）

P_o 是物質 i 爆炸過壓值（kpa）

P_a 是大氣壓值，約為 101.3（kpa）

z_e 是比例距離（m/kg$^{1/3}$）

r 是與爆炸中心距離（m）

m_{TNT} 是 TNT 當量重（kg）

（2）精選試題

24 矽甲烷（SiH_4）為科技產業最常用之高危害性氣體，矽甲烷雖具自燃性，但外洩至大氣中並不一定會立即引燃，若非立即引燃，便可能延遲引燃，進而造成蒸氣雲爆炸。矽甲烷燃燒熱約為 44,000 kJ/kg，若某儲存場所發生 1 公斤之矽甲烷外洩延遲引燃而產生爆炸，試估算其爆炸的 TNT（三硝基甲苯）當量重、10 公尺距離處之爆炸過壓值、與爆炸過壓值為 7 kPa 之距離。假設矽甲烷爆炸效率為 15%，TNT 之爆炸能量為 4,680 kJ/kg，TNT 在不同距離的爆炸過壓值（P_o）可用下式估算：

$$\frac{P_o}{P_a} = \frac{1616\left[1+\left(\frac{z_e}{4.5}\right)^2\right]}{\sqrt{1+\left(\frac{z_e}{0.048}\right)^2}\sqrt{1+\left(\frac{z_e}{0.32}\right)^2}\sqrt{1+\left(\frac{z_e}{1.35}\right)^2}}$$

其中 P_a 為大氣壓值，等於 101.3 kPa；$z_e = \dfrac{r}{m_{TNT}^{1/3}}$；$m_{TNT}$ 為爆炸的 TNT 當量重（kg）；r 為距離（m）。

答：

TNT 當量重：

$$m_{TNT} = \eta \times m_{SiH_4} \times \frac{E_{SiH_4}}{E_{TNT}} = \frac{0.15 \times 1 \times 44000}{4680} \cong 1.41(kg)$$

10 公尺之過壓值：

$$z_e = \frac{r}{m_{TNT}^{1/3}} = \frac{10}{1.41^{1/3}} \cong 8.92$$

$$P_o = \frac{1616\left[1+\left(\frac{8.92}{4.5}\right)^2\right]}{\sqrt{1+\left(\frac{8.92}{0.048}\right)^2}\sqrt{1+\left(\frac{8.92}{0.32}\right)^2}\sqrt{1+\left(\frac{8.92}{1.35}\right)^2}} \times 101.3 \cong 23.29(kPa)$$

過壓 7kPa 之距離：

當 $z_e = 9.92$ 時，P_o 約為 $20.18(kPa)$

假設 z_e 與 $\frac{P_o}{P_a}$ 呈線性關係

估算 z_e：$\frac{18.92-8.92}{9.33-23.29} = \frac{z_e-8.92}{7-23.29}$，$z_e \cong 20.59$

$$r = z_e \times m_{TNT}^{1/3} \cong 23.090(m)$$

25 附圖為三硝化甲苯（TNT）爆炸後過壓所產生的過壓曲線，垂直軸為比例過壓（Scaled overpressure, $p_s = p_0/p_a$），其中 p_0 為過壓（overpressure, P_o）、p_a 為大氣壓（$=101.3$ kPa），水平軸為比例距離（Scaled distance, $z_e = r/W^{1/3}$），其中 r 為距離爆炸中心的距離（單位為 m），W 是三硝化甲苯的當量（單位為 kg）。對於一易燃性氣體，其三硝化甲苯的當量可用其燃燒熱（E_c）、易燃性氣體質量（M）、爆炸係數（η）與三硝化甲苯的燃燒熱（$E_{cTNT} = 4700$ kJ/kg）來計算：

$W = \eta M E_c / E_{cTNT}$

某工廠發生環己烷（C_6H_{12}、分子量 84）蒸氣外洩 1,000 kg，與空氣混合後被引燃產生蒸氣雲爆炸，環己烷燃燒熱為 3,948 kJ/mol，爆炸係數為 0.1，試求：

（一）該蒸氣雲爆炸的三硝化甲苯當量。

（二）距離爆炸中心 100m 的爆炸過壓為何？

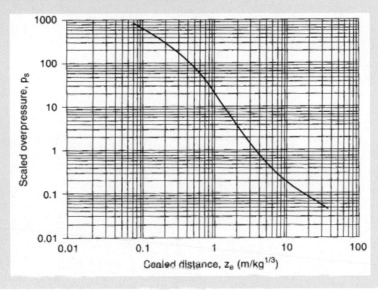

答：

（一）TNT 當量：

換算環己烷燃燒熱：

$$3948\left(\frac{kJ}{mol}\right)\times\frac{1}{84}\left(\frac{mol}{g}\right)\times10^3\left(\frac{g}{kg}\right)=47000\left(\frac{kJ}{kg}\right)$$

$$W=0.1\times1000\times\frac{47000}{4700}=1000(kg)$$

（一）100 公尺的過壓：

$$z_e=\frac{100}{1000^{1/3}}=10$$

查圖，z_e 為 10 時，$\frac{P_o}{P_a}$ 約為 0.2

$$P_o=0.2\times101.3=20.26(kPa)$$

26

某廢棄物處理工廠發生爆炸事件，由於現場並無明確之爆裂物，部分調查人員懷疑是某固體化學物質所引起，故取樣該物質進行熱卡計分析。分析結果顯示：在溫度 211°C 時，該物質發生分解反應，其放熱量（ΔH_C）為 2350 J/g。現場勘查資料指出距離堆放該化學物質處（爆炸中心）約 13 公尺處之磚造短牆已毀損約 50%，經比對文獻資料確認造成此種破壞之過壓（Overpressure）約為 20 kPa。請利用 TNT 當量法估計爆炸中心處約堆放多少公斤的前述固體化學物質（假設爆炸效率（η）為 0.02）。

【提示】：

TNT 能量當量為 $E_{TNT} = 4,686$ kJ/kg

$$m_{TNT} = \frac{\eta m \Delta H_C}{E_{TNT}}$$，其中 m 為反應物之質量（kg）

$$z_e = \frac{r}{m_{TNT}^{1/3}}$$，r 為距爆炸中心的距離（公尺）。

P_o 為距離爆炸中心 r 公尺處受到的 overpressure（kPa），P_a 為大氣壓力（101.3 kPa）。

P_o、P_a 與 z_e 之間滿足下列經驗公式：

$$\frac{P_o}{P_a} = \frac{1616\left[1+\left(\frac{z_e}{4.5}\right)^2\right]}{\sqrt{1+\left(\frac{z_e}{0.048}\right)^2}\sqrt{1+\left(\frac{z_e}{0.32}\right)^2}\sqrt{1+\left(\frac{z_e}{1.35}\right)^2}}$$

答：

依題意 $P_o = 20$ kpa ； $P_a = 101.3$ kpa

$$\frac{P_o}{P_a} = \frac{20\text{kPa}}{101.3\text{kPa}} = \frac{1616\left[1+\left(\frac{z_e}{4.5}\right)^2\right]}{\sqrt{1+\left(\frac{z_e}{0.048}\right)^2}\sqrt{1+\left(\frac{z_e}{0.32}\right)^2}\sqrt{1+\left(\frac{Z_e}{1.35}\right)^2}}$$

以試誤法計算，z_e 約為 10

$$z_e = \frac{r}{m_{TNT}^{1/3}} \rightarrow 10 = \frac{13}{m_{TNT}^{1/3}}$$

$m_{TNT} = 2.197$

$$m_{TNT} = \frac{\eta m \Delta H_C}{E_{TNT}} \rightarrow 2.197(kg) = \frac{0.02 \times m \times 2360 \left(\dfrac{J}{g} - \dfrac{kJ}{kg}\right)}{4686 \left(\dfrac{kJ}{kg}\right)}$$

$$m \cong 218.12(kg)$$

11. 氧平衡（Oxygen Balance）

(1) 基本概念

從炸藥的元素組成來看，通常是由碳 (C)、氫 (H)、氧 (O)、氮 (N) 等元素組成，其中碳、氫是可燃元素，氧是助燃元素，炸藥是一種載氧體。炸藥的爆炸過程實質上是可燃元素與助燃元素產生迅速和猛烈的氧化還原反應。

爆炸反應結果是氧和碳化合生成二氧化碳 (CO_2) 或一氧化碳 (CO)，氫和氧化合生成水 (H_2O)，這兩種反應都放出了大量的熱，而根據炸藥中所含的氧與將可燃元素完全氧化所需要的氧平衡後，會有以下 3 種情況：

A. 零氧平衡：炸藥中所含的氧剛好可以將可燃元素完全氧化，爆炸時氧和可燃元素充分反應，產生的放熱量及爆壓最大。

B. 負氧平衡：炸藥中所含的氧不足以將可燃元素完全氧化，爆炸時可燃元素反應不完全，產生一氧化碳 (CO)，甚至出現碳粒子。

C. 正氧平衡：炸藥中所含的氧將可燃元素完全氧化後還有剩餘，爆炸時氧未被充分利用，剩餘的氧會與游離氮反應呈氮氧化物 (NO_x)。

氧平衡的計算方式即炸藥內含氧量與可燃元素充分氧化所需要的氧量之間的差值，並用每克炸藥中剩餘或不足氧量的克數來表示，公式說明如下：

首先定義炸藥爆炸之化學反應方程式：

$$C_a H_b N_c O_d \rightarrow aCO_2 + \frac{b}{2}H_2O$$

令可燃元素充分氧化所需要的氧量為 d'：

$$d' = 2 \times a + 0.5 \times b$$

炸藥內含氧量與可燃元素充分氧化所需要的氧量之間的差值：

$$d - d' = d - 2a - 0.5b$$

因為氧平衡是用每克炸藥與剩餘或不足氧量的克數來表示，所以帶入炸藥及氧的分子量：

$$OB(\%) = \frac{(d - 2a - 0.5b)(mole) \times 16(g/mole) \times 100}{1(mole) \times M.W.(g/mole)} = \frac{1600}{M.W.} \times (d - 2a - 0.5b) \quad （公式 2-1-64）$$

其中，M.W. 為炸藥的分子量

(2) 精選試題

27 某大型製造工廠發生爆炸引發大火，造成上百人死傷，其原因可能是與廠內存放之爆炸性物質數量有關，而氧平衡（oxygen balance）就是衡量該物質中所含的氧與可燃元素完全氧化所需要的氧兩者是否平衡。請計算 2,4,6- 三硝基甲苯（$C_6H_2(NO_2)_3CH_3$）之氧平衡值，並以 OB% 表示。

答：

1. 莫耳的 2,4,6- 三硝基甲苯 (TNT 炸藥) 之碳原子、氫原子及氧原子數量分別為 7、5 及 6，其氧平衡值計算如下：

$$OB = \frac{1600}{227} \times (6 - 2 \times 7 - 0.5 \times 5) \cong -74(\%)$$

二 風險評估

1.FTA（Fault Tree Analysis，故障樹分析）

（1）基本概念

FTA 是由貝爾實驗室的 H.A.Watson 所發展的，波音公司在 1966 年開始將 FTA 用在民航機的設計上；1992 年美國 OSHA 發佈的聯邦公報，提到 29CFR1910.119 中的製程安全管理（PSM）標準，將 FTA 視為製程危害分析（PHA）的一種可行作法。

故障樹又可稱為失誤樹，雖不同學派對名稱上有些不同的講述方式，在此就不再深究學理；另以往相關的職安衛考試題目中，兩者名稱都有出現過，而在下述內容說明，為符合國內法令的相關用語，所以均以故障樹呈現（範例部分則依原內容呈現）。

依國內的製程安全評估定期實施辦法第 5 條規定，前條所定製程安全評估，應使用下列一種以上之安全評估方法，以評估及確認製程危害：

一、如果 - 結果分析。

二、檢核表。

三、如果 - 結果分析／檢核表。

四、危害及可操作性分析。

五、失誤模式及影響分析。

六、故障樹分析。

七、其他經中央主管機關認可具有同等功能之安全評估方法。

A. 適用製程各階段的安全評估方法：

依職安署 111 年 2 月所出版的製程安全管理程序參考手冊，節錄如下圖。

製程階段 ＼ 評估方法	製程研發	基本設計	試驗工廠	細部設計	建廠階段	試車階段	正常運轉	擴廠或修改	停廠卸除
如果－結果分析	●	●							●
檢核表		●	●		●	●	●		●
危害及可操作性分析			●	●		●	●	●	
失誤模式與影響分析				●		●	●	●	
故障樹分析				●			●	●	

B. 邏輯圖技術： 由上而下的方式，回溯發展模式，演繹或推論後果至其原因。

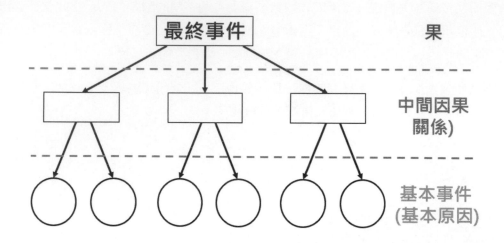

C. 效益：

（A）　強迫分析者應用推理的方法，努力地思考可能造成故障的原因。

（B）　提供明確的圖示方法，以使設計者以外的人，亦可很容易地明瞭導致系統故障的各種途徑。

（C）　指出了系統較脆弱的環節。

（D）　提供了評估系統改善策略的工具。

D. 邏輯閘符號：（此僅列出常用的類別）

邏輯閘	代表意義	說明
	頂端事件 （top event）	指重大危害或嚴重事件，如火災、爆炸、外洩、塔槽破損等，是邏輯演繹推論的起始。
	中間事件 （middle event/ intermediate event）	故障樹分析中邏輯演繹過程中的任一事件。
	基本事件 （basic event）	故障樹分析中邏輯演繹的末端，通常是設備或元件故障，或人為失誤。

邏輯閘	代表意義	說明
◇	未發展事件 （undeveloped event）	因系統邊界或分析範圍之限制，未繼續分析下去之事件；或總括指人為失誤，而不再深究其原因之事件。
	或閘 （OR gate）	故障樹分析中兩個或兩個以上原因其中之一發生，就會導致某一中間事件或頂端事件發生。
	及閘 （AND gate）	故障樹分析中兩個或兩個以上原因同時發生，才會導致某一中間事件或頂端事件發生。
△in △out	轉頁號 （transfer symbols）	結構龐大的失誤樹無法容納在同一張報表，以符號轉接其他報表，多個轉頁號可編號對應。
(m/n)	投票閘 （Voting gate 或稱 Sampling gate）	由 n 個輸入事件中取出 m 個事件來組合，使輸出事件 A 發生。 如某反應器有一 3 選 2（2/3）（2 out of 3,2oo3）的溫度量測安全設計，當 3 個溫度量測儀器中有 2 個發生故障，則該反應器會停止運作。

E. 分析步驟：

（A） 系統定義

　　　一定義分析範圍及分析邊界

　　　一定義起始條件

　　　一定義 TOP EVENT

（B） 系統邏輯模型建構

　　　一建立失誤樹

（C） 共同原因失誤模式分析（Common Cause Failure Analysis）

（D） 定性分析（Qualitative Analysis）

　　　－布林代數（Boolean Algebra）化減

　　　－找出最小分割集合（Minimal Cut Set, MCS）

（E） 由失誤率資料庫（Generic Data Bank）搜尋基本事件失誤率（Failure Rate）

（F） 依製程條件、環境因素等修正基本事件失誤率

（G） 建立失誤率資料錄 / 資料檔

（H） 定量分析（Quantitative Analysis）

　　　－求出 TOP EVENT/MCS 之失誤率及機率，包括：不可靠度（Unreliability）、不可用度（Unavailability）、失誤期望值（Expected Number of Failure）等。

（I） MCS 排序、相對重要性分析（Importance Analysis）。

F. 補充說明：

（A） 共因失效（CCF）

　　　指由於某種共同原因造成的多個設備的失效（故障），即多個設備的失效是由於同一原因引起的，如工廠電力中斷，造成所有用電設備無法正常運作，其機率可引用 Beta 因子估算：

$$\beta = \frac{\lambda_c}{\lambda_c + \lambda_i} \text{，（公式 2-2-01）}$$

　　　其中，

　　　λ_i = 元件之獨立失誤事件的失誤率

　　　λ_c = 考慮 CCF 事件的失誤率

（B） 布林代數

　　　布林代數（Boolean algebra）是集合邏輯和運算二種的性質的一個代數結構。

　　　■ AND（及閘）表示方式：若 A AND B 會以 A · B 或 AB 表示。

　　　■ OR（或閘）表示方式：若 A OR B 會以 A+B 表示。

　　　■ 若 S 為一個集合，A 為 S 的一個子集合，則所有屬於 S 但不屬於 A 之元素組成的集合，稱為 A'。

■ 布林代數運算與定律

職安考試較常用到下列前面 6 個的運算或定律概念，所以建議考生至少熟捻這部分；另前述 6 個的運算或定律與一般數學概念差不多，也建議考生就較不一樣的部份去了解或記憶即可，這樣也能較有更多時間去學習相關學理或計算題型。

（a） 0 與 1 的運算

$0 \cdot A = 0$ （公式 2-2-02） $\quad$ $1 \cdot A = A$ （公式 2-2-03）

$0 + A = A$ （公式 2-2-04） $\quad$ $1 + A = 1$ （公式 2-2-05）

$0' = 1$ （公式 2-2-06） $\quad$ $1' = 0$ （公式 2-2-07）

（b） 交換律

$A \cdot B = B \cdot A$ （公式 2-2-08）

$A + B = B + A$ （公式 2-2-09）

（c） 結合律

$A \cdot (B \cdot C) = (A \cdot B) \cdot C$ （公式 2-2-10）

$A + (B + C) = (A + B) + C$ （公式 2-2-11）

（d） 分配律

$A \cdot (B + C) = A \cdot B + A \cdot C$ （公式 2-2-12）

$A + (B \cdot C) = (A + B) \cdot (A + C)$ （公式 2-2-13）

（e） 恆等律（全等性）

$A \cdot A = A$ （公式 2-2-14）

$A + A = A$ （公式 2-2-15）

（f） 吸收律

$A \cdot (A + B) = A$ （公式 2-2-16）

$A + A \cdot B = A$ （公式 2-2-17）

（g） 互補律

$A \cdot A' = 0$ （公式 2-2-18）

$A + A' = 1$ （公式 2-2-19）

$(A')' = A$ （公式 2-2-20）

（h）　狄摩根定理（DeMorgan's Theorem）

$(A \cdot B)' = A' + B'$ （公式 2-2-21）

$(A + B)' = A' \cdot B'$ （公式 2-2-22）

（i）　其他

$A + A' \cdot B = A + B$ （公式 2-2-23）

$A \cdot (A' + B) = AB$ （公式 2-2-24）

$A' \cdot (A + B') = A' \cdot B' = (A + B)'$ （公式 2-2-25）

（C）　最小切割集合（Minimal Cut Set，MCS）

任何一個切割集合中最少基本事件的組合，這組合中所有基本事件發生就會使頂端事件發生。

如下圖 FTA，當 XY 同時發生會造成頂端事件，若 XY 和 XYZ 皆存在於頂端事件，因 XY 涵蓋 XYZ，所以將 XYZ 消去，剩餘的 XY 即為最小的分割集合，以避免重複計算機率。

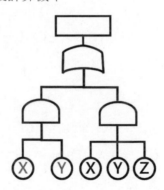

a 布林代數化簡

將 FTA 的邏輯閘計算以布林代數呈現，並運用上述布林代數運算與定律，進行化簡成 MCS。

b 矩陣法

將 FTA 的邏輯閘計算以矩陣呈現，並運用【或閘為直】與【及閘為橫】的概念，進行化簡成 MCS。

範例，如下圖。

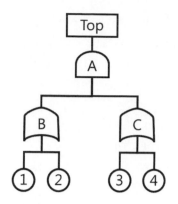

步驟 1

A			

步驟 2

B	C		

步驟 3

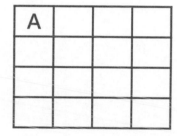

1	C		
2	C		

步驟 4

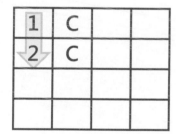

1	3		
1	4		
2	3		
2	4		

將矩陣內的代數寫出，得 $T=13+14+23+24$。

因上述代數無法再次化簡，所以即為 MCS。

無論採用布林代數或矩陣法進行計算 MCS，其結果均會相同，所以考生也可應用此來進行相關驗算。

（D） 近似值與精確值

MCS 求出後，將題目所給的機率值代入後，可以計算出其故障樹發生頂端事件的機率，而兩者計算所得的數值，其大部分結果差距很小。

若考試題目並未要求故障樹頂端事件的發生機率要以近似值或精確值呈現的話，保守作法可以兩者都進行，或選擇較嚴謹的精確值進行計算，再輔以近似值進行驗算。

範例：某故障樹的 MCS 為 T=A+BC，其基本事件 A、B 與 C 的故障率分別為 1.5×10^{-3}、2×10^{-4} 與 4×10^{-4}，請計算出其故障樹圖之頂端事件 T 之故障機率值。

a 近似值：

T=A+BC

$=1.5\times10^{-3}+2\times10^{-4}\times4\times10^{-4}$

$=1.5\times10^{-3}+8\times10^{-8}$

$\doteqdot 1.5\times10^{-3}$

b 精確值：

T=A+BC

P（T）之失誤率 =P（A＋M1）=1－[1－P（A）]×[1－P（M1）]

P（A）=1.5×10^{-3}

P（M1）=P（B×C）=P（B）×P（C）=$2\times10^{-4}\times4\times10^{-4}$=$8\times10^{-8}$

P（T）=1－[（1－1.5×10^{-3}）×（1－8×10^{-8}）]

=1－[（1－0.0015）×（1－0.00000008）]

=1－[（0.9985）×（0.99999992）]

=1－0.99849992

=1.500079×10^{-3}

（2）計算題型

A. 一般題型 FTA

（A）說明

此類題型會先給頂端事件的布林代數或是故障樹，進而求出 MCS 與計算頂端事件的發生機率。

（B）精選試題

28 請回答下列故障樹分析（fault tree analysis）之相關問題：

（一）若故障樹之基本事件為 A、B、C、D，中間事件為 E、F、G，頂端事件為 H，若 E=AB、F=BC、G=CD，頂端事件之布林代數為 H=AB+BC+CD，請依上述條件，繪製故障樹圖。

（二）試求該故障樹之最小切集合。

（三）若上述各基本事件均為獨立事件，其或然率 A 為 0.2、B 為 0.3、C 為 0.4、D 為 0.5，計算頂端事件 H 之或然率。

答：

（一） 故障樹圖繪製

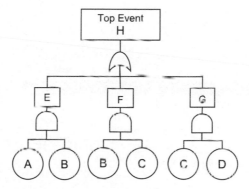

（二） 該故障樹頂端事件之布林代數為 H=AB+BC+CD，經觀察後因無法再化簡，故該故障樹頂端事件邏輯閘組合之最小切集合為

H=AB+BC+CD。

（三） 該故障樹頂端事件 H 之或然率

$$T_{近似值} = AB+BC+CD$$

$$= （2 \times 10^{-1} \times 3 \times 10^{-1}）+（3 \times 10^{-1} \times 4 \times 10^{-1}）+（4 \times 10^{-1} \times 5 \times 10^{-1}）$$

$$= 6 \times 10^{-2}+1.2 \times 10^{-1}+2 \times 10^{-1}$$

$$= 0.38$$

$$T_{精確值} = AB+BC+CD$$

$$P(T) = P(E) + P(F) + P(G)$$

$$= 1 - \{[1 - P(E)] \times [1 - P(F)] \times [1 - P(G)]\}$$

$$P(E) = P(A \times B) = (2 \times 10^{-1}) \times (3 \times 10^{-1}) = 6 \times 10^{-2}$$

$$P(F) = P(B \times C) = (3 \times 10^{-1}) \times (4 \times 10^{-1}) = 1.2 \times 10^{-1}$$

$$P(G) = P(C \times D) = (4 \times 10^{-1}) \times (5 \times 10^{-1}) = 2 \times 10^{-1}$$

$$P(T) = 1 - [(1 - 6 \times 10^{-2}) \times (1 - 1.2 \times 10^{-1}) \times (1 - 2 \times 10^{-1})]$$

$$= 1 - [(1 - 0.06) \times (1 - 0.12) \times (1 - 0.2)]$$

$$= 1 - [(0.94) \times (0.88) \times (0.8)]$$

$$= 1 - 0.66176$$

$$= 0.33824$$

$$= 3.3824 \times 10^{-1}$$

經計算後得知故障樹頂端事件 H 之或然率為 3.3824×10^{-1}。

---

29 下圖為某一反應槽壓力過高之失誤樹，回答與計算下列問題：

（一）以直接消去法或矩陣法並應用布林代數簡化此失誤樹，求該失誤樹頂端事件之最小切集合。

（二）計算此失誤樹頂端事件之機率，列出計算式並計算至小數點後第三位。

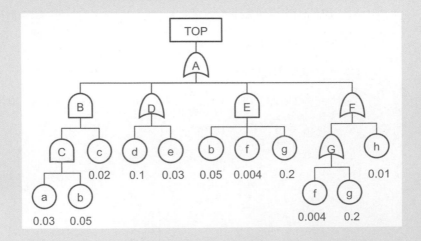

答：

（一）　失誤樹頂端事件邏輯閘組合之最小切集合（直接消去法）化簡如下

$TopEquationA = B + D + E + F$

$= (C×c) + (d + e) + (b×f×g) + (G + h)$

$= (a×b×c) + (d + e) + (b×f×g) + (f + g) + (h)$

$= (a×b×c) + (d + e) + (f + g) + (h)$

$= (a×b×c) + d + e + f + g + h$

失誤樹頂端事件邏輯閘組合之最小切集合化簡（矩陣法）如下：

A		B		C	c		a	b	c		a	b	c
		D		d			d				d		
				e			e				e		
		E		b	f	g	b	f	g		f		
		F		G			f				g		
				h			g				h		
							h						

⌒ : OR 閘、⌓ : AND 閘、⟫ : 吸收率

經最小切集合化簡（矩陣法）後，得知為 $(a×b×c) + d + e + f + g + h$

（二）　失誤樹頂端事件之機率計算如下：

$P(T) = P[(a×b×c) + d + e + f + g + h]$

$= 1-\{(1-(a×b×c))×(1-d)×(1-e)×(1-f)×(1-g)×(1-h)\}$

$= 1-\{(1-(0.03×0.05×0.02))×(1-0.1)×(1-0.03)×(1-0.004)×(1-0.2)×(1-0.01)\}$

$= 1-\{(1-0.00003)×(1-0.1)×(1-0.03)×(1-0.004)×(1-0.2)×(1-0.01)\}$

$= 1-\{(0.99997)×(0.9)×(0.97)×(0.996)×(0.8)×(0.99)\}$

$= 1-0.689$

$= 0.311$

經計算後得知失誤樹頂端事件之發生機率為 0.311。

30 請回答下列問題：

（一）如發生頂端事件 K 之布林方程式為 K=B+CD，其中 B、C、D 為基本事件，請繪製該布林方程式之失誤樹圖。

（二）請列出計算式並計算下列失誤樹圖之頂端事件 K 之失誤機率值，基本事件 B、C、D 的失誤率分別為 $\lambda_B = 1.5 \times 10^{-3}$，$\lambda_C = 4 \times 10^{-4}$，$\lambda_D = 2 \times 10^{-4}$。

答：

（一）　頂端事件 K=B+CD 之失誤樹圖

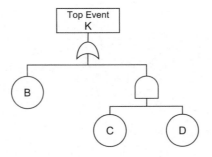

（二）　失誤樹頂端事件 K 之失誤率

$K_{近似值}$ ＝ B+CD

　　　＝ $1.5 \times 10^{-3} + (4 \times 10^{-4} \times 2 \times 10^{-4})$

　　　＝ $1.5 \times 10^{-3} + 8 \times 10^{-8}$

　　　≒ 1.5×10^{-3}

$K_{精確值}$ ＝ B+CD

　　　＝ P（B＋M1）＝ 1 － [1 － P（B）] × [1 － P（M1）]

P（B）　＝ 1.5×10^{-3}

P（M1）＝ P（C×D）＝ P（C）×P（D）

　　　＝ $4 \times 10^{-4} \times 2 \times 10^{-4} = 8 \times 10^{-8}$

P（Z）　＝ $1 - [(1 - 1.5 \times 10^{-3}) \times (1 - 8 \times 10^{-8})]$

　　　＝ 1 － [（1 － 0.0015）×（1 － 0.00000008）]

　　　＝ 1 －（0.9985×0.99999992）

　　　＝ 1 － 0.99849992

　　　＝ 1.500079×10^{-3}

經計算後得知失誤樹頂端事件之失誤機率為 1.500079×10^{-3}。

31 安全化設計要求系統至少發生兩個獨立的功能性失效（malfunctions）、兩個獨立的人為失誤（errors），或同時發生一個獨立的功能性失效及一個獨立的人為失誤，才會造成系統異常事件，且失誤樹是安全化設計常用的風險分析方法。一系統風險分析如下例失誤樹圖所示，試回答下列問題：

（一）試舉出失誤樹的 3 種功用。

（二）試就失誤樹圖計算該系統發生頂端事件 A 之失誤率。

（三）該系統是否符合安全化設計要求？理由為何？

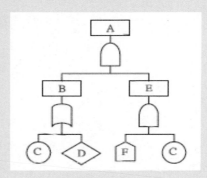

答：

（一）失誤樹分析具有下列功效：

1. 它強迫分析者應用推理的方法，努力地思考可能造成故障的原因。

2. 它提供明確的圖示方法，以使設計者以外的人，亦可很容易地明瞭導致系統故障的各種途徑。

3. 它指出了系統較脆弱的環節。

4. 它提供了評估系統改善策略的工具。

（二）頂端事件 A 之失誤率計算如下：

$A = B \times E$

$= (C + D) \times E$

$= (C + D) \times FC$

$= CFC + DFC$

$= CF + CDF$

$= CF(1 + D)$

$= CF$

（三）　經過最小分割集合化簡之後得知，此頂端事件 A，係由「基本事件 C」與「外部事件 F」同時發生才導致頂端事件 A 的異常事件，符合同時發生一個獨立的功能性失效及一個獨立的人為失誤，才會造成系統異常事件之安全化設計要求，故該系統符合安全化設計要求。

32

（一）請簡述實施風險管理的五個步驟。

（二）請計算下圖失誤樹頂端事件 Z 的發生失誤機率。其中 A、B、C 基本事件的失誤率分別為 $1 \times 10^{-6}, 2 \times 10^{-3}, 3 \times 10^{-3}$。

答：

（一）　實施風險管理的五個步驟如下列：

1. 危害辨識尋找每個工作場所有可能造成傷害的潛在因子，列出工作場所所有的危害。

2. 風險評估依據每個工作場所的特性，選擇適當的風險評估方法及分析風險的等級去評估危害而產生的風險。

3. 風險控制決定控制方法以預防或減低風險，控制方法包括消除危害、取代、工程控制、隔離、行政管理、監督、訓練、標示、個人防護具等等。

4. 控制方法的實施實施控制方法包括發展作業程序、溝通、提供訓練及指導、監督、維持等等。

5. 監督與審查。監督與審查控制方法的有效性並適時予以修正。

（二）　失誤樹頂端事件 Z 的發生失誤機率計算如下：

$Z_{近似值} = X \times Y$

$= (A + B) \times (A + C)$

$= AA + AC + BA + BC$

$= [A \times (1 + C + B)] + BC$

$= A + BC$

$= 1 \times 10^{-6} + (2 \times 10^{-3} \times 3 \times 10^{-3})$

$= 1 \times 10^{-6} + 6 \times 10^{-6}$

$= 7 \times 10^{-6}$

$$Z_{精確值} = X \times Y$$
$$= (A + B) \times (A + C)$$
$$= AA + AC + BA + BC$$
$$= [A \times (1 + C + B)] + BC$$
$$= A + BC$$

$$P(Z)之發生率 = P(A + M_1)$$
$$= 1 - [1 - P(A)] \times [1 - P(M_1)]$$
$$P(A) = 1 \times 10^{-6}$$
$$P(M_1) = P(BC) = P(B) \times P(C) = 2 \times 10^{-3} \times 3 \times 10^{-3} = 6 \times 10^{-6}$$
$$P(Z) = 1 - [(1 - 1 \times 10^{-6}) \times (1 - 6 \times 10^{-6})]$$
$$= 1 - (0.999999 \times 0.999994)$$
$$= 1 - 0.999993000006$$
$$= 6.999994 \times 10^{-6}$$

經計算後得知失誤樹頂端事件之發生失誤機率為 6.999994×10^{-6}。

33

1. 若布林代數 T=AB + BC + AD，試繪製成失誤樹圖。

2. 上述布林代數請予以最簡化（求最小切集合，minimum cut set，MCS），並寫出最簡化之布林代數。

3. 如上述各事件均為獨立事件，且或然率分別為 P（A）＝ 0.1，P（B）＝ 0.2，P（C）＝ 0.3，P（D）＝ 0.4，試計算 P（T）＝？

答：

1、　　布林代數 T=AB + BC + AD 之失誤樹如下圖。

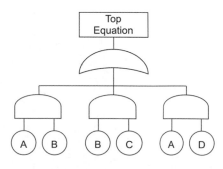

2、　最小子切集合為 T=AB+BC+AD，因為無法再化簡。

$T_{近似值}$＝ AB+BC+AD

＝（0.1×0.2）+（0.2×0.3）+（0.1×0.4）

＝ 0.02+0.06+0.04

＝ 0.12

3、　失誤樹頂端事件 T 的發生失誤機率計算如下：

$T_{精確值}$＝ AB+BC+AD

$P（T）= P（M_1 + M_2 + M_3）$

$P（M_1）=（A×B）=（0.1×0.2）= 0.02$ $P（M_2）=（B×C）=（0.2×0.3）$

$= 0.06$ $P（M_3）=（A×D）=（0.1×0.4）=0.04$

$P（T）= P（M_1 + M_2 + M_3）$

$= 1 - [1 - P（M_1）][1-P（M_2）][1 - P（M_3）]$

＝ 1 - [（1 - 0.02）×（1 - 0.06）×（1 - 0.04）]

＝ 1 -（0.98×0.94×0.96）

＝ 1 - 0.8843

＝ 0.1157

經計算後得知失誤樹頂端事件之發生機率為 0.1157。

---

34 請求附圖失誤樹中頂端事件 T 的（一）最小切集；（二）發生機率。

其中，基本事件 A、B、C 的發生機率分別為：$1×10^{-6}$，$2×10^{-3}$，$3×10^{-3}$。

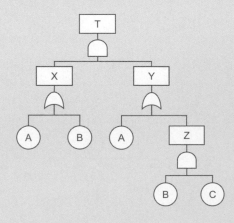

答：

（一）　失誤樹頂端事件邏輯閘組合之最小切集合（直接消去法）化簡如下：

Top Equation $T = (X \times Y)$

$= (A + B) \times (A + Z)$

$= (A + B) \times (A + (BC)) = AA + ABC + BA + BBC$

$= A + ABC + BA + BC = A + BC$

（二）　該失誤樹頂端事件 T 之發生機率

$T_{近似值} = A + BC$

$= 1 \times 10^{-6} + (2 \times 10^{-3} \times 3 \times 10^{-3})$

$= 1 \times 10^{-6} + 6 \times 10^{-6}$

$= 7 \times 10^{-6}$

$T_{精確值} = A + BC$

$P(T) = 1 - \{[1 - P(A)] \times [1 - P(B) \times P(C)]\}$

$P(A) = 1 \times 10^{-6}$

$P(B) = 2 \times 10^{-3}$

$P(C) = 3 \times 10^{-3}$

$P(T) = 1 - \{[(1 - 1 \times 10^{-6})] \times (1 - [(2 \times 10^{-3}) \times (3 \times 10^{-3})])\}$

$= 1 - [(1 - 1 \times 10^{-6}) \times (1 - 6 \times 10^{-6})]$

$= 1 - (0.999999 \times 0.999994)$

$= 1 - 0.999993$

$= 0.000007$

$= 7.0 \times 10^{-6}$

經計算後得知失誤樹頂端事件 T 之發生率為 7.0×10^{-6}。

35 請以矩陣法求出下例失誤樹之頂上事件 A 的最小切集合。

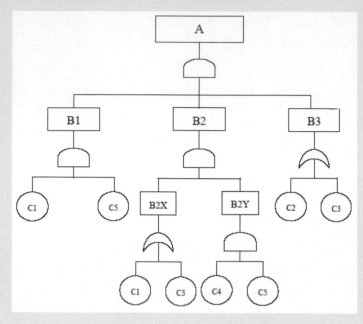

答：

矩陣法如下

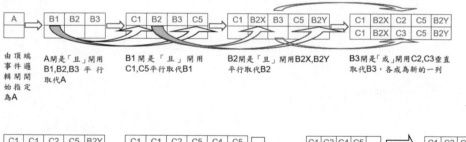

A	→

由頂端事件邏輯閘開始指定為A

A閘是「且」閘用B1,B2,B3平行取代A

B1	B2	B3

B1閘是「且」閘用C1,C5平行取代B1

C1	B2	B3	C5

B2閘是「且」閘用B2X,B2Y平行取代B2

C1	B2X	B3	C5	B2Y

B3閘是「或」閘用C2,C3垂直取代B3，各成為新的一列

C1	B2X	C2	C5	B2Y
C1	B2X	C3	C5	B2Y

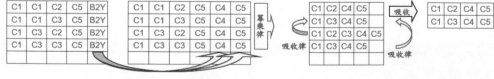

B2X閘是「或」閘用C1,C3垂直取代B2X，各成為新的一列

C1	C1	C2	C5	B2Y
C1	C1	C3	C5	B2Y
C1	C3	C2	C5	B2Y
C1	C3	C3	C5	B2Y

B2Y閘是「且」閘用C4,C5平行取代B2Y

C1	C1	C2	C5	C4	C5
C1	C1	C3	C5	C4	C5
C1	C3	C2	C5	C4	C5
C1	C3	C3	C5	C4	C5

冪乘律 吸收律

C1	C2	C4	C5
C1	C3	C4	C5
C1	C2	C3	C4	C5
C1	C3	C4	C5

吸收 吸收律

C1	C2	C4	C5
C1	C3	C4	C5

失誤樹之頂上事件 A 的最小切集合

$$= （C1×C2×C4×C5）+（C1×C3×C4×C5）$$
$$= C1C2C4C5 + C1C3C4C5$$

布林代數簡化驗算

$A = B1 \times B2 \times B3$

$= (C1 \times C5) \times B2 \times B3$

$= (C1 \times C5) \times (B2X \times B2Y) \times B3$

$= (C1 \times C5) \times ((C1 + C3) \times (C4 \times C5)) \times B3$

$= (C1 \times C5) \times ((C1 + C3) \times (C4 \times C5)) \times (C2 + C3)$

$= (C1 \times C5) \times (C1 \times C4 \times C5 + C3 \times C4 \times C5) \times (C2 + C3)$

$= (C1 \times C5 \times C1 \times C4 \times C5 + C1 \times C5 \times C3 \times C4 \times C5) \times (C2 + C3)$

$= (C1 \times C4 \times C5 + C1 \times C3 \times C4 \times C5) \times (C2 + C3)$

$= (C1 \times C4 \times C5) \times (C2 + C3)$

$= (C1 \times C4 \times C5 \times C2) + (C1 \times C4 \times C5 \times C3)$

$= (C1 \times C2 \times C4 \times C5) + (C1 \times C3 \times C4 \times C5)$

$= C1C2C4C5 + C1C3C4C5$

36 某製程設備失誤樹分析（Fault Tree Analysis）的結果如下圖所示，該圖中各事故之發生機率顯示於下表。

（一）請找出該失誤樹的最小切集合（minimum cut set）。

（二）根據最小切集說明，欲降低頂端事件 T 的發生機率時，降低 A、B、C、D 中的那幾個會具有較高的效率。

（三）求出頂端事件（Top Event）的發生機率。

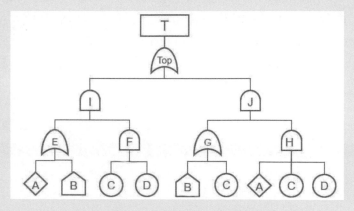

基本事件	A	B	C	D
機率	0.3	0.2	0.1	0.1

答：

（一）　該失誤樹的最小切集合（minimum cut set）化減如下：

$T = I + J$

$= (E \times F) + (G \times H)$

$= (A + B) \times (CD) + (B + C) \times (ACD)$

$= ACD + BCD + BACD + CACD$

$= ACD + BCD$

（二）　根據最小切集說明，欲降低頂端事件 T 的發生機率時，降低 C、D 會具有較高的效率。

（三）　該頂端事件 T 的發生機率如下

$T_{近似值} = ACD + BCD$

$= [(3 \times 10^{-1}) \times (1 \times 10^{-1}) \times (1 \times 10^{-1})] + [(2 \times 10^{-1}) \times (1 \times 10^{-1}) \times (1 \times 10^{-1})]$

$= 3 \times 10^{-3} + 2 \times 10^{-3}$

$= 5 \times 10^{-3}$

$T_{精確值} = ACD + BCD$

$P(T)$ 之失誤率 $= P(M_1) + P(M_2)$

$= 1 - [1 - P(M_1)] \times [1 - P(M_2)]$

$P(M_1) = P(A \times C \times D) = (3 \times 10^{-1}) \times (1 \times 10^{-1}) \times (1 \times 10^{-1}) = 3 \times 10^{-3}$

$P(M_2) = P(B \times C \times D) = (2 \times 10^{-1}) \times (1 \times 10^{-1}) \times (1 \times 10^{-1}) = 2 \times 10^{-3}$

$P(T) = 1 - [(1 - 3 \times 10^{-3}) \times (1 - 2 \times 10^{-3})]$

$= 1 - [(1 - 0.003) \times (1 - 0.002)]$

$= 1 - (0.997 \times 0.998)$

$= 1 - 0.995006$

$= 4.994 \times 10^{-3}$

37 參考所附之失誤樹圖，計算頂上事件（Top Event）A 發生的機率。

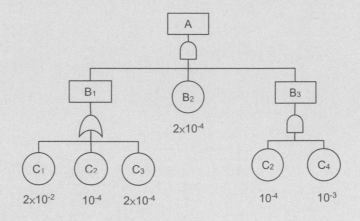

答：

（一） 此失誤樹最小分割集合運算分析如下：

A ＝ B1×B2×B3

＝（C1+C2+C3）×B2×（C2C4）

＝ C1B2C2C4+C2B2C2C4+C3B2C2C4

＝ C1B2C2C4+C2B2C4+C3B2C2C4

＝ C2B2C4

此失誤樹之頂端事件 A 的最小切集合

＝（C2×B2×C4）

（二） 頂端事件 A 之發生機率計算如下：

A ＝ C2B2C4

＝ $10^{-4}×2×10^{-4}×10^{-3}$

＝ $2×10^{-11}$

經計算後得知，頂上事件（Top Event）A 發生的機率為 $2×10^{-11}$。

38 冗餘（Redundancy）設計是化工業者採用來避免因為單一儀錶故障進而引發生產安全問題的重要方法。附圖為具有 3 選 2 冗餘設計儀錶功能的簡化失誤樹。已知 A、B 與 C 等三個獨立儀錶的失誤機率（failure probability）均為 0.1，請計算頂上事件（Top Event）T 的發生機率為多少？

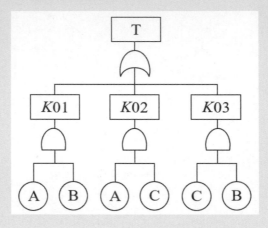

答：

布林代數求 MCS 如下：

T=AB+AC+CB

$T_{近似值}=(0.1 \times 0.1)+(0.1 \times 0.1)+(0.1 \times 0.1)$

=0.01+0.01+0.01

=0.03

$T_{精確值}=1-[(1-0.1 \times 0.1)+(1-0.1 \times 0.1)+(1-0.1 \times 0.1)]$

$=1-(0.99 \times 0.99 \times 0.99)$

=1-0.9703

=0.0297

經計算後得知，頂上事件 T 的發生機率約為 0.03。

39 假設一機電設備之失誤樹分析（Fault Tree Analysis）如下圖，各基本事件發生之機率顯示於下表。

（一）應用布林代數運算分析，找出最小分割集合；以及（二）求出頂端事件發生之機率。

基本事件	A	B	C	D
機率	0.01	0.02	0.1	0.2

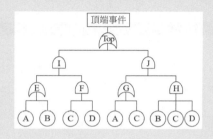

答：

（一）　此機電設備之失誤樹最小分割集合運算分析如下：

$T = I+J$

$= （E×F）+（G×H）$

$= [（A+B）×C×D]+[（A+C）×（B×C×D）]$

$= ACD+BCD+ABCD+BCCD$

$= ACD+BCD+ABCD+BCD$

$= ACD+BCD+ABCD$

$= ACD+BCD$

失誤樹之頂端事件 T 的最小切集合 $= ACD+BCD$

（二）　頂端事件 T 之發生機率計算如下：

$T_{近似值} = ACD+BCD$

$=（0.01×0.1×0.2）+（0.02×0.1×0.2）$

$= 0.0002 + 0.0004$

$= 0.0006$

$T_{精確值} = ACD+BCD$

$P（T）之發生率 = P（M_1 + M_2）$

$= 1 - [1 - P（M_1）]×[1 - P（M_2）]$

$P（M_1）= P（A×C×D）= P（A）×P（C）×P（D）=（0.01×0.1×0.2）$

$= 0.0002$

$$P（M_2）＝P（B×C×D）＝P（B）×P（C）×P（D）＝（0.02×0.1×0.2）$$
$$＝0.0004$$
$$P（T）＝1－[（1－0.0002）×（1－0.0004）]$$
$$＝1－（0.9998×0.9996）$$
$$＝1－0.99940008$$
$$＝0.00059992$$

經計算後得知頂端事件發生之機率為 0.00059992。

40 計算求下圖頂端事件 TOP 之發生機率。

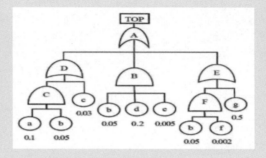

答：

（一） 失誤樹頂端事件邏輯閘組合之最小切集合（直接消去法）化簡如下：

Top Equation A ＝ D ＋ B ＋ E

＝（C ＋ c）＋（b×d×e）＋（F ＋ g）

＝ ab ＋ c ＋ bde ＋ bf ＋ g

失誤樹頂端事件邏輯閘組合之最小切集合化簡（矩陣法）如下：

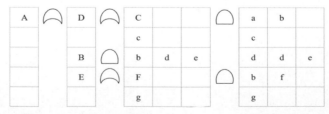

: OR 閘、 : AND 閘

Top Equation A ＝ (a×b) ＋ (c) ＋ (b×d×e) ＋ (b×f) ＋ (g)

Top Equation A ＝ ab ＋ c ＋ bde ＋ bf ＋ g

（二） 失誤樹頂端事件之機率計算如下：

$P（T）= ab + c + bde + bf + g$

$= 1-[（1-（ab））×（1-c）×（1-（bde））×（1-（bf））×（1-g）]$

$= 1-[（1-（0.1×0.05））×（1-0.03）×（1-（0.05×0.2×0.005））×$
$（1-（0.05×0.002）×（1-0.5）]$

$= 1-[（1-0.005）×（1-0.03）×（1-0.00005）×（1-0.0001）×（1-0.5）]$

$= 1-（0.995×0.97×0.99995×0.9999×0.5）$

$= 1-0.4825$

$= 0.5175$

經計算後得知，頂端事件 TOP 之發生機率為 0.5175。

B. 電路系統與 FTA

（A） 說明

此類題型為一般題型的延伸，但須將串並聯電路系統先轉換成 FTA 後，進而求出 MCS 與計算頂端事件的發生機率。

串並聯電路系統與 FTA 概念說明如下：

串聯系統

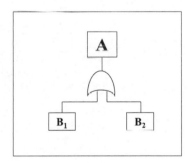

並聯系統

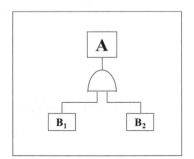

（Ｂ） 精選試題

41 請畫出下圖的串並聯電路的 FTA 與計算 MCS。

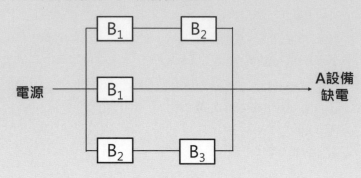

答：

（一） FTA 繪製如下圖

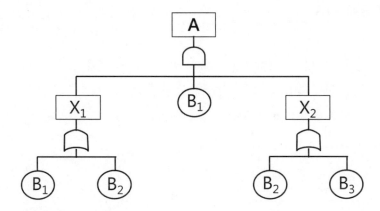

（二） MCS 如下

$A = X_1 \times B_1 \times X_2$

$= (B_1+B_2) \times B_1 \times (B_2+B_3)$

$= B_1B_1B_2+B_1B_1B_3+B_2B_1B_2+B_2B_1B_3$

$= B_1B_2 \times (1+1+B_3) +B_1B_3$

$= B_1B_2+B_1B_3$

42 下圖所示為動力衝剪機控制迴路失效（failure）之串並聯電路系統，請回答下列問題：

（一）繪出該動力衝剪機控制迴路失效之失誤樹圖。

（二）以布林代數求出失誤樹頂端事件邏輯閘組合之最小切集合。

（三）若 B1、B2 與 B3 之失誤機率分別為 1×10^{-6}、2×10^{-3}、3×10^{-3}，計算該失誤樹頂端事件之失誤機率。

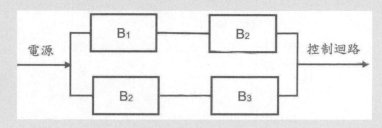

答：

（一） 該動力衝剪機控制迴路失效之失誤樹圖如下：

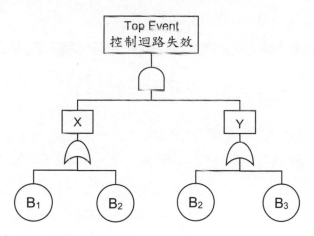

（二） 失誤樹頂端事件邏輯閘組合之最小切集合化簡如下：

$$T = X \times Y$$
$$= (B_1 + B_2) \times (B_2 + B_3)$$
$$= (B_1 \times B_2) + (B_1 \times B_3) + (B_2 \times B_2) + (B_2 \times B_3)$$
$$= (B_1 \times B_2) + (B_1 \times B_3) + (B_2) + (B_2 \times B_3)$$
$$= B_1 B_3 + B_2$$

（三）　失誤樹頂端事件 T 之失誤機率如下：

$T_{近似值} = B_1B_3 + B_2$

$= [(1 \times 10^{-6}) \times (3 \times 10^{-3})] + 2 \times 10^{-3}$

$= 3 \times 10^{-9} + 2 \times 10^{-3}$

$\fallingdotseq 2 \times 10^{-3}$

$T_{精確值} = B_1B_3 + B_2$

$P(T)$ 之失誤率 $= P(M1) + P(B_2)$

$= 1 - [1 - P(M1)] \times [1 - P(B_2)]$

$P(M1) = P(B_1 \times B_3) = (1 \times 10^{-6}) \times (3 \times 10^{-3}) = 3 \times 10^{-9}$

$P(B_2) = 2 \times 10^{-3}$

$P(T) = 1 - [(1 - 3 \times 10^{-9}) \times (1 - 2 \times 10^{-3})]$

$= 1 - [(1 - 0.000000003) \times (1 - 0.002)]$

$= 1 - [(0.999999997) \times (0.998)]$

$= 1 - 0.997999997$

$= 2.000003 \times 10^{-3}$

經計算後得知，該失誤樹頂端事件之失誤機率為 2×10^{-3}

C. 情境 / 實務題 FTA

（A）　說明

此類題型仍為一般題型的延伸，但因加入情境判斷或是實務概念，所以難度會較高；依題目繪出 FTA 後，進而求出 MCS 與計算頂端事件的發生機率。

【情境判斷題型】

要看清楚題目的敘述與善用，因其敘述方式已歸類出 FTA 架構。

（B）　精選試題

43　某製程常發生物料 A（閃火點 20℃）在注料作業中，因靜電火花而引發火災爆炸，業者為防制此危害（靜電火災爆炸），採取下列安全措施：

（一）物料 A 注料前先經冷凍機降溫至 5℃（冷凍機只有停電時才會失效，停電機率為 10^{-3}，環境溫度高於 20℃ 機率為 0.9）。

（二）反應時採氮封設計（只有氮氣不足才會失效，氮氣不足的機率為 2×10^{-3}）。

某製程常發生物料 A（閃火點 20℃）在注料作業中，因靜電火花而引發火災爆炸，業者為防制此危害（靜電火災爆炸），採取下列安全措施：

（一）物料 A 注料前先經冷凍機降溫至 5℃（冷凍機只有停電時才會失效，停電機率為 10^{-3}，環境溫度高於 20℃ 機率為 0.9）。

（二）反應時採氮封設計（只有氮氣不足才會失效，氮氣不足的機率為 2×10^{-3}）

（三）靜電火源控制措施為：a. 接地 / 等電位連結（接地 / 等電位連結失效機率為 10^{-3}）b. 離子風扇（只有停電或風扇故障時，此功能才會失效，停電機率為 10^{-3}，風扇故障機率為 10^{-4}）。試回答下列問題：

（一）物料 A 作業引發靜電火災爆炸為頂端事件之失誤樹圖如圖示。

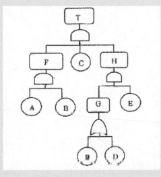

各事件分別為氮氣不足、靜電火災爆炸、物料降溫失效、離子風扇故障、停電、靜電火源控制失效、接地 / 等電位連結失效、環境溫度高於 20℃、風扇故障，請分別將前述事件與失誤樹圖中英文字母配對。

（二）請求出靜電火源控制失效機率。

（三）請求出靜電火災爆炸頂端事件之發生機率。

答：

（一）　事件與失誤樹圖中英文字母配對如下列：

A：環境溫度高於 20℃	B：停電	C：氮氣不足
D：風扇故障	E：接地 / 等電位連結失效	F：物料降溫失效
G：離子風扇故障	H：靜電火源控制失效	T：靜電火災爆炸

（二）　靜電火源控制失效機率之計算如下：$H_{近似值}$

$$= （B + D） \times E$$
$$= BE + DE$$
$$= [（10^{-3} \times 10^{-3}）] + [（10^{-4} \times 10^{-3}）]$$
$$= 10^{-6} + 10^{-7}$$
$$= 1.1 \times 10^{-6}$$

$H_{精確值} = (B + D) \times E = BE + DE$

$P(H) = P(M_1 + M_2) = 1 - [1 - P(M_1)][1 - P(M_2)]$

$P(M_1) = (B \times E) = (10^{-3} \times 10^{-3}) = 10^{-6}$

$P(M_2) = (D \times E) = (10^{-4} \times 10^{-3}) = 10^{-7}$

$P(H) = 1 - [(1 - 10^{-6}) \times (1 - 10^{-7})]$

$= 1 - (0.999999 \times 0.9999999)$

$= 1 - 0.9999989$

$= 0.0000011$

$= 1.1 \times 10^{-6}$

（三）靜電火災爆炸頂端事件之發生機率之計算如下：

Top Equation $= (F) \times C \times (H)$

$= (A \times B) \times C \times (B + D) \times E$

$= (A \times B \times C \times B \times E) + (A \times B \times C \times D \times E)$

$= ABCE + ABCDE = ABCE \times (1 + D)$

$= ABCE$

$P(T) = ABCE$

$= (9 \times 10^{-1} \times 10^{-3} \times 2 \times 10^{-3} \times 10^{-3})$

$= 1.8 \times 10^{-9}$

經計算後得知，靜電火災爆炸頂端事件之發生機率為 1.8×10^{-9}

---

44 有一批次反應常因物料 A 注料作業中靜電火花引發爆炸，今業者為防制此危害採取下列安全措施：1、物料 A（其閃火點為 20℃）注料前先經由冷凍機降溫至 5℃（唯有停電時冷凍機才會失效）2、反應時採氮封設計（為有氮氣不足才會失效）3、靜電火源控制措施為 a. 接地等電連結 b. 離子風扇（停電或風扇故障此功能才會失效）

各系統之失誤機率如下表：

系統	機率
環境溫度低於 20℃	0.1
停電	10^{-3}
氮氣不足	2×10^{-3}
離子風扇故障	10^{-4}
接地/等電位連結失效	10^{-3}

（一）請畫出與物料 A 作業引發爆炸為頂端事件之失誤樹圖。

（二）請求出最小切集（Minimum Cut Set）。

（三）請求出頂端事件之發生機率。

答：

（一）　物料 A 作業引發爆炸為頂端事件之失誤樹圖如下

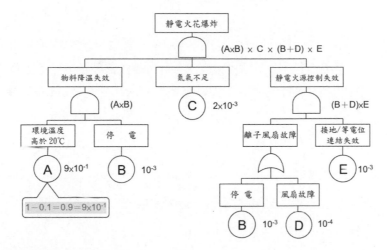

（二）　最小切集（Minimum Cut Set）

Top Equation $= (A \times B) \times C \times (B + D) \times E$

$= (A \times B \times C \times B \times E) + (A \times B \times C \times D \times E)$

$= ABCE + ABCDE = ABCE \times (1 + D)$

$= ABCE$

（三）　頂端事件之發生機率

$P = ABCE$

$= (9 \times 10^{-1} \times 10^{-3} \times 2 \times 10^{-3} \times 10^{-3})$

$= 1.8 \times 10^{-9}$

經計算後得知，頂端事件之發生機率為 1.8×10^{-9}

(C) 實務題型

　　常見的此類題型，需先了解簡易的製程控制邏輯，依序為製程參數（如溫度、壓力…等）偵測器（sensor）、邏輯運算器（logic solver）、終端作動元件（final element），透過一層層的邏輯連結，進而達到製程控制目的；然而，如果前 3 者有一元件出現了故障，邏輯訊號（或控制元件）也無法順利傳遞（或作動），則該製程控制邏輯也會失敗了。簡易來說，就像你在乘搭電梯時，有人在電梯放屁，而你的鼻子（sensor）聞到臭味後，立即傳遞訊號給大腦（logic solver），你的右（左）手可能就會捏著鼻子及用左（右）手搧風（final element）；另外，製程有時也可能設計當偵測器偵測其參數到達設定值時，發出警報（alarm）提醒操作員要進行介入，以使製程回復平穩操作狀態。

解題的概念，主要可透過 1 至 2 分法，分出 FTA 架構；如下題型，在反應槽的正中央畫下一條線，立即可分出 FTA 頂端事件下一層的中間事件（有兩種），再依題目內容進行繪製細部的 FTA；依題目繪出 FTA 後，進而求出 MCS 與計算頂端事件的發生機率。

45　一化學反應器之相關安全裝置如下圖所示，反應槽內部壓力達到設定壓力時，高壓警報器即發出警報，反應器內裝有壓力開關連接到警報器；此反應器又安裝一套自動（高壓）停機警報系統，當反應器內壓大於警報（alarm）設定的壓力時，則停止進料閥入料（壓力指示控制器（PIC）將關閉進料閥）。

（一）試繪出此反應器超壓（over pressure）之故障樹（fault tree）。

（二）計算此反應器發生超壓之最小切集合（minimum cut set）。

（三）計算反應器發生超壓之機率（probability）。

壓力指示警報器（PIA）故障機率：10^{-4}；

警報裝置（Alarm device）故障機率：6×10^{-4}；

壓力指示控制器（PIC）故障機率：10^{-4}；

進料閥故障機率：4×10^{-2}。

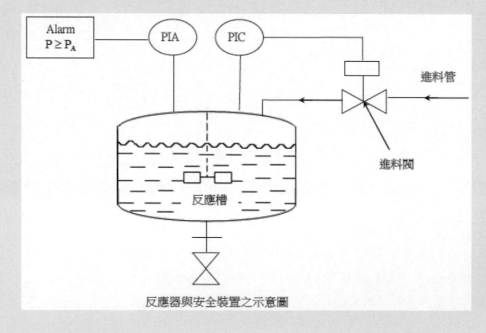

反應器與安全裝置之示意圖

答：

（一） 此反應器超壓（over pressure）之故障樹（fault tree）如下圖：

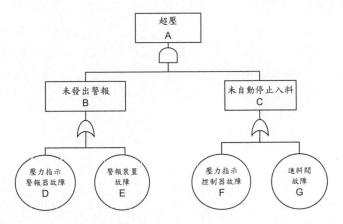

（二） A ＝ B×C

= （D+E）×（F+G）

= DF+DG+EF+EG 經計算後得知此反應器發生超壓之最小切集合

（minimum cut set）

A 為 DF+DG+EF+EG

（三） $A_{近似值}$ ＝ DF+DG+EF+EG

= （$10^{-4}×10^{-4}$）+（$10^{-4}×4×10^{-2}$）+（$6×10^{-4}×10^{-4}$）+（$6×10^{-4}×4×10^{-2}$）

= $10^{-8}+4×10^{-6}+6×10^{-8}+24×10^{-6}$

= $2.807×10^{-5}$

$A_{精確值}$ ＝ DF+DG+EF+EG

P（A）= 1-{（$1-P_1$）×（$1-P_2$）×（$1-P_3$）×（$1-P_4$）}

P_1 = DF = $10^{-4}×10^{-4}$ = 10^{-8}

P_2 = DG = $10^{-4}×4×10^{-2}$ = $4×10^{-6}$

P_3 = EF = $6×10^{-4}×10^{-4}$ = $6×10^{-8}$

P_4 = EG = $6×10^{-4}×4×10^{-2}$ = $24×10^{-6}$

P（A）= 1-{（$1-P_1$）×（$1-P_2$）×（$1-P_3$）×（$1-P_4$）}

= 1-{（$1-10^{-8}$）×（$1-4×10^{-6}$）×（$1-6×10^{-8}$）×（$1-24×10^{-6}$）}

= 1-0.99997193

= 0.000028069

= $2.8069×10^{-5}$

經計算後得知此反應器發生超壓之機率（probability）為 $2.8069×10^{-5}$

46 某反應器內進行放熱反應,當溫度超過一定值後,會引起反應失控而爆炸。為立即移走反應熱,在反應器外面安裝夾套冷卻水系統。由反應器上的熱電偶溫度測量儀與冷卻水進口閥聯接,根據溫度控制冷卻水流量;為防止冷卻水供給失效,在冷卻水進水管上安裝了壓力開關並與原料進口閥聯接,當水壓小到一定值時,原料進口閥會自動關閉,停止反應。請將超溫爆炸之失誤樹畫出,並估算該系統之可靠度(reliability)、不可靠度(failure probability)及年故障率(failure rate)。(操作週期為一年)裝置組成之簡圖與各元件故障率如下:

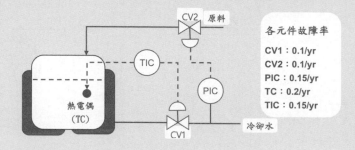

各元件故障率
CV1:0.1/yr
CV2:0.1/yr
PIC:0.15/yr
TC:0.2/yr
TIC:0.15/yr

答:

(一) 反應器超溫爆炸(T)之失誤樹如下:

冷卻系統應在熱電偶溫度上升至溫控器設定值時,啟動冷卻水開關閥開啟並進水降溫。

冷卻水系統故障(X),包含:A 為 CV1(冷卻水進口閥),D 為 TC(熱電偶溫度測量儀),E 為 TIC(熱電偶控制器)等三項元件,其中任一元件故障均可能造成風險。

原料進口系統應於當水壓小到一定值時,啟動原料進口閥關閉,以停止反應。

進料系統故障(Y),包含:B 為 CV2(原料進口閥),C 為 PIC(壓力控制器)等二項元件,其中任一元件故障均可能造成風險。

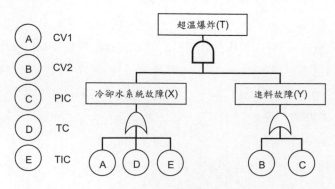

（二） 該系統之年故障率（λ）計算如下：

Top Equation $T = X \times Y$

$= (A + D + E) \times (B + C)$

$= AB + AC + BD + CD + BE + CE$

$T_{近似值} = AB + AC + BD + CD + BE + CE$

$= (0.1 \times 0.1) + (0.1 \times 0.15) + (0.1 \times 0.2) + (0.15 \times 0.2) +$

$(0.1 \times 0.15) + (0.15 \times 0.15)$

$= 0.01 + 0.015 + 0.02 + 0.03 + 0.015 + 0.0225$

$= 0.1125$

$T_{精確值} = AB + AC + BD + CD + BE + CEP(T)$

$= 1 - \{(1-AB) \times (1-AC) \times (1-BD) \times (1-CD) \times (1-BE) \times (1-CE)\}$

$= 1 - \{(1-0.1 \times 0.1) \times (1-0.1 \times 0.15) \times (1-0.1 \times 0.2) \times (1-0.15 \times 0.2)$

$\times (1-0.1 \times 0.15) \times (1-0.15 \times 0.15)\}$

$= 1 - \{(1-0.01) \times (1-0.015) \times (1-0.02) \times (1-0.03) \times (1-0.015)$

$\times (1-0.0225)\}$

$= 1 - (0.99 \times 0.985 \times 0.98 \times 0.97 \times 0.985 \times 0.9775)$

$= 1 - 0.8925$

$= 0.1075$

該系統之年故障率（λ）為 0.1075/yr

該系統之可靠度（R）$= e^{-\lambda t}$

（年故障率（λ）為 0.1075/yr、操作週期為一年代入上式）

可靠度 $= e^{-0.1075 \times 1} = 0.8981$

該系統之不可靠度（F）$= 1-$ 可靠度

不可靠度 $= 1-0.8981 = 0.1019$

經計算後得知，該系統之可靠度為 0.8981、不可靠度為 0.1019 及年故障率為 0.1075/yr。

47

某批式反應系統，如下圖所示，為一高放熱反應，可能有反應失控後造成反應器爆炸的潛在危害。因反應速率隨反應物之進料流量而增加，故以一套 FIC 裝置控制反應物之進料流量。另設有防止反應爆炸之緊急釋放裝置破裂盤，和防止系統持續升溫後導致反應失控的高溫連鎖迴路 TIS。假設所有組件皆互為獨立事件，且各組件每年平均故障機率為：

（Ⅰ）流量指示控制器＝ 2×10^{-2} 次 / 年、

（Ⅱ）流量控制閥＝ 2×10^{-2} 次 / 年、

（Ⅲ）溫度連鎖回饋＝ 5×10^{-2} 次 / 年、

（Ⅳ）緊急關斷閥＝ 1×10^{-2} 次 / 年、

（Ⅴ）破裂盤釋放＝ 2×10^{-3} 次 / 年。

請以失誤樹分析模式，分析此反應器產生爆炸事故的失誤樹及發生之頻率（次 / 年）。

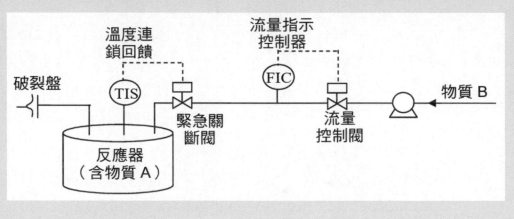

答：

（一） 依題意結構，該系統失誤樹如下圖示：

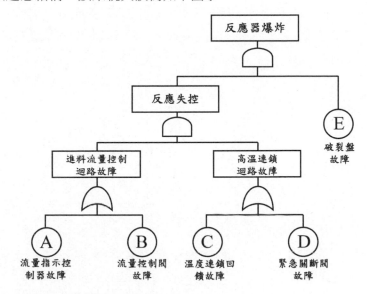

（二） 反應器產生爆炸事故的發生頻率如下：

$T = [（A+B）×（C+D）]×E$

$= （AC+AD+BC+BD）×E$

$= ACE+ADE+BCE+BDE$

$T_{近似值} = ACE+ADE+BCE+BDE$

$= （2×10^{-2}×5×10^{-2}×2×10^{-3}）+（2×10^{-2}×1×10^{-2}×2×10^{-3}）+$

$（2×10^{-2}×5×10^{-2}×2×10^{-3}）+（2×10^{-2}×1×10^{-2}×2×10^{-3}）$

$= 20×10^{-7}+4×10^{-7}+20×10^{-7}+4×10^{-7}$

$= 48×10^{-7}$

$= 4.8×10^{-6}$

$T_{精確值}= 1-[（1-ACE）×（1-ADE）×（1-BCE）×（1-BDE）]$

$= 1-[（1-2×10^{-2}×5×10^{-2}×2×10^{-3}）×（1-2×10^{-2}×1×10^{-2}×2×10^{-3}）$

$×（1-2×10^{-2}×5×10^{-2}×2×10^{-3}）×（1-2×10^{-2}×1×10^{-2}×2×10^{-3}）]$

$= 1-[（1-20×10^{-7}）×（1-4×10^{-7}）×（1-20×10^{-7}）×（1-4×10^{-7}）]$

$= 1-（0.999998×0.9999996×0.999998×0.9999996）$

$= 1-0.9999952$

$= 4.8×10^{-6}$

經計算後得知，反應器產生爆炸事故的發生頻率為 $4.8×10^{-6}$（次／年）。

48

【圖1】是用於儲存製程原料的儲槽系統，儲槽過量充填（overfilling）在製程工業中是一個普遍的問題。為了防止過量充填，儲槽常會配備高液位警報系統（high level alarm system）和高液位關閉系統（high level shutdown system）。高液位關閉系統會連接到電磁閥（solenoid valve），該電磁閥在異常狀況時會停止物料輸入。請回答以下問題：

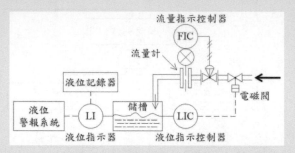

以「儲槽溢出」（storage tank overflows）為頂端事件（top event），請畫出其失誤樹，並使用【表1】數據，預測頂端事件的失誤（效）機率（failure probability）為何？

【表1】

裝置	可靠度(R)	失誤(效)率(P)
控制閥	0.549	0.451
液位量測	0.183	0.817
液位記錄器	0.803	0.197
警報器	0.957	0.043
電磁閥	0.657	0.343

答：

以儲槽溢出為頂端事件的失誤樹，如下圖所示：

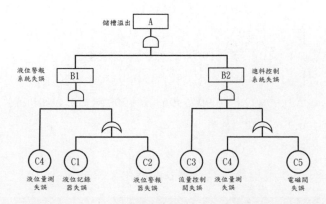

[提醒考生：因液位指示器（LI）或液位指示控制器（LIC）均須透過液位量測器（感測元件與傳送器），所以假設此題使用同一組 / 類型的量測設備元件，繪製如上圖所示。] 由上圖得知，其頂端事件的失誤（效）機率 A 如下：

$$A = B_1 \times B_2$$
$$= [C_4 \times (C_1+C_2)] \times [C_3 \times (C_4+C_5)]$$
$$= (C_1C_4+C_2C_4) \times (C_3C_4+C_3C_5)$$
$$= C_1C_3C_4+C_1C_3C_4C_5+C_2C_3C_4+C_2C_3C_4C_5$$
$$= C_1C_3C_4+C_2C_3C_4$$

$$A_{近似值} = C_1C_3C_4+C_2C_3C_4$$
$$= 0.197 \times 0.451 \times 0.817 + 0.043 \times 0.451 \times 0.817$$
$$= 0.088$$

$$A_{精確值} = C_1C_3C_4+C_2C_3C_4$$
$$P(A) = 1-[(1-C_1C_3C_4) \times (1-C_2C_3C_4)]$$
$$= 1-[(1-0.0726) \times (1-0.0158)]$$
$$= 1-(0.9274 \times 0.9842)$$
$$= 1-0.9127$$
$$= 0.087$$

經計算後得知，儲槽溢出的失誤（效）機率為 0.087（或 0.088，考生擇一回答即可）。

■ 投票閘（voting gate）FTA

由 n 個輸入事件中取出 m 個事件來組合，使輸出事件 A 發生。

如某反應器有一 3 選 2（2 out of 3, 2/3）的溫度量測安全設計，當 3 個溫度量測儀器中有 2 個發生故障，則該反應器會停止運作，如下圖所示：

▲ Voting gate 展開前

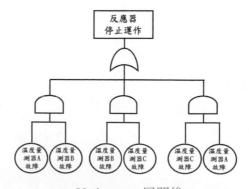

▲ Voting gate 展開後

依題目需出展開 voting gate 後，再繪製出完整的 FTA 後，進而求出 MCS 與計算頂端事件的發生機率。

49 故障樹如下圖，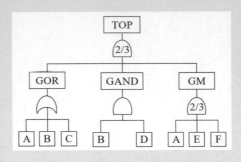為或閘，⌒為且閘，為 3 取 2 閘。請計算其頂端事件發生機率。故障機率：A、B、C＝0.1，D、E、F＝0.15。

答：

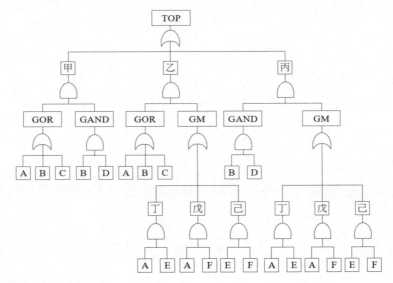

（布林代數或矩陣法求 MCS，考生擇一即可）

布林代數求 MCS 如下：

T＝甲＋乙＋丙

＝［（A+B+C）×BD]+[（A+B+C）×（AE+AF+EF）+[BD×（AE+AF+EF）]

＝（ABD+BBD+BCD）+（AAE+AAF+AEF+ABE+ABF+BEF+ACE+ACF+CEF）+（ABDE+ABDF+BDEF）

＝BD+AE+AF+BEF+CEF

矩陣法求 MCS 如下：

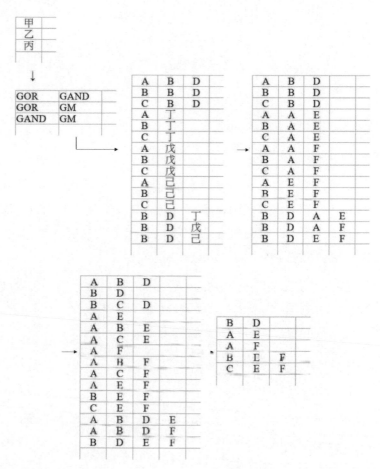

$T = BD+AE+AF+BEF+CEF$

$T_{近似值} = 0.1 \times 0.15 + 0.1 \times 0.15 + 0.1 \times 0.15 + 0.1 \times 0.15 \times 0.15 + 0.1 \times 0.15 \times 0.15$

$= 0.015 + 0.015 + 0.015 + 0.00225 + 0.00225$

$= 0.0495$

$T_{精確值} = 1 - [1 - (0.1 \times 0.15) \times 1 - (0.1 \times 0.15) \times 1 - (0.1 \times 0.15) \times 1 - (0.1 \times 0.15 \times 0.15) \times 1 - (0.1 \times 0.15 \times 0.15)]$

$= 1 - [(1 - 0.1 \times 0.15)^3 \times (1 - 0.1 \times 0.15 \times 0.15)^2]$

$= 1 - (0.985^3 \times 0.99775^2)$

$= 1 - 0.95138$

$≒ 0.0486$

50

由失誤模式／原因的相依性（dependent failure events）所引起多重／複式元件的故障，進而導致事故的發生時，可以用共同原因失誤模式（common cause failure,CCF）進行分析，且其機率可引用 Beta 因子估算：

$$\beta = \lambda_c / (\lambda_c + \lambda_i)$$

其中，

λ_i ＝元件之獨立失誤事件的失誤率

λ_c ＝考慮 CCF 事件的失誤率

今有一連續攪拌槽反應器，需有連續穩定的反應物進流量，以防溢流而導致危害物外洩的潛在危害，故該反應器設有液位過高時緊急連鎖卸料閥裝置，可使反應終止。如下圖所示，該反應器底部設有兩個緊急卸料閥 V1 與 V2，該卸料閥是由一組三選二的選擇邏輯單元（voting logic unit,VLU）所控制。

請做此反應器於液位過高時緊急卸料閥故障的失誤樹分析。考慮此系統具有多重／複式卸料閥的共同原因失誤（不考慮液位訊號線路的共同原因失誤），計算此系統因液位過高而導致危害物外洩的機率。

假設各元件之年故障率如下：

卸料閥的 Beta 因子為 0.2

卸料閥：0.1/year（包括反應器至閥體的管線、閥本體及閥的操作員）

三選二邏輯單元（VLU）：0.005/year

液位感測元件（LE）：0.3/year

液位訊號傳送器（LT）：0.1/year

高液位開關（LSHH）：0.025/year

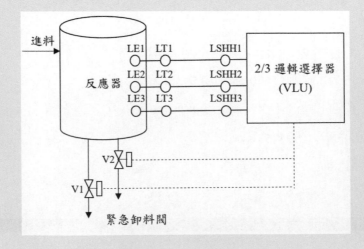

解題概念補充：

1. 2/3 邏輯選擇器（VLU）

　如某反應器有一 3 選 2（2 out of 3, 2oo3）的溫度量測安全設計，當 3 個溫度量測儀器中有 2 個發生故障，則該反應器會停止運作，如下圖所示：

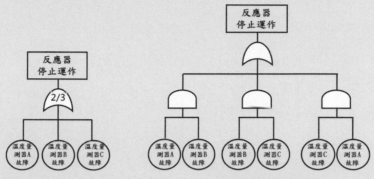

　　　2/3 邏輯選擇器展開前　　　　　　　2/3 邏輯選擇器展開後

2. 共因失效（CCF）

　指由於某種共同原因造成的多個設備的失效（故障），即多個設備的失效是由於同一原因引起的，如工廠電力中斷，造成所有用電設備無法正常運作，其機率可引用 Beta 因子估算：

$$\beta = \frac{\lambda_c}{\lambda_c + \lambda_i}$$ （公式 2-2-26）

其中，

λ_i ＝元件之獨立失誤事件的失誤率

λ_c ＝考慮 CCF 事件的失誤率

答：

（一）　此反應器於液位過高時緊急卸料閥故障的失誤樹分析如下：

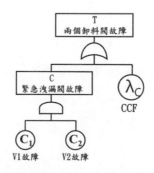

$$\beta = \frac{\lambda_c}{\lambda_c + \lambda_i}$$

$$\beta \times (\lambda_c + \lambda_i) = \lambda_c$$

$\lambda_c - \beta\lambda_c = \beta\lambda_i$，其中 $\beta = 0.2$、$\lambda_i = 0.1$

$$\lambda_c - 0.2\lambda_c = 0.02$$

$$0.8\lambda_c = 0.02$$

$$\lambda_c = \frac{0.02}{0.8} = 0.025$$

$$T = C_1C_2 + \lambda_c$$

$$T_{近似值} = 0.1 \times 0.1 + 0.025$$

$$= 0.035$$

$$T_{精確值} = 1-[(1-0.1 \times 0.1) \times (1-0.025)]$$

$$= 1-0.99 \times 0.975$$

$$= 0.03475$$

（二） 此系統因液位過高而導致危害物外洩的機率計算如下：

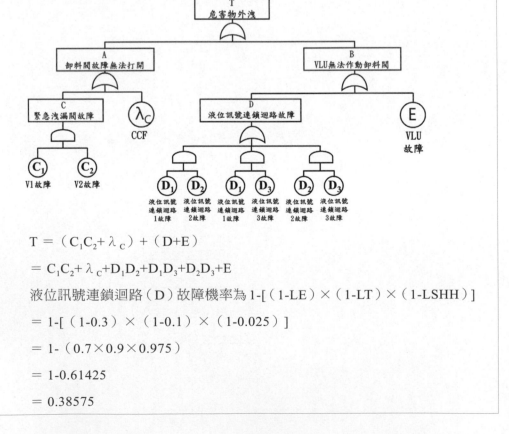

$$T = (C_1C_2 + \lambda_c) + (D+E)$$

$$= C_1C_2 + \lambda_c + D_1D_2 + D_1D_3 + D_2D_3 + E$$

液位訊號連鎖迴路（D）故障機率為 $1-[(1-LE) \times (1-LT) \times (1-LSHH)]$

$$= 1-[(1-0.3) \times (1-0.1) \times (1-0.025)]$$

$$= 1-(0.7 \times 0.9 \times 0.975)$$

$$= 1-0.61425$$

$$= 0.38575$$

$$T_{\text{近似值}} = C_1C_2 + \lambda_C + D_1D_2 + D_1D_3 + D_2D_3 + E$$

$$= 0.01 + 0.025 + 0.38575^2 + 0.38575^2 + 0.38575^2 + 0.005$$

$$= 0.035 + 0.38575^2 + 0.38575^2 + 0.38575^2 + 0.005$$

$$= 0.4864$$

$$T_{\text{精確值}} = 1 - [(1-C_1C_2)(1-\lambda_C)(1-D_1D_2)(1-D_1D_3)(1-D_2D_3)(1-E)]$$

$$= 1 - [(1-0.01)(1-0.025)(1-0.38575^2)^3(1-0.005)]$$

$$= 1 - [0.99 \times 0.975 \times 0.61673 \times 0.995]$$

$$= 1 - 5923$$

$$= 0.4077$$

51 （一）安全系統往往有多個子系統，卻不以聯集或交集的形式啟動，原因為何？

（二）假設有一安全措施，它有 4 組功能全同的偵測系統，其中，只要有 3 組作動正確，就能完成安全任務；如果每組偵測系統的可靠度為 0.95 時，請問此安全措施的不可靠度為何？

答：

（一）　子系統間以聯集（並聯）或交集（串聯）的形式啟動時，子系統之間會發生連鎖的情況，彼此間互相干擾其作動或使其不作動，故安全系統之子系統間應保持其獨立性，使安全系統能獨立作用。

（二）　該安全措施失效（Top Event）之失誤樹如下：

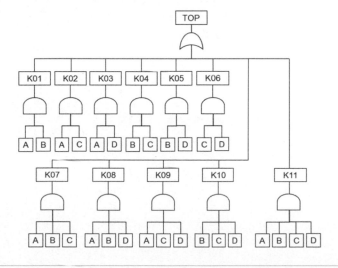

121

其中，A、B、C 及 D 基礎原因為各偵測系統失效，其機率為 1–0.95 ＝ 0.05。最小切集合（MCS）＝ AB+AC+AD+BC+BD+CD

$T_{近似值}$ ＝（0.05×0.05）＋（0.05×0.05）＋（0.05×0.05）＋（0.05×0.05）＋（0.05×0.05）＋（0.05×0.05）

＝（0.05×0.05）×6

＝ 0.015

$T_{精確值}$ ＝ 1–[（1–0.05×0.05）×（1–0.05×0.05）×（1–0.05×0.05）×（1–0.05×0.05）×（1–0.05×0.05）×（1–0.05×0.05）]

＝ 1–[（1–0.05×0.05）^{6}]

＝ 1–0.98509

≒ 0.01491

2.ETA（Event Tree Analysis，事件樹分析）

（1）基本概念

ETA（Event Tree Analysis，事件樹分析）源於 DTA（Decision Tree Analysis，決策樹分析）為一種依事故發展的時間順序由起始事件開始推論可能的後果，進而執行危害辨識的方法。

邏輯圖技術：由下而上的方式，前向發展模式，歸納或引導原因至其後果，所以能透過 ETA 了解事故發展過程，提供事故相關分析與後續預防措施。

ETA 概念圖繪製如下（常見的考試題目類型為 4 階段時序）

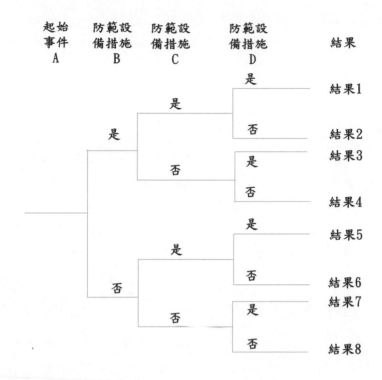

建立步驟：

A. 確定初始事件

B. 判定安全功能

C. 繪製事件樹

D. 建構且簡化事件樹

（2）計算題型

ETA 在相關職安衛的考試最常見的就是 4 階段時序架構，而繪製其 ETA 後，會發現引發到後果（如失控反應、爆炸…等）大部分為結果 4 與結果 8（以上述的 ETA 概念圖為例），所以其 ETA 發生機率為下述（表示方式不同）；請考生謹記，如果題目為 5 階段時序架構則不適用下列結果。

aBcd+abcd（公式 2-2-27），其中小寫英文字母為不預期事情發生或措施失效，如發生冷卻水系統失效或警報器未作動，大寫英文字母則反之。

或 $\overline{A}B\overline{C}\overline{D} + \overline{A}\overline{B}\overline{C}\overline{D}$（公式 2-2-28），其中英文字母上面有一槓（如 $\overline{A}$）為不預期事情發生或措施失效，如發生冷卻水系統失效或警報器未作動，大寫英文字母則反之。

另外，題目亦須看清楚，因除了會出現該條件的故障率外，也可能會採用不可用度之名詞呈現。最後提醒，事件樹的各種情境為互斥事件，不需要布林代數化簡，但是仍適用布林運算。

（3）精選試題

52 某一架橋劑（過氧化物）製程，其為放熱反應（exothermic reaction）。在此反應中須添加冷卻水以防止溫度過高而引發失控反應。此外，另設有高溫警報器，當操作員聽到警報器會將冷卻水飼入反應器，以及自動停機系統停止反應。現在冷卻水系統失效的情況之下，試畫出事件樹，並求反應器失控反應（Runaway reaction）的機率（probability）。其相關條件如下：

（1）起始事件（冷卻水系統失效）發生機率為 2.5×10^{-2}/ 年

（2）在溫度 T1 時，高溫警報器警告操作員（故障率＝ 5×10^{-2}/ 年）

（3）操作員聽到警報後將冷卻水飼入反應器（故障率＝ 10^{-1}/ 年）

（4）在溫度達 T2 時，自動停機系統停止反應（故障率＝ 10^{-2}/ 年）

答：

（一）　事件樹繪製如下：

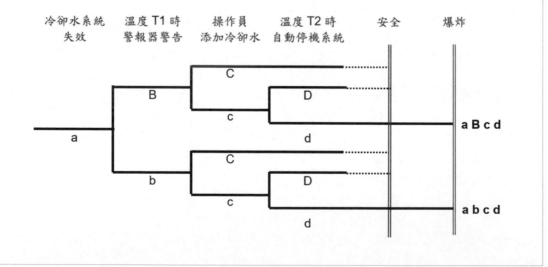

（二） 反應器失控反應的機率如下：

$\quad = aBcd+abcd$

$\quad = （acd）\times（B+b）$，其中 $B+b = 1$

$\quad = acd$

$\quad = （2.5\times10^{-2}）\times（10^{-1}）\times（10^{-2}）$

$\quad = 2.5\times10^{-5}/$ 年

另解（若不化簡 $B+b$）

$\quad = aBcd+abcd$

$\quad = （2.5\times10^{-2}）\times（1-5\times10^{-2}）\times（10^{-1}）\times（10^{-2}）+（2.5\times10^{-2}）\times$
$\quad （5\times10^{-2}）\times（10^{-1}）\times（10^{-2}）$

$\quad = 2.5\times10^{-2}\times10^{-1}\times10^{-2}$

$\quad = 2.5\times10^{-5}/$ 年

經計算後得知，反應器失控反應的機率為 $2.5\times10^{-5}/$ 年。

---

53 某反應器中有氧化劑與還原劑進行放熱反應（exothermic reaction）。在此反應中，除了添加觸媒之外，尚須添加冷卻水，以防止溫度過高。今假設冷卻水未於需要時進入反應器（此為起始事件），而產生正常操作之偏離情況，則該操作系統需實施下列應變措施，並啟動相關安全裝置：

（一）在溫度 T1 時，高溫警報器警告操作員（故障率 $= 5\times10^{-4}/hr$）。

（二）操作員將冷卻水添加至反應器，溫度回復正常（故障率 $= 10^{-2}/hr$）。

（三）在溫度 T2 時，自動停機系統停止反應（故障率 $= 10^{-4}/hr$）。

起始事件（冷卻水系統失效）發生的機率為 2.5×10^{-3}。

試依前述條件繪製事件樹；並求反應器失控反應（Runaway reaction）的機率（probability）。

答：

（一） 事件樹繪製如下：

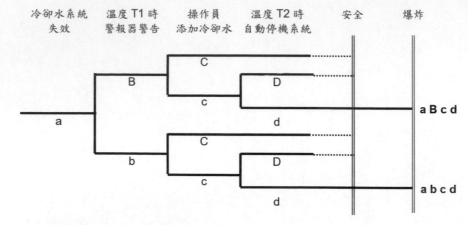

（二） 反應器失控反應的機率如下：

= aBcd+abcd

=（acd）×（B+b），其中 B+b = 1

= acd

=（$2.5×10^{-3}$）×（10^{-2}）×（10^{-4}）

= $2.5×10^{-9}$/hr

另解（若不化簡 B+b）

= aBcd+abcd

=（$2.5×10^{-3}$）×（$1-5×10^{-4}$）×（10^{-2}）×（10^{-4}）+（$2.5×10^{-3}$）×（$5×10^{-4}$）×（10^{-2}）×（10^{-4}）

= $2.5×10^{-3}×10^{-2}×10^{-4}$

= $2.5×10^{-9}$/hr

經計算後得知，反應器失控反應的機率為 $2.5×10^{-9}$/hr。

54 某工廠鍋爐運轉中自動給水設備故障而水位過低時，低水位警報應動作，通知鍋爐工加水並排除故障；若低水位警報故障，或鍋爐工疏忽無法及時供給加水，使鍋爐水位持續降低，高溫將觸發燃料遮斷裝置動作，此時可藉由熄火保全鍋爐設備；但是若燃料遮斷裝置也故障，最終將導致鍋爐爆炸。下表列出各種裝置故障與人為失誤之機率。請繪出此鍋爐因自動給水設備故障，而導致各種後果之事件樹，並計算本鍋爐爆炸之機率。（10分）

	自動給水設備故障 a	低水位警報故障 b	鍋爐工人為失誤 c	燃料遮斷裝置故障 d
機率	0.00025	0.00039	0.00004	0.0003

答：

（一） 鍋爐因自動給水設備故障，而導致各種後果之事件樹繪製如下：

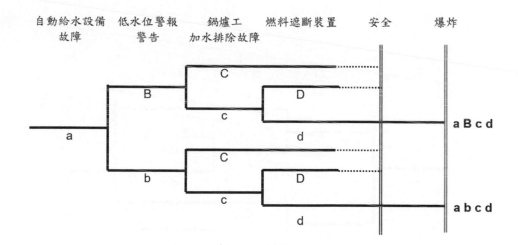

（二） 鍋爐失控反應的機率

$= aBcd+abcd$

$=（acd）\times（B+b）$，其中 $B+b = 1$

$= acd$

$=（2.5\times10^{-4}）\times（4\times10^{-5}）\times（3\times10^{-4}）$

$= 3.0\times10^{-12}$

經計算後得知，反應器失控反應的機率為 3.0×10^{-12}。

55 某石化工廠管線是用來輸送某可燃性氣體,若管線破裂未被察覺會導致可燃性氣體濃度上升至爆炸下限以上,此時若遇火源或高溫表面則會立刻引起氣爆。為避免此事故發生,工廠內設有下列安全措施:(I)可燃性氣體濃度達爆炸下限濃度 1/50(V1)時,自動偵測器的警報響起(故障率= 5×10^{-2} 次/次);(II)操作員聽到警報響起(故障率= 5×10^{-2} 次/次,未聽到),會立即手動關閉管線輸送(故障率= 2×10^{-2} 次/次);(III)可燃性氣體濃度達爆炸下限濃度 1/10(V2)時,管線自動關閉系統自動啟動(故障率= 2×10^{-2} 次/次)。起始事件(管線破裂,可燃性氣體洩漏)發生的機率為 10^{-3} 次/時。

(一)請依前述條件繪製事件樹。

(二)計算可燃性氣體濃度超過 V2 的機率(次/年)?

答:

(一) 管線因破裂,造成可燃性氣體洩漏,導致各種後果之事件樹繪製如下:

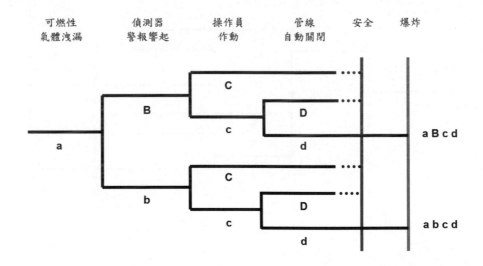

(二) 可燃性氣體濃度超過 V2 的機率

= aBcd+abcd

=(acd)×(B+b),其中 B+b = 1

= acd

=(10^{-3})×(5×10^{-2})×(2×10^{-2})

= 1.0×10^{-6}(次/年)

經計算後得知,可燃性氣體濃度超過 V2 的機率為 1.0×10^{-6}(次/年)。

56 某天然氣公司為預防天然氣輸送過程的洩漏事故（失誤率：0.001 次 / 年），採取以下防護措施：1. 偵測到環境中天然氣濃度達燃燒下限的 1/10 時立刻鳴起警報（不可用度：0.05）；2. 操作人員聽到警報聲時（不可用度：0.05），將關斷手動閥門（不可用度：0.02）以遮斷洩漏點；3. 另有獨立偵測器之緊急自動關斷系統，當天然氣濃度達燃燒下限的 3/10 將自動啟動（不可用度：0.02）。

（一）請依照前述條件，繪製事件樹（EventTree）。

（二）請計算天然氣外洩且濃度超過燃燒下限 3/10 的失誤率（次 / 年）。

答：

（一）　事件樹繪製如下：

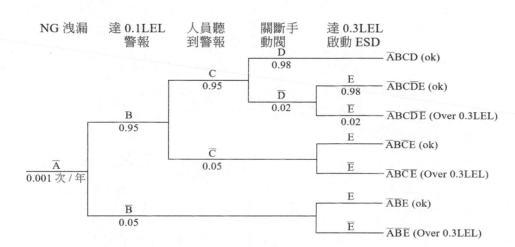

（二）　天然氣外洩且濃度超過燃燒下限 3/10 的失誤率

$$= \overline{\text{ABCD}}\overline{\text{E}} + \overline{\text{ABC}}\overline{\text{E}} + \overline{\text{AB}}\overline{\text{E}}$$

（$0.001 \times 0.95 \times 0.95 \times 0.02 \times 0.02$）+（$0.001 \times 0.95 \times 0.05 \times 0.02$）+

（$0.001 \times 0.05 \times 0.02$）

$= 0.000000361 + 0.00000095 + 0.000001$

$= 0.000002311$

$= 2.311 \times 10^{-6}$（次 / 年）

經計算後得知，天然氣外洩且濃度超過燃燒下限 3/10 的失誤率為：

2.311×10^{-6}（次 / 年）

下圖是用於儲存製程原料的儲槽系統，儲槽過量充填（overfilling）在製程工業中是一個普遍的問題。為了防止過量充填，儲槽常會配備高液位警報系統（high level alarm system）和高液位關閉系統（high level shutdown system）。高液位關閉系統會連接到電磁閥（solenoid valve），該電磁閥在異常狀況時會停止物料輸入。請回答以下問題：

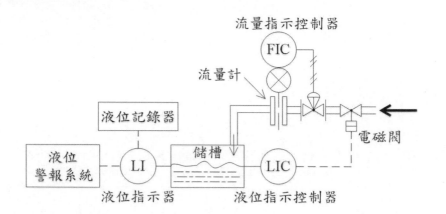

以「液位指示器失效」（failure of level indicator）作為啟動事件（initiating event），請畫出系統的事件樹。

假設液位指示器每年失效 4 次，請估算每年預期的溢出概率。以下是相關系統的失效率，分別是高液位警報系統：0.01；操作員停止流量：0.1；高液位開關系統：0.01。（含事件樹圖、失效率計算）

（一）　此液位指示器失效為啟動事件的系統事件樹，如下圖所示：

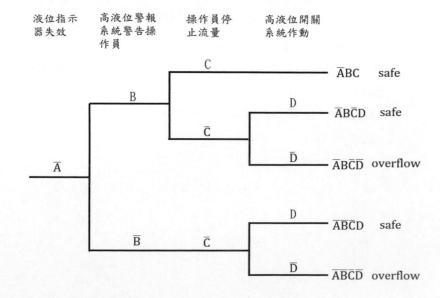

由上圖得知，其每年預期的溢出概率為 $\overline{A}B\overline{C}\overline{D} + \overline{A}\overline{B}\overline{C}\overline{D}$。因液位指示器每年失效 4 次，所以失效率為 4 次 / 年，並將相關失效率代入上式

$\overline{A}B\overline{C}\overline{D} + \overline{A}\overline{B}\overline{C}\overline{D}$

$= 4 \times 0.99 \times 0.1 \times 0.01 + 4 \times 0.01 \times 0.1 \times 0.01$

$= 4.0 \times 10^{-3}$（次 / 年）

經計算後得知，每年預期的溢出概率為 4.0×10^{-3} 次 / 年。

3. 可靠度（Reliability）

（1）基本概念

可靠度最早發展於軍事與航太工業，主要目的是要減少事故發生，並增加成功達成任務的機會。經早期研究的發現，即便零件在生產時，採非常嚴格的品質管控與具高性能的特性，但零件還是會在使用時可能發生故障；因此，表示系統存活機率的關鍵，便是可靠度。

A. 壽命曲線

大部分的設備或產品跟人類的壽命曲線一樣，近似浴缸曲線（Bathtub curve）如下圖；其壽命的早期（Infant mortality，嬰兒期）會隨著時間增加而出現失效率的的遞減（如剛出生的嬰兒較沒有自護能力且抵抗力較差），而隨著時間的增加至壽命的中期（Useful life，有用期），失效率為整個生命週期的最低且較為定值（如青壯年人，身體機能為高峰），而到壽命的末期（Aging period，老化期），失效率會隨時間遞增（如老年人身體機能功能的減損，增加生病的頻率）。

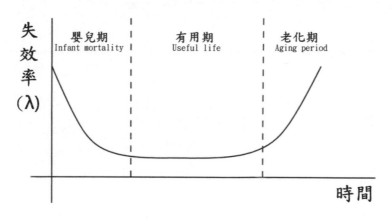

B. 可靠度（Reliability）：指系統（或設備、產品）在規定條件下與規定的時間內，完成規定功能的能力。

規定條件：使用及環境條件。

規定時間：考慮到老化期與經濟磨損期等條件下，可以發揮正常功能的總時間。

C. 不可靠度（Unreliability）：指系統（或設備、產品）在規定的條件下和規定的時間內喪失規定功能的概率。又稱累積故障概率，也稱失效度。

D. 可用度（Availability）：指任一時間需要與開始執行任務時，系統（或設備、產品）處於可工作或可使用情況之概率。

E. 失效率（Failurerate）：為一個系統（或設備、產品）或零件失效的頻率。可分為兩種類別：平均失效率（λ）與瞬間失效率（λ（t））

F. 平均失效率（λ）

$$平均失效率(\lambda) = \frac{總失效數(在此期間內)}{總工作(運轉)時間} \quad （公式\ 2\text{-}2\text{-}29）$$

G. 瞬間失效率（λ（t））：

連續單位時間內所發生失效的比率

H. 平均失效間隔時間（Mean Time Between Failures, MTBF）：

指設備或產品（需可修復）在相鄰兩次失效之間的平均工作時間；因此，MTBF越長，代表其設備或產品可靠度越高，正確的工作能力越強，概念如下圖。

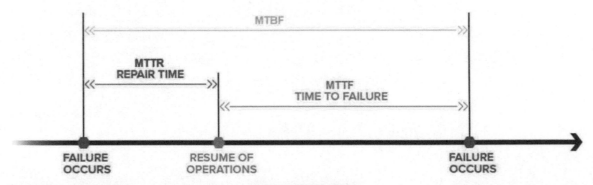

MTTR：Mean Time To Repair，即平均修復時間
MTTF：Mean Time To Failure，即平均失效時間

例如：某公司有 100 台同類型的馬達，一年內發生了 2 次失效，所以此馬達的失效率為 0.02 次 / 年。

I. 平均失效間隔時間（MTBF）與失效率（Failurerate）之關係：

$$MTBF = \frac{總工作(運轉)時間}{失效次數} = \frac{1}{\lambda} （公式 2\text{-}2\text{-}30）$$

$$\lambda = \frac{1}{MTBF} （公式 2\text{-}2\text{-}31）$$

※ 提醒：有些書或題目的失效率會用 μ 而非 λ。

可靠度（R）是時間與失效率的函數，計算概念如下：

$R(t) = e^{-\lambda t}$ 其中，t：時間；λ：失效率（公式 2-2-32）

所以，由上可知時間（t）愈長或失效率（λ）愈高，可靠度愈低

不可靠度（F）的計算概念如下：

$F(t) = 1 - R(t) = 1 - e^{-\lambda t}$ （公式 2-2-33）

（2）可靠度與串併聯系統說明

可靠度在職安衛考試題型中，最常見的為串並聯系統的可靠度計算，多練習應該可以提升正確率；實務題部分，雖是結合製程概念，但只要多注意題目的遣詞用字，還是有跡可循。

可靠度（Reliability）、不可靠度（Unreliability）或稱失效度 / 失效機率（Failure probability）、失效率 / 失效頻率（Failurerate）與平均失誤期間 / 平均失效間隔時間（Mean Time Between Failures,MTBF）之間的關係需清楚的了解與知道如何計算。

（A） 串聯系統（Seriessystem）

串聯系統可用邏輯符號【或 ,OR】表示，代表系統內所有的部分必須同時可靠，整個系統才算可靠，概念圖如下。

可靠度的計算：$R_S = R_1 \times R_2 \times \cdots \times R_n$（公式 2-2-34）

不可靠度的計算：$F_S = 1 - (R_1 \times R_2 \times \cdots \times R_n)$（公式 2-2-35）

（範例）請計算下列系統之可靠度，假設下列方塊可靠度均為 0.9。

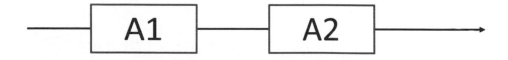

（參考題解）

系統之可靠度R_S

$= A_1 \times A_2$

$= 0.9 \times 0.9$

$= 0.81$

（B） 並聯系統（Parallel system）

並聯系統可用邏輯符號【且 ,AND】表示，代表系統內有關的部分必須同時發生失誤，整個系統才有可能造成意外，概念圖如下。

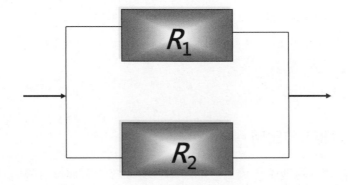

可靠度的計算：$R_s = 1-(1-R_1)(1-R_2) = R_1 + R_2 - R_1R_2$ （公式 2-2-36）

不可靠度的計算：$F_S = F_1\, F_2$ （公式 2-2-37）

（範例）請計算下列系統之可靠度，假設下列方塊可靠度均為 0.9。

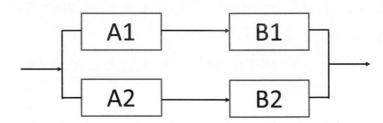

（參考題解）

系統之可靠度R_S計算如下：

$R_{1S} = A_1 \times B_1 = 0.9 \times 0.9 = 0.81$

$0.9 = 0.81$

$R_s = 1-(1-R_{1S})(1-R_{2S})$

$= 1-（0.19 \times 0.19）$

$= 0.9639$

（3）精選試題

57 工廠事故主要起因於不同設備或零件之相互作用，意外發生的機率可由單元設備或元件之失誤機率求得。今有一流量控制系統（如下之流量控制系統示意圖）說明某反應器冷卻管路進水之控制方式，冷卻水流入系統係以熱電偶式溫度感測器、流量控制器以控制流量計（flowmeter）與控制閥操作冷卻水流入，所有控制系統之元件以串聯方式運作。

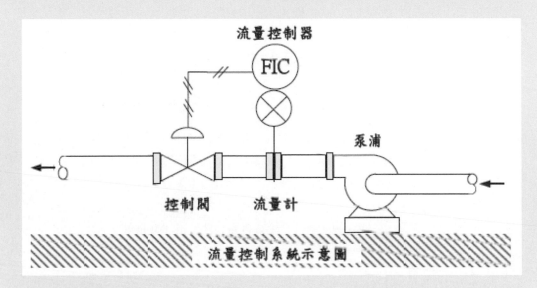

依據 Poisson 分配，若時間（t）之可靠度（Reliability, [R（t）]）與失誤頻率（Failurerate, μ）之關係式為：R（t）= $e^{-\mu t}$；失誤機率（Failure probability）為：P（t）= 1-$e^{-\mu t}$；失誤密度函數 [f（t）] 為失誤函數之時間微分：f（t）= $\mu e^{-\mu t}$；平均失誤期間（Mean time between failure, MTBF）為兩次失誤間的時間期望值：$E(t) \int_0^\infty tf(t)dt = 1/\mu$。

假設操作期為一年（t = 1year），失誤頻率等資料請參照下表：

元件	失誤頻率 μ， （故障 / 年）	可靠度， R = $e^{-\mu t}$	失誤機率， P = 1 − R
控制閥	0.60	0.55	0.45
流量控制器	0.29	0.75	0.25
熱電偶式溫度感測器	0.52	0.60	0.40

（一）請計算系統之可靠度（Reliability）、失誤機率（Failure probability）、失誤頻率（Failure rate）與平均失誤期間（Mean time between failure, MTBF）。

（二）若失誤頻率（μ）為一常數值，請繪製單元設備失誤頻率之浴缸曲線（Bathtub curve），並說明之。

答：

（一）　控制系統之元件以串聯方式運作，所以計算如下

系統的可靠度：$R_s = 0.55 \times 0.75 \times 0.60 = 0.2475$

系統的失誤機率：$1 - R_s = 1 - 0.2475 = 0.7525$

系統的失誤頻率：$R(t) = e^{-\mu t}$

$$\mu = -\frac{1}{t}\ln R = -\frac{1}{1}\ln(0.2475) = -\ln(0.2475) = 1.3963 \text{ (fault year)}$$

平均失誤期間：$\text{MTBF} = \dfrac{1}{\mu} = \dfrac{1}{1.3963} = 0.7162（年）$

（二）　產品（設備或元件）從啟用到報廢為止的整個壽命周期內，其可靠性的變化呈現一定的規律。大多數產品的故障率是時間的函式，最典型的故障曲線為浴缸曲線（如下圖）且說明如下。

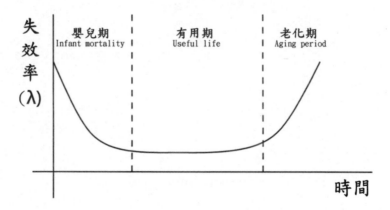

壽命的早期（Infant mortality，嬰兒期）會隨著時間增加而出現失效率的的遞減（如剛出生的嬰兒較沒有自護能力且抵抗力較差）。

壽命的中期（Useful life，有用期），失效率為整個生命週期的最低且較為定值（如青壯年人，身體機能為高峰）。

壽命的末期（Aging period，老化期），失效率會隨時間遞增（如老年人身體機能功能的減損，增加生病的頻率）。

58 （一）特定類型元件的使用壽命長短為一種隨機現象。當元件的失誤率（failure rate）不隨時間而改變時，請問元件的使用壽命是那一種類型的機率分布函數（常態分布、泊松分布、卡方分布、指數分布）？

（二）某工廠統計該工廠內某類型元件的使用壽命分別為 8.5、7.5、9.5、9.0、8.5、6.0、7.0、9.0、7.5、7.5 年，請問該類型的某一元件在更換後的未來兩年內不發生故障的機率為多少？

答：

（一）　工廠在計算特定類型元件的使用壽命長短時，產品之可用期之失誤率常設為固定值，不隨著時間而改變，一般稱之為實用壽命。若把固定之失誤率設為 λ（$\lambda > 0$），則可推得上式為「指數分配」，因此我們常假設一般產品可用期之失誤時間為服從「指數分配」，從正常使用開始到失誤之期間被稱為等候時間（Waiting Time）。

（二）　1. 平均失誤中間時間 MTBF（mean time between failures）

　　　　$=$（8.5+7.5+9.5+9.0+8.5+6.0+7.0+9.0+7.5+7.5）/10

　　　　$=$ 80/10

　　　　$=$ 8.0 年

　　　2. 年失誤率（λ）$=$ 1/MTBF $=$ 1/8.0 $=$ 0.125/ 年

　　　3. 可靠度 R $(t) = e^{-\lambda t}$

　　　　$= e^{-(0.125 \times 2)}$

　　　　$= e^{-0.25}$

　　　　$= 0.779$

經計算後得知，該類型的某一元件在更換後的未來兩年內不發生故障的機率為 0.779。

59 請計算圖中各組態系統（T1、T2 及 T3）之可靠度並比較三者可靠度之高低，假設各零組件所發生之故障皆為互相獨立事件，且 R（A）= 0.9，R（B）= 0.86。

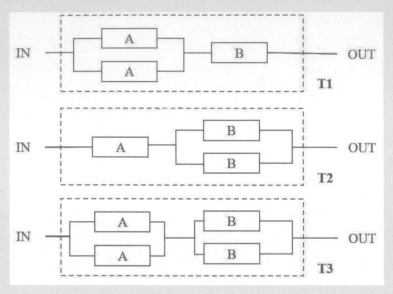

答：

（一）$T_1 = (1 - A' \times A') \times B$ ，

$R(T_1) = (1 - 0.1 \times 0.1) \times 0.86 = 0.8514$ 。

（二）$T_2 = A \times (1 - B' \times B')$ ，

$R(T_2) = 0.9 \times (1 - 0.14 \times 0.14) = 0.88236$ 。

（三）$T_2 T_3 = (1 - A' \times A') \times (1 - B' \times B')$ ，

$R(T_3) = (1 - 0.01) \times (1 - 0.14 \times 0.14) = 0.970596$ 。

（四）可靠度由高至低分別 T_3、T_2 及 T_3，由此可知串聯會降低系統可靠度，反之並聯可增加系統可靠度，而零組件可靠度越低，並聯後可靠度增加的幅度越高。

60 下列二系統（如圖一、二）的可靠度為何？每個構件的可靠度均為 0.9。（圖一 7 分，圖二 8 分，共 15 分）

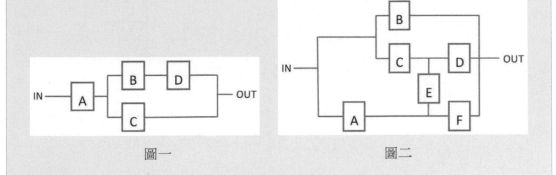

圖一　　　　　　　　　　　　圖二

答：

（一）　R_B 與 R_D 串聯 $= 0.9 \times 0.9 = 0.81 = R_1$

　　　　R_1 與 R_C 並聯 $= 1-[(1-0.81)(1-0.9)] = 1-0.019 = 0.981 = R_2$

　　　　R_A 與 R_2 串聯 $= 0.9 \times 0.981 = 0.8829$

　　　　經上述計算後得知，此系統可靠度為 0.8829。

（二）　1. 當 E 失效時（不可靠度 $= 1-$ 可靠度 $= 0.1$），系統改為下圖：

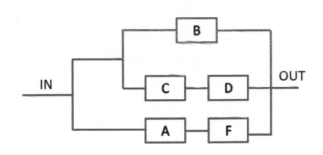

　　　　R_C 與 R_D 串聯 $= 0.9 \times 0.9 = 0.81 = R_1$

　　　　R_B 與 R_1 並聯 $= 1-[(1-0.81)(1-0.9)] = 1-0.019 = 0.981 = R_2$

　　　　R_A 與 R_F 串聯 $= 0.9 \times 0.9 = 0.81 = R_3$

　　　　R_2 與 R_3 並聯 $= 1-[(1-0.981)(1-0.81)] = 1-0.00361 = 0.99639$

　　　　所以此種情況系統之可靠度為 $0.99639 \times 0.1 = 0.09964$。

2.當 E 成功作動時（可靠度＝ 0.9），系統改為下圖：

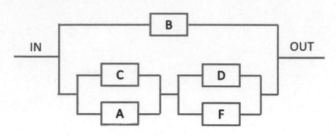

R_C 與 R_A 並聯＝ 1–[（1–0.9）（1–0.9）]＝ 1–0.01＝ 0.99＝ R_1

R_D 與 R_F 並聯＝ 1–[（1–0.9）（1–0.9）]＝ 1–0.01＝ 0.99＝ R_2

R_1 與 R_2 串聯＝ 0.99×0.99＝ 0.9801＝ R_3

R_B 與 R_3 並聯＝ 1–[（1–0.9）（1–0.9801）]＝ 1–0.00199＝ 0.99801

所以此種情況系統之可靠度為 0.99801×0.9＝ 0.89821

經上述計算後得知，此系統可靠度為 0.09964+0.89821＝ 0.99785。

---

61 系統可靠度方塊圖如下：請問系統可靠度如何？（註：每個元件的可靠度均為0.9）

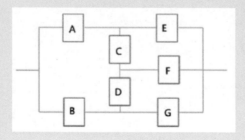

答：

利用分解法（貝式定理法）選定關鍵分系統 C 及 D，簡化系統結構如下：

1.　　當 C、D 良好時，系統可靠度方塊圖簡化如下：

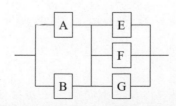

（解題順序：① C 與 D 為良好（可靠度 0.9），串聯後與系統再串聯；
② A 與 B 並聯；③ E、F 與 G 並聯；④再將②與③進行串聯後再與①串聯計算）

$$R_1 = R_C \times R_D \times [1 - (1 - R_A) \times (1 - R_B)] \times [1 - (1 - R_E) \times (1 - R_F) \times (1 - R_G)]$$
$$= 0.9 \times 0.9 \times [1 - 0.1 \times 0.1] \times [1 - 0.1 \times 0.1 \times 0.1]$$
$$= 0.9 \times 0.9 \times 0.99 \times 0.999$$
$$= 0.801098$$

2.　當 C 良好、D 失效時，系統可靠度方塊圖簡化如下：

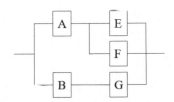

（解題順序：① C 良好（可靠度 0.9）、D 失效（不可靠度 0.1）串聯後
與系統再串聯；② E 與 F 並聯後，再與 A 串聯；③ B 與 G 串聯；④再
將②與③進行並聯後再與①串聯計算）

$$R_2 = R_C \times (1 - R_D) \times \langle 1 - \{1 - R_A \times [1 - (1 - R_E) \times (1 - R_F)]\} \times (1 - R_B \times R_G) \rangle$$
$$= 0.9 \times 0.1 \times \langle 1 - \{1 - 0.9 \times [1 - 0.1 \times 0.1]\} \times (1 - 0.9 \times 0.9) \rangle$$
$$= 0.9 \times 0.1 \times 0.97929$$
$$= 0.088136$$

3.　當 C 失效、D 良好時，系統可靠度方塊圖簡化如下：

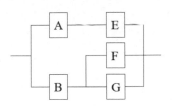

（解題順序：① C 失效（不可靠度 0.1）、D 良好（可靠度 0.9）串聯後
與系統再串聯，② A 與 E 串聯；③ F 與 G 並聯後，再與 B 串聯；④再
將②與③進行並聯後再與①串聯計算）

$$R_3 = (1 - R_C) \times R_D \times \langle 1 - (1 - R_A \times R_E) \times \{1 - R_B \times [1 - (1 - R_F) \times (1 - R_G)]\} \rangle$$
$$= 0.1 \times 0.9 \times \langle 1 - (1 - 0.9 \times 0.9) \times \{1 - 0.9 \times [1 - 0.1 \times 0.1]\} \rangle$$
$$= 0.1 \times 0.9 \times 0.97929$$
$$= 0.088136$$

4. 當 C、D 失效時,系統可靠度方塊圖簡化如下:

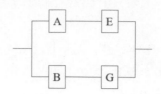

（解題順序:① C 失效（不可靠度 0.1）、D 失效（不可靠度 0.1）串聯後與系統再串聯,② A 與 E 串聯;③ B 與 G 串聯;④ 再將②與③進行並聯後再與①串聯計算）

$$R_4 = (1-R_C) \times (1-R_D) \times [1-(1-R_A \times R_E) \times (1-R_B \times R_G)]$$
$$= 0.1 \times 0.1 \times [1-(1-0.9 \times 0.9) \times (1-0.9 \times 0.9)] = 0.1 \times 0.1 \times 0.9639 = 0.009639$$

5. 整體系統可靠度如下:

$$\mathbf{R}_{Total} = \mathbf{R}_1 + \mathbf{R}_2 + \mathbf{R}_3 + \mathbf{R}_4 = 0.987009$$

經計算後得知,系統可靠度為 0.987009

---

62 針對以下系統,請回答以下問題

（一） 以事件樹分析（ETA）方法來建構事故事件樹。

（二） 計算事故的機率。

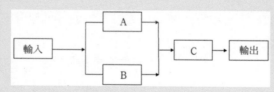

A 之不可靠度為 Pa = 0.02

B 之不可靠度為 Pb = 0.03

C 之不可靠度為 Pc = 0.008

答:

（一） 當設備 A 為初始事件時的情況,其事故事件樹如下圖:

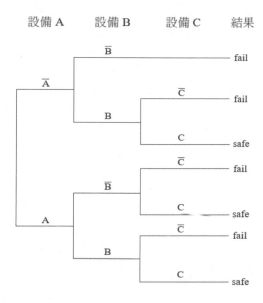

設備 A　　設備 B　　設備 C　　結果

（二）　機率計算如下：

$$T = \overline{A}\overline{B} + \overline{A}B\overline{C} + AB\overline{C} + AB\overline{C}$$

$$= 0.02 \times 0.03 + 0.02 \times 0.97 \times 0.008 + 0.98 \times 0.03 \times 0.008$$

$$+ 0.98 \times 0.97 \times 0.008$$

$$= 0.008595$$

4. 卜拉松分配（Poisson distribution）

（1）基本概念

卜拉松分配（Poisson distribution）為安全統計的一種工具。

討論一種已知的時間或空間（如距離…等）中持續進行的情況，並只求某事件的成功機率，而此機率在某一特定時間、空間中隨機出現。

（2）計算題型

需了解公式與代數的意義，並注意下列公式的 t 與 λ 計算時的單位須一致；最後，多做相關類似題目就能對卜拉松分配有較深的體悟與熟悉。

$$P(r) = \frac{(\lambda t)^r e^{-\lambda t}}{r!} \quad （公式 2\text{-}2\text{-}38）$$

t，時間空單位的大小或多少之數目

λ，在一個時單位，某現象發生的平均次數（先驗機率）

r，預測發生事件（或失誤）之次數

（範例）某廠商測試偵煙型偵測器 1,000 小時，結果共發生 10 次故障。若將此款偵測器安裝使用 500 小時（不考慮安裝地點與維護使用等情況），請問發生 5 次故障的機率為多少？

（參考題解）

$$P（r）= \frac{(\lambda t)^r e^{-\lambda t}}{r!}$$
其中，λ = 10/1000 = 0.01（次 / 小時）

t = 500（小時）

r = 5（次故障）

代入上式後

$$P（5）= \frac{(0.01 \times 500)^5 e^{-0.01 \times 500}}{5!}$$
$$= \frac{(5)^5 e^{-5}}{120}$$
$$= \frac{3125 \times 0.006738}{120}$$
$$= 0.17547$$

（3）精選試題

63 卜拉松分配（Poisson distribution）是安全統計中一種重要的工具，可以下式表示卜拉松分配之機率：$P(r) = \frac{(\lambda t)^r e^{-\lambda t}}{r!}$，該式表示，當一時、空單位發生某現象之平均次數為 λ 時，則在 t 時、空單位中，某現象發生 r 次的機率。

請以該卜瓦松分配機率回答下述問題。某壓力容器用的彈簧式安全閥之設計，必需達到操作 1,000 小時仍不發生故障（可順利跳脫上揚）的機率為 95%，則欲符合此一設計需求之測試故障情形如何（即兩次故障之間的平均時間）？

由題目可得下列資訊，

$r = 0$; $t = 1000$; $P(r) = 0.95$

代入下列公式

$$(r) = \frac{(\lambda\,t)^r e^{-\lambda t}}{r!}$$

$$0.95 = \frac{(\lambda \times 1000)^0 e^{-\lambda \times 1000}}{0!} = e^{-\lambda \times 1000}$$

（兩邊取自然對數）

$$\ln(0.95) = -\lambda \times 1000 \times \ln(e) = -\lambda \times 1000$$

$$-0.05 = -\lambda \times 1000$$

$$-\lambda = 5 \times 10^{-5}$$

MTBF(兩次故障之間的平均時間)

$$= \frac{1}{\lambda}$$

$$= \frac{1}{5 \times 10^{-5}}$$

$$= 20,000\,(小時)$$

5. 成本／效益分析（Cost/Benefit Analysis）

（1）基本概念

成本／效益分析（Cost/Benefit Analysis,CBA）透過比較項目的全部成本與效益來評估該項目價值的一種方法；例如，針對某項支出的目標，提出數個實現該目標的方案，並運用一定的技術方法，用以計算出每種方案的成本及收益，通過比較方法，並依據一定的原則，最後選擇出最佳的決策方案。主要的應用如下：

A. 評估某一項投資（或決策）是否合理，並確定其收益是否超過成本與超過金額之估計。

B. 為比較投資（或決策）提供評估基礎，並將每個選項之總預期成本及其收益進行比較。

（2）計算題型

　　題型大致上分為兩種，單一型與多重方案型，說明如下：單一型，依題目資訊就單一項目逐步地進行計算與算出最後總損失或風險，如下題型。多重方案型，題目會提供故障事件 T，所以須先計算出其發生率與損失額，並依題目所提供的方案數量分別進行相關計算，再算出各方案的「成本 / 效益」或「效益 / 成本」，最後透過前者量化的數據選擇出最優的方案。「成本 / 效益」算出的量化數字越小，代表該方案越優。「效益 / 成本」算出的量化數字越大，代表該方案越優。承上，我們可以發現【效益】在分母，量化數字需越小，代表該方案越好；反之，若【效益】在分子，量化數字需越大，代表該方案越好。

（3）精選試題

64 失誤樹圖如下圖：

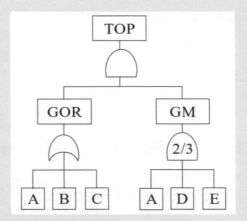

其中，TOP 為頂事件（top event）是或閘（or gate）；

GOR、GM 為中事件，GOR 是或閘（or gate）、GM 是 3 取 2 閘（2-out-of-3gate）；

A、B、C、D、E 基本事件，其故障機率均為 0.1。

（一）請計算其頂事件 TOP 之發生機率。

（二）對 TOP 事件而言，有三種方法可以降低其發生的或然率，即對 A、B、D 提出改善方案。此三方案的投資金額及效益如下：

方案	投資金額	效益
改善A	300美元	PA降為0
改善B	200美元	PB降為0
改善C	100美元	PD降為0

何者為最佳投資方案？

答：

（一）

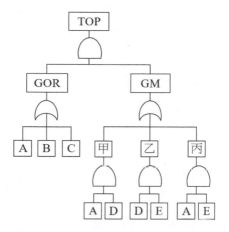

（布林代數或矩陣法求 MCS，考生擇一即可）

　　布林代數求 MCS 如下：

　　T ＝（A＋B＋C）×（甲＋乙＋丙）

　　＝（A＋B＋C）×（AD＋DE＋AE）

　　＝（AAD＋ADE＋AAE＋ABD＋BDE＋ABE＋ACD＋CDE＋ACE）

　　＝ AD＋AE＋BDE＋CDE

　　矩陣法求 MCS 如下：

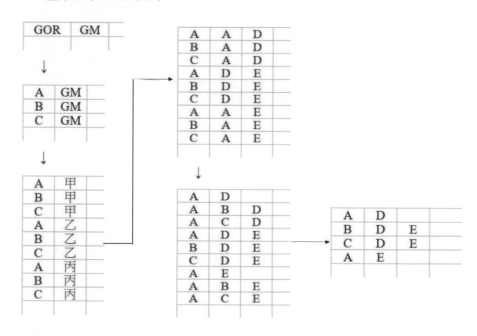

$$T = AD+AE+BDE+CDE$$

$T_{近似值} = AD+AE+BDE+CDE$

$= （0.1×0.1）+（0.1×0.1）+（0.1×0.1×0.1）+（0.1×0.1×0.1）$

$= （0.01×2）+（0.001×2）$

$= 0.022$

$T_{精確值} = AD+AE+BDE+CDE$

$= 1-[（1-0.1×0.1）×（1-0.1×0.1）×（1-0.1×0.1×0.1）×$

$（1-0.1×0.1×0.1）]$

$= 1-[（1-0.1×0.1）^2×（1-0.1×0.1×0.1）^2]$

$= 1-（0.9801×0.998001）$

$= 0.0219$

經計算後得知，頂端事件 TOP 之發生機率約為 0.022

（二） 1. 改善 A：

$MCS = BDE+CDE$

$T_{近似值} = （0.1×0.1×0.1）+（0.1×0.1×0.1）$

$= 0.002$

投資報酬率 $= （0.022–0.002）/300$

$= （0.02）/300$

$≒ 6.7×10^{-5}$（1/ 美元）

2. 改善 B：

$MCS = AD+AE+CDE$

$T_{近似值} = （0.1×0.1）×2+（0.1×0.1×0.1）$

$= 0.02+0.001$

$= 0.021$

投資報酬率 $= （0.022–0.021）/200$

$= （0.001）/200$

$= 5×10^{-6}$（1/ 美元）

3. 改善 D：

MCS ＝ AE

$T_{近似值}$ ＝ 0.1×0.1

＝ 0.01

投資報酬率＝（0.022–0.01）/100

＝（0.012）/100

＝ $1.2×10^{-4}$（1/ 美元）

故考量投資金額及效益後，改善 D 為最佳投資方案。

---

65 某機械設備發生故障事件 T 與其組件 A、B、C、D、E 之關係可以布林代數式表示：T ＝ AB+C+DE，若

（a） 故障事件 T 造成之損失為 500 萬

（b） 零件組每年之故障率分別為 P（A）＝ 0.04、P（B）＝ 0.05、P（C）＝ 0.04、P（D）＝ 0.02、P（E）＝ 0.03

（c） 假設各零組件皆為獨立事件，依上述資料：試求

（一）故障事件 T 之發生率為多少？

（二）每年因故障事件 T，而損失金額為多少？

（三）試以「成本／效益」分析下例兩個改善方案，何者為優？

方案一：每年花費 10,000 元，將 A 與 B 之故障率降低為 P（A）＝ P（B）＝ 0.03

方案二：每年花費 50,000 元，將 C 之故障率降低為 P（C）＝ 0.02

答：

（一） P（M_1）＝ P（AB）＝ P（A）P（B）＝ 0.04×0.05
＝ $2×10^{-3}$ 次 / 年

P（C）＝ $4×10^{-2}$ 次 / 年

P（M_2）＝ P（DE）＝ P（D）P（E）＝ 0.02×0.03 ＝ $6×10^{-4}$ 次 / 年

故障事件 P（T）之發生率＝P（M$_1$ ＋ C ＋ M$_2$）

＝ 1 － [1 － P（M$_1$）][1-P（C）][1 － P（M$_2$）]

＝ 1 － [（1 － 2×10^{-3}）×（1 － 4×10^{-2}）×（1 － 6×10^{-4}）]

＝ 1 －（0.998×0.96×0.9994）

＝ 1 － 0.9575 ＝ 0.0425（次／年）

（二）　每年因故障事件 T 而損失之金額為 212,500

500 萬 ×P（T）＝ 500 萬 ×0.0425 ＝ 212,500

（三）　方案一：每年花費 10,000 元，將 A 與 B 之故障率降低為 P（A）
＝ P（B）＝ 0.03P（M1）＝ P（AB）＝ P（A）P（B）＝ 0.03×0.03
＝ 9×10^{-4} 次／年 P（C）＝ 4×10^{-2} 次／年 P（M$_2$）＝ P（DE）
＝ P（D）P（E）＝ 0.02×0.03 ＝ 6×10^{-4} 次／年故障事件 P（T1）之
發生率＝ P（M$_1$ ＋ C ＋ M$_2$）

＝ 1 － [1 － P（M$_1$）][1-P（C）][1 － P（M$_2$）]

＝ 1 － [（1 － 9×10^{-4}）×（1 － 4×10^{-2}）×（1 － 6×10^{-4}）]

＝ 1 －（0.9991×0.96×0.9994）

＝ 1 － 0.9586

＝ 0.0414（次／年）每年因故障事件 P（T1）而損失之金額為 207,000

500 萬 ×P（T1）＝ 500 萬 ×0.0414 ＝ 207,000

方案一每年花費 10,000 元，降低損失金額＝ 212,500 － 207,000 ＝ 5,500
改善方案一之成本／效益＝ 10,000/5,500 ＝ 1.8182

方案二：每年花費 50,000 元，將 C 之故障率降低為 P（C）＝ 0.02 ＝
2×10^{-2} 次／年
P（M$_1$）＝ P（AB）＝ P（A）P（B）＝ 0.04×0.05 ＝ 2×10^{-3} 次／年
P（M$_2$）＝ P（DE）＝ P（D）P（E）＝ 0.02×0.03 ＝ 6×10^{-4} 次／年
故障事件 P（T2）之發生率＝ P（M$_1$ ＋ C ＋ M$_2$）
＝ 1 － [1 － P（M$_1$）][1-P（C）][1 － P（M$_2$）]
＝ 1 － [（1 － 2×10^{-3}）×（1 － 2×10^{-2}）×（1 － 6×10^{-4}）]
＝ 1 －（0.998×0.98×0.9994）
＝ 1 － 0.9774
＝ 0.0226（次／年）
每年因故障事件 P（T2）而損失之金額為 113,000
500 萬 ×P（T2）＝ 500 萬 ×0.0226 ＝ 113,000

方案二每年花費 50,000 元，降低損失金額＝ 212,500 － 113,000
＝ 99,500 改善方案二之成本／效益＝ 50,000/99,500 ＝ 0.5025

經計算後得知，因改善方案二之成本／效益（0.5025）小於改善方案一
之成本／效益（1.8182），故改善方案二較優。

66 作業場所事故所造成的損失除了可用金錢衡量外，也可以使用產能與生產時間描述。一生產線，所生產的商品利潤為售價的 4.00%，每一商品售價為 50,000 元。今發生一事故，總共造成 2,000,000 元的損失（直接損失與間接損失）？

（一）每售出一個產品，事業單位利潤為多少元？

（二）需要多售出多少產品才能彌補此一事件造成的損失？

（三）若此生產線每天產能為 100 件產品，且每個產品均能售出，此事故所造成的損失需要多少天的產能才能彌補？

答：

（一）　商品售價（元）× 商品利潤（%）＝每售出一個產品利潤（元）

　　　　50,000（元）×4.00（%）＝ 2,000（元）

（二）　事故造成 2,000,000（元）的損失，每售出一個產品利潤 2,000（元），經計算

　　　　得知需售出 1,000 件產品才能彌補此一事件造成的損失。

$$\frac{2,000,000(元)}{2,000(元/件)} = 1,000(件)$$

（三）　生產線每天產能為 100 件產品需要 1,000（件），經計算得知需售出 10 天才能彌補此一事件造成的損失。

$$\frac{1,000(件)}{100(件/天)} = 10(天)$$

---

67 引發一製程某個事故（TOP）之失誤樹如圖所示，各原因發生的機率例於各符號下方。根據往年經驗，整個製程停止運作會造成相當於 5,000,000 元的損失（財產、工時、醫療等）。要完全解決造成事故 TOP 的原因 A_1 與 A_2 分別需要經費 15,000 元與 10,000 元。

（一）在解決事故原因 A_1 與 A_2 前，此事故（TOP）發生的機率為何？所造成的損失期望值為何？

（二）若解決事故原因 A_1 可使事故 TOP 發生的機率降到多少？預期可降低多少損失？

（三）若解決事故原因 A_2 可使事故 TOP 發生的機率降到多少？預期可降低多少損失？

（四）以投資報酬比率（減少損失／投資金額）的觀點，推估分別解決事故原因 A_1 與 A_2 的經濟效益。

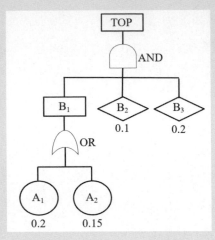

答 :

製程事故（TOP）失誤樹之布林代數式表示：

$T = B_1 \times B_2 \times B_3$

$= (A_1 + A_2) \times B_2 B_3$

$= A_1 B_2 B_3 + A_2 B_2 B_3$

（一）　製程事故 P（T）之發生機率＝P（M1 ＋ M2）

$= 1 - [1 - P(M1)] \times [1 - P(M2)]$

$P(M1) = P(A_1 B_2 B_3)$

$= 0.2 \times 0.1 \times 0.2$

$= 0.004$

$= 4 \times 10^{-3}$

$P(M2) = P(A_2 B_2 B_3)$

$= 0.15 \times 0.1 \times 0.2$

$= 0.003$

$= 3 \times 10^{-3}$

$P(T) = 1 - [(1 - 4 \times 10^{-3}) \times (1 - 3 \times 10^{-3})]$

$= 1 - (0.996 \times 0.997)$

$= 1 - 0.993012$

$= 0.006988$

$= 6.988 \times 10^{-3}$

製程事故 P（T）所造成的損失期望值為 34,940 元

500 萬 ×P（T）＝ 500 萬元 ×6.988×10⁻³ ＝ 34,940 元

（二） 方案一：每年花費 15,000 元，將 A1 之故障率降低為 P（A_1）＝ 0

製程事故 P（T1）之發生機率＝ P（M1 ＋ M2）

$= 1 - [1 - P（M1）] \times [1 - P（M2）]$ P（M1）＝ P（$A_1B_2B_3$）

$= 0 \times 0.1 \times 0.2$

$= 0$

P（M2）＝ P（$A_1B_2B_3$）

$= 0.15 \times 0.1 \times 0.2$

$= 0.003$

$= 3 \times 10^{-3}$

P（T1）＝ $1 - [(1 - 0) \times (1 - 3 \times 10^{-3})]$

$= 1 - [1 \times 0.997]$

$= 1 - 0.997$

$= 0.003$

$= 3 \times 10^{-3}$

製程事故 P（T1）所造成的損失期望值為 15,000 元

500 萬 ×P（T1）＝ 500 萬元 ×3×10⁻³ ＝ 15,000 元

經計算後得知，方案一每年花費 15,000 元，預期可降低損失金額為 19,940 元（34,940 － 15,000 ＝ 19,940 元）

（三） 方案二：每年花費 10,000 元，將 A_2 之故障率降低為 P（A_2）＝ 0

製程事故 P（T2）之發生機率＝ P（M1 ＋ M2）

$= 1 - [1 - P（M1）] \times [1 - P（M2）]$ P（M1）＝ P（$A_1B_2B_3$）

$= 0.2 \times 0.1 \times 0.2$

$= 0.004$

$= 4 \times 10^{-3}$

P（M2）＝ P（$A_1B_2B_3$）

$= 0 \times 0.1 \times 0.2$

$= 0$

$P（T2）= 1 - [（1 - 4×10^{-3}）×（1 - 0）]$

$= 1 - [0.996×1]$

$= 1 - 0.996$

$= 0.004$

$= 4×10^{-3}$

製程事故 P（T2）所造成的損失期望值為 20,000 元

500 萬 ×P（T2）= 500 萬元 ×4×10^{-3} = 20,000 元

經計算後得知，方案二每年花費 10,000 元，預期可降低損失金額為 14,940 元（34,940 - 20,000 = 14,940 元）

（四）　以投資報酬比率（減少損失／投資金額）的觀點

改善方案一之減少損失／投資金額 = 19,940/15,000 = 1.3293

改善方案二之減少損失／投資金額 = 14,940/10,000 = 1.4940

因改善方案二之減少損失／投資金額（1.4940）大於改善方案一之減少損失／投資金額（1.3293），故改善方案二之經濟效益較優。

---

68 心臟血管疾病已例入國內十大死亡原因之一，2009 年的調查顯示每十萬人口中的死亡人數約為 47.7 人。某一工廠員工人數為 299 人，每人每年平均產值為 8,900,000 元整，試估算該工廠（一）該年度因心臟病死亡的預期人數？

（二）該年度的產值風險為多少？

答：

（一）　該年度因心臟病死亡的預期人數計算如下：

心臟病死亡率 = 47.7/100,000 = 4.47×10^{-4}

該年度因心臟病死亡預期人數為 0.14 人

$4.47×10^{-4}×299（人）= 0.14 人$

（二）　該年度的產值風險為 1,246,000 元

0.14 人 ×8,900,000 元 = 1,246,000 元

6. 文氏圖（Venn diagram）

（1）基本概念

文氏圖，或譯溫氏圖、范氏圖…等，在不太嚴格的意義下，用以表示集合（或類）的一種圖解方法。文氏圖可用於展示不同的事物群組（集合）之間的數學或邏輯聯繫，尤其適合表示集合（或）類之間的「大致關係」，也常常被用來協助推導（或理解推導過程）關於集合運算（或類運算）的一些規律。

（2）名詞說明

A. 宇集合（Universal Set）

代表所討論的範圍內，為該範圍最大的集合，所有的集合都會被包含在內，符號為 U，符號為長方圖形。宇集合與其子集合（A）的關係如下圖，發生機率為 1，所以可表示為 P（U）= 1。

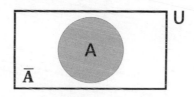

B. 餘事件（Complement event）

如事件 A 以外結果所成的集合，稱為 A 的餘事件。可表示為 P（A'）或 P（A^c）

C. 交集（intersection）

以 A 事件與 B 事件交集為例，代表 A 事件和 B 事件共同元素所組成之集合，如下圖紅色區塊；可記做「A 且 B」或「A ∩ B」，其交集發生機率可表示為 P（A 且 B）或 P（A ∩ B）；若 A 事件與 B 事件的交集為空集合（nullset），符號以 φ 表示，則意味兩者無共通元素，其機率表示為 P（A ∩ B）= P（φ）= 0。（公式 2-2-39）

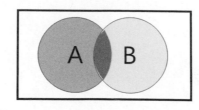

D. 聯集（union）

以 A 事件與 B 事件聯集為例，代表事件 A 與事件 B 發生之所有元素組成的集合，如下圖紫色區塊；可記做「A 或 B」或「A∪B」，其發生機率可記為 P（A 或 B）或 P（A∪B）；如果 A 事件與 B 事件有交集，則其聯集發生機率可表示為 P（A∪B）＝ P（A）+P（B）-P（A∩B），P（A∪B）≠ φ。（公式 2-2-40）

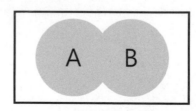

E. 獨立事件（Independent event）

假如一個事件發生的機率不會被另外一個事件的發生所影響，兩個事件是獨立的。如 A 事件發生或不發生，並不影響 B 事件發生或不發生，則 A 事件與 B 事件為互相獨立，則可表示為 P（A∩B）＝ P（A）×P（B）。（公式 2-2-41）

F. 相依事件（Dependent event）

倘若 A 事件的發生會受 B 事件所影響，或 B 事件的發生會受 A 事件之影響，則稱 A 事件與 B 事件為相依，則可表示為 P（A∩B）≠ P（A）×P（B）。（公式 2-2-42）

G. 互斥事件（Mutually exclusive event）

當兩個事件是互斥，代表兩個事件不會有交集，如 A 事件與 B 事件無交集，則可表示為 P（A∩B）＝ φ（公式 2-2-43）；反之，若兩個事件是不互斥，代表兩個事件間有共通點，如 A 事件與 B 事件有交集。

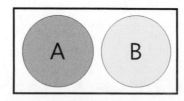

H. 條件機率（Conditional probability）

用來決定兩個事件是如何關聯的，一事件已經發生的條件下，另一事件發生的機率。如 B 已發生的情況下，發生 A 的機率，可表示為 P（A｜B）；反之，如 A 已發生的情況下，發生 B 的機率，可表示為 P（B｜A）。

$$P\left(A\,|\,B\right)=\frac{P\left(A\,且\,B\right)}{P\left(B\right)}=\frac{P\left(A\cap B\right)}{P\left(B\right)}\ （公式 2-2-44）$$

$$P(B|A) = \frac{P(A且B)}{P(A)} = \frac{P(A \cap B)}{P(A)} \text{（公式 2-2-45）}$$

若兩事件 A 和 B 為獨立，則 P（A|B）= P（A），P（B|A）= P（B）（公式 2-2-46）

$$P(A|B) = \frac{P(A且B)}{P(B)} = \frac{P(A \cap B)}{P(B)} = \frac{P(A)P(B)}{P(B)} = P(A)\text{ ；（公式 2-2-47）}$$

$P(B|A)$同理為$P(B)$

上述事件（或集合）各種基本關係彙總如下表：

類型	圖形概念	機率表示方式
宇集合		P（U）= 1
餘集合		P（A'）或 P（A^c）
交集		P（A ∩ B）
聯集		P（A ∪ B）= P（A）+P（B）-P（A ∩ B）
獨立	-	P（A ∩ B）= P（A）×P（B）
相依	-	P（A ∩ B）≠ P（A）×P（B）
互斥		P（A ∩ B）= φ
條件機率	-	$P(A\|B) = \frac{P(A且B)}{P(B)} = \frac{P(A \cap B)}{P(B)}$ 若兩事件 A 和 B 為獨立，則 P（A|B）= P（A）

（3）計算題型

題型大致上分為兩種，直接計算型與情境應用型，說明如下：

直接計算型，依題目資訊直接帶入事件（或集合）概念進行計算，並判斷該事件是否為互相獨立、互斥或條件機率…等。

情境應用型，題目會提供相關資訊，並判斷其事件間關聯度，再進行相關計算，所以對題目資訊需仔細分析，避免帶錯數值或誤解關聯性。

（4）精選試題

69

（一）請說明獨立事件、相依事件及互斥事件的定義。

（二）T 是由 A、B 兩事件所促成的，即 T＝A+B，已知 A、B 及 T 的發生機率分別為 P（A）＝ 0.28、P（B）＝ 0.47 及 P（T）＝ 0.68，試問：

1. A 與 B 是否為互相獨立事件？

2. A 與 B 是否為互斥事件？

3. 請計算 B 事件發生後，再發生 A 事件的機率 P（A|B）＝？

答：

（一） 1. 若 P（A ∩ B）＝ P（A）×P（B），則 A 與 B 為互相獨立事件，

2. 若 P（A ∩ B）≠ P（A）×P（B），則 A 與 B 為相依事件。

3. 若 P（A ∩ B）＝ φ，則 A 與 B 不可能同時發生，為互斥事件。

（二） 1. P（A ∪ B）＝ P（A）+P（B）-P（A ∩ B）

　　　＝ 0.28+0.47-P（A ∩ B）

　　　＝ 0.75-P（A ∩ B）

　　　＝ 0.68

故 P（A ∩ B）＝ 0.75-0.68 ＝ 0.07

P（A）×P（B）＝ 0.28×0.47 ＝ 0.132 ≠ P（A ∩ B）＝ 0.07，

所以 A 與 B 不為獨立事件。

2. P（A ∩ B）＝ 0.07 ≠ 0，故 A 與 B 不為互斥事件。

3. $P(A|B) = \dfrac{P(A \cap B)}{P(B)} = \dfrac{0.07}{0.47} = 0.1489$

風險的兩個重要因子為：機率與後果，因此，對機率的了解就會是很重要的事。現在有 A、B、C 三個門，其中只有一道門後面有獎品，如果你選對了門，就可以得到該獎品。甲同學選了 A 門後，教授提供百分之百正確資訊說到：「C 門後面沒有獎品。」此時，甲同學可以再做一次選擇，請問：

（一）甲同學應該維持原來 A 門的選擇，還是應該變更選擇改選 B 門？請說明。（10 分）

（二）甲同學維持原來 A 門的選擇，得獎的機率有多少？

（三）甲同學變更選擇改選 B 門時，得獎的機率有多少？

答：

（一）　這是一個條件機率的問題：

  1. 條件機率定義：設 A，B 為兩事件，P（A）＞ 0，在事件 A 發生的情況下，事件 B 發生的機率，稱為 B 的條件機率，以 P（B|A）表示

$$P(B|A) = \frac{P(A \cap B)}{P(A)}$$

  2. 在教授提供百分之百正確資訊說到「C 門後面沒有獎品」後，透過改變選擇而得到獎品，那甲同學他第一次選擇必須是「A 門後面沒有獎品」，而第一次他選擇「A 門後面沒有獎品」的機率為 2/3。

  第二步，此時只剩下「沒有獎品」和「有獎品」，他做選擇改變的正確機率為 1/2，綜合起來這樣做得到「獎品」的機率為 1/3（2/3×1/2 ＝ 1/3）。

  3. 若要在第二步不做改變而得到「獎品」，則他第一次選「A 門後面有獎品」的機率為 1/3，但在確定「C 門後面沒有獎品」後，他仍堅持選擇「A 門」獲得獎品的概率變成 1/2，綜合起來這樣做得到「獎品」機率為 1/6（1/3×1/2 ＝ 1/6）。

  4. 也就是說改變選擇與不改變選擇的得獎機率為 1/3：1/6（即為 2:1），因此，這裡的機率是僅就結果的相對統計概率（即為 66.7% 與 33.3%）。

（二）　不改變維持原來 A 門的選擇，得獎的機率為 33.3%。

（三）　變更選擇改選 B 門，得獎的機率為 66.7%。

71 根據某三年內國內發生死傷的機車事故統計，所有事故涉入者（駕駛者、騎乘者與路人等）中有 96% 配戴安全帽，死亡者則占 0.8%，而死亡者中僅有 77% 配戴安全帽。令 D 為死亡者，$\tilde{D}$ 為倖存者，S 為配戴安全帽者，$\tilde{S}$ 為未配戴安全帽者，計算下列各比率值，並以適當機率符號表示：

（一）配戴安全帽的死亡者在事故涉入者中所占的比率為何？

（二）未配戴安全帽的死亡者在事故涉入者中所占的比率為何？

（三）配戴安全帽的倖存者在事故涉入者中所占的比率為何？

（四）未配戴安全帽的倖存者在事故涉入者中所占的比率為何？

（五）在事故涉入者中，配戴安全帽的死亡率為何？

（六）在事故涉入者中，未配戴安全帽的死亡率為何？

答：

依題意可表示為 $P(S) = 0.96$，$P(S) = 0.008$ 及 $P(S|D) = \dfrac{P(S \cap D)}{P(D)} = 0.77$

（一）配戴安全帽的死亡者在事故涉入者中所占的比率為 0.616%

$$P(S|D) = \frac{P(S \cap D)}{P(D)}$$
$$P(S \cap D) = P(S|D) \times P(D)$$
$$= 0.77 \times 0.008$$
$$= 0.00616$$
$$= 0.616\%$$

（二）未配戴安全帽的死亡者在事故涉入者中所占的比率為 0.184%

因死亡者則占 0.8%，$P(D) = 0.008$，

$P(D \cap S) + P\left(D \cap \tilde{S}\right) = 0.008$，其中 $P(D \cap S) = 0.00616$

$P\left(D \cap \tilde{S}\right) = 0.008 - 0.00616 = 0.00184 = 0.184\%$

（另一簡單解法）

未配戴安全帽的死亡者＝涉入事故死亡者 - 配戴安全帽的死亡者

$= 0.8\% - 0.616\%$

$= 0.184\%$

（三）　配戴安全帽的倖存者在事故涉入者中所占的比率為 95.384%

因配戴安全帽有 96%，P（S）= 0.96，

$P(D \cap S) + P(\tilde{D} \cap S) = 0.96$，其中 $P(D \cap S) = 0.00616$

$P(\tilde{D} \cap S) = 0.96 - 0.00616 = 0.95384 = 95.384\%$

（四）　未配戴安全帽的倖存者在事故涉入者中所占的比率為 3.816%

$P(\tilde{D} \cap \tilde{S}) = 1 - P(D \cup S)$

$= 1 - [P(D) + P(S) - P(D \cap S)]$

$= 1 - [0.008 + 0.96 - 0.00616]$

$= 0.03816$

$= 3.816\%$

（另一簡單解法）

未配戴安全帽的倖存者＝未配戴安全帽者 - 未配戴安全帽的死亡者

＝ 4% - 0.184%

＝ 3.816%

（五）　在事故涉入者中，配戴安全帽的死亡率為 0.64%

$P(D \mid S) = \dfrac{P(D \cap S)}{P(S)} = \dfrac{P(S \cap D)}{P(S)}$

$= \dfrac{0.00616}{0.96}$

$= 0.0064$

$= 0.64\%$

（六）　在事故涉入者中，未配戴安全帽的死亡率為 4.6%

$P(D \mid \tilde{S}) = \dfrac{P(D \cap \tilde{S})}{P(\tilde{S})}$

$= \dfrac{0.000184}{0.04}$

$= 0.046$

$= 4.6\%$

72　已知 A,B,C 為三個事件，各事件的發生機率為 P（A）＝ 0.30、P（B）＝ 0.25 及 P（C）＝ 0.60。若已知 P（A ∪ B）＝ 0.55 與 P（B ∪ C）＝ 0.70，請逐一回答下列問題：

（一）P（A^c）。

（二）P（B ∩ C）。

（三）P（B|A）。

（四）事件 A,B 是否彼此互斥？

（五）事件 B,C 是否彼此互斥？

答：

（一）　P（A^c）：

　　　　P（A^c）（A 的餘集合）＝ 1–P（A）

　　　　P（A^c）＝ 1–P（A）＝ 1–（0.3）＝ 0.7

（二）　P（B ∩ C）：

　　　　P（B ∩ C）＝ P（B）×P（C）＝ 0.25×0.60 ＝ 0.15

（三）　P（B|A）：

　　　　P（A ∪ B）＝ 0.55

　　　　P（A ∪ B）＝ P（A）+P（B）–P（A ∩ B）

　　　　＝ 0.3+0.25–P（A ∩ B）

　　　　＝ 0.55–P（A ∩ B）

　　　　P（A ∩ B）＝ P（A ∪ B）–0.55

　　　　P（A ∩ B）＝ 0

　　　　P（B|A）在 A 已發生的情況下，發生 B 的機率，稱為條件機率。

$$P(B|A)=\frac{P(A\cap B)}{P(A)}=\frac{0}{0.3}=0$$

（四）　事件 A,B 是否彼此互斥？

　　　　P（A ∩ B）＝ 0，亦事件 A 與 B 無交集，所以事件 A,B 彼此為互斥。

（五）　事件 B,C 是否彼此互斥？

　　　　P（B ∩ C）＝ 0.15，亦事件 B 與 C 有交集，所以事件 B,C 彼此非互斥。

三 機械設備

1. 高壓氣體（判斷、灌裝）

（1）基本概念

高壓氣體的定義見於高壓氣體勞工安全規則第 2 條及職業安全衛生設施規則第 18 條，其中所稱之高壓氣體指以下的氣體：

一、　在常用溫度下，表壓力達每平方公分 10 公斤以上之壓縮氣體或溫度在攝氏 35 度時之表壓力可達每平方公分 10 公斤以上之壓縮氣體。但不含壓縮乙炔氣。

二、　在常用溫度下，表壓力達每平方公分 2 公斤以上之壓縮乙炔氣或溫度在攝氏 15 度時之表壓力可達每平方公分 2 公斤以上之壓縮乙炔氣。

三、　在常用溫度下，表壓力達每平方公分 2 公斤以上之液化氣體或表壓力達每平方公分 2 公斤時之溫度在攝氏 35 度以下之液化氣體。

四、　除前款規定者外，溫度在攝氏 35 度時，表壓力超過每平方公分 0 公斤以上之液化氣體中之液化氰化氫、液化溴甲烷、液化環氧乙烷或其他經中央主管機關指定之液化氣體。

揆諸上開規定，要判斷是否屬於法定的高壓氣體，大致上需要檢視氣體在兩種溫度下的表壓力。第一種溫度是常用溫度，即指設備正常使用狀態下之溫度；常為一定範圍；第二種溫度是指定溫度，依不同氣體有 15 攝氏度與 35 攝氏度之別。前者的表壓力可由壓力偵測儀器得知，後者的表壓力則由理想氣體方程式換算取得。

若將理想氣體方程式表示成下式：

$$\frac{P \times V}{n \times T} = R，（公式 2-3-01）$$

可知氣體之絕對壓力與體積的乘積正比於莫耳數與絕對溫度的乘積，且相除為一常數，所以當某一氣體的莫耳數與體積不變時，可由公式 2-3-01 式換算不同溫度下的壓力，以公式表示如下：

$$\frac{P_1}{T_1} = \frac{P_2}{T_2} = R'，（公式 2-3-02）$$

舉例來說，某理想氣體（非乙炔）在設備常用溫度 0°C 時，該壓縮氣體的表壓力為 9 kg/cm²，以該壓力判斷尚非屬法定高壓氣體，但還需要計算在指定溫度下之表壓力是否達 10 kg/cm² 以上才可論定。

使用公式 2-3-02 式進行計算，過程如下：

$$\frac{(9+1.033)}{(0+273.15)}=\frac{P_2}{(35+273.15)}$$

$$P_2=\frac{10.033\times308.15}{273.15}$$

$$\cong11.32$$

$$\cong10.287(表壓力)$$

經計算後得知該理想氣體在 35°C 時，表壓力為 10.287 kg/cm² ，已達 10 kg/cm² 以上，屬於法定之高壓氣體。

高壓氣體勞工安全規則第 18 條亦有儲存能力的計算規定，所謂儲存能力指儲存設備可儲存之高壓氣體之數量，其計算式如下：

一、壓縮氣體儲存設備：

$$Q=(P+1)\times V_1 （公式 2-3-03）$$

其中，Q 為儲存設備之儲存能力（m³）

P 為儲存設備之溫度在 35°C（乙炔為 15°C）時之最高灌裝表壓力（kg/cm²）

V_1 為儲存設備之內容積（m³）

二、液化氣體儲存設備：

$$W=0.9\times w\times V （公式 2-3-04）$$

其中，W 為儲存設備之儲存能力（kg）

w 為儲槽於常用溫度時液化氣體之比重（kg/l）

V_2 為儲存設備之內容積（m³）

三、液化氣體容器：

$$W=\frac{V_2}{C} ，（公式 2-3-05）$$

其中，C 為中央主管機關指定之值

液化氣體儲存設備與液化氣體容器之最大差別在於容器指灌裝高壓氣體之移動式壓力容器，所以讀者遇到槽車等移動式壓力容器的儲存能力計算題時，應使用公式 2-3-05 式計算，但有部分試題未提示 C 值，改提示灌裝時的液化氣體比重，此時只能使用公式 2-3-04 式進行儲存能力的計算。

（2）精選試題

73 某壓縮氣體遵循理想氣體狀態方程式，且該設備之運轉溫度為零下 30℃，若該壓縮氣體（非為乙炔氣體）之表壓力為 8.5 kg/cm²：

判斷該壓縮氣體是否屬高壓氣體勞工安全規則所稱之高壓氣體？請列出計算結果並簡要說明判斷依據。

答：

依據「高壓氣體勞工安全規則」第 2 條第 1 項第 1 款規定，在常用溫度下，表壓力達每平方公分 10 公斤以上之壓縮氣體或溫度在攝氏 35 度時之表壓力可達每平方公分 10 公斤以上之壓縮氣體，但不含壓縮乙炔氣。

依題意，$P_1 = 8.5 + 1.033 = 9.533$（kg/cm²）、$T_1 = 273.15 + (-30℃) = 243.15$（K）、$T_2 = 273.15 + (35℃) = 308.15$（K）、$V_1 = V_2$

將上列數值帶入理想氣體狀態方程式計算如下列：

$$\frac{P_1 V_1}{T_1} = \frac{P_2 V_2}{T_2} = \frac{9.533 \times V_1}{243.15} = \frac{P_2 \times V_2}{308.15} \rightarrow P_2 = \frac{9.533 \times 308.15}{243.15} \cong 12.08 \left(kg / cm^2 \right)$$

經計算後得知該壓縮氣體於 35℃ 時，表壓力 = 12.08-1.033 = 11.05（kg/cm²），故屬高壓氣體勞工安全規則所稱之高壓氣體。

2. 設備間距（防液堤、儲槽）

（1）基本概念

防液堤的計算有兩種，一種是依照易燃性液體儲槽的容量計算防液堤高度；一種是液化毒性氣體儲槽防液堤外側應維持不得設置規定以外設備之距離。

舉例而言，已知 1 座防液堤內有 2 座圓柱形儲槽，其直徑皆為 20 公尺、高度分別為 8 公尺與 6 公尺，且防液堤與 2 座儲槽側板外壁間之距離皆為 4 公尺，2 座儲槽間距離為 10 公尺，如以圖示表示如下：

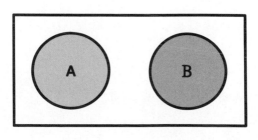

$$V_D = 110\% \times V_T \quad \text{（公式 2-3-06）}$$

其中，V_D 為防液堤容量

V_T 為儲槽容量（2 座以上儲槽則取最大儲槽之容量）

則該防液堤之高度計算如下：

$$V_A = \frac{20 \times 20}{4} \times \pi \times 10 \cong 3140 \left(m^3 \right)$$

$$V_B = \frac{20 \times 20}{4} \times \pi \times 8 \cong 2512 \left(m^3 \right)$$

$$V_D = 110\% \times 3140 = 3454 \left(m^3 \right)$$

$$A_D = (10 + 20 + 20 + 8 + 10) \times (10 + 20 + 10)$$

$$= 68 \times 40 = 2720 \left(m^2 \right)$$

$$h_D = \frac{3454}{2720} \cong 1.27 \, (m)$$

而液化毒性氣體儲槽防液堤外側應維持不得設置規定以外設備之距離，則是依高壓氣體勞工安全規則第 37 條之 2 規定計算，公式如下：

一、毒性氣體中之可燃性氣體：

1. 當 $5 \leqq X < 1000$ 時

$$L = \frac{4}{995} \times (X - 5) + 6 \quad \text{（公式 2-3-07）}$$

2. 當 $X \geq 1000$ 時

$L = 10$ （公式 2-3-08）

其中，X 為儲存能力（公噸）、L 為距離（公尺）

二、前款以外之毒性氣體：

1. 當 $5 \leqq X < 1000$ 時

$$L = \frac{4}{995} \times (X-5) + 4 \quad \text{（公式 2-3-09）}$$

2. 當 $X \geq 1000$ 時

$L = 8$ ，（公式 2-3-10）

其中，X 為儲存能力（公噸）、L 為距離（公尺）

　　儲槽與儲槽之間的距離亦有最小值的規定，依高壓氣體勞工安全規則第 35 條規定，儲存能力在 300 立方公尺或 3,000 公斤以上之可燃性氣體儲槽外面至其他可燃性氣體或氧氣儲槽間應保持 1 公尺或以該儲槽、其他可燃性氣體儲槽或氧氣儲槽之最大直徑和之 4 分之 1 以上較大者之距離。

　　一般來說，儲槽最大直徑之合大多會超過 4 公尺，所以試題大概都需計算後才能解答，舉例如下：

　　欲設置儲存能力 3,000 公斤以上可燃性高壓氣體儲槽 A、B、C 共 3 座，其中 A 儲槽直徑 20 公尺，B 儲槽直徑 10 公尺，C 儲槽直徑 5 分尺，各儲槽之間的安全距離應至少保持如下：

　　A、B 間距：$L_{A,B} = \dfrac{20+10}{4} = 7.5(m)$

　　B、C 間距：$L_{B,C} = \dfrac{10+5}{4} = 3.75(m)$

　　A、C 間距：$L_{A,C} = \dfrac{20+5}{4} = 6.25(m)$

（2）精選試題

74　為避免高壓氣體設備操作不當造成危害，請依高壓氣體勞工安全規則規定回答：

儲存能力 5 公噸之液化溴甲烷儲槽，其防液堤內側及堤外 L 公尺範圍內，除規定之設備及儲槽之附屬設備外，不得設置其他設備，請計算 L 值。〔參考公式 $L = \dfrac{4}{995}(X-5)+6$，適用毒性氣體之可燃性氣體；$L = \dfrac{4}{995}(X-5)+4$，適用前述以外之毒性氣體〕。

答：

依據「高壓氣體勞工安全規則」第 4 條及第 6 條規定，溴甲烷為毒性氣體中之可燃性氣體，故其防液堤與防液堤外側應維持之距離 $L = \dfrac{4}{995}(X-5)+6$

X：儲存能力（公噸）L：距離（公尺）

$L = \dfrac{4}{995}(5-5)+6 = \dfrac{4}{995}(0)+6 = 6$（公尺）。

75 一燃料儲槽區有二個儲槽，儲槽一直徑 40 公尺高 13 公尺，儲槽二直徑 12 公尺高 4.5 公尺，二槽距離 16 公尺，現欲建造容納至少大槽 110% 容量防溢堤，且每一槽需離防溢堤至少 7.5 公尺，下列四者那一個是最佳選擇？請說明原因。假設防溢堤無斜度。

（A）1.25 公尺防溢堤高度（67×34 公尺）

（B）2.70 公尺防溢堤高度（82×73 公尺）

（C）1.50 公尺防溢堤高度（120×87 公尺）

（D）1.80 公尺防溢堤高度（120×85 公尺）

答：

儲槽容積＝底面積 × 高

儲槽一容積＝ $40m \times 40m \times \frac{\pi}{4} \times 13m \cong 16,336m^3$

儲槽二容積＝ $12m \times 12m \times \frac{\pi}{4} \times 4.5m \cong 509m^3$

儲槽一為大槽，防溢堤應至少容納具 110% 容積：$16,336 \times 110\% = 17,970m^3$

防溢堤之長度應大於 7.5+40+16+12+7.5 ＝ 83m，寬度應大於 7.5+40+7.5 ＝ 55m

（A）及（B）防溢堤長寬不足，不符合規定。

（C）防溢堤容量＝ $1.50m \times 120m \times 87m = 15,660m^3$，容量不足，不符合規定。

（D）防溢堤容量＝ $1.80m \times 120m \times 85m = 18,360m^3$，且長度、寬度及容量皆符合規定，故（D）為最佳選擇。

3. 衝剪機械（安全一行程、雙手起動、光電感應式）

（1）基本概念

衝剪機械之安全裝置依機械設備器具安全標準第 6 條規定，分為連鎖防護式安全裝置、雙手操作式安全裝置、感應式安全裝置及拉開式或掃除式安全裝置等 4 種，其中的雙手操作式安全裝置又可分為安全一行程式安全裝置及雙手起動式安全裝置 2 種。

常見的試題考點在於計算雙手操作式安全裝置或感應式安全裝置之停止性能，亦即其作動滑塊等之操作部至危險界限間，或其感應域至危險界限間的最小距離，相關公式如下，另考生也要注意題目所要求答案的安全距離單位是毫米（mm）、公分（cm）、還是米或公尺（m）。

一、安全一行程雙手操作式安全裝置：

$D = 1.6 \times (T_1 + T_s)$ （公式 2-3-11）

其中，D 為安全距離（mm）

T_1 為手指離開安全一行程雙手操作式安全裝置之操作部至快速停止機構開始動作之時間（ms）

T_s 為快速停止機構開始動作至滑塊等停止之時間（ms）

二、雙手起動式安全裝置：

$D = 1.6 \times T_m$ （公式 2-3-12）

$T_m = \left(\dfrac{1}{2} + \dfrac{1}{離合器之嚙合處之數目} \right) \times 曲柄軸旋轉一周所需時間$ ，（公式 2-3-13）

其中，D 為安全距離（mm）

T_m 為手指離開操作部至滑塊等抵達下死點之最大時間（ms）

三、光電式安全裝置：

$D = 1.6 \times (T_1 + T_s) + C$ （公式 2-3-14）

其中，D 為安全距離（mm）

T_1 為手指介入光電式安全裝置之感應域至快速停止機構開始動作之時間（ms）

T_s 為快速停止機構開始動作至滑塊等停止之時間（ms）

C 為追加距離（mm），如下表

連續遮光幅：毫米追加距離	C：毫米
30 以下	0
超過 30，35 以下	200
超過 35，45 以下	300
超過 45，50 以下	400

（2）精選試題

76 依機械設備器具安全標準之規定：

若手指介入光電式安全裝置之感應域至快速停止機構開始動作之時間為 100 毫秒，快速停止機構開始動作至滑塊等停止之時間為 120 毫秒，該裝置之連續遮光幅為 30 毫米以下，請計算最小安全距離並以毫米表示之。

答：

光電式安全裝置安全距離計算如下：

D = 1.6（Tl + Ts）+C

D：安全距離，以毫米表示。

Tl：手指介入光電式安全裝置之感應域至快速停止機構開始動作之時間，以毫秒表示。

Ts：快速停止機構開始動作至滑塊等停止之時間，以毫秒表示。

C：追加距離，以毫米表示，查表：

連續遮光幅：毫米	追加距離：毫米
30 以下	0
超過 30，35 以下	200
超過 35，45 以下	300
超過 45，50 以下	400

D = 1.6（100 + 120）+0 = 1.6（220）+0 = 352+0 = 352 毫米

77 依機械設備器具安全標準之相關規定：

若某一動力衝剪機械裝設安全一行程式安全裝置，其操作部至快速停止機構之開始動作時間為 140 毫秒；快速停止機構開始動作至滑塊等之停止時間為 160 毫秒，請計算其安全距離（請列出計算式並以毫米單位表示）。

答：

依據「機械設備器具安全標準」第 8 條規定，雙手操作式安全裝置或感應式安全裝置之停止性能，其作動滑塊等之操作部至危險界限間，或其感應域至危險界限間之距離，應超過下列計算之值：

D = 1.6（Tl + Ts）

式中 D：安全距離，以毫米表示。

Tl：手指離開安全一行程雙手操作式安全裝置之操作部至快速停止機構開始動作之時間，以毫秒表示。

Ts：快速停止機構開始動作至滑塊等停止之時間，以毫秒表示。

D ＝ 1.6（140+160）＝ 1.6×300 D ＝ 480 毫米

所以，安全距離至少需要 480 毫米。

78　動力衝剪機械廣泛應用於金屬加工製造業，若未提供適當之安全裝置，易對操作者造成傷害，請依機械設備器具安全標準回答：

若一動力衝剪機械採用雙手起動式安全裝置，其離合器之嚙合處數目為 20，曲柄軸旋轉一周所需時間為 500 毫秒，請計算該安全裝置所需之最小安全距離為多少毫米？

答：

依據「機械設備器具安全標準」第 8 條規定：雙手操作式安全裝置或感應式安全裝置之停止性能，其作動滑塊等之操作部至危險界限間，或其感應域至危險界限間之距離，應超過下列計算之值：

D >1.6T$_m$ D：安全距離，以毫米表示。

Tm：手指離開操作部至滑塊等抵達下死點之最大時間，以毫秒表示並以下列公式計算：

$$T_m = \left(\frac{1}{2} + \frac{1}{離合器之嚙合處之數目}\right)×曲柄軸旋轉一周所需時間$$

1.　　T_m ＝（1／2 ＋ 1／20）×500 ＝ 275（ms）經計算後得知此手指離開操作部至滑塊達下死點時之最大時間為 275 毫秒。

2.　　D ＝ 1.6×T$_m$ ＝ 1.6（mm/msec）×275（msec）＝ 440（mm）

4. 研磨機、研磨輪

（1）基本概念

依職業安全衛生設施規則第 62 條第 1 項第 2 款規定，使用研磨機時不能超過規定最高使用周速度，所以有必要了解研磨輪的周速度如何計算，才能知道是否有超過最高使用周速度。

　　周速度是圓周的切線速度，也就是圓周上某一質點的瞬時速度（或瞬時速率），而研磨輪的轉速與切線速度是不同的概念，無論在研磨輪的任一處，都具有相同的轉速，但在相同的轉速下，距離軸心越遠的的位置，其切線速度越大。

　　所以，圓周的切線速度是該片研磨輪的最大切線速度，如果該速度未超過研磨輪容許的最高使用速度，則其他位置的速度也不可能超過容許的最高使用速度，換言之，如果研磨輪的周速度超過最高使用周速度，該研磨輪具有極高的破裂飛散風險。

　　研磨輪的周速度計算公式如下：

$V = D \times \pi \times N$（公式 2-3-15）

其中，V為研磨輪周速度(m / min)

D為研磨輪直徑(m)

N為研磨輪轉速$(RPM \ or \ min^{-1})$

（2）精選試題

79 回答與計算下列問題：

（一）若研磨輪之直徑為 10 公分、轉速為 1,200 rpm，計算該研磨輪之周速度，請以公尺 / 秒之單位表示。

（二）試問該研磨輪之最高測試周速度應為多少？請以公尺 / 秒之單位表示。

答：

（一）　V：研磨輪周速度、D：研磨輪之直徑（公尺）、N：研磨輪轉速（轉 / 分）

$V = D \times \pi \times N$

$= 10 \times \pi \times 1200$

$\cong 37,680 (cm / min)$

$= 6.28 (m/sec)$

（二）　依「機械設備器具安全標準」第 86 條規定，直徑在 100 毫米以上之研磨輪，每批製品應具有就該研磨輪以最高使用周速度值乘 1.5 倍之實施旋轉試驗合格性能。

故最高測試周速度：$V = 6.28 \times 1.5 = 9.42$ 公尺 / 秒

5. 拉張應力

（1）基本概念

　　當圓筒形的薄壁壓力容器承受內部壓力 P（表壓力，本小節以下同）以後，其筒徑會略為增加，因此在筒身縱向的橫截面上會有應力產生，該應力稱為周向應力（Hoop Stress or Circumferential Stress），以 σ_{hoop} 表示，由於筒壁厚度很薄，可以認為周向應力沿著壁厚均勻分布。而容器的兩端稱為端板，將容器封閉為密閉空間，容器在承受內壓時，筒身橫向的截面上也會有應力產生，該應力稱為縱向應力（Axial Stress or Longitudinal Stress），以 σ_{axial} 表示。

　　周向應力及縱向應力的圖示如下：

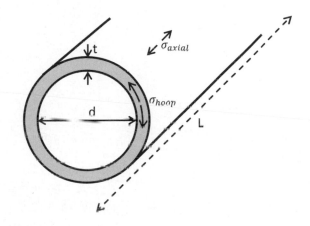

一、筒身周向應力分析如下：

1. 首先，爆破力為壓力與面積的乘積：

$$F_{B,hoop} = \int_0^\pi \left(P \times L \times \frac{d}{2} d\theta \right) \sin\theta$$
$$= \frac{P \times d \times L}{2} \int_0^\pi \sin\theta d\theta$$
$$= P \times d \times L \text{，（公式 2-3-16）}$$

2. 再求周向應力的受力面積：

$$A_{hoop} = 2 \times L \times t \text{，（公式 2-3-17）}$$

3. 周向應力為作用力除以面積：

$$\sigma_{hood} = \frac{F_{B,hood}}{A_{hood}} = \frac{P \times d}{2 \times t} \quad ，（公式 2-3-18）$$

二、筒身縱向應力分析如下：

1. 首先，爆破力為壓力與面積的乘積：

$$F_{B,axial} = P \times \frac{d^2 \times \pi}{4} \quad ，（公式 2-3-19）$$

2. 縱向應力的受力面積約為：

$$\begin{aligned}
A_{axial} &= \frac{\pi}{4} \times \left[(d+2t)^2 - d^2 \right] \\
&= \frac{\pi}{4} \times \left[d^2 + 4dt + 4t^2 - d^2 \right] \\
&\cong \frac{\pi}{4} \times [4dt] \\
&= d \times t \times \pi \quad ，（公式 2-3-20）
\end{aligned}$$

3. 縱向應力為作用力除以面積：

$$\sigma_{axial} = \frac{F_{B,axial}}{A_{axial}} = \frac{P \times d}{4 \times t} \quad ，（公式 2-3-21）$$

由公式 2-3-18 及公式 2-3-21 觀之，筒身的周向應力會是縱向應力的 2 倍，所以，當薄壁圓筒壓力容器在內部壓力超過容許值而爆炸時，一般的炸開方式都是從筒身縱向裂開，而非筒身斷裂成數節。

當然，也可以透過公式 2-3-18 及公式 2-3-21，由壓力容器筒身的鋼材最大允許應力，估算周向與縱向可承受的最大壓力或最小厚度。而球形壓力容器薄壁的各向應力皆一致，所以只需分析一種應力，該應力即與圓筒形壓力容器的縱向應力分析方法一樣，計算結果同公式 2-3-21。

另外，根據 ASME Section VIII, Division 1 規定，壓力容器的最小厚度及最大工作壓力公式如下：

一、周向應力（縱向焊接）：

1. 當 $P < (0.385 \times S \times E)$

$$t = \frac{P \times R}{S \times E - 0.6P} \quad （公式 2-3-22）$$

$$P = \frac{S \times E \times t}{R + 0.6t} \quad （公式 2-3-23）$$

當 P>(0.385×S×E)：

$$t = R\left(Z^{\frac{1}{2}} - 1\right)，其中 Z = \frac{(S \times E + P)}{(S \times E - P)} \quad （公式 2-3-24）$$

$$P = S \times E \times \left[\frac{(Z-1)}{(Z+1)}\right]，其中 Z = \left(\frac{R+t}{R}\right)^2，（公式 2-3-25）$$

其中，t 為設計壁厚 (inch)

P 為設計壓力 (psi)

R 為內部直徑 (inch)

S 為筒身材質最大允許應力 (psi)

E 為焊接效率

二、縱向應力（周向焊接）

1. 當 P<(1.25×S×E)：

$$t = \frac{P \times R}{2 \times S \times E + 0.4P} \quad （公式 2-3-26）$$

$$P = \frac{2 \times S \times E \times t}{R - 0.4t} \quad （公式 2-3-27）$$

2. 當 P>(1.25×S×E)：

$$t = R\left(Z^{\frac{1}{2}} - 1\right)，其中 Z = \frac{(P)}{(S \times E)} + 1 \quad （公式 2-3-28）$$

$$P = S \times E \times [Z-1]，其中 Z = \left(\frac{R+t}{R}\right)^2 \quad （公式 2-3-29）$$

其中，t 為設計壁厚 (inch)

P 為設計壓力 (psi)

R 為內部直徑 (inch)

S 為筒身材質最大允許應力 (psi)

E 為焊接效率

（2）精選試題

80

對於鍋爐安全：

（一）一鍋爐內上下所受壓力 Fa 為前後壓力 Fb 的幾倍？請詳加說明之。

（二）一鍋爐圓筒鋼板壓力（T.S.）為 50,000psi，厚度（t）為 5/8"，最大內徑（R）為 50"，其焊接效率（eft）為 95%，其最大允許壓力（M.A.W.P）為多少？

答：

（一）　鍋爐圓柱殼體受內壓之理論分析薄膜應力式分列如下：上下應力會是前後應力的 2 倍，所以，當鍋爐在內部壓力超過容許值而爆炸時，一般的炸開方式都是從筒身縱向裂開，而非筒身斷裂成數節。

（二）　最大允許工作壓力（Maximum Allowable Working Pressure, MAWP）係指蒸汽鍋爐、熱水鍋爐等在指定溫度下（設計溫度），其構造上最高容許使用之壓力或水頭壓力。

$$MAWP = \frac{T.S. \times eft \times t}{R + 0.6 \times t}$$

$$MAWP = \frac{50000 \times 0.95 \times 5/8}{50 + 0.6 \times 5/8} \cong 589.33 \, (psi)$$

81

有一壓力容器，內面承受壓力之圓筒胴體或球形胴體之板，其最小厚度應取於承受最高使用壓力時，發生於該板之應力與該板之容許抗拉應力相等時之板厚加腐蝕裕度之厚度。胴體或其他承受壓力部分所使用之板之腐蝕裕度，應在 1 毫米以上。如結構鋼板材抗拉強度 480 MPa，構築半徑 600 mm，最高使用壓力 1,800 KPa 之壓力容器，依薄層分析不考慮其他修正，請問最小板厚為多少？

答：

（一）　依薄層分析，圓筒胴體壓力容器之最小板厚：

1. 考慮周向應力：

$$t = \frac{P \times d}{2 \times \sigma} + 1 = \frac{1800 \times 10^3 \times 600 \times 2}{2 \times 480 \times 10^6} + 1 = 2.25 + 1 = 3.25 \, (mm)$$

2. 考慮縱向應力：

$$t = \frac{P \times d}{4 \times \sigma} + 1 = \frac{1800 \times 10^3 \times 600 \times 2}{4 \times 480 \times 10^6} + 1 = 1.125 + 1 = 2.125 \,(\text{mm})$$

3. 二種最小厚度取最大值作為容器板厚，故圓筒胴體壓力容器之最小板厚為 3.25 毫米。

（二） 依薄層分析，球形胴體壓力容器之最小板厚：

$$t = \frac{P \times d}{4 \times \sigma} + 1 = \frac{1800 \times 10^3 \times 600 \times 2}{4 \times 480 \times 10^6} + 1 = 1.125 + 1 = 2.125 \,(\text{mm})$$

球形胴體壓力容器之最小板厚為 2.125 毫米。

6. 蒸汽產生量

（1）基本概念

一般蒸汽鍋爐係以燃料燃燒產生的熱將熱水氣化為高壓蒸汽，供給其他設備使用，在加熱水的過程中，可以由溫度計量器測量到水溫的上升，此時水的熱量稱為顯熱，當水溫到達沸點時，加入的熱能會使水蒸發，而水溫沒有變化，此時水的熱量稱為潛熱。顯熱及潛熱之和即為蒸汽的總熱值或稱全熱焓。

以直接加熱方式的蒸汽產生量可由下式計算：

$$m = \frac{Q \times \eta}{h_g} \quad （公式 2-3-30）$$

其中，m 為蒸汽量 (kg/hr)

Q 為燃料發熱量 (kcal/hr 或 kJ/hr)

η 為鍋爐效率

h_g 為蒸汽全熱焓值 (kcal/kg 或 kJ/kg)

如果鍋爐使用節煤器，可將鍋爐飼水的溫度提高，此時 2-3-30 式可改寫如下：

$$m = \frac{Q \times \eta}{h_g - h_f} \quad （公式 2-3-31）$$

其中，h_f 為給水顯熱 (kcal/kg 或 kJ/kg)

(2) 精選試題

82

有一鍋爐額定蒸汽表壓力為 7 kg/cm²，效率為 85%，補充水經節煤器後之給水溫度為 55℃。假設燃料發熱量為 7,200 kcal/kg，消耗速率為 0.6 ton/h，請依照下表數據，當液面維持不變下，計算鍋爐此刻之蒸汽產生量。若該鍋爐安裝一只槓桿式安全閥（如下圖），其吹洩表壓力為 8 kg/cm²，閥與桿重量不計，請算出安全閥重錘之重量，並求出鍋爐在此吹洩壓力下的蒸汽產生量。

蒸汽絕對壓力（kg/cm²）	5	6	7	8	9	10
飽和溫度（℃）	151.1	158.1	164.2	169.6	174.5	179.0
蒸汽焓值（kcal/kg）	656.0	657.9	659.5	660.8	661.9	662.9

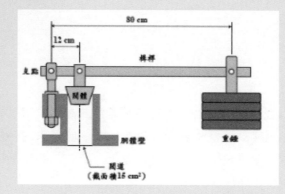

答：

（一）燃料發熱量

$$Q = 7200\left(kacl/kg\right)\times 0.6\left(ton/hr\right)\times 10^3\left(kg/ton\right)=4,320,000\left(kacl/hr\right)$$

蒸汽產生量

$$m = \frac{Q\times \eta}{h_g - h_f}=\frac{4,320,000\left(kacl/hr\right)\times 0.85}{660.8\left(kcal/kg\right)-\left(100-55\right)\left(kcal/kg\right)}=5,963\left(kg/hr\right)$$

（二）力平衡：

$$8(kg/cm^2)\times 15(cm^2)\times 12(cm)=M_{重錘}(kg)\times 80(cm)$$

$$M_{重錘}=18(kg)$$

（三）

蒸汽產生量

$$m = \frac{Q\times \eta}{h_g - h_f}=\frac{4,320,000\left(kacl/hr\right)\times 0.85}{661.9\left(kcal/kg\right)-\left(100-55\right)\left(kcal/kg\right)}=5,952.3\left(kg/hr\right)$$

四 電氣安全

1. 名詞說明

（1）電壓（electric pressure）

係指兩點之間的電位差；電壓可能是由電荷、通過磁場的電流或隨時間改變的磁場等因素造成；電壓以符號 V 表示，單位為伏特（Voltage，V）。

常用的電壓可區分為特高壓、高壓與低壓。

依職業安全衛生設施規則第 3 條規定，本規則所稱特高壓，係指超過 22,800 伏特之電壓；高壓，係指超過 600 伏特至 22,800 伏特之電壓；低壓，係指 600 伏特以下之電壓。

（2）電流（electric current）

電流的方向，定義為正電荷移動的方向；電流的大小，則稱為電流強度（current intensity），也常直接簡稱為「電流」；電流以符號 I 表示，單位為安培（Ampere，A）。

電流又可分為，直流電流與交流電流。

直流電（direct current，AC），是指電荷流動方向唯一的電流，如下圖 1。

交流電（alternating current，AC），是指電流強度和電流方向都發生週期性變化的電流，在一個週期內的平均值為 0，如下圖 2。

（3）電阻（electric resistance）

指一個物體對於電流通過的阻礙能力；電阻以符號 R 表示，單位為歐姆（Ohm，Ω）。

常見的有接地電阻與絕緣電阻：

接地電阻種類，依用戶用電設備裝置規則表 25 規定，如下表 1。

絕緣電阻種類，依用戶用電設備裝置規則表 19 規定，如下表 2。

（4）電功率（electric power）

泛指電能做功的能力，操作型定義是電流在單位時間內做的功，或單位時間內轉移或轉換的電能。可用來表示用電設備的耗用電能力；電功率以符號 **P** 表示，單位是瓦特（**Watt**，**W**）。

（5）1 度電

指耗電量 **1,000** 瓦特（**W**）的用電器具，連續使用 1 小時（**h**）所消耗的電量，即為 **1kWh**。

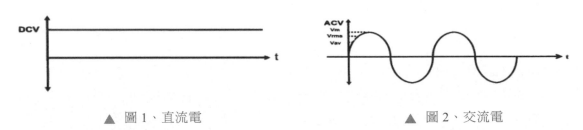

▲ 圖 1、直流電　　　　　　　　　　　　　　　▲ 圖 2、交流電

表 1、接地種類

表二五　　接地種類

種類	適用處所	電阻值
特種接地	電業三相四線多重接地系統供電地區，用戶變壓器之低壓電源系統接地，或高壓用電設備接地。	10Ω 以下
第一種接地	電業非接地系統供電地區，用戶高壓用電設備接地。	25Ω 以下
第二種接地	電業三相三線式非接地系統供電地區，用戶變壓器之低壓電源系統接地。	50Ω 以下
第三種接地	用戶用電設備： 低壓用電設備接地。 內線系統接地。 變比器二次線接地。 支持低壓用電設備之金屬體接地。	1.對地電壓 150V 以下：100Ω 以下 2.對地電壓 151V 至 300V：50Ω 以下 3.對地電壓 301V 以上：10Ω 以下

註：裝用漏電斷路器，其接地電阻值可按表六二~二辦理。

表 2、低壓電路之最低絕緣電阻

電路電壓		使用絕緣電阻計 絕緣電阻（MΩ）	使用洩漏電流計 洩漏電流毫安(mA)以下
300 伏 以下	對地電壓 150 伏以下	0.1	1.0
	對地電壓超過 150 伏	0.2	1.0
	超過 300 伏	0.4	1.0

2. 電氣作業安全：職安法相關規範（節錄）

（1）職業安全衛生設施規則第 241 條

雇主對於電氣機具之帶電部分（電熱器之發熱體部分，電焊機之電極部分等，依其使用目的必須露出之帶電部分除外），如勞工於作業中或通行時，有因接觸（含經由導電體而接觸者，以下同）或接近致發生感電之虞者，應設防止感電之護圍或絕緣被覆。但電氣機具設於配電室、控制室、變電室等被區隔之場所，且禁止電氣作業有關人員以外之人員進入者；或設置於電桿、鐵塔等已隔離之場所，且電氣作業有關人員以外之人員無接近之虞之場所者，不在此限。

（2）職業安全衛生設施規則第 243 條

雇主為避免漏電而發生感電危害，應依下列狀況，於各該電動機具設備之連接電路上設置適合其規格，具有高敏感度、高速型，能確實動作之防止感電用漏電斷路器：

一、　使用對地電壓在 150 伏特以上移動式或攜帶式電動機具。
二、　於含水或被其他導電度高之液體濕潤之潮濕場所、金屬板上或鋼架上等導電性良好場所使用移動式或攜帶式電動機具。
三、　於建築或工程作業使用之臨時用電設備。

（3）職業安全衛生設施規則第 250 條

雇主對勞工於良導體機器設備內之狹小空間，或於鋼架等致有觸及高導電性接地物之虞之場所，作業時所使用之交流電焊機，應有自動電擊防止裝置。但採自動式焊接者，不在此限。

（4）職業安全衛生設施規則第 254 條

雇主對於電路開路後從事該電路、該電路支持物、或接近該電路工作物之敷設、建造、檢查、修理、油漆等作業時，應於確認電路開路後，就該電路採取下列設施：

一、　開路之開關於作業中，應上鎖或標示「禁止送電」、「停電作業中」或設置監視人員監視之。
二、　開路後之電路如含有電力電纜、電力電容器等致電路有殘留電荷引起危害之虞，應以安全方法確實放電。
三、　開路後之電路藉放電消除殘留電荷後，應以檢電器具檢查，確認其已停電，且為防止該停電電路與其他電路之混觸、或因其他電路之感應、或其他電源之逆送電引起感電之危害，應使用短路接地器具確實短路，並加接地。

四、　前款停電作業範圍如為發電或變電設備或開關場之一部分時，應將該停電作業範圍以藍帶或網加圍，並懸掛「停電作業區」標誌；有電部分則以紅帶或網加圍，並懸掛「有電危險區」標誌，以資警示。

前項作業終了送電時，應事先確認從事作業等之勞工無感電之虞，並於拆除短路接地器具與紅藍帶或網及標誌後為之。

（5）職業安全衛生設施規則第 264 條

雇主對於裝有電力設備之工廠、供公眾使用之建築物及受電電壓屬高壓以上之用電場所，應依下列規定置專任電氣技術人員，或另委託用電設備檢驗維護業，負責維護與電業供電設備分界點以內一般及緊急電力設備之用電安全：

一、　低壓：600 伏特以下供電，且契約容量達 50 瓩以上之工廠或供公眾使用之建築物，應置初級電氣技術人員。

二、　高壓：超過 600 伏特至 22,800 伏特供電之用電場所，應置中級電氣技術人員。

三、　特高壓：超過 22,800 伏特供電之用電場所，應置高級電氣技術人員。

前項專任電氣技術人員之資格，依用電場所及專任電氣技術人員管理規則規定辦理。

（6）職業安全衛生設施規則第 276 條

雇主為防止電氣災害，應依下列規定辦理：

一、　對於工廠、供公眾使用之建築物及受電電壓屬高壓以上之用電場所，電力設備之裝設及維護保養，非合格之電氣技術人員不得擔任。

二、　為調整電動機械而停電，其開關切斷後，須立即上鎖或掛牌標示並簽章。復電時，應由原掛簽人取下鎖或掛牌後，始可復電，以確保安全。但原掛簽人因故無法執行職務者，雇主應指派適當職務代理人，處理復電、安全控管及聯繫等相關事宜。

三、　發電室、變電室或受電室，非工作人員不得任意進入。

四、　不得以肩負方式攜帶竹梯、鐵管或塑膠管等過長物體，接近或通過電氣設備。

五、　開關之開閉動作應確實，有鎖扣設備者，應於操作後加鎖。

六、　拔卸電氣插頭時，應確實自插頭處拉出。

七、　切斷開關應迅速確實。

八、　不得以濕手或濕操作棒操作開關。

九、　非職權範圍，不得擅自操作各項設備。

十、　遇電氣設備或電路著火者，應用不導電之滅火設備。

十一、　對於廣告、招牌或其他工作物拆掛作業，應事先確認從事作業無感電之虞，始得施作。

十二、　對於電氣設備及線路之敷設、建造、掃除、檢查、修理或調整等有導致感電之虞者，應停止送電，並為防止他人誤送電，應採上鎖或設置標示等措施。但採用活線作業及活線接近作業，符合第 256 條至第 263 條規定者，不在此限。

3. 計算題型

（1）歐姆定律

A. 計算說明

此類型題目需確認考題資訊內容與了解該電路是屬於串 / 並聯後，再依相關公式進行計算。

$$V（電壓）= I（電流）\times R（電阻）（公式 2-4-01）$$

V（電壓）單位：伏特（V）；I（電流）單位：安培（A）；R（電阻）單位：歐姆（Ω）

電阻串聯電路，如下圖 3，有下列特性：

（A）串聯電路不論電壓或電阻的大小，流經各元件之電流均相同。

（B）串聯電路中若有一元件斷路，電路的電流必為零。

（C）串聯電路之總電阻等於各電阻之總和。

$$R_t = R_1 + R_2 + \cdots + R_n（公式 2-4-02）$$

（D）串聯電路之總電壓等於各個電阻電壓之總和。

$$V_t = V_1 + V_2 + \cdots + V_n（公式 2-4-03）$$

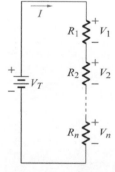

▲ 圖 3、串聯電路

電阻並聯電路，如下圖 4，有下列特性：

（A）並聯電路不論負載的大小，各元件兩端之電壓恆相等。

（B）並聯電路若有一負載斷路，不影響其他負載之運作。

（C）總電流等於各支路電流之和。

$$I_t = I_1 + I_2 + \cdots + I_n（公式 2-4-04）$$

I. 總電阻的倒數為各電阻的倒數之和。

$$\frac{1}{R_t} = \frac{1}{R_1} + \frac{1}{R_2} + \cdots + \frac{1}{R_n}（公式 2-4-05）$$

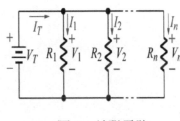

▲ 圖 4、並聯電路

B. 精選試題

83

（一）當感電電氣迴路之電壓源 220 伏特，接觸之人體感電電阻 440 歐姆，則感電電流為多少安培？

（二）以下示意圖罹災者於鋼架上從事電焊作業引起感電災害，罹災者右手臂腋下夾住電焊機二次側電線（絕緣破損），下半身接觸鋼架，發生電擊情形，則可能造成感電迴路路徑為何？

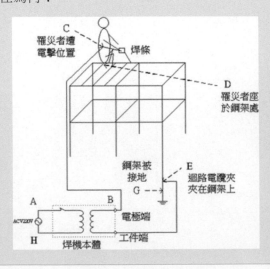

答：

（一）　$V = I \times R$（V：電壓、I：電流、R：電阻）

$$I = \frac{V}{R} = \frac{220(V)}{440(\Omega)} = 0.5(A)$$

經計算後得知，當感電電氣迴路之電壓源 220 伏特（V），接觸之人體感電電阻 440 歐姆（Ω），則感電電流為 0.5 安培（A）。

（二）　研判發生災害當時罹災者於屋頂鋼架上進行焊接作業時，電流經電焊機電極端（B）至焊接電線、焊接電線絕緣被覆破損處、身體右手臂腋下處（C）、身體下半身與鋼架接觸位置（D）、鋼架傳至迴路電纜夾工件端（E）而形成電流迴路。

84

（一）依職業安全衛生設施規則規定，低壓係指多少伏特（V）以下之電壓？

（二）當電氣迴路之電壓源 100 伏特，電流 10 安培（A），則負載電阻為多少歐姆（Ω）？

（三）許多的電氣設備與共通的接地線相連接並與接地電極共用。如下圖所示，設備接地電阻為 2 歐姆，過電流斷路器之額定電流為 125 安培，C 設備發生接地故障電流無法斷電。因各負載電氣設備共用同一機座，則 A、B 設備外殼帶電電壓 a、b 為多少伏特？；短路電流 c 為多少安培？

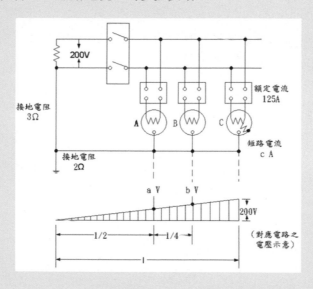

（一）　依據「職業安全衛生設施規則」第 3 條規定，本規則所稱特高壓，係指超過 22,800 伏特之電壓；高壓，係指超過 600 伏特至 22,800 伏特之電壓；低壓，係指 600 伏特以下之電壓。

（二）　電壓源 100 伏特，電流 10 安培（A）

依據歐姆定律 $R = \dfrac{V}{I} = \dfrac{100(V)}{10(A)} = 10(\Omega)$

經計算得知負載電阻為 10 歐姆（Ω）。

（三）

1.　題目所提供之電路為並聯系統，故簡化如圖 1

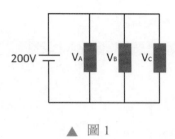

▲ 圖 1

在並聯電路的電壓：由於各個支路一端連接在一起，另一端也連接在一起，承受同一電源的電壓，所以各支路的電壓是相同的，

故得知 $V_A = V_B = V_C = 200$（V）

A 設備的外殼帶電電壓為 V_A 減對應電路之電壓 100V = 200-100 = 100（V）。

B 設備的外殼帶電電壓為 V_B 減對應電路之電壓 150V = 200-150 = 50（V）。經計算得知，A 與 B 設備的外殼帶電電壓分別為 100（V）與 50（V）

2.　因電流特性會以阻抗較小的路徑進行優先選擇，故簡化如圖 2，所以計算短路電流時，僅考量其接地電阻即可。

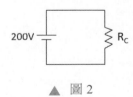

▲ 圖 2

總電流 $I = \dfrac{V}{R_c} = \dfrac{200(V)}{2(\Omega)} = 100(A)$

經計算後得知，短路電流 I_C 為 100（A）

85 人體會因觸電而產生感電危害，若在 110V、60Hz 下，人體之不可脫逃電流為 16mA，一般人在皮膚乾燥時約相當 100kΩ 電阻，在全身溼透約相當 5kΩ 電阻，試計算作業勞工在皮膚乾燥與汗流浹背時接觸 110V、60Hz 電源，其感電電流各為何（不考慮地板電阻）？並比較其危害後果？（5 分）

答：

（一）

1. 乾燥時，

$$電流(I) = \frac{V}{R} = \frac{110(V)}{100(K\Omega)} = 1.1(mA)$$

濕透時，

$$電流(I) = \frac{V}{R} = \frac{110(V)}{5(K\Omega)} = 22(mA)$$

2. 乾燥電流 I ＝ 1.1mA，於感電分類當中屬於「感知電流值」，人體感覺有電流通過，稍感刺痛。濕透電流 I ＝ 22mA，於感電分類當中屬於「休克電流值」，會導致肌肉硬化，呼吸困難，因此嚴重損害呼吸功能，導致缺氧、呼吸急促，此症狀稱為呼吸衰竭。大約一分鐘後就會失去知覺，數分鐘後死亡。

86 有一停止運轉的馬達使用 110V 電源，如下圖所示其地線呈現斷路，火線與馬達連通，馬達因內部絕緣失效而造成漏電現象，此時有人員不慎接觸漏電的馬達金屬外殼而感電，試計算以下情況通過人體之電流值。

（一）若此馬達未進行設備接地，此時通過人體之電流值（單位：mA）？

（二）若馬達進行設備接地（接地電阻 R₃ 為 50Ω），此時通過人體之電流值（單位：mA）？

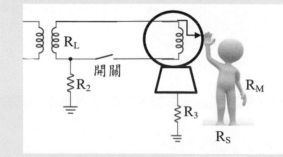

E ：使用電壓（110 V）
R_L ：線路電阻（200 Ω）
R_2 ：第二種接地電阻（10 Ω）
R_3 ：第三種接地電阻（50 Ω）
R_M ：人體電阻（2,000 Ω）
R_S ：足踏點電阻（500 Ω）

答：

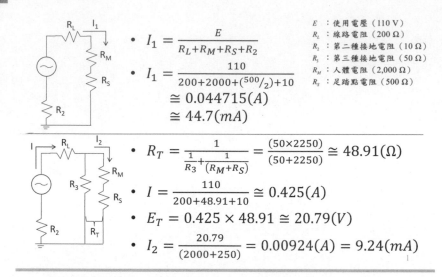

- $I_1 = \dfrac{E}{R_L + R_M + R_S + R_2}$

- $I_1 = \dfrac{110}{200 + 2000 + (^{500}/_2) + 10}$

  $\cong 0.044715(A)$

  $\cong 44.7(mA)$

E ：使用電壓（110 V）
R_L ：線路電阻（200 Ω）
R_2 ：第二種接地電阻（10 Ω）
R_3 ：第三種接地電阻（50 Ω）
R_M ：人體電阻（2,000 Ω）
R_S ：足踏點電阻（500 Ω）

- $R_T = \dfrac{1}{\frac{1}{R_3} + \frac{1}{(R_M + R_S)}} = \dfrac{(50 \times 2250)}{(50 + 2250)} \cong 48.91(\Omega)$

- $I = \dfrac{110}{200 + 48.91 + 10} \cong 0.425(A)$

- $E_T = 0.425 \times 48.91 \cong 20.79(V)$

- $I_2 = \dfrac{20.79}{(2000 + 250)} = 0.00924(A) = 9.24(mA)$

（一） 因為此馬達未實施接地，且第二種接地電阻 R_2 之值遠小於人體電阻 R_M 及足踏點電阻 R_S，人體接觸電壓 V_M 約等於 $E \times [R_M / (R_M + R_S/2)]$

故通過人體之電流 I_M 可近似為 $I_M = E / (R_M + R_S/2)$

$I_M = E / (R_M + R_S/2) = 110V / (2000\Omega + 500\Omega/2) = 110V/2250\Omega$

$= 0.049A$

$= 49mA$

經計算後得知，若馬達未進行設備接地，此時通過人體的電流約為 49mA。

（二） 馬達實施設備接地後，假設 R_2 及 R_3 遠小於 $R_M + R_S/2$

人體接觸電壓 V_M 約等於 $E \times [(R_M + R_S/2)] \times [R_3 / (R_3 + R_2)]$

流過人體之電流 I_M 可近似為下式，

$I_M = ([E / (R_M + R_S/2)] \times [R_3 / (R_3 + R_2)]$

$= I_M \times [R_3 / (R_3 + R_2)]$

$I_M = 49mA \times (50\Omega/50\Omega + 10\Omega) = 49mA \times (50\Omega/60\Omega)$

$= 0.0408A$

$\fallingdotseq 41mA$

經計算後得知，若馬達進行設備接地，此時通過人體的電流約為 41mA。

（2）電功率 / 度電

A. 計算說明

此類型題目需確認考題資訊內容與了解該電路是屬於串 / 並聯後，再依相關公式進行計算。

$$P(功率) = \frac{W(能量)}{t(時間)} \quad （公式 2\text{-}4\text{-}06）$$

$$P(功率) = V(電壓) \times I(電流) \quad （公式 2\text{-}4\text{-}07）$$

$$1度電(kWh) = \frac{P(功率, W) \times t(時間, hr)}{1,000} \quad （公式 2\text{-}4\text{-}08）$$

> **TIPS**
>
> ※ 1 度電指耗電量 1,000 瓦特（W）的用電器具，連續使用 1 小時（h）所消耗的電量，即為 1kWh。
>
> ※ 功率與馬力之換算
>
> 1 馬力（hp）≒ 746 瓦特（W）≒ 0.746 千瓦（kW）
>
> 1 千瓦（kW）≒ 1.33 馬力（hp）

B. 精選試題

87

（一）鎢絲燈泡功率為 80W 電壓 110V，請問使用 70 小時共消耗多少度電？

（二）鎢絲燈泡功率為 90W 電壓 110V，請問使用 20 小時共消耗多少度電？

答：

（一） $\dfrac{80(W) \times 70(hr)}{1,000} = \dfrac{5,600(Wh)}{1,000} = 5.6(kWh)$

經計算後得知，該燈泡使用 70 小時，共消耗 5.6 度電。

（二） $\dfrac{90(W) \times 20(hr)}{1,000} = \dfrac{1,800(Wh)}{1,000} = 1.8(kWh)$

經計算後得知，該燈泡使用 20 小時，共消耗 1.8 度電。

> **88** 有一發電機為 3 馬力 (hp)，其電壓為單相 220 伏特 (V)，請試算此發電機的電流為多少安培 (A)?(請以四捨五入計算至小數點第二位)
>
> **答：**
>
> 因 1 馬力 (hp) ≒ 746 瓦特 (W)，所以 3 馬力 (hp) = 3×746 ≒ 2,238(W)
>
> 又 P(功率) = V(電壓)×I(電流)，
>
> I (電流) = P(功率) / V(電壓) = 2,238/220 ≒ 10.17(A)

（3）交流電計算

A. 計算說明

三相交流電是將可變的電壓通過三組不同的導體，其電壓幅值與頻率相等，且彼此之間的相位差為 120 度。三相交流電一般又可分為三角形接法（△）和星型接法（Y）兩種，如下圖所示。

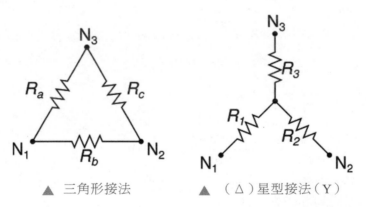

▲ 三角形接法　　　▲ （△）星型接法（Y）

線電壓（Line to Line Voltage, V_L）：兩條相線間的電壓。

相電壓（V_{ph}）：負載端所獲得的電壓。

線電流（I_L）：相線上的電流大小。

相電流（I_{ph}）：負載端的電流大小。

三角形接法（△）

線電壓等於相電壓，即 $V_L = V_{ph}$。（公式 2-4-09）

線電流是相電流的 $\sqrt{3}$ 倍，即 $IL = \sqrt{3}I_{ph}$。（公式 2-4-10）

星形接法（Y）

線電壓是相電壓的 $\sqrt{3}$ 倍，即 $VL = \sqrt{3}V_{ph}$。（公式 2-4-11）

線電流等於相電流，即 $I_L = I_{ph}$。（公式 2-4-12）

三相電中，功率又可分為三種功率，有功功率（實功）P、無功功率（虛功）Q 和視在功率 S；其中，有功功率是保持用電設備正常運作所需的電功率；無功功率是用於電路內電場與磁場的交換，並用來在電氣設備中建立和維持磁場的電功率；視在功率是有效功率加上無效功率。

有功功率 $P = \sqrt{3} \times V_L \times I_L \times \cos\varphi$

視在功率 $S = \sqrt{3} \times V_L \times I_L$（公式 2-4-13）

功率因數（power factor,PF），指電壓與電流之間的相位差（ϕ）的餘弦，以符號 $\cos\phi$ 表示功率因數是有功功率和視在功率的比值，$\cos\varphi = \dfrac{P}{S}$

綜上，純電阻負載的視在功率等於有功功率，其功率因數為 1。

$S = P = \sqrt{3} \times V_L \times I_L = 3 \times V_{ph} \times I_{ph}$（公式 2-4-14）

TIPS

※　備註：職安衛考試題目中的電壓與電流，大多是指線電壓 VL 與線電流 IL，且功率因數若沒提供，就當作 1 即可，所以考生可以將上述式子，簡化並記 P = $\sqrt{3} \times V \times I$ 即可。

B. 精選試題

89　有一空壓機為 20 馬力 (hp)，其電壓為三相 220 伏特 (V)，請試算此空壓機的電流為多少安培 (A)?(請以四捨五入計算至小數點第二位)

答：

因 20 馬力 (hp) ≒ 746 瓦特 (W)，所以 20 馬力 (hp) = 20×746 = 14,920 (W)

又 P(功率) = $\sqrt{3} \times V(電壓) \times I(電流)$，

I(電流) = P(功率) / = $14,920 / (1.732 \times 220)$ ≒ 39.16(A)

（4）靜電放電

A. 計算說明

此類型題目需確認考題資訊內容（如電容與電壓的單位）後，再依相關公式進行計算；另與題目比較該物質是否會引燃時，記得採用一致性的單位。

$$E = \frac{1}{2}CV^2 \quad （公式 2-4-15）$$

E(放電能量)單位：焦耳(J)；C(電容)單位：法拉(F)；V(電壓)單位：伏特(V)

TIPS

※　常用的 10 次方科學記號

以職安衛考試的相關題型來說，10^3、10^6、10^{-3}、10^{-6}、10^{-9} 與 10^{-12} 等，是屬於較常用到的部分，供考生作為參考。

記號	G	M	K	h	d	c	m	μ	n	p
10^n	10^9	10^6	10^3	10^2	10^{-1}	10^{-2}	10^{-3}	10^{-6}	10^{-9}	10^{-12}
詞頭	吉	百萬	千	百	分	釐	毫	微	奈	皮
英文	giga-	mega-	kilo-	hecto-	deci-	centi-	milli-	micro-	nano-	pico-

B. 精選試題

90

（一）若有一甲醇桶槽，其電容為 400 pF，電壓為 1 kV 時，是否會引燃甲醇？（甲醇之最小著火能量為 0.1 4mJ）

（二）請描述靜電控制之方法有哪些？

答：

（一）　$E = \dfrac{1}{2}CV^2 \left[E = 最小著火能量(J)、C = 電容(F)、V = 電壓(V)\right]$

其中，$C = 400\text{pF} = 400 \times 10^{-12}\,F;\ V = 1kV = 10^3\,V$

$$E = \dfrac{1}{2}CV^2$$

$$= \dfrac{1}{2} \times 400 \times 10^{-12} \times 1000^2$$

$$= 200 \times 10^{-6}\,(J)$$

$$= 0.2\,(mJ)$$

計算後得知的著火能量 0.2 mJ 高於甲醇之最小著火能量為 0.14 mJ，故會引燃甲醇。

（二）　靜電控制之方法如下列：

1.　接地及搭接（bonding）

減少金屬物體之間以及物體和大地之間的電位差，使其電位相同，不致產生火花放電的現象。

2.　增加濕度

採用加濕器、地面撒水、水蒸氣噴出等方法，維持環境中相對濕度約 65%，可有效減低親水性物質的靜電危害產生。

3.　使用抗靜電材料

在絕緣材料的表面塗佈抗靜電物質（如碳粉、抗靜電劑等）、在絕緣材料製造過程中加入導電或抗靜電物質（如碳粉、金屬、抗靜電劑、導電性纖維等）。

4.　使用靜電消除器

利用高壓電將空氣電離產生帶電離子，由於異性電荷會互相吸引而中和，可使帶靜電物體的電荷被中和，達成電荷蓄積程度至最低，因此不會發生危害的靜電放電。

5.　降低或限制速度

若易燃性液體中未含有不相容物，則液體流速應限制小於 7 m/s，在一般的工業製程中都能依據此原則進行製程設計與生產操作。

91 一個玻璃內側儲槽連接軟管輸送甲苯後，所產生靜電 6,000 伏特的電壓，該儲槽電容為 20 pF，甲苯的導電度為 100 pS/m，試計算其蓄積之能量？是否放電時將可能形成發火源而點燃其蒸氣？

答：

（一） $E = \dfrac{1}{2}CV^2$ ［$E =$ 最小著火能量(J)、$C =$ 電容(F)、$V =$ 電壓(V)］

其中，$C = 20\text{pF} = 20 \times 10^{-12}\text{F}$；$V = 6,000\text{V}$

$$E = \dfrac{1}{2}CV^2$$
$$= \dfrac{1}{2} \times 20 \times 10^{-12} \times 6,000^2$$
$$= 36 \times 10^{-5}\,(\text{J})$$
$$= 0.36\,(\text{mJ})$$

計算後得知其蓄積之能量為 0.36（mJ）

（二） 經查甲苯最小著火能量為 0.24（mJ）

因該作業蓄積之能量為 0.36mJ 大於 0.24mJ，所以放電時將可能形成發火源而點燃甲苯蒸氣。

觀念補充：

依職業安全衛生研究所相關文獻，導電率在 10^{-10}S/m（$= 100\text{pS/m}$）以下之可燃性液體（如甲苯）在輸送管內的最大流速限制值，可依下式計算：

$$\mathbf{vd} = 0.25\sqrt{(\sigma \times L)}$$

其中，v（m/s）：最大流速限制值

d（m）：填充用配管之直徑

σ（pS/m）：液體之導電率

L（m）：槽水平剖面之對角線長度

由上可知，除接地、搭接、加濕、靜電消除器、抗靜電材料、抗靜電防護具…等預防靜電火災爆炸之防護措施外，限制流速也是很重要的防範措施之一。

五　吊掛作業

1. 名詞說明

（1）吊掛作業

依起重升降機具安全規則第 62 條規定：

前二項所稱吊掛作業，指用鋼索、吊鏈、鉤環等，使荷物懸掛於起重機具之吊鉤等吊具上，引導起重機具吊升荷物，並移動至預定位置後，再將荷物卸放、堆置等一連串相關作業。

（2）吊升荷重

依起重升降機具安全規則第 5 條規定：

本規則所稱吊升荷重，指依固定式起重機、移動式起重機、人字臂起重桿等之構造及材質，所能吊升之最大荷重。

具有伸臂之起重機之吊升荷重，應依其伸臂於最大傾斜角、最短長度及於伸臂之支點與吊運車位置為最接近時計算之。

具有吊桿之人字臂起重桿之吊升荷重，應依吊桿於最大傾斜角時計算之。

（3）額定荷重

依起重升降機具安全規則第 6 條規定：

本規則所稱額定荷重，在未具伸臂之固定式起重機或未具吊桿之人字臂起重桿，指自吊升荷重扣除吊鉤、抓斗等吊具之重量所得之荷重。

具有伸臂之固定式起重機及移動式起重機之額定荷重，應依其構造及材質、伸臂之傾斜角及長度、吊運車之位置，決定其足以承受之最大荷重後，扣除吊鉤、抓斗等吊具之重量所得之荷重。

具有吊桿之人字臂起重桿之額定荷重，應依其構造、材質及吊桿之傾斜角，決定其足以承受之最大荷重後，扣除吊鉤、抓斗等吊具之重量所得之荷重。

（4）斷裂荷重（以鋼索為例）

鋼索之斷裂荷重＝鋼索所承受之最大荷重 × 安全係數

（5）安全係數（以鋼索為例）

依起重升降機具安全規則第 65 條規定，

雇主對於起重機具之吊掛用鋼索，其安全係數應在 6 以上。

前項安全係數為鋼索之斷裂荷重值除以鋼索所受最大荷重值所得之值。

$$安全係數 = \frac{鋼索之斷裂荷重}{鋼索所受最大荷重值}$$

TIPS

> 補充： 搭乘設備之懸吊用鋼索或鋼線之安全係數應在 10 以上。（依起重升降機具安全
> 規則第 36 條規定）

2. 常見的吊掛方式（以鋼索為例）

最常見的吊掛方式有 2 掛法與 4 掛法，如下圖所示。

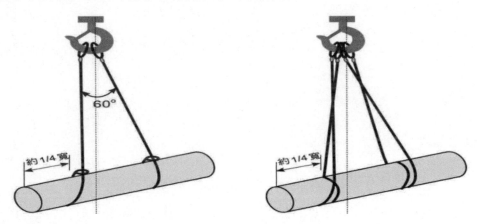

▲ 引自職業安全衛生類別（高等考試＋地特三等）歷屆考題彙編 _108- 地特三等

3. 計算題型

（1）吊物荷重計算（額定荷重、斷裂荷重與安全係數）

A. 計算說明

此類型題目相較為單純，解題重點為看清楚題目中的關鍵資料 / 數據與帶入的公式要正
確即可。

$$安全係數 = \frac{鋼索之斷裂荷重}{鋼索所受最大荷重值} \quad （公式 2\text{-}5\text{-}01）$$

B. 精選試題

92 起重機具之吊掛用鋼索，其斷裂荷重為 10,000 牛頓，現要吊起重 5,000 牛頓的物品，如果鋼索安全係數為 6。

（一）請問至少要用多少條鋼索方可安全吊起？（請列出計算過程）

（二）續上題，如果安全係數提高為 12，請問至少要用多少條鋼索方可安全吊起？

答：

（一） 該鋼索之所承受的最大荷重＝鋼索之斷裂荷重 / 鋼索安全係數

＝ 10,000（牛頓）/6

＝ 1666.7（牛頓）

現要吊起重 5,000 牛頓的物品，

5,000（牛頓）/1666.7（牛頓）＝ 3

所以經計算後得知，至少要用 3 條鋼索方可安全吊起。

（二） 如果安全係數提高為 12，

12/6 ＝ 2 倍安全係數，2×3 條＝ 6 條

所以經計算後得知，至少要用 6 條鋼索方可安全吊起。

計算說明

當鋼索採用 2 掛以上方式進行吊掛時，就須考量其吊掛物荷重、吊舉角度與鋼索承受張力負荷下，並計算出每條鋼索所能使用的最大荷重值。

✓ 每條鋼索之受力負荷（不考慮安全係數）

$$= \frac{\text{鋼索所受最大荷重值(總重)×吊舉角度張力的倍數}\left(\frac{1}{sin\ \theta}\right)}{\text{吊掛條數}} \quad （公式 2-5-02）$$

✓ 每條鋼索之受力負荷（考慮安全係數）

$$= \frac{\text{鋼索所受最大荷重值(總重)×安全係數×吊舉角度張力的倍數}\left(\frac{1}{sin\ \theta}\right)}{\text{吊掛條數}} \quad （公式 2-5-03）$$

吊掛物與鋼索角度 θ（度）	張力（倍數）
0	1.00
75	1.04
60	1.16
45	1.41
30	2.00

93

（一）如下圖所示，某一固定式起重機以兩條相同規格鋼索，吊掛一支質量為 2,000 公斤之均勻鋼管，兩鋼索與水平之夾角均為 30 度，請計算於平衡條件下，每條鋼索之受力負荷為多少牛頓（N）？（5 分，重力加速度為 9.8m/s²）

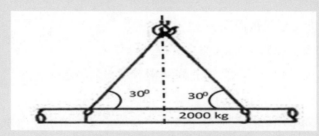

（二）依起重升降機具安全規則之規定，吊掛用鋼索之安全係數應在多少以上？承上題（一）每一條鋼索受力之計算結果，應選用至少能承受多少牛頓（N）之鋼索？

答：

（一）　每條鋼索之受力負荷（不考慮安全係數）

$$\frac{鋼索所受最大荷重值(總重) \times 吊舉角度張力的倍數\left(\dfrac{1}{\sin\theta}\right)}{吊掛條數}$$

（將題目給的資料帶入上式）

$$= \frac{2000 \times \dfrac{1}{\sin 30 度}}{2}$$

$$= \frac{2000 \times \dfrac{1}{0.5}}{2}$$

$$= \frac{2000 \times 2}{2}$$

$$= 2,000 \text{ 公斤}$$

因 1 公斤 $\times 9.8 \dfrac{m}{S^2} = 9.8$ 牛頓 (N)，

所以 $2,000$ 公斤 $\times 9.8 \dfrac{m}{S^2} = 19,600$ 牛頓 (N)

經計算後得知，每條鋼索之受力負荷為 19,600 牛頓（N）。

（二）　依起重升降機具安全規則之規定，吊掛用鋼索之安全係數應在 6 以上。

若考慮上安全係數，則每條鋼索受力應為

19,600 牛頓（N）$\times 6 = 117,600$ 牛頓（N）

經計算後得知，每一條鋼索受力之計算結果，應選用至少能承受 117,600 牛頓（N）之鋼索。

94 針對移動式起重機作業，依起重升降機具安全規則規定，試回答下列問題：

（一）為防止起重機過負荷傾倒翻覆，使用具有外伸撐座之移動式起重機，或擴寬式履帶起重機作業時，應將其外伸撐座或履帶伸至最大極限位置。但因作業場所狹窄或有障礙物等限制，致其外伸撐座或履帶無法伸至最大極限位置時，如能確認其吊掛之荷重較作業所對應之額定荷重為輕者，在那三種狀況之一時，不在此限？

（二）下圖為移動式起重機以搭乘設備乘載或吊升勞工作業，如果搭乘設備自重400公斤、所能乘載之最大荷重為200公斤，搭乘設備係使用4條相同材質及規格尺寸之懸吊用鋼索進行吊掛，考量規定之安全係數，試問每條懸吊用鋼索應可承受多少公斤？（未列計算式不給分，鋼索與搭乘設備之水平夾角為45°，提示：sin45° = 0.707，計算結果取整數值）

（三）承上題，如果搭乘設備自重400公斤、搭乘者體重100公斤、積載物50公斤，該起重機作業半徑所對應之額定荷重應至少為多少公斤？方符合規定。（不考慮其他環境或座所造成之荷重，另未列計算式不給分）

答：

（一）　依據「起重升降機具安全規則」第32條規定，雇主使用具有外伸撐座之移動式起重機，或擴寬式履帶起重機作業時，應將其外伸撐座或履帶伸至最大極限位置。但因作業場所狹窄或有障礙物等限制，致其外伸撐座或履帶無法伸至最大極限位置時，具有下列各款之一，且能確認其吊掛之荷重較作業半徑所對應之額定荷重為輕者，不在此限：

1. 過負荷預防裝置有因應外伸撐座之外伸寬度，自動降低設定額定荷重之機能者。

2. 過負荷預防裝置有可輸入外伸撐座之外伸寬度演算要素，以降低設定額定荷重狀態之機能者。

3. 移動式起重機之明細表或使用說明書等已明確記載外伸撐座無法最大外伸時，具有額定荷重表或性能曲線表提供外伸撐座未全伸時之對應外伸寬度之較低額定荷重者。

（二） 總荷重為搭乘設備自重 400（公斤）加上搭乘最大荷重 200（公斤）
＝ 600（公斤）

依「起重升降機具安全規則」第 20 條第 1 項第 3 款規定，對於前條第 2
項所定搭乘設備，應依下列規定辦理：搭乘設備之懸吊用鋼索或鋼線之
安全係數應在 10 以上；

$$\text{每條懸吊用鋼索應可承受荷重} = \frac{\text{鋼索所受最大荷重值(總重)} \times \text{安全係數} \times \text{吊舉角度張力的倍數}\left(\frac{1}{\sin\theta}\right)}{\text{吊掛條數}}$$

（將題目給的資料帶入上式）

$$= \frac{600 \times 10 \times \dfrac{1}{\sin 45\text{度}}}{4}$$

$$= \frac{600 \times 10 \times \left(\dfrac{1}{0.707}\right)}{4}$$

$$= \frac{8486.6}{4}$$

$$\fallingdotseq 2{,}122（公斤）$$

（三） 依據「起重升降機具安全規則」第 35 條第 2 項第 4 款規定，搭乘設備
自重加上搭乘者、積載物等之最大荷重，不得超過該起重機作業半徑所
對應之額定荷重之百分之 50。搭乘設備自重 400（公斤）加上搭乘者
100（公斤）、積載物 50（公斤）之最大荷重為 550（公斤）所以，該
起重機作業半徑所對應之額定荷重應至少為 1,100 公斤。550 ÷ 0.5 ＝
1,100（公斤）。

（2）鋼索吊掛負荷

A. 計算說明

此類題型雖較為複雜些，但仍是以上述吊物荷重計算公式的衍生；下方精選試題的 98
年工安技師題目來說，若考生來不及理解，則建議可略過，因考題較久遠，另 108 年地特三
等題目加入吊掛作業時，吊掛人員對使用吊掛鋼索選用的簡易計算方式（如下公式），除考
試外，考生亦可作為執行工安工作的知識能力。

$$\text{鋼索斷裂荷重(噸)} = \frac{\text{鋼索直徑平方}(\mathbf{mm})^2}{20} \quad \text{（公式 2-5-04）}$$

B. 精選試題

95　有一天車之作業用吊箱如下圖所示，係使用四根 3 m 長且安全係數為 6 的吊掛用鋼索支撐並維持平衡，鋼索材料在斷裂荷重時之強度為 3,750 kg/cm²。若此天車屬於危險性機械，則每一吊掛用鋼索之截面積應在多少以上？

$$安全係數(f) = \frac{斷裂荷重(M)}{安全荷重(T)}$$

$$斷裂荷重強度(\sigma) = \frac{斷裂荷重(M)}{截面積(A)}$$

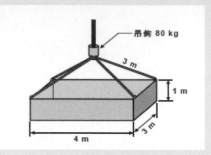

答：

依題意此天車屬於「危險性機械」，故假設此「天車」屬於適用「危險性機械及設備安全檢查規則」之「固定式起重機」，其「吊升荷重」至少為 3 公噸，亦即假設其安全荷重為 3,000 kg。

代入下列公式：

$$安全係數(f) = \frac{斷裂荷重(M)}{安全荷重(T)}$$

斷裂荷重(M)＝安全係數$(f) \times$安全荷重(T)

斷裂荷重(M)＝$6 \times 3,000$ **kg**

斷裂荷重(M)＝18,000 **kg**

此吊掛作業共有 4 條鋼索，所以每條鋼索「實際」各受力（垂直拉力）為 4,500 kg。

（18,000 kg÷4 ＝ 4,500 kg）

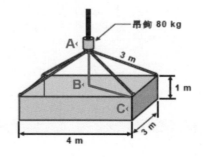

由上示意圖與題目可知已知 AC = 3 m，

$BC = \sqrt{(2^2 + 1.5^2)}$

$= \sqrt{(4 + 2.25)}$

$= \sqrt{6.25}$

$= 2.5$

$AB = \sqrt{(3^2 - 2.5^2)}$

$= \sqrt{(9 - 6.25)}$

$= \sqrt{2.75}$

$= 1.66$

經上述計算後得知，**BC = 2.5 m、AB = 1.66 m**

因 AB（垂直拉力）= 1.66 m = 4,500 kg，且 AC = 3 m

$$AC = \frac{3 \text{ m} \times 4{,}500 \text{ kg}}{1.66 \text{ m}}$$

$$AC = 8{,}141 \text{ kg}$$

亦即 AB = 4,500 kg，AC 則為 8,141 kg

計算得知鋼索「實際」各受力（張力）為 8,141 kg

將已求得之實際之斷裂荷重（M）代入下列斷裂荷重強度公式

$$斷裂荷重強度(\sigma) = \frac{斷裂荷重(\mathbf{M})}{截面積(\mathbf{A})}$$

$$截面積(\mathbf{A}) = \frac{斷裂荷重(\mathbf{M})}{斷裂荷重強度(\sigma)}$$

$$截面積(\mathbf{A}) = \frac{8{,}141 \text{ kg}}{3{,}750 \dfrac{\text{kg}}{\text{cm}^2}} = 2{,}17 \text{ cm}^2$$

經計算後得知，每一吊掛用鋼索之截面積應在 2.17 cm² 以上。

96

（一）何謂起重機吊掛鋼索安全係數。

（二）常見的起重機吊掛方式。

（三）鋼索一般斷裂荷重（單位為噸）約為其直徑（mm）的平方除以 20，某起重機欲以 2 掛法吊掛 10 噸的重物，鋼索的開角為 90 度，試求最小可行的鋼索直徑。

答：

（一）　安全係數為鋼索之斷裂荷重值除以鋼索所受最大荷重值所得之值。

（二）　最常見的起重吊掛方式有「2 掛法」跟「4 掛法」（下圖說明）：

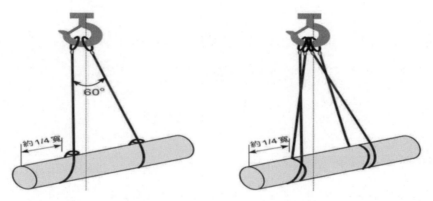

（三）　依據「起重升降機具安全規則」第 65 條相關規定，雇主對於起重機具之吊掛用鋼索，其安全係數應在 6 以上。

　　　　依題目可匯出下列吊掛作業示意圖

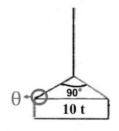

$$\frac{鋼索斷裂荷重 \times 吊掛條數}{吊掛物品重量} > 安全係數6$$

$$\frac{鋼索斷裂荷重 \times 2}{10} > 6$$

$$鋼索斷裂荷重 = \frac{6 \times 10}{2}$$

$$鋼索斷裂荷重 = 30(噸)$$

開角為 90 度時，其鋼索張力為 0 度時的 1.41 倍

所以鋼索斷裂荷重 = 30（噸）× 1.41 = 42.3（噸）

（或是可採用下列方式計算）

$$每條懸吊用鋼索應可承受荷重 = \frac{鋼索所受最大荷重值(總重) \times 安全係數 \times 吊舉角度張力的倍數\left(\frac{1}{\sin \theta}\right)}{吊掛條數}$$

$$= \frac{10 \times 6 \times \left(\frac{1}{\sin 45度}\right)}{2}$$

$$= \frac{10 \times 6 \times \left(\frac{1}{0.707}\right)}{2}$$

$$= \frac{10 \times 6 \times 1.41}{2}$$

$$= 42.3(噸)$$

$$鋼索斷裂荷重(噸) = \frac{鋼索直徑平方(\mathbf{mm})^2}{20}$$

$$鋼索直徑平方(\mathbf{mm})^2 = 鋼索斷裂荷重(噸) \times 20$$

$$鋼索直徑平方(\mathbf{mm})^2 = 42.3 \times 20 = 846$$

$$鋼索直徑 = 29.09mm$$

經計算後得知，最小可行的鋼索直徑為 29.09mm。

六 營建設施

1. 安全母索設置

（1）基本概念

依營造安全衛生設施標準第 23 條規定，安全母索應至少有 2,300 公斤的最小斷裂強度，而設置成水平的安全母索，其高度應至少高於 3.8 公尺，避免擒墜系統無法發揮其功能，架設概念如下圖所示。

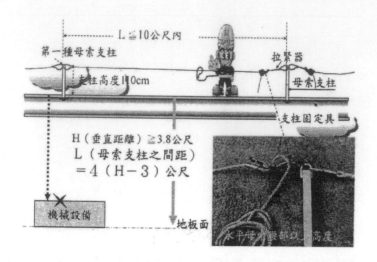

水平安全母索的錨錠點間隔距離也有最大值的規定，以下列公式計算：

L = 4×（H-3）（公式 2-6-01）

其中，H ≧ 3.8，且 L ≦ 10

L 為母索錨錠點之間距（m）

H 為垂直淨空高度（m）

讀者要注意如果經過計算，最大的錨錠點間距超過 10 公尺，要以 10 公尺當作相鄰二錨錠點間之最大間距，換句話說，當水平安全母索的垂直淨空高度超過 5.5 公尺時，就都是以 10 公尺計了。

（2）精選試題

97 某營造工地因工作需求，須使勞工於高處作業，雇主應設置安全衛生設備及措施，依營造安全衛生設施標準規定：

當垂直淨空高度為 5 公尺，水平安全母索之設置相鄰二錨錠點間之最大間距為多少公尺？

答：

依據「營造安全衛生設施標準」第 22 條及第 23 條規定：

L = 4×（5-3）= 8

當垂直淨空高度為 5 公尺，水平安全母索之設置相鄰二錨錠點間之最大間距為 8 公尺。

2. 施工架

（1）基本概念

各式工程中經常會使用到固定式及移動式施工架，然而移動式施工架不像固定式施工架具有壁拉桿等錨錠點加以固定，如果移動式施工架的高度與面積比太大，就有極高的倒塌風險，所以，勞動部職業安全衛生署於施工架作業安全檢查重點及注意事項中，針對移動式施工架定有明文規範，根據該規範附件 2 的建議，移動式施工架的作業面高度公式如下：

$h \leq 7.7a\text{-}5$ （公式 2-6-02）

其中，h 為作業面高度（m）

a 為施工架短邊寬度（m）

移動式施工架亦可於底層加設輔助撐材，增加穩定性，此時輔助撐材的有效距離可以計入施工架的寬度，以公式表示如下：

$h \leq 7.7L\text{-}5$，其中 $L = a+2x$ （公式 2-6-03）

其中，x 為短邊方向單邊的輔助撐材之地面稱點與施工架的水平距離（m）

若將 2-6-03 式加以整理，可以導出最小的輔助撐材有效距離：

$h \leq 7.7(a+2x)\text{-}5$ （公式 2-6-04）

$\leq 7.7a+15.4x\text{-}5$

$15.4x \geq h+5\text{-}7.7a$ （公式 2-6-05）

所以，當試題請考生求出移動式施工架的最大作業面高度時，可視題目是否提示輔助撐材的有效距離而選擇使用公式 2-6-02 或公式 2-6-03 計算，而遇到試題問輔助撐材的有效距離時，則可使用公式 2-6-05 計算。

（2）精選試題

98 有一框式鋼管施工架構築之移動式施工架，每層框架短邊（W）寬 0.7 公尺、高 1.8 公尺，共組搭 4 層框架，其腳部接續使用 0.12 公尺高之腳輪（圖示如右）：

為防止使用移動式施工架作業之傾倒危險，該施工架短邊方向補助撐材之地面撐點與施工架之水平距離應至少幾公尺？

[參考公式：15.4X（水平距離）≧ H（頂層工作台高度）+5-7.7W（短邊寬度）]

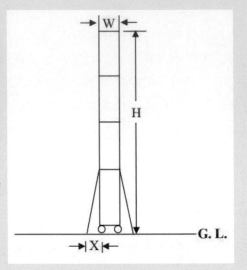

答：

15.4X ≧ H ＋ 5 － 7.7W（H：工作台之高度、X：輔助撐材之有效距離；單位：公尺）

15.4X ≧ 7.32 ＋ 5 － (7.7×0.7) ≧ 7.32 ＋ 5 － (5.39) ≧ 6.93

15.4X ≧ 6.93

X ≧ 6.93/15.4 ≧ 0.45m

經計算後得知該施工架短邊方向補助撐材之地面撐點與施工架之水平距離應至少為 0.45 公尺。

第 **3** 章　衛生

 噪音振動

1. 噪音容許暴露

（1）基本概念

依職業安全衛生設施規則第 300 條

雇主對於發生噪音之工作場所，應依下列規定辦理：

一、勞工工作場所因機械設備所發生之聲音超過 90 分貝時，雇主應採取工程控制、減少勞工噪音暴露時間，使勞工噪音暴露工作日 8 小時日時量平均不超過規定值或相當之劑量值，且任何時間不得暴露於峰值超過 140 分貝之衝擊性噪音或 115 分貝之連續性噪音；對於勞工 8 小時日時量平均音壓級超過 85 分貝或暴露劑量超過 50% 時，雇主應使勞工戴用有效之耳塞、耳罩等防音防護具。

勞工暴露之噪音音壓級及其工作日容許暴露時間如下列對照表：

工作日容許暴露時間（小時）	A權噪音音壓級（dBA）
8	90
6	92
4	95
3	97
2	100
1	105
1/2	110
1/4	115

A. 五分貝原則

職業安全衛生設施規中對噪音環境，增加 5 分貝時，容許暴露時間減半，容許限值是 90 分貝，並將 80 分貝以上；另外當噪音音量變化不大，可以由噪音計測得音壓級，再計算暴露劑量的噪音列入計算其評估公式如下：

容許暴露時間 $T = \dfrac{8}{2^{\left(\frac{L-90}{5}\right)}}$ （公式 3-1-01）

T：容許暴露時間（hr）；L：噪音音壓級（dB，L $\geq$ 80 分貝）

例 :90dB 之容許暴露時間 : $T = \dfrac{8}{2^{\left(\frac{90-90}{5}\right)}} = 8$ hr

95dB 之容許暴露時間 : $T = \dfrac{8}{2^{\left(\frac{95-90}{5}\right)}} = 4$ hr

※補充 三分貝原則

概念同五分貝原則，每增加 3 分貝時，容許暴露時間減半。考試題目類型大多為【五分貝原則】。

容許暴露時間 $T = \dfrac{8}{2^{\left(\frac{L-90}{3}\right)}}$

B. 勞工工作日暴露於二種以上之連續性或間歇性音壓級之噪音時，其暴露劑量之計算方法為：

$\text{Dose}（\%）= \dfrac{\text{第一種噪音音壓級之暴露時間}}{\text{該噪音音壓級對應容許暴露時間}} + \dfrac{\text{第二種噪音音壓級之暴露時間}}{\text{該噪音音壓級對應容許暴露時間}} + \cdots => < 1$

其和大於一（劑量超過 100%）時，即屬超出容許暴露劑量。

測定勞工 8 小時日時量平均音壓級時，應將 80 分貝以上之噪音以增加 5 分貝降低容許暴露時間一半之方式納入計算。

當暴露劑量值求出後，亦可以運用公式的方式將劑量轉換成所謂的 8 小時日時量平均音壓級（TWA，time-weighted average），推導公式如下：

$\text{Dose}（劑量）= \dfrac{8}{T} = \dfrac{8}{\dfrac{8}{2^{\left(\frac{TWA-90}{5}\right)}}} = 2^{\left(\frac{TWA-90}{5}\right)}$ （公式 3-1-02）

兩邊取 log $\rightarrow \log D = \left(\dfrac{TWA-90}{5}\right) \times \log 2$

移項之後 $\rightarrow \log D \times \dfrac{5}{\log 2} = TWA - 90$

最後得到公式 : $TWA = 90 + 16.61 \times \log D$

暴露在噪音源一段時間後測得的劑量，可以透過上述公式換算為相當暴露於一穩定性噪音 8 小時所獲得的劑量，所以我們亦可以假設 t 為一段時間，則工作日時量平均音壓級公式可改寫如下：

$$TWA = 90 + 16.61 \times \log \frac{100 \times D}{12.5 \times t} \quad （公式 3-1-03）$$

若將 t = 8 小時代入，則就可以得到八小時日時量平均音壓級

$$TWA = 90 + 16.61 \times \log \frac{100 \times D}{12.5 \times 8} = 90 + 16.61 \times \log D$$

（2）精選試題

1 某勞工每日工作 8 小時，經環境監測所得之噪音暴露如下：

時間	噪音類別	測定值
08:00~12:00	變動性	40%
13:30~15:30	穩定性	95dBA
15:30~17:30		無暴露

試回答下列問題：

若噪音源為移動式音源，則其測定點為何？

在監測穩定性噪音及變動性噪音時，請說明你選用之儀器種類及其設定為何？

請由題意所得之測定值評估：1. 該勞工全程工作日之噪音暴露劑量。2. 該勞工噪音暴露之 8 小時日時量平均音壓級。

對上述評估之結果，依法令規定，雇主是否應提供防音防護具給勞工佩戴？（請說明理由）

答：

（一） 在工廠、辦公場所等作業環境測定噪音時，若噪音源為移動音源者，測定點選在作業員耳邊處。

（二）　1. 穩定性噪音：（Steady noise）：

噪音計 - 以 A 權衡電網、慢 Slow（S）特性，注意選擇測定位置及測定高度，由噪音計上顯示的指示值取其平均值即可。

2. 變動性噪音：（Fluctnating noise）：

噪音劑量計 - 以 A 權衡電網，慢回應特性，配戴在勞工身上實施整個工作日之噪音暴露劑量，至少需測定 4 小時以上。

（三）　1. 該勞工全程工作日之噪音暴露劑量計算如下：

08:00 ~ 12:00 →測定劑量為 40%，所以 D1 ＝ 40% ＝ 0.4

13:30 ~ 15:30（2 小時）

95dBA 容許暴露時間 :T $= \dfrac{8}{2^{\left(\frac{95-90}{5}\right)}} = 4hr$，D2 $= \dfrac{4}{2} = 0.5 = 50\%$

Dose ＝ 0.4 ＋ 0.5 ＝ 0.9

2. 該勞工全程工作日暴露相當之時量平均音壓級計算如下：

勞工總共暴露時間為：

4（08:00 ~ 12:00）＋ 2（13:30 ~ 15:30）＋ 2（15:30 ~ 17:30）＝ 8 小時

TWA $= 90 + 16.61 \times \log \dfrac{100 \times 0.9}{12.5 \times 8} = 89.24$ dBA

2　某工廠機器區域的噪音量（Noise level）為 83 dBA。若操作員工作位置預計安放新機器的噪音量為 82dBA。從聽力保護計畫的觀點，請用「量化」的方式說明此安裝是否需要對工作區的職業衛生相關措施進行任何更改？

答：

（一）　依合成音壓級公式 $L_P = 10\log[10^{L1/10} + 10^{L2/10}]$

$= 10\log[10^{83/10} + 10^{82/10}]$

$= 10 \times 8.55$

$= 85.5$ dBA

因職安衛管理員技能檢定現已變更為電腦測驗,所以依規定禁止使用電子計算器,另以聲音級合成概算表如下,計算其合成音壓。

L1-L2	0~1	2~4	5~9	10
加值	3	2	1	0

依題意 82dBA 與 83dBA,相差 1 分貝,可直接加值 3 分貝,故合成音壓級為 86dBA。

（二） 因勞工 8 小時日時量平均音壓級 85 dBA 以上或暴露劑量超過 50% 時,應啟動聽力保護計畫,執行職業衛生相關措施:

1. 噪音監測及暴露評估:執行噪音監測計畫,評估噪音區定點及個人年度暴露劑量,將超過 85 dBA 之測量結果公告並知會工作區域之員工,且以醒目公告標示在噪音區域及提醒佩戴聽力防護具。

2. 噪音危害控制:可評估工程改善,如自動化作業,將高噪音區作業儘量減少人員暴露時間;或改變作業程序,將產生高噪音之作業,移全夜間或作業人員較少的時段執行,以降低其暴露之人數。

3. 防音防護具之選用及佩戴:依職業安全衛生設施規則 283 條及 300 條規定,雇主為防止勞工暴露於強烈噪音之工作場所,應置備耳塞、耳罩等防護具,並使勞工確實戴用;對於勞工 8 小時日時量平均音壓級超過 85 分貝或暴露劑量超過 50% 時,應使勞工戴用有效之耳塞、耳罩等防音防護具。

4. 聽力保護教育訓練:依職業安全衛生教育訓練規則第 17 條,雇主對新僱勞工或在職勞工於變更工作前,應使其接受適於各該工作必要之一般安全衛生教育訓練。故適時給予勞工正確認知,說明噪音對聽力之影響,及正確佩戴與使用防音防護具,以降低噪音之危害。

5. 健康檢查及管理:依勞工健康保護規則,暴露於噪音作業場所的勞工,在新進、在職、轉調時應實施體格檢查及定期特殊健康檢查,執行聽力檢查及相關健康分級管理。

6. 成效評估及改善：執行績效評估及行政管理改善，舉如調整工作輪班，避免暴露人員長期暴露於高噪音場所，降低其聽力損失之發生率；另降低工作暴露時間，將其作業時間縮短等措施。

（三）　因為該勞工全程工作日之噪音暴露劑量為 90%、噪音暴露之 8 小時日時量平均音壓級為 89 分貝，超過「職業安全衛生設施規則」第 300-1 條規定（8 小時日時量平均音壓級 85 分貝或暴露劑量 50%），雇主應提供防音防護具給勞工佩戴。

3 　某汽車組裝廠勞工在上午 4 小時暴露的作業環境噪音為 90 分貝，下午 4 小時配戴個人噪音劑量計測得的結果為 30%，在五分貝法的情況下，請問：（一）該勞工整天 8 小時的噪音暴露劑量為何？（二）此噪音暴露劑量相當於多少分貝的 8 小時日時量平均音壓級？（三）該作業環境是否屬於噪音作業場所，理由為何？

答：

（一）　1. 上午：

（1）90 分貝容許暴露時間 T= $\dfrac{8}{2^{\frac{90-90}{5}}}$ = 8 hr

（2）暴露劑量 :D= $\dfrac{t(實際噪音暴露時間)}{T(容許噪音暴露時間)} = \dfrac{4}{8}$ =0.5

2. 下午：

4 小時暴露劑量 =30%=0.3

3. 8 小時的噪音暴露劑量 = 0.5 + 0.3 = 0.8

（二）　相當於多少分貝的 8 小時日時量平均音壓級：

相當於 8 小時時量平均音壓級 TWA = 90 + 16.61 × log $\dfrac{100 \times 80\%}{12.5 \times 8}$ = 88.4 dBA

（三）　是，噪音作業場所，職安法施行細則第 17 條訂定顯著發生噪音之作業場所需作環境監測，而顯著發生噪音之作業場所就是指勞工噪音暴露工作日八小時日時量平均音壓級 85 分貝以上之作業場所。

4 某工作場所，經測定其噪音之暴露如下：

時間	噪音類別	測定值
08:00~12:00	穩定性	90 dBA
13:00~16:00	變動性	噪音劑量 :40%
16:00~18:00	穩定性	85 dBA

試回答下列問題：

全程工作日之時量平均音壓級為何？

暴露之 8 小時日時量平均音壓級為多少分貝？

該勞工之噪音暴露是否符合法令之規定？（請說明判定之理由）

答：

（一）　08:00~12:00　90 dBA 容許暴露時間 :$T= \dfrac{8}{2^{\frac{90-90}{5}}} = 8\ hr$

　　　　16:00~18:00　85 dBA 容許暴露時間 :$T= \dfrac{8}{2^{\frac{85-90}{5}}} = 16\ hr$

$Dose = \dfrac{t_1}{T_1} + \dfrac{t_2}{T_2} + \dfrac{t_3}{T_3} = \dfrac{4}{8} + 0.4 + \dfrac{2}{16} = 0.5 + 0.4 + 0.125 = 1.025 = 102.5\%$

全程工作日時量平均音壓級：

$TWA_9 = 90 + 16.61 \times \log \dfrac{100 \times 1.025}{12.5 \times 9} = 89.3\ dBA$

（二）　暴露之 8 小時日時量平均音壓級：

$TWA_8 = 90 + 16.61 \times \log \dfrac{100 \times 1.025}{12.5 \times 8} = 90\ dBA$

（三）　雖然該勞工全程工作日之時量平均音壓級為 89.3 dBA，但暴露之 8 小時日時量平均音壓級為 90.2 dBA，超過法令規定，故不合法。

5

（一）某一勞工每日工作 8 小時，其噪音暴露如下：

時間	噪音類型	暴露量
08:00~12:00	穩定性噪音	音壓級 90dBA
13:00~16:00	變動性噪音	暴露劑量 60%
16:00~17:00		未暴露

1. 該勞工全程工作日之噪音暴露劑量為何？

2. 相當之音壓級為何？

3. 該勞工在有噪音暴露時間內之時量平均音壓級為多少分貝？

（二）今以一校正無誤差之噪音測定儀測得某純音（頻率為 1,000 Hz）之音量為 95 dBA，試分別列出以 F 及 C 權衡電網所測得之結果，並說明之。

答：

（一）1. 08:00~12:00 90 dBA 容許暴露時間：$T = \dfrac{8}{2^{\frac{90-90}{5}}} = 8 \ hr$

$Dose = \dfrac{t_1}{T_1} + \dfrac{t_2}{T_2} = \dfrac{4}{8} + 0.6 = 0.5 + 0.6 = 1.1 = 110\%$

2. 相當之音壓級：

$TWA_8 = 90 + 16.61 \times \log \dfrac{100 \times 1.1}{12.5 \times 8} = 90.69 \ dBA$

3. $TWA_7 = 90 + 16.61 \times \log \dfrac{100 \times 1.1}{12.5 \times 7} = 91.65 \ dBA$

（二）權衡電網

為量測人耳對噪音的感受時，必須設計能模仿人耳對聲音反應的濾波器，此類濾波器稱之；可分為下列類型：

A 權曲線：評估噪音對於人的影響主要以此為依據，以 dBA 表示。

B 權曲線：幾乎不用於一般噪音量測。

C 權曲線：主要用於機械設備之噪音量測。

D 權曲線：主要使用於測量航空噪音。

F 權曲線：一般會將噪音計設定為 F 權衡電網修正。

噪音（純音）其頻率在 1,000Hz 音量為 95dBA，因人耳在 1,000Hz 時聽力最為敏銳，不需加以修正。故純音頻率為 1,000Hz，A 權衡電網為 95dBA 時，C 權衡電網為 95dBC、F 權衡電網為 95dBF。

參考資料：

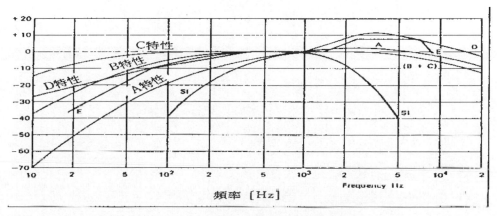

A.B.C及D特性之權衡電網

6　勞工在工作場所從事作業，其作業時間噪音之暴露如下：

08：00~12：00　85 dBA　　　13：00~15：00　95 dBA　　　15：00~18：00　90 dBA

（一）試評估該勞工之噪音暴露是否超過勞工安全衛生設施規則規定？

（二）該勞工之工作日全程（9 小時）噪音暴露之時量平均音壓級為何？

答：

（一）08:00~12:00　90 dBA 容許暴露時間：T= $\dfrac{8}{2^{\frac{85-90}{5}}}$ =16 hr

13:00~15:00 95 dBA 容許暴露時間 :T= $\dfrac{8}{2^{\frac{95-90}{5}}}$ = 4 hr

15:00~18:00 90 dBA 容許暴露時間 :T= $\dfrac{8}{2^{\frac{90-90}{5}}}$ = 8 hr

Dose= $\dfrac{t_1}{T_1}+\dfrac{t_2}{T_2}+\dfrac{t_3}{T_3}$ = $\dfrac{4}{16}+\dfrac{2}{4}+\dfrac{3}{8}$ =0.25 ＋ 0.5 ＋ 0.375=1.125 ＝ 112.5%

1.125 ＞ 1 超過規定

（二）工作日全程（9 小時）噪音暴露之時量平均音壓級：

$$TWA_9 = 90 + 16.61 \times \log \dfrac{100 \times 1.125}{12.5 \times 9} = 90 \text{ dBA}$$

7 某勞工在工作場所從事作業，其作業時間噪音之暴露如下：

08:00~11:00　穩定性噪音，L_A = 92 dBA

11:00~12:00　衝擊性噪音，噪音劑量為 10%

13:00~15:00　變動性噪音，噪音劑量為 20%

15:00~19:00　穩定性噪音，L_A = 78 dBA

（一）該勞工之噪音暴露是否符合法令規定？（需列出算式）

（二）該勞工噪音暴露八小時日時量平均音壓級為何？

（三）該作業是否屬特別危害健康作業？（需說明原因）

（四）該勞工噪音暴露工作日時量平均音壓級為何？（請列出算式）

答：

（一） 08:00~11:00 92 dBA 容許暴露時間 :$T = \dfrac{8}{2^{\frac{92-90}{5}}} = 6 \text{ hr}$

15:00~19:00，穩定性噪音 78 dBA，低於 80 dBA 故不列入計算

容許暴露劑量

$\text{Dose} = \dfrac{t_1}{T_1} + \dfrac{t_2}{T_2} + \dfrac{t_3}{T_3} = \dfrac{3}{6} + 0.1 + 0.2 = 0.8 = 80\%$

$0.8 < 1$

該勞工之噪音暴露劑量符合法令規定

（二） 噪音暴露 8 小時日時量平均音壓級

$TWA_8 = 90 + 16.61 \times \log \dfrac{100 \times 0.8}{12.5 \times 8} = 88.39 \text{ dBA}$

（三） 該作業屬於特別危害健康作業，因該勞工噪音暴露 8 小時日時量平均音壓級 88.39 dBA $>$ 85 dBA

（四） 工作日時量平均音壓級：

$TWA_{10} = 90 + 16.61 \times \log \dfrac{100 \times 0.8}{12.5 \times 10} = 86.78 \text{ dBA}$

8

（一）何謂「5 分貝原則」？

（二）試說明「5 分貝原則」與「3 分貝原則」何者為「等能量原則」。

（三）當日噪音暴露劑量是否合乎「職業安全衛生設施規則」第 300 條的規定？（請列計算式）

時間	噪音分貝值，dB
08:00~11:00	92
11:00~12:00	85
13:00~16:00	90
16:00~17:00	97

答：

（一） 5 分貝原則：職業安全衛生設施規中對噪音環境，增加 5 分貝時，容許暴露時間減半。

（二） 從分貝的定義之公式音量（分貝）$=10 \log \dfrac{I}{I_0}$（$I=$ 所測之音強度，W/m^2；$I_0 =$ 基準音強度 $= 10^{-1}$，W/m^2）即可看出，為何「3 分貝法則」才符合分貝的物理意義：當音量強度變成原來的 2 倍時分倍數增加 $10 \log 2$，亦即約 3 分貝。

（三） 08:00~11:00 92 dBA 容許暴露時間 :$T = \dfrac{8}{2^{\frac{92-90}{5}}} = 6 \ hr$

11:00~12:00 85 dBA 容許暴露時間 :$T = \dfrac{8}{2^{\frac{85-90}{5}}} = 16 \ hr$

13:00~16:00 90 dBA 容許暴露時間 :$T = \dfrac{8}{2^{\frac{90-90}{5}}} = 8 \ hr$

16:00~17:00 97 dBA 容許暴露時間 :$T = \dfrac{8}{2^{\frac{97-90}{5}}} = 3 \ hr$

Dose$= \dfrac{3}{6} + \dfrac{1}{16} + \dfrac{3}{8} + \dfrac{1}{3} = 1.27 = 127\%$

1.27 > 1 超過法令規定，所以不符合法令規定。

---

9 某勞工在船舶維修場所從事作業，其作業時間噪音之暴露如下：

08:00~12:00 穩定性噪音，$L_A = 95$ dBA

13:00~14:00 變動性噪音，噪音劑量為 40%

14:00~18:00 穩定性噪音，$L_A = 78$ dBA

（一）該勞工噪音暴露八小時日時量平均音壓級為何？

（二）是否為特別危害健康作業？（需說明原因）

（三）該勞工噪音暴露工作日食量平均音壓即為何？

答：

（一） 08:00~12:00 95 dBA 容許暴露時間：T= $\dfrac{8}{2^{\frac{95-90}{5}}}$ =4 hr

14:00~18:00，穩定性噪音 78 dBA，低於 80 dBA 故不列入計算

Dose = $\dfrac{4}{4}$ +0.4=1.4 ＝ 140%

TWA_8 = 90 + 16.61×log $\dfrac{100\times1.4}{12.5\times8}$ = 92.4 dBA

（二） 屬於特別危害健康作業，因為 TWA_8 = 92.4 dBA，已大於 85 分貝以上。

（三） TWA_9 = 90+16.61×log $\dfrac{100\times1.4}{12.5\times9}$ = 91.6 dBA

10

（一）請問權衡電網在量測環境噪音前須進行設定，其原因與目的為何？

（二）某勞工於作業場所一日之噪音暴露情形為 70dB 1 小時，85dB 2 小時，90dB 2 小時，95dB 1 小時，100dB 1 小時，請計算噪音暴露劑量？（需列出計算式）

（三）呈上題，若暴露劑量超過法規規定，請就工程改善及行政管理兩面向各列舉三項措施。

答：

（一） 原因及目的：聲音能量為符合不同測定評估之目的，利用噪音測定計內建不同的計算迴路，以應用在不同條件設定情況下，修正噪音音壓級。例如:A 權衡最接近人耳對聲音的感覺，評估噪音對人之影響；C 權衡：大部分範圍接近實際物理量而修正較少，常用於評估防護具之防音性能、機械設備發出之噪音工程改善，噪音控制測量使用之。

（二） 85 dBA 容許暴露時間 : $T = \dfrac{8}{2^{\frac{85-90}{5}}} = 16$ hr

90 dBA 容許暴露時間 : $T = \dfrac{8}{2^{\frac{90-90}{5}}} = 8$ hr

95 dBA 容許暴露時間 : $T = \dfrac{8}{2^{\frac{95-90}{5}}} = 4$ hr

100 dBA 容許暴露時間 : $T = \dfrac{8}{2^{\frac{100-90}{5}}} = 2$ hr

70 dB 因小於 80 dB 所以不納入計算

Dose $= \dfrac{2}{16} + \dfrac{2}{8} + \dfrac{1}{4} + \dfrac{1}{2} = 1.125 = 112.5\%$

（三） 1. 工程改善

（1）機械本身防音處理：放慢動作、減緩速度，避免或減緩力、速度、壓力的急遽改變。

（2）以噪音量較低之機械換新。

（3）改變作業方法。（塑膠代替金屬）

（4）流體管路裝消音器（EX: 空壓機出口或入口）。

（5）振動結構體表面或中間夾層使用阻尼。

2. 行政管理：

（1）減少勞工噪音暴露時間。

（2）使勞工佩戴防音防護具，如耳塞、耳罩等。

（3）健康管理，建立聽力防護具使用計畫。（員工選配）

11 勞工張三在工作場所從事作業，其作業時間暴露噪音之情形如下：

作業時間	噪音類型	測定值
08:00~11:00	穩定性噪音	92 dBA
11:00~12:00	變動性噪音	噪音劑量為 35 %
13:00~15:00	變動性噪音	噪音劑量為 40 %
15:00~17:00	穩定性噪音	75 dBA

試問

（一） 該勞工之噪音暴露是否符合法令規定？請說明原因。

（二） 該勞工噪音暴露八小時時量平均音壓級為何？

（三） 該作業是否屬特別危害健康作業？請說明原因。

（四） 依職業安全衛生設施規則規定，雇主是否應提供有效之防音護具使在此工作場所作業之勞工佩戴？請說明原因。

答：

（一） 92dBA 容許暴露時間：$T = \dfrac{8}{2^{\frac{92-90}{5}}} = 6hr$

75dBA，低於 80dBA 故不列入計算

$Dose = \dfrac{3}{6} + 0.35 + 0.4 = 1.25 = 125\%$

1.25 > 1 超過法令規定，所以不符合法令規定。

（二） $TWA_8 = 90 + 16.61 \times \log \dfrac{100 \times 1.25}{12.5 \times 8} = 91.61$ dBA

（三） 因為勞工噪音暴露之 8 小時日時量平均音壓級在 85 分貝以上，故為特別危害健康作業。

（四） 因為勞工噪音暴露之 8 小時日時量平均音壓級超過 85 分貝或暴露劑量超過 50%，所以雇主應提供有效之防音防護具給勞工配戴。

2. 噪音基本意義計算

（1）基本概念

A. 音壓（P）

音波所引起之大氣壓力值，空氣振動大氣壓力改變，會造成空氣分子的推擠作用，使空氣壓力產生變化，此種壓力變化稱為音壓。

單位為 Pa，$1Pa = 1N/m^2$。

B. 音壓位準 SPL（L_P）

$$L_P = 10\log \frac{P^2}{P_0^2} = 20\log \frac{P}{P_0} \quad （公式 3-1-04）$$

P：音壓，N/m^2

Po：基準音壓（為人耳能察覺之最小音壓，$20 \mu Pa$，$2 \times 10^{-5} Pa$）

L_P = SPL: 音壓位準，分貝 dB。

C. 聲音強度（I）

在垂直於音波進行方向之平面，單位面積所通過之音功率，具有方向性。

單位為 W/m^2

D. 聲音強度位準 SIL（L_I）

$$L_I = 10\log \frac{I}{I_0} \quad （公式 3-1-05）$$

I：音強度，W/m^2

I_0：基準音強度（人耳能察覺之最小音強度，$10^{-12} W/m^2$）

L_I = SIL: 音強度位準，分貝 dB。

E. 聲音功率（W）

每單位時間音源所發出之能量，單位為 Watt（W）。

$1W = 1 N \cdot m/sec = 1 Joule/sec$

F. 聲音功率位準 PWL（L_W）

$$L_w = 10\log \frac{w}{w_0} \quad （公式 3-1-06）$$

W：音功率，Watt

W_0：基準音功率（人耳能察覺之最小音功率，10^{-12} W）

L_w=PWL: 音功率位準，分貝 dB。

（2）精選試題

12 一穩定性噪音源為點音源，其發出之功率為 0.1 瓦特（Watt），設該場所的基準音功率為 10^{-12} 瓦（Watt），試問該音源之音功率級（Sound power level）為多少分貝？（應列出計算式）

答：

$L_w = 10\log \dfrac{w}{w_0} = 10\log \dfrac{0.1}{10^{-12}} = 10\log 10^{11}$
$= 11 \times 10\log10 = 110$ dB

13 音壓位準之 SPL 之計算式為 $L_p = 10\log \dfrac{P^2}{p_0^2}$，則 80dB 與 70dB 之差為多少？

答：

$L_{P1} = SPL_1 = 80 = 20\log \dfrac{P_1}{2 \times 10^{-5}}$

$4 = \log \dfrac{P_1}{2 \times 10^{-5}}$

$10^4 = \dfrac{P_1}{2 \times 10^{-5}}$

$P_1 = 0.2$ N/m²

$L_{P2} = SPL_2 = 70 = 20\log \dfrac{P_2}{2 \times 10^{-5}}$

$3.5 = \log \dfrac{P_2}{2 \times 10^{-5}}$

$10^{3.5} = \dfrac{P_2}{2 \times 10^{-5}}$

$P_2 = 0.063$ N/m²

$P_1 - P_2 = 0.2 - 0.063 = 0.137$ N/m²

3. 音功率位準，音強度位準，音功率位準間之關係

（1）基本概念

A. 點音源(Point source): 音源發出之聲音，有如自一點輻射出來，如機械音響、喇叭等。

（A）自由音場：音波呈球形向外傳遞；音源之聲波可自由向四周傳遞，且聲波能量未受到反射波干擾之區域，亦為在一均勻之介質中，聲音經傳播出去之後，即形同被吸收，不再有回音之音場。

自由音場一點音源，發出之功率 W，於距離音源 r 處表面積為 A，測得音強度為 I，各參數間的關係為：

$$I = \frac{W}{A} = \frac{W}{4\pi r^2}$$（A: 球型表面積）

I: 音強度 W/m^2。

W: 音功率 watt。

r: 距離音源的長度 m。

若將上式兩邊同時除以 10^{-12}，取 log 值，再乘以 10

$$10\log\frac{I}{10^{-12}} = 10\log\frac{W}{10^{-12}} - 20\log r - 10\log（4\pi）$$

$$L_P = L_I = L_W - 20\log r - 11（公式 3\text{-}1\text{-}07）$$

（B）半自由音場：音波呈半球形向外傳遞意指於音場中，因有一半的空間具有反射面（音源在平面上發出），而使聲波之傳遞受到影響，在音場內有一反射面，其他表面吸收所有之射音能，因此在反射面之上為一自由音場者。

半由音場一點音源，發出之功率 W，於距離音源 r 處表面積為 A，測得音強度為 I，各參數間的關係為：

$$I = \frac{W}{A} = \frac{W}{2\pi r^2}$$（A: 半球表面積）

同上 A 點之方式推導可得到下式

$$L_P = L_I = L_W - 20\log r - 8（公式 3\text{-}1\text{-}08）$$

B. 線音源（Linear noise）：音源成一直線連續時稱為線音源，交通工具於道路上所形成之噪音可視為線音源。

（A）自由音場：音波呈圓柱向外傳遞

自由音場一線音源，發出之功率 W，於距離音源 r 處表面積為 A，測得音強度為 I，各參數間的關係為：

$$I = \frac{W}{A} = \frac{W}{2\pi r}$$（A: 圓柱表面積）

$$L_P = L_I = L_W - 10\log r - 8（公式 3\text{-}1\text{-}09）$$

（B）半自由音場：音波呈半圓柱向外傳遞

半自由音場一線音源，發出之功率 W，於距離音源 r 處表面積為 A，測得音強度為 I，各參數間的關係為：

$$I= \frac{W}{A} = \frac{W}{\pi r}（A: 半圓柱表面積）$$

$$L_P = L_I = L_W - 10\log r - 5（公式 3-1-10）$$

C. 音壓位準（Lp）與音功率位準（Lw）距離衰減之關係

（A）點音源：距離加倍，聲音強度衰減 6 分貝。

$$\triangle L = 20\log \frac{r_2}{r_1}（dB），當 r_2 = 2r_1 時，即距離加倍，\triangle L = 6dB$$

上式求證方式可以先假設點音源在自由音場下，距離加倍時如下算式：

※ 註記 :Lw 為音功率位準不會隨距離增加而衰減

$$\triangle L = L_1 - L_2 = L_W - 20\log r_1 - 11 -（L_W - 20\log r_1 - 11）= 20\log \frac{r_2}{r_1}$$

$$20\log \frac{2r_1}{r_1} = 20\log 2 = 6$$

L_1 : 距離音源 r_1 時之音強度

L_2 : 距離音源 r_2 時之音強度，$r_2 = 2\ r_1$

∴ 以此類推只要是點音源，不論是在自由音場或半自由音場，只要距離加倍聲音強度就會衰減 6 dB

（B）線音源：距離加倍，聲音強度衰減 3 分貝。

$$\wedge L = 10\log \frac{r_2}{r_1}（dB），當 r_2 = 2r_1 時，即距離加倍，\triangle L = 3\ dB$$

（2）精選試題

14　自由音場下，某勞工上午 8：00-12：00，於 85.0 dB 穩定性噪音環境暴露，另當日於距離穩定性線音源 5.0 公尺處，先以噪音計測得噪音音壓級為 98.0 分貝，而勞工於距離該穩定性線音源 6.0 公尺處工作 240 分鐘，試計算該名勞工之噪音暴露總劑量及八小時日時量平均音壓級。（20 分）

答：

（一）　85 分貝容許暴露時間 $T= \dfrac{8}{2^{\frac{85-90}{5}}} = 16\ hr$

08:00~12:00 暴露劑量

$$Dose= \frac{t_1}{T_1} = \frac{4}{16} = 0.25 = 25\%$$

（二）　自由音場穩定性線音源 5.0 公尺處，其噪音音壓級為 98.0 分貝

$L_P = L_I = L_W - 10\log r - 8$

$98 = L_W - 10\log5 - 8$

$L_W = 98 + 7 + 8 = 113 \text{ dB}$

勞工距 6m 的音壓級：

$L_P = L_W - 1 \times 10\log6 - 8$

$L_P = 112 - 7.8 - 8 = 97.2 \text{dB}$

97.2 分貝容許暴露時間 $T = \dfrac{8}{2^{\frac{97.2-90}{5}}} = 2.95 \text{ hr}$

下午 240 分鐘（4hr）暴露的劑量：

$\text{Dose} = \dfrac{t_1}{T_1} = \dfrac{4}{2.95} = 1.356 = 135.6\%$

（三）　該名勞工當日總暴露劑量 =25%+135.6%=160.6%

（四）　相當於多少分貝的 8 小時日時量平均音壓級：

相當於 8 小時時量平均音壓級 $\text{TWA} = 90 + 16.61 \times \log \dfrac{160.6\%}{12.5 \times 8} = 93.4 \text{ dBA}$

15　說明距離線噪音源 4 公尺時之噪音，較距離相同音源 2 公尺時之噪音會減少多少 dB？若為點噪音源，則距離由 2 公尺變為 8 公尺時，噪音會減少多少 dB？

答：

（一）　SPL_1：距 2 公尺之音壓位準、SPL_2：距 4 公尺之音壓位準

線音源：$\triangle L = \text{SPL}_1 - \text{SPL}_2 = 10\log \dfrac{r_1}{r_2} = 10\log \dfrac{2}{4} = -3 \text{ dB}$

4 公尺處的噪音較 2 公尺處的噪音減少 3 dB

（二）　SPL_1：距 2 公尺之音壓位準、SPL_2：距 8 公尺之音壓位準

點音源：$\triangle L = \text{SPL}_1 - \text{SPL}_2 = 20\log \dfrac{r_1}{r_2} = 20\log \dfrac{2}{8} = -12 \text{ dB}$

8 公尺處的噪音較 2 公尺處的噪音減少 12 dB

16 設某一半自由音場所有一穩定性噪音源為（點音源），經測得其輸出之功率為 0.1 瓦（Watt），試回答下列問題：

（一） 該音源之音功率級（Sound power level,Lw）為多少分貝？（請列出計算過程）

（二） 有一勞工在距離音源 4 公尺處作業，則在常溫常壓下，理論上的音壓級（Sound pressure level,Lp）為多少分貝？（請列出計算過程）

（三） 若該勞工每日在該處作業 8 小時，則其暴露劑量為多少？（請列出計算過程）

（四） 承上題，依相關法令規定，雇主應採取哪些管理措施？

提示 : $\log 2 = 0.3$；基準音功率為 10^{-12} 瓦（watt）

$$L_w = 10\log\frac{W}{W_0} \qquad L_p = L_w - 8 - 20\mathbf{logr} \qquad T = \frac{8}{2^{\frac{L-90}{5}}}$$

答：

（一） $L_w = 10\log\dfrac{w}{10^{-12}} = 10\log\dfrac{0.1}{10^{-12}} = 110$（dBA）

（二） 點音源在半自由音場的在常溫常壓的環境下，相關公式如下：

$$L_P = L_I = L_W - 20\log r - 8$$

$$L_P = 110 - 20\log 4 - 8 = 89.95 \text{ dBA} \fallingdotseq 90 \text{ dBA}$$

（三） 90 dBA 容許暴露時間 : $T = \dfrac{8}{2^{\left[\frac{90-90}{5}\right]}} = 8$ hr，

$$\text{Dose} = \frac{t}{T} = \frac{8}{8} = 1 = 100\%$$

（四）1. 勞工 8 小時日時量平均音壓級超過 85 分貝以上之作業場所，應訂定噪音作業環境監測計畫，每 6 個月實施噪音監測 1 次。

2. 工作場所因機械設備所發生之聲音超過 90dB 時，應採取工程控制、減少勞工噪音暴露時間，使勞工噪音暴露工作日 8 小時日時量平均不超過規定值或相當之劑量值；對於勞工 8 小時日時量平均音壓級超過 85dB 或暴露劑量超過 50% 時，應使勞工戴用有效之耳塞、耳罩等防音防護具。

3. 噪音超過 90dB 之工作場所，應標示並公告噪音危害之預防事項，使勞工周知。

4. 依「職業安全衛生設施規則」第 300-1 條規定，雇主對於勞工 8 小時日時量平均音壓級超過 85 分貝或暴露劑量超過 50% 之工作場所，應採取下列聽力保護措施，作成執行紀錄並留存 3 年：

（1）噪音監測及暴露評估。

（2）噪音危害控制。

（3）防音防護具之選用及佩戴。

（4）聽力保護教育訓練。

（5）健康檢查及管理。

（6）成效評估及改善。

4. 噪音合成、相減及均能音量

（1）基本概念

A. 音量之相加

（A）公式法：作業場所中，假設有 Lp_1，Lp_2,..., Lp_n 數個聲源同時出現於同一音場中，其合成音壓級可以下列公式評估：

$L_{P \cdot total} = 10\log（10^{0.1L_{P1}} + 10^{0.1L_{P2}} + ... + 10^{0.1L_{Pn}}）$（公式 3-1-11）

（B）近似法：

現場有 L_{P1} 及 L_{P2}，L_{P1} 為音壓級較大者，合成噪音之音壓級為 L_{P1} + 修正值

L_{P1} - L_{P2}	0~1	2~4	5~9	10 以上
修正值	3	2	1	0

例：當現場有兩個噪音源分別為 78 dB 及 80 dB，則其合成噪音之音壓級為何？

80-78=2，得到修正值為 2

較大音壓級者 + 修正值則為合成音壓級

所以現場合成音壓級 :80+2=82 dB

B. 音量之相減

L_{P1} 較高之分貝值，L_{P2} 較低之分貝值，則噪音分貝值的相減結果如下公式：

噪音分貝值相減：$L_P = 10 \log \left(10^{0.1L_{P1}} - 10^{0.1L_{P2}} \right)$ （公式 3-1-12）

C. 均能音量（L_{eq}）

在任一特定時段，將連續性之聲音位準予以積分，使其值等於該時段內聲音發生的均等能量，稱為均能音量；均能音量的計算公式如下：

$L_{eq} = 10 \log \dfrac{1}{n} \left(10^{0.1L_{P1}} + 10^{0.1L_{P2}} + \ldots + 10^{0.1L_{Pn}} \right)$ （公式 3-1-13）

（2）精選試題

17

某機場有一剛降落滑行至停機坪暫停而引擎怠轉之飛機，在距離其引擎噪音源後 10 公尺處量測得音壓位準為 120.0dB，而 A 指揮員在同一直線距離此引擎噪音源後 20 公尺處監看；而 B 貨物運輸員駕駛行李車怠轉引擎且車頭朝向 A 指揮員，在 A 指揮員後方直線距離 10 公尺處，等待進行行李卸除搬運作業。

有一移動式隔音牆緊鄰屏蔽在 B 貨物運輸員前方，在飛機引擎噪音源不干擾 B 貨物運輸員之下，在 B 貨物運輸員處（距離行李車引擎 2 公尺），量測得行李車引擎怠轉音壓位準為 102.0dB；行李車引擎距離 A 指揮員 12 公尺，而飛機引擎距離 B 貨物運輸員 30 公尺，請計算下列問題：

（一） 在移除移動式隔音牆後，若不考慮其他可能影響之聲音衰減，單純考慮距離所造成之聲音衰減，則 A、B 員工分別可能接受到此飛機怠轉引擎噪音源之音壓位準為多少 dB ？

參考公式：$L_2 = L_1 - 20 \log_{10} \left(r_2 / r_1 \right)$。

（二） 承上題，若不考慮其他可能影響之聲音衰減，單純考慮兩噪音源之合併影響，請問 A、B 員工分別接受到兩噪音源之總音壓位準為多少 dB ？

參考公式：$L_T = 10 \log_{10} \left(10^{L1/10} + 10^{L2/10} + 10^{L3/10} + \cdots \cdots \right)$

答：

（一）　1.A 員工所受到飛機怠轉引擎噪音源之音壓位準

　　　　2.B 員工所受到飛機怠轉引擎噪音源之音壓位準

　　　　L=120-20×log(30/10)=120-20×0.4771=110.5 (dB)

（二）　1.A 員工受到兩噪音源之總音壓位準：

　　　　A 員工所受到行李車引擎噪音源之音壓位準：

　　　　L=102-20×log(12/2)=102-20*(0.3010+0.4771)=86.4 (dB)

　　　　$L_{P \cdot total} = 10\log\left(10^{0.1L_{P1}} + 10^{0.1L_{P2}}\right)$

　　　　$L_{P \cdot total} = 10\log\left(10^{0.1*114} + 10^{0.1*86.4}\right) = 114$ dB

　　　　2.B 員工受到兩噪音源之總音壓位準：

　　　　$L_{P \cdot total} = 10\log\left(10^{0.1L_{P1}} + 10^{0.1L_{P2}}\right)$

　　　　$L_{P \cdot total} = 10\log\left(10^{0.1*102} + 10^{0.1*110.4}\right) = 111$ dB

18　一個設置於地面上之音源體、長 × 寬 × 高為 5m×3m×2m（下圖中實線）；若在此音源體 1m 外之假想體（7m×5m×3m）進行音壓級（sound pressure level,Lp）量測（下圖中虛線）。已知北向的假想矩形平面之音壓級（Lp）為 100 dB，南向為 93 dB，東向為 88 dB，西向為 95 dB，而頂向為 90dB：

（一）　請問此音源體之總音功率級（sound power level,Lw）為何？

（二）　承（一），若在點音源與半自由音場之前提下，距離此音源假想 10m 外之噪音音壓級（Lp）為何？

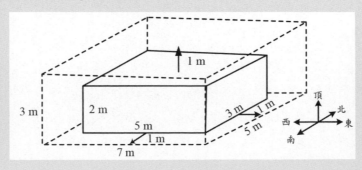

答：

（一） 距此音源體 1m 量測的總音壓位準：

$$L_{P , total} = 10 \log \left(10^{0.1*100} + 10^{0.1*93} + 10^{0.1*88} + 10^{0.1*95} + 10^{0.1*90} \right)$$

$$= 102.25 \text{ dB}$$

因有一半的空間具有反射面（音源在平面上發出），所以視為點音源半自由音場，故此音源體之總音功率級計算如下：

$$L_P = L_W - 20\log r - 8$$

$$102 = L_W - 20\log 1 - 8$$

$$L_W = 110 \text{ dB}$$

（二） $L_P = L_W - 20\log r - 8$

$$L_P = 110 - 20\log 10 - 8$$

$$L_P = 82 \text{ dB}$$

---

19 有台機器於距離員工 4 公尺（Meter,m）操作時測得噪音 55dB，現因製程要求需數台機器一起操作。請問：（提示：點音源於自由音場中）

（一） 在白天時最多可操作多少台，員工噪音暴露才不會大於 65dB？

（二） 該工廠最近的鄰居距離 20m，在夜間時可操作幾台才不會超過 55dB？

答：

（一） $65 = 55 + 10\log n$

$$10 = 10\log n$$

$$n = 10 （台）$$

（二） 1. 先求機台音功率位準

　　$L_P = Lw - 20\log r - 11$

　　$55 = Lw - 20\log 4 - 11$

　　$Lw = 55 + 20\log 4 + 11 = 78.04 \text{ dB}$

　　2. 距 20m 之音壓位準：

　　$L_P = 78.04 - 20\log 20 - 11 = 41.02 \text{ dB}$

3.計算台數

55=41.02+10log n

13.98=10log n

$n=10^{1.398}=$**25** 台

20

（一）　何謂 A 特性權衡音壓級（dBA）？

（二）　某工人暴露於三個獨立音源，強度分別為 80 分貝、80 分貝、78 分貝，此三個獨立音源同時響起時，該工人暴露到的總聲音強度為若干？

（三）　某工廠八小時噪音監測結果顯示如下：

時間	該時段時量平均音壓級，TWA
第 0~1 小時	TWA=90dBA
第 1~4 小時	TWA=95dBA
第 4~8 小時	TWA=85dBA

請考慮各時量平均音壓級（TWA）相對應之容許暴露時間來計算噪音暴露劑量（D）為多少？（請列式計算、說明）

答：

（一）　A 特性權衡音壓級 :A 權衡的回應是參考 40 唪之等響度曲線擬定在 2,500Hz 時最大，1,000Hz 以下急劇下降，而在 4,000Hz 附近變化趨於緩和，所量測出來的結果最能與人的主觀感受一致，以 dBA 表示，評估噪音對於人的影響主要以此為依據。

（二）　$L_{p \cdot total}=10\log\left(10^{0.1*80}+10^{0.1*80}+10^{0.1*78}\right)=82.4$ dB

（三）　第 0~1 小時 90dBA 容許暴露時間 :$T=\dfrac{8}{2^{\frac{90-90}{5}}}=8$ hr

第 1~4 小時 95dBA 容許暴露時間 :$T=\dfrac{8}{2^{\frac{95-90}{5}}}=4$ hr

第 4~8 小時 85dBA 容許暴露時間：$T = \dfrac{8}{2^{\frac{85-90}{5}}} = 16$ hr

$Dose = \dfrac{t1}{T1} + \dfrac{t2}{T2} + \dfrac{t3}{T3} = \dfrac{1}{8} + \dfrac{3}{4} + \dfrac{4}{16} = 0.125 + 0.75 + 0.25 = 1.125 = 112.5\%$

21 有一勞工之噪音暴露經監測結果如下表，試回答下列問題：

（一） 該勞工噪音暴露劑量（Dose）？是否符合現行勞工行政法令規定？

（二） 八小時日時量平均音壓級（L_{TWA}）？

（三） 該勞工噪音暴露的均能音量（L_{eq}）？

（四） 依職業安全衛生法第 12 條第 3 項與職業安全衛生設施規則第 300 條規定雇主應採取之措施為何？

時間	噪音類型	測得結果
08:00~10:00	穩定性噪音	85dBA
10:00~12:00	變動性噪音	Dose=25%
13:00~15:00	穩定性噪音	95dBA
15:00~17:00	變動性噪音	Dose=25%

答：

（一） 08:00~10:00 85 dBA 容許暴露時間：$T = \dfrac{8}{2^{\frac{85-90}{5}}} = 16$ hr

13:00~15:00 小時 95 dBA 容許暴露時間：$T = \dfrac{8}{2^{\frac{95-90}{5}}} = 4$ hr

$Dose = \dfrac{t1}{T1} + \dfrac{t2}{T2} + \dfrac{t3}{T3} + \dfrac{t4}{T4} = \dfrac{2}{16} + 0.25 + \dfrac{2}{4} + 0.25 = 0.125 + 0.25 + 0.5 + 0.25 = 1.125$

1.125 > 1，不符合職業安全衛生法令規定。

（二） $TWA_8 = 90 + 16.61 \times \log \dfrac{100 \times 1.125}{12.5 \times 8} = 90.85$ dBA

（三）　已知變動性噪音 Dose=25%，故其 2 小時的日時量平均音壓級計算如下：

$$TWA_2 = 90+16.61 \times \log \frac{100 \times 0.25}{12.5 \times 2} = 90 \text{ dBA}$$

$$L_{eq} = 10\log \frac{1}{n} \left(10^{0.1L_{P1}} + 10^{0.1L_{P2}} + \ldots + 10^{0.1L_{Pn}} \right)$$

$$L_{eq} = 10\log \frac{1}{4} \left(10^{0.1*85} + 10^{0.1*90} + 10^{0.1*90} + 10^{0.1*95} \right) = 91.36 \text{ dBA}$$

（四）　1.　勞工 8 小時日時量平均音壓級超過 85 分貝以上之作業場所，應訂定噪音作業環境監測計畫，每 6 個月實施噪音監測 1 次。

　　　　2.　工作場所因機械設備所發生之聲音超過 90dB 時，應採取工程控制、減少勞工噪音暴露時間，使勞工噪音暴露工作日 8 小時日時量平均不超過規定值或相當之劑量值，且任何時間不得暴露於峰值超過 140dB 之衝擊性噪音或 115dB 之連續性噪音；對於勞工 8 小時日時量平均音壓級超過 85dB 或暴露劑量超過 50% 時，應使勞工戴用有效之耳塞、耳罩等防音防護具。

　　　　3.　工作場所之傳動馬達、球磨機、空氣鑽等產生強烈噪音之機械，應予以適當隔離，並與一般工作場所分開為原則。

　　　　4.　發生強烈振動及噪音之機械應採消音、密閉、振動隔離或使用緩衝阻尼、慣性塊、吸音材料等，以降低噪音之發生。

　　　　5.　噪音超過 90dB 之工作場所，應標示並公告噪音危害之預防事項，使勞工周知。

　　　　6.　對於勞工 8 小時日時量平均音壓級超過 85 分貝或暴露劑量超過 50% 之工作場所，應採取下列聽力保護措施，作成執行紀錄並留存 3 年。

22　某工廠機器區域的噪音量（Noise level）為 83 dBA。若操作員工作位置預計安放新機器的噪音量為 82 dBA。從聽力保護計畫的觀點，請用「量化」的方式說明此安裝是否需要對工作區的職業衛生相關措施進行任何更改？

（一）　使用音壓級合成公式計算如下：

$$L_{P \cdot total} = 10 \log \left(10^{0.1L_{P1}} + 10^{0.1L_{P2}} \right)$$

$$L_{P \cdot total} = 10 \log \left(10^{0.1*83} + 10^{0.1*82} \right) = 85.54 \text{ dBA}$$

（二）　依職業安全衛生設施規則 300-1 條規定：雇主對於勞工 8 小時日時量平均音壓級超過 85 分貝或暴露劑量超過 50% 之工作場所，應採取下列聽力保護措施，作成執行紀錄並留存 3 年：

1. 噪音監測及暴露評估。

2. 噪音危害控制。

3. 防音防護具之選用及佩戴。

4. 聽力保護教育訓練。

5. 健康檢查及管理。

6. 成效評估及改善。

前項聽力保護措施，事業單位勞工人數達 100 人以上者，雇主應依作業環境特性，訂定聽力保護計畫據以執行；於勞工人數未滿 100 人者，得以執行紀錄或文件代替。

---

23 已知噪音作業場所之環境監測資料如下：（1）95 dB（A）：2 小時；（2）90 dB（A）：3 小時；（3）85 dB（A）：1 小時。請計算：

（一）　均能音量。

（二）　該作業場所勞工的可能噪音暴露劑量。

答：

（一）　均能音量計算如下：

$$L_{eq} = 10 \log \frac{1}{n} \left(10^{0.1L_{P1}} + 10^{0.1L_{P2}} + \ldots + 10^{0.1L_{Pn}} \right)$$

$$L_{eq} = 10 \log \left(\frac{2}{6} * 10^{0.1*95} + \frac{3}{6} * 10^{0.1*90} + \frac{1}{6} * 10^{0.1*85} \right) = 92.06 \text{ dBA}$$

（二） 95dBA 容許暴露時間：T= $\dfrac{8}{2^{\frac{95-90}{5}}}$ = 4 hr

90dBA 容許暴露時間：T= $\dfrac{8}{2^{\frac{90-90}{5}}}$ = 8 hr

85dBA 容許暴露時間：T= $\dfrac{8}{2^{\frac{85-90}{5}}}$ = 16 hr

Dose= $\dfrac{t_1}{T_1} + \dfrac{t_2}{T_2} + \dfrac{t_3}{T_3}$ = $\dfrac{2}{4} + \dfrac{3}{8} + \dfrac{1}{16}$ =0.5 + 0.375+0.0625=0.9375=93.75%

24

（一） 試推導於半自由音場情況中一音源（聲音功率為 W）的聲音功率位準（L_W）與聲音強度位準（L_I）的關係。

（二） 張三站立於某處，其前方 4 公尺、後方 2 公尺、左方 3 公尺、右方 1 公尺處各有一音源，聲音功率分別為 0.01 W、0.02 W、0.016 W、0.012 W，若不考慮任何干擾或吸收等因素，張三站立處之總音壓位準（L_p）理論值為多少分貝？（請利用第一小題推導之公式，假設常溫常壓下 $L_I \fallingdotseq L_p$，答案請取至小數點下一位）

（三） 為符合臺灣現行「職業安全衛生設施規則」第 300 條有關噪音音壓位準與工作日容許暴露時間之關係的規定，張三在此處最長可以工作多少時間？

答：

（一） I= $\dfrac{W}{A}$ = $\dfrac{W}{2\pi r^2}$ （A: 半球型表面積）

I: 音強度 W/ m^2。

W: 音功率 watt。

r: 距離音源的長度 m。

若將上式兩邊同時除以 10^{-12}，取 log 值，再乘以 10

10log $\dfrac{I}{10^{-12}}$ = 10log $\dfrac{W}{10^{-12}}$ - 20logr - 10log（2π）

$L_p = L_I = L_W$ - 20logr-8

（二）　1. 距音源 4 公尺之 $L_P=10\log\dfrac{0.01}{10^{-12}}$ -20log4-8=80 dB

2. 距音源 2 公尺之 $L_P=10\log\dfrac{0.02}{10^{-12}}$ -20log2-8=89 dB

3. 距音源 3 公尺之 $L_P=10\log\dfrac{0.016}{10^{-12}}$ -20log3-8=84.5 dB

4. 距音源 1 公尺之 $L_P=10\log\dfrac{0.012}{10^{-12}}$ -20log1-8=92.8 dB

$L_{P，total}=10\log（10^{0.1*80}+10^{0.1*89}+10^{0.1*84.5}+10^{0.1*92.8}）$

=94.9 dB

（三）　95dBA 容許暴露時間 : $T=\dfrac{8}{2^{\left(\frac{94.9-90}{5}\right)}}$ =4.06 hr

---

25

（一）假設為自由音場環境下，某一工作環境有兩個噪音源，測得之共同噪音量測值為 80dB，若其中一音源之獨立噪音量測值為 70dB，試問另一音源的噪音量測值會是若干 dB ？（需列式說明計算概念）

（二）沖床作業產生的環境噪音應歸類為何種噪音特性？從法規面，應如何進行工作噪音之量測與管制？

答：

（一）　$L_{P，total}=10\log（10^{0.1L_{P1}}+10^{0.1L_{P2}}）$

$80=10\log（10^{0.1*70}+10^{0.1L_{P2}}）$

$10^8=10^{0.1*70}+10^{0.1L_{P2}}$

$10^{0.1L_{P2}}=10^8-10^{0.1*70}$（取 log）

$0.1L_{P2}=\log（10^8-10^{0.1*70}）$

$L_{P2}=79.54$ dB

（二） 1. 依據衝擊性噪音定義，其聲音達到最大振幅時，所需的時間 <35 毫秒，由尖峰值往下降低 30dB 所需時間 <0.5 秒；若有多次衝擊噪音，則其二次衝擊間隔不得 <1 秒，否則將視為連續性噪音。通常沖床作業所產生之環境噪音特性，應可歸屬於衝擊性噪音。

2. 此種噪音測定評估最好先以示波器確定是否符合衝擊性噪音之定義，再利用精密型噪音計，設定 A 權衡電網、峰值（peak）回應或衝擊（impulse）回應特性後測定其峰值音壓級，或以可偵檢峰值音壓級的噪音劑量計測定其噪音暴露總劑量劑量。

3. 管制措施

（1）標示及公告噪音危害之預防措施事項。

（2）採取工程控制措施，包括隔離、消音、密閉、減振等。

（3）採取行政管理措施，包括減少勞工噪音暴露時間。

（4）使勞工佩戴防音防護具，如耳塞、耳罩等。

26

（一） 某工廠有一固定噪音源，在距離其 0.8 公尺處量測得音壓位準為 105dB，而甲員工在距離此噪音源 8 公尺處之工作台，試計算下列問題：

1. 若單純考慮距離所造成之聲音衰減，則甲員工可能接受此固定噪音源之音壓位準為多少 dB ？請寫出計算過程。

2. 承上題，若此員工同步在工作台進行石材研磨，測得研磨所產生之噪音為 87dB，若單純考慮兩噪音源之合併影響，請問甲員工在工作台接受到兩噪音源之總音壓位準為多少 dB ？請寫出計算過程。

（二） 某勞工於穩定性音源工作場所工作 10 小時，經戴用噪音劑量計測得噪音暴露 2 小時的劑量為 20%。請回答下列問題：

1. 該勞工工作日 8 小時日時量平均音壓級為多少分貝請寫出計算過程。

2. 該作業是否屬於勞工健康保護規則所稱之特別危害健康作業？請說明理由。

3. 依職業安全衛生設施規則規定，請列出此勞工之雇主對於相似作業之勞工，應採取之 4 項措施。

答：

（一） 1. 工廠環境為點音源，聲音衰減可用下公式：

$$\triangle L = 20 \log \frac{r_2}{r_1}$$

$$\triangle L = 20 \log \frac{0.8}{8} = -20 \ dB$$

距離音源 0.8 公尺為 105 dB，距離音源 8 公尺計算如下：

105-20=85dB

2. $L_{P \cdot total} = 10 \log \left(10^{0.1 L_{P1}} + 10^{0.1 L_{P2}} \right)$

$L_{P \cdot total} = 10 \log \left(10^{0.1*85} + 10^{0.1*87} \right)$

=89 dB

（二） 1. 暴露 2 小時之日時量平均音壓級

$$TWA_2 = 90 + 16.61 \times \log \frac{100 \times 0.2}{12.5 \times 2} = 88.4 \ dBA$$

TWA_2 就代表相當於在穩定 88.4dBA 的噪音環境暴露 2 小時的時量平均音壓級，由於現場為穩定噪音環境，所以推估 8 小時之日時量平均音壓級剛好也會等於 88.4dBA（在 88.4 dBA 的環境下暴露 8 小時，其日時量平均音壓級就是 88.4 dBA）。

2. 因該勞工工作日 8 小時日時量平均音壓級 88.4dBA 大於 85dBA，勞工噪音暴露工作日 8 小時日時量平均音壓級在 85 分貝以上之噪音作業，是屬於勞工健康保護規則所稱之特別危害健康作業。

3. 依職業安全衛生設施規則第 300-1 條規定，雇主對於勞工 8 小時日時量平均音壓級超過 85 分貝或暴露劑量超過 50% 之工作場所，應採取下列聽力保護措施，作成執行紀錄並留存 3 年：

（1） 噪音監測及暴露評估。

（2） 噪音危害控制。

（3） 防音防護具之選用及佩戴。

（4） 聽力保護教育訓練。

（5） 健康檢查及管理。

（6） 成效評估及改善。

前項聽力保護措施，事業單位勞工人數達 100 人以上者，雇主應依作業環境特性，訂定聽力保護計畫據以執行；於勞工人數未滿 100 人者，得以執行紀錄或文件代替。

27

污水處理廠曝氣室所需曝氣量每分鐘需 8,000 公升，有甲、乙兩種不同容量曝氣機可選擇；甲曝氣量每分鐘 2,000 公升、噪音 80 分貝，乙曝氣量每分鐘 4,000 公升、噪音 88 分貝，試回答下列問題：

（一）就噪音防制觀點，應如何選擇甲或乙曝氣機之組合，結果可使音源噪音最小又可達到所需曝氣量？請列出計算過程。

（二）若污水處理廠其音源噪音不得超過 90 分貝，又可達到所需曝氣量，有那些組合可選擇？

（三）承（二）分析結果並將其視為八小時日時量平均音壓級，雇主需執行那 4 種職業安全衛生法令規定事項？

答：

（一）　就噪音防制觀點，可選擇用甲曝氣機 4 台之組合，其結果可使音源噪音最小又可達到所需曝氣量：

$L_{P，total} = 10\log（10^{0.1*80} + 10^{0.1*80} + 10^{0.1*80} + 10^{0.1*80}）$

$= 86\ dB$

（二）　若污水處理廠其音源噪音不得超過 90 分貝，又可達到所需曝氣量 8,000 公升，有下列二種組合：

1. 甲曝氣機四台（2,000 公升 ×4 台 ＝ 8,000 公升）之組合：

$L_{P，total} = 10\log（10^{0.1*80} + 10^{0.1*80} + 10^{0.1*80} + 10^{0.1*80}）$

$= 86\ dB$

2. 甲曝氣機二台（2,000 公升 ×2 台 ＝ 4,000 公升）再加乙曝氣機一台（4,000 公升）之組合：$L_{P，total} = 10\log（10^{0.1L_{P1}} + 10^{0.1L_{P2}}）$

$L_{P，total} = 10\log（10^{0.1*80} + 10^{0.1*80} + 10^{0.1*88}）$

$= 89.2\ dB$

（三）　雇主需執行職業安全衛生法令規定事項如下：

1. 對於勞工 8 小時日時量平均音壓級超過 85 分貝或暴露劑量超過百分之五十時，雇主應使勞工戴用有效之耳塞、耳罩等防音防護具。

2. 噪音超過 90 分貝之工作場所，應標示並公告噪音危害之預防事項，使勞工周知。

3. 勞工噪音暴露工作日 8 小時日時量平均音壓級 85 分貝以上之作業場所，應每 6 個月監測噪音 1 次以上。

28 有四部機器其噪音分別為 82 分貝、83 分貝、84 分貝、86 分貝，若這四部機器一起運轉，試求其噪音和為多少分貝？而平均噪音為多少分貝？

答：

（一） 噪音和為多少分貝：

$$L_{P \cdot total} = 10 \log (10^{0.1*82} + 10^{0.1*83} + 10^{0.1*84} + 10^{0.1*86})$$

$$=90.03 \text{ dB}$$

（二） 平均噪音（均能音量 L_{eq}）為多少分貝：

$$L_{P \cdot total} = 10 \log (10^{0.1*82} + 10^{0.1*83} + 10^{0.1*84} + 10^{0.1*86})$$

$$=90.03 \text{ dB}$$

$$L_{eq} = 10 \log \frac{1}{n} (10^{0.1L_{P1}} + 10^{0.1L_{P2}} + ... + 10^{0.1L_{Pn}})$$

$$L_{eq} = 10 \log \frac{1}{4} (10^{0.1*82} + 10^{0.1*83} + 10^{0.1*84} + 10^{0.1*86}) = 84.01 \text{ dB}$$

29 一工作場所只有 3 個 95 分貝之噪音源，此 3 個噪音音源緊密接於工作場所 A 區域，P 點位於 A 區域距離噪音源直線距離 5 公尺，B 場所距離噪音源 50 公尺（P 點位於噪音源與 B 區域之間，且不考慮 B 區域周界範圍大小，採點計），場所配置如圖 5-1，一勞工工作時間分配如表 5-1，試計算：

（一） 3 個 95 分貝噪音源之合成音壓級（可利用參考表格 1 計算）。

（二） 勞工一天工作 8 小時之暴露劑量。（有效位數計算至小數點後 2 位）

（三） 勞工一天工作 8 小時之日時量平均音壓級。（有效位數計算至小數點後 2 位）

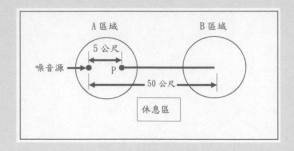

表 5-1

勞工作業活動區域	工作起迄時間	量測音壓
A 區	8:00am-9:00pm	未實施噪音測試，假設此 3 個噪音音源於工作場所 A 區域造成均勻之音場，採 3 個噪音源之合成音壓計算評估
休息室休息	9:00am-9:15pm	85 分貝
B 區	9:15am-12:15pm	未實施噪音測試，採 P 點與 B 區噪音傳播距離衰減方式計算評估
餐廳用餐及交誼廳午休	12:15pm-1:15pm	60 分貝
B 區	1:15pm-3:15pm	未實施噪音測試，採 P 點與 B 區噪音傳播距離衰減方式計算評估
休息室休息	3:15pm-3:30pm	85 分貝
A 區	3:30pm-5:00pm	未實施噪音測試，假設此 3 個噪音音源於工作場所 A 區域造成均勻之音場，採 3 個噪音源之合成音壓計算評估
下班	5:00pm-	

附件：參考表格及公式

參考表格 1

2 個音源差異	為計算合成音量之較高音源增加量
0-1 分貝	3 分貝
2-4 分貝	2 分貝
5-9 分貝	1 分貝
10 分貝	0 分貝

參考公式 1：$Lp_{d2}=Lp_{d1}+20\log(d1/d2)$

公式 2：$TWA=16.61\log(D)+90$

公式 3：$T=8/2(L-90/5)$

答：

（一）　3 個 95 分貝噪音源之合成音壓級計算如下：

$$L_{P \cdot total}=10 \log（10^{0.1*95}+10^{0.1*95}+10^{0.1*95}）$$

$$=99.77dB ≒ 100 \text{ dB}$$

（二）　勞工一天工作 8 小時之暴露劑量計算如下：

1. A 區活動區域暴露時間為 2.5hr（8:00am-9:00pm+3:30pm-5:00pm）

且暴露於 100dBA 之噪音環境。

100dBA 容許暴露時間 : $T = \dfrac{8}{2^{\left(\frac{100-90}{5}\right)}} = 2$ hr

暴露劑量（Dose）$= \dfrac{2.5}{2} = 1.25 = 125\%$

2. 休息室休息暴露時間為 0.5hr（9:00am - 9:15pm + 3:15pm - 3:30pm）

且暴露於 85dBA 之噪音環境。

85dBA 容許暴露時間 : $T = \dfrac{8}{2^{\left(\frac{85-90}{5}\right)}} = 16$ hr

暴露劑量（Dose）$= \dfrac{0.5}{16} = 0.03125 = 3.125\%$

3. B 區活動區域暴露時間為 5hr（9:15am - 12:15pm + 1:15pm - 3:15pm）

且暴露於 85dBA 之噪音環境。

點音源之音壓位準距離衰減 : $\triangle L = SPL_1 - SPL_2 = 20\log \dfrac{r1}{r2}$

$\triangle L = 20\log \dfrac{5}{50} = -20$

B 區之環境噪音為 : 100 - 20 = 80 dBA

80dBA 容許暴露時間 : $T = \dfrac{8}{2^{\left(\frac{80-90}{5}\right)}} = 32$ hr

暴露劑量（Dose）$= \dfrac{5}{32} = 0.15625 = 15.625\%$

4. 餐廳用餐及交誼廳之音壓級為 60 分貝，因為小於 80 分貝故不納入計算。

> 5. 勞工一天工作 8 小時之暴露劑量：
>
> 　　1.25+0.03125+0.15625=1.4375 ≒ 1.44 ≒ 144%
>
> （三）　勞工一天工作 8 小時之日時量平均音壓級計算如下
>
> 　　$TWA_8 = 90 + 16.61 \times \log \dfrac{100 \times 1.44}{12.5 \times 8} = 92.63$ dBA

5. 八音度頻帶

（1）基本概念

A. 八音階頻帶（Octave bed）：

人耳聽覺頻率範圍在 20~20kHz 中，要對每一頻率量測，數量太多無法實施，只能將該範圍區分成若干頻帶來測定，一般將人耳可聽到的頻率範圍，依對數分為數個階段，每個階段稱為一個八度音，並依其中心頻率表示之。其中又以 1/1 八音階頻帶及 1/3 八音階頻帶最常被使用。

B. 1/1 八音階頻帶中心頻率值

頻帶別	1	2	3	4	5	6	7	8	9
中心頻率(Hz)	16	31.5	63	125	250	500	1000	2000	4000
頻帶別	10	11							
中心頻率(Hz)	8000	16000							

C. 一個八音度的上、下頻率及中心間須滿足兩個條件：

I.　$f_c = \left(f_1 * f_2 \right)^{1/2}$（公式 3-1-14）

II.　$\dfrac{f_2}{f_1} = 2^m$ 、 $f_2 = f_1 * 2^m$（公式 3-1-15）

　　f_c：中心頻率

III. f_2 及 f_1 分別為 f_c 頻帶之上下限、

IV. m 為常數：1/1、1/3

D. 頻率（Frequency）：每單位時間內發生的次數，聲音則是指每秒的音波數，單位 Hertz（赫,Hz）

- 健康者聽力範圍是 20~20,000Hz

- 以 2,000 ~ 6,000Hz 間較為敏感，對人體影響較大

- 低頻 :1,000Hz 以下

- 高頻 :1,000Hz 以上

- 超高頻 :20,000Hz 以上

- 超低頻 :20Hz 以下

（2）精選試題

30 （一）何謂 Type2 噪音計？

（二）在自由音場測定高頻噪音時，當以無方向型（random）、垂直型或水平型微音器測定入射噪音時，一般而言何種入射會有較高的回應特性測值？

（三）承上題，無方向性微音器中心軸線與音波入射的測定角度範圍，通常為何？

（四）列出計算式，計算噪音計中心頻率為 2,000 Hz 的八音度頻帶上、下限頻率。

（五）列出計算式，說明距離線噪音源 4 公尺時之噪音，較距離相同音源 2 公尺時之噪音會減少多少 dB ？；若為點噪音源，則距離由 2 公尺變為 8 公尺時，噪音會減少多少 dB ？

答：

（一）　Type2 噪音計：為普通噪音計，可做工廠現場測量用，其主要頻率容許誤差在 ±1.5dB 以下。

（二）　在自由音場測定高頻噪音時，當以垂直型微音器測定入射噪音時，會有較高的回應特性測值。

（三）　無方向性微音器中心軸線與音波入射的測定角度範圍，通常為以 70-80 度對向音源傳播方向。

（四）　$f_2 = f_1 * 2^m$

因為 1/1 八音度頻帶，故 $f_2 = f_1 * 2^1$，$f_2 = 2f_1$

$f_c = (f_1 * f_2)^{1/2}$

$2000 = (f_1 * 2f_1)^{1/2}$

$2000 = \sqrt{2} * f_1$

$f_1 = 2000 \div \sqrt{2} = 1414Hz$

$f_2 = f_1 * 2^1 = 1414 * 2 = 2828Hz$

（五）　1. 線音源：距離加倍，聲音強度衰減 3 分貝。

$\triangle L = 10\log \dfrac{r_2}{r_1}$（dB），當 $r_2 = 2r_1$ 時，即距離加倍，$\triangle L = 3dB$

$\triangle L = 10\log \dfrac{4}{2} = 3dB$

∴ 距離線噪音源 4 公尺時之噪音，較距離相同音源 2 公尺時之噪音
會減少 3dB。

2. 點音源：距離加倍，聲音強度衰減 6 分貝。

$\triangle L = 20\log \dfrac{r_2}{r_1}$（dB），當 $r_2 = 2r_1$ 時，即距離加倍，$\triangle L = 6dB$

$\triangle L = 20\log \dfrac{8}{2} = 12$（dB）

∴ 若為點噪音源，則距離由 2 公尺變為 8 公尺時，噪音會減少
12dB。

31　（一）某機械廠行政辦公室噪音頻譜（1/3 八音度頻帶）量測結果如下表，請求
其低頻噪音音壓級。

中心頻率（Hz）	20.0	25.0	31.5	40.0	50.0	63.0	80.0	100	125	160
音壓（dB）	62.2	55.8	61.5	68.0	58.9	57.8	66.3	61.0	62.3	59.8
中心頻率（Hz）	200	250	315	400	500	630	800	1000	1250	1600
音壓（dB）	62.0	65.4	66.5	67.2	67.8	70.2	71.5	72.3	71.5	74.4
中心頻率（Hz）	2000	2500	3150	4000	5000	6300	8000	10000	12500	16000
音壓（dB）	78.0	77.3	75.6	79.0	80.1	78.9	77.5	76.5	76.1	74.8

（二）　某食品廠屬穩定性噪音場所，廠內監測人員以噪音劑量計針對甲勞工進行 3 小時量測，得到劑量值 43%，請以此推估 8 小時日時量平均音壓級。

答：

（一）　低頻音為 1000Hz 以下之噪音：

辦公室低頻噪音之總音壓級：

L_p=10log（$10^{6.22}$+$10^{5.58}$+$10^{6.15}$+$10^{6.8}$+$10^{5.89}$+$10^{5.78}$+$10^{6.63}$+$10^{6.1}$+$10^{6.23}$

+$10^{5.98}$+$10^{6.2}$+$10^{6.54}$+$10^{6.65}$+$10^{6.72}$+$10^{6.78}$+$10^{7.02}$+$10^{7.15}$+$10^{7.23}$）

=10log（81690516.37）=79.12 dB

（二）　暴露 3 小時之日時量平均音壓級

$$TWA_3 = 90 + 16.61 \times \log \frac{100 \times 0.43}{12.5 \times 3} = 91 \text{ dBA}$$

91dB 之容許暴露時間：$T = \dfrac{8}{2^{\left(\frac{91-90}{5}\right)}}$ =7 hr

$$Dose = \frac{t_1}{T_1} = \frac{8}{7} = 1.143 = 114.3\%$$

$$TWA_8 = 90 + 16.61 \times \log \frac{100 \times 1.143}{12.5 \times 8} = 91 \text{ dBA}$$

其實當算出 TWA_3 就代表相當於每小時暴露於 91dBA 的噪音環境，由於現場為穩定噪音環境，所以推估 8 小時之日時量平均音壓級剛好也會等於 91dBA

32　依職業安全衛生設施規則第 300 條之 1 規定，雇主對於勞工 8 小時日時量平均音壓級超過 85 分貝（dB）或暴露劑量超過 50% 之工作場所，應採取聽力保護措施，為評估下列情境之勞工聽力保護是否足夠，試依下表完成相關計算及評估。（列出至小數點後 1 位）

（參考公式，TWA = 16.61 × log（D/100）+90，複音源 10 × log（$10^{L1/10}$ + $10^{L2/10}$ + ⋯ + $10^{Ln/10}$）

（一）試計算 A 權衡電網 8 音度頻帶音壓階總和。

（二）試計算 A 權衡電網 8 音度頻帶耳內音壓階總和。

（三）評估聽力保護是否足夠？

（四）若勞工未戴聽力防護具暴露於 100dBA 噪音環境下 1 小時，暴露於 92dBA 環境下 3 小時，97dBA 環境下 3 小時，95dBA 環境下 1 小時，8 小時時量平均音壓級為何？

8 音度頻帶中心頻率（赫茲）	63	125	250	500	1000	2000	4000	8000
工作環境噪音音壓級	95	92	95	97	97	102	7	92
A 權衡電網校正值	-26	-16	-9	-3	0	1	1	-1
A 權衡電網校正 8 音度頻帶音壓階	-	-	-	-	-	-	-	-
聽力防護具平均聲音衰減值（dB）	9	10	14	19	22	28	37	34
聽力防護具標準差（dB）	4	3	3	3	3	4	4	4
聽力防護具假設保護值（dB）	5	7	11	16	19	24	33	30
假設 8 音度頻帶耳內音壓階	-	-	-	-	-	-	-	-

答：

（一）　A 權衡電網 8 音度頻帶音壓階總和計算如下：

A 權衡電網校正 8 音度頻帶音壓階＝工作環境噪音音壓級 +A 權衡電網校正值

8 音度頻帶中心頻率（赫茲）	63	125	250	500	1000	2000	4000	8000
工作環境噪音音壓級	95	92	95	97	97	102	97	92
A 權衡電網校正值	-26	-16	-9	-3	0	1	1	-1
A 權衡電網校正 8 音度頻帶音壓階	69	76	86	94	97	103	98	91

將 A 權衡電網校正 8 音度頻帶音壓階進行加總：

$L_p = 10 \times \log (10^{69/10} + 10^{76/10} + 10^{86/10} + 10^{94/10} + 10^{97/10} + 10^{103/10} + 10^{98/10} + 10^{91/10})$

$= 10 \times \log (10^{6.9} + 10^{7.6} + 10^{8.6} + 10^{9.4} + 10^{9.7} + 10^{10.3} + 10^{9.8} + 10^{9.1})$

$= 105.5 \text{ dB}$

（二）　假設 8 音度頻帶耳內音壓階總和計算如下：

A 權衡電網 8 音度頻帶耳內音壓階 =A 權衡電網校正 8 音度頻帶音壓階 - 聽力防護具假設保護值

A 權衡電網校正 8 音度頻帶音壓階	69	76	86	94	97	103	98	91
聽力防護具假設保護值（dB）	5	7	11	16	19	24	33	30
假設 8 音度頻帶耳內音壓階	64	69	75	78	78	79	65	61

將假設 8 音度頻帶耳內音壓階進行加總

$= 10 \times \log \left(10^{64/10} + 10^{69/10} + 10^{75/10} + 10^{78/10} + 10^{78/10} + 10^{79/10} + 10^{65/10} + 10^{61/10} \right)$

$= 10 \times \log \left(10^{6.4} + 10^{6.9} + 10^{7.5} + 10^{7.8} + 10^{7.8} + 10^{7.9} + 10^{6.5} + 10^{6.1} \right)$

$= 84$ dB

（三）　因 A 權衡電網 8 音度頻帶耳內音壓階為 84.0dB 未超過 85 分貝，表示聽力保護是足夠的。

（四）　100dBA 容許暴露時間 :$T = \dfrac{8}{2^{\frac{100-90}{5}}} = 2$ hr

　　　　92dBA 容許暴露時間 :$T = \dfrac{8}{2^{\frac{92-90}{5}}} = 6$ hr

　　　　97dBA 容許暴露時間 :$T = \dfrac{8}{2^{\frac{97-90}{5}}} = 3$ hr

　　　　95dBA 容許暴露時間 :$T = \dfrac{8}{2^{\frac{95-90}{5}}} = 4$ hr

　　　　Dose$= \dfrac{t1}{T1} + \dfrac{t2}{T2} + \dfrac{t3}{T3} + \dfrac{t4}{T4} = \dfrac{1}{2} + \dfrac{3}{6} + \dfrac{3}{3} + \dfrac{1}{4} = 0.5 + 0.5 + 1 + 0.25 = 2.25 = 225\%$

　　　　$TWA_8 = 90 + 16.61 \times \log \dfrac{100 \times 2.25}{12.5 \times 8} = 95.85$ dBA

33　（一）　某工作場所噪音經頻譜分析儀測定結果如下：

八頻帶中心頻率(Hz)	31.5	63	125	250	500	1000	2000	4000	8000	16000
音壓級（dB）	90	90	93	95	100	102	105	105	70	80
A 權衡校正	-39	-26	-16	-9	-3	0	1	1	-1	-7

試概算該場所之 A 權衡音壓級。

提示：聲音級合成概算表

L1-L2	0~1	2~4	5~9	10
加值	3	2	1	0

（二） 某場所屬於噪音作業場所，勞工 8 小時日時量平均音壓級為 95dBA，試問該事業單位應採取之管理對策為何？

答：

（一） 該場所之 A 權衡音壓級計算如下：

八頻帶中心頻率(Hz)	31.5	63	125	250	500	1000	2000	4000	8000	16000
音壓級（dB）	90	90	93	95	100	102	105	105	70	80
A 權衡校正	-39	-26	-16	-9	-3	0	1	1	-1	-7
修正後 SPL（A）	51	64	77	86	97	102	106	106	69	73

$$L_p = 10\log(10^{0.1L_{P1}} + 10^{0.1L_{P2}} + \ldots + 10^{0.1L_{Pn}})$$

$$= 10 \times \log(10^{5.1} + 10^{6.4} + 10^{7.7} + 10^{8.6} + 10^{9.7} + 10^{10.2} + 10^{10.6} + 10^{10.6} + 10^{6.9} + 10^{7.3})$$

$$= 110 \text{ dBA}$$

（二） 勞工 8 小時日時量平均音壓級為 95dBA，雇主應採取下列管理措施：

1. 勞工 8 小時日時量平均音壓級超過 85dB 以上之作業場所，應訂定噪音作業環境監測計畫，每 6 個月實施噪音監測 1 次

2. 工作場所因機械設備所發生之聲音超過 90dB 時，應採取工程控制、減少勞工噪音暴露時間，使勞工噪音暴露工作日 8 小時日時量平均不超過規定值或相當之劑量值；對於勞工 8 小時日時量平均音壓級超過 85dB 或暴露劑量超過 50% 時，應使勞工戴用有效之耳塞、耳罩等防音防護具。

3. 噪音超過 90dB 之工作場所，應標示並公告噪音危害之預防事項，使勞工周知。

4. 依「職業安全衛生設施規則」第 300-1 條規定，雇主對於勞工 8 小時日時量平均音壓級超過 85 分貝或暴露劑量超過 50% 之工作場所，應採取下列聽力保護措施，作成執行紀錄並留存 3 年：

   （1）噪音監測及暴露評估。

   （2）噪音危害控制。

   （3）防音防護具之選用及佩戴。

   （4）聽力保護教育訓練。

   （5）健康檢查及管理。

   （6）成效評估及改善。

6. 吸音與室內音場（直接音場、反射音場）

（1）基本概念

A. 吸音係數（Absorption Coefficient; α）：表示某一材料或構造的吸音能力；為入射波強度與反射波強度之差值與入射波強度之比值；吸音材削減噪音之係數，為入射波強度與反射波強度之差值與入射波強度之比值，其值在 0 至 1 之間，愈大表示此材質吸音愈強。對於入射音的能量而言，聲音能量被吸收所佔的比例。

$$\alpha = \frac{I_i - I_r}{I_I} = \frac{I_t + I_a}{I_I} \quad , \quad I_i = I_r + I_a + I_t$$

入射音強度 $= I_i$，反射音強度 $= I_r$，吸收音強度 $= I_a$，穿透音強度 $= I_t$ （W/m^2）

$I_i - I_r$ 表示所有不反射聲音的能量，亦即被材料吸受的能量（I_a）與穿透的能量（I_t）的和，所以 $I_i - I_r = +I_a + I_t$，開窗時 $\alpha = \frac{I_t + I_a}{I_i}$，$I_a = 0$（開窗沒有任何材料可吸音），$I_i = I_t$，則 $\alpha = 1$，即聲音 100% 吸收。

材料背後為剛性壁時，聲音不會穿透 $I_t = 0$，$\alpha = \frac{I_a}{I_i}$，$I_t = 0$
吸音率以材料內部消失的能量來決定。

※ 吸音係數 $\alpha = \frac{1 - I_r}{I_i} \rightarrow 1$ 代表完全吸音，減去反射的音強度就是被吸收的能量。

B. 直接音場（或稱自由音場，direct field）

若一點音源所發出之功率位準為 L_w，則在距離音源 r 處的受音者所接受到的直接音之音壓位準為：

$$L_P = L_I = L_w + 10\log\left(\frac{Q}{4\pi r^2}\right) \text{dB} \quad （公式 3-1-16）$$

Q：音源方向因子

r：音源距離（m）

其中 Q= 方向係數（或稱音源方向因子，directivity），在自由空間 Q=1；半自由空間 Q=2；1/4 自由空間 Q=4；1/8 自由空間 Q=8，當有 n 個相同音源時，來自直接音的音壓位準：

$$L_P = L_I = L_W + 10\log\left(\frac{Q_1}{4\pi r_1^2} + \frac{Q_2}{4\pi r_2^2} + \frac{Q_3}{4\pi r_3^2} + \cdots\cdots + \frac{Q_n}{4\pi r_n^2}\right) \text{（公式 3-1-17）}$$

音源方向因子（directivity factor）：（圖須重畫）

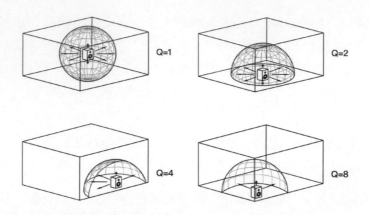

C. 反射音場（或稱擴散音場、迴響音場，reverberant field）

即反射音遠遠大於直接音時，此時中音壓位準由反射音主導，某室內空間中，由點音源所造成的反射音場的音壓位準為

$$L_P = L_I = L_W + 10\log\left(\frac{4}{R}\right) \text{dB（公式 3-1-18）}$$

L_P：音壓級（dB）

L_I：音強度級（dB）

L_W：音功率級（dB）

R：室常數 $= \dfrac{S\bar{\alpha}}{1-\bar{\alpha}} = \dfrac{A}{1-\bar{\alpha}}$

S：室內總面積（m^2）

$\bar{\alpha}$：室內平均吸音係數（介於 0 或 1 之間，0 代表完全反射，1 代表完全吸收）$=$

$$\sum_{i=1}^{n} S_i\alpha_i \;/\; \sum_{i=1}^{n} S_i$$

A: 吸音力又稱室吸收，（單位：米沙賓）= 吸音係數 × 表面積；$A = \sum_{i=1}^{n} Si\,\alpha i = \bar{\alpha}\,S$

$S=$ 室內總面積（m^2）$= \sum_{i=1}^{n} S_i$；Si: 不同吸音材料之表面積

沙賓（Sabin）：吸音率為 1 的物質 1 平方呎面積之聲音吸收值。米沙賓，即面積 $1m^2$ 吸音率為 1 之吸收。

例：吸音材料面積 6 平方公尺，吸音係數為 0.5，該吸音材料之音吸收為多少米沙賓（me tric sabins）？

6 × 0.5=3；音吸收為 3 米沙賓

※ 當有 n 個相同音源時，來自反射音的音壓位準：

$L_p = L_I = L_w + 10\log(n) + 10\log\left(\dfrac{4}{R}\right)$（公式 3-1-19）

$L_{P1} = L_w + 10\log\dfrac{4}{A_1}$，$L_{P2} = L_w + 10\log\dfrac{4}{A_2}$

降低音量：$\triangle Lp = L_{P2} - L_{P1} = L_w + 10\log\left(\dfrac{4}{A_2}\right)\left[L_w + 10\log\left(\dfrac{4}{A_1}\right)\right]$

$= 10\log\dfrac{A_1}{A_2} = 10\log\dfrac{\overline{\alpha_1}}{\overline{\alpha_2}}$（公式 3-1-20）

$\overline{\alpha_1}$：為改善前之平均吸音係數；$\overline{\alpha_2}$：為改善後之平均吸音係數

A_2：改善後之室吸收；A_1：改善前之室吸收

室內音場：室內音場和自由音場最大的差別在於除了直接音場（direct field）外，由於地板、天花板及牆面的存在，尚有反射音場（或稱擴散音場、迴響音場，reverberant field）。

室內音場 = 自由音場 + 反射音場（擴散音場）

$L_p = L_I = L_w + 10\log\left(\dfrac{Q}{4\pi r^2} + \dfrac{4}{R}\right)$ dB（公式 3-1-21）

L_p：音壓級（dB）

L_I：音功率級（dB）；

L_w：音功率級（dB）；

Q：音源方向因子；

r：音源距離（m）；

R：室常數 $= \dfrac{S\overline{\alpha}}{1-\overline{\alpha}} = \dfrac{A}{1-\overline{\alpha}}$

室內音場示意圖：（行政院環保署：噪音原理防制材料簡介手冊）

聲音從音源處發出，沒有經過任何障礙直接傳到我們的耳朵，這樣的傳遞行徑我們稱之為「直接音」，就是直接音的傳遞模式；相反在室內上課，聲音除了直接到接受者外，也會經由天花板、四周牆壁把聲音反射到接受者位置，這種經過反射傳遞到聽眾的聲音傳遞行徑，稱之為「反射音」。

← 直接音	◄- - - - 反射音

（2）精選試題

34 一房間之音量為 85 分貝，其室內牆壁及裝修材料之吸音係數（absorption coefficient，α）為 0.03，在四周牆面進行吸音處理，使其吸音係數增加為 0.68，則該室內音量會降至多少分貝？

答：

$A_1 = $ 表面積 $\times 0.03$

$A_2 = $ 表面積 $\times 0.68$

$\triangle Lp = 10\log \dfrac{A_1}{A_2} = 10\log \dfrac{\overline{\alpha}_1}{\overline{\alpha}_2}$

$= 10\log \dfrac{0.68}{0.03} = 10\log 22.67 = 13.55$ dB

該室內音量會降至 $= 85-13.55 = 71.45$ dB

35 某工作房長、寬及高均為 10 呎，其地面、天花板及牆在 500Hz 之吸音係數（α）均為 0.05，今如以在 500Hz 之吸音係數為 0.7 的吸音材裝在天花板上，則該房間在 500 Hz 之噪音降低量為多少？

答：

1.　改善前室內之室吸收：

$A_1 = \sum \alpha_i S_i = 10 \times 10 \times 0.05 \times 6 = 30$ 米沙賓

2.　改善後室內之室吸收：

$A_2 = \sum \alpha_i S_i = 10 \times 10 \times 0.05 \times 5 + 10 \times 10 \times 0.7 = 95$ 米沙賓

3.　$\triangle Lp = 10 \log \dfrac{95}{30} = 10 \times 0.5 = 5$ dB

該房間在 500Hz 之噪音降低量為 5 dB

---

36 某一房間之面積大小為 40ft×70ft，高為 12ft。對 1,000 Hz 的有效平均吸音係數為：地板 $\alpha = 0.1$、天花板 $\alpha = 0.7$、牆壁 $\alpha = 0.2$。試問該房間的平均吸音係數（Average Absorption Coefficient）為何？而該房間對 1,000 Hz 的房間常數（Room Constant）又為何？

答：

（一）　平均吸音係數 $\overline{\alpha}$ 計算如下：

$\overline{\alpha} = \sum\limits_{i=1}^{n} S_i \alpha_i \ / \ \sum\limits_{i=1}^{n} S_i$

$= (40 \times 70 \times 0.1 + 40 \times 70 \times 0.7 + 40 \times 12 \times 0.2 \times 2 + 70 \times 12 \times 0.2 \times 2)$

$/ (40 \times 70 \times 2 + 40 \times 12 \times 2 + 70 \times 12 \times 2)$

$= (280 + 1960 + 192 + 336) / (5600 + 960 + 1680) = 2768/8240 = 0.336$

（二）　室常數（Room Constant）$= \dfrac{s\overline{\alpha}}{1-\overline{\alpha}} = \dfrac{0.336 \times 8240}{1-0.336} = 4169.64$

37 某高度為 2 公尺之機械放置於 20m×10m×4m 室內靠牆之地面，房屋地板 / 天花板為混擬土，牆為磚造構成，機械產生的音功率為 103 分貝，今有一勞工於距離該機械 2 公尺處作業，已知地板及天花板之聲音吸收係數為 0.02，磚牆之聲音吸收係數為 0.04。試回答下列問題：

（一）此房間總共能夠吸收的聲音（total room sound absorption）為多少平方沙賓（m$_2$Sabin）？

（提示：A=Σ S$_i$$\alpha_i$；S：表面積；**$\alpha$**：聲音吸收係數）

（二）此房間的平均吸音係數為何？（提示：**α_m**=A/S）

（三）室常數（room constant,R）為何？（提示：R=A/（1-**α_m**））

（四）在此房間作業勞工接受到的音壓級為多少分貝？

（提示：Lp=Lw+10log（D/4（**π r**^{2}）+4/R）；D：音源方向係數）

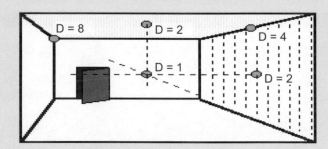

（上圖為與音源方向係數相關之資料，圖中出入口門的材料與尺寸忽略不計）

（五）若將此作業勞工移至同室但距離機械 10 公尺處作業，則該勞工所接受到的音壓級可減少多少分貝？

答：

（一）　A=Σ S$_i$$\alpha_i$（天花板及地板面積皆為 20m×10m=200 m^2、磚牆面積分別為 20m×4m=80 m^2 及 10m×4m=40 m^2）

A=Σ [（200×0.02）+（200×0.02）+（80×0.04）+（80×0.04）+（40×0.04）+（40×0.04）]

A=Σ（4+4+3.2+3.2+1.6+1.6）=17.6（m^{2}Sabin）

（二）　平均吸音係數 $\overline{\alpha}$ = α_m=A/S=17.6/（200+200+80+80+40+40）=0.028

（三）　室常數 R=$\dfrac{S\overline{\alpha}}{1-\overline{\alpha}}$ = $\dfrac{A}{1-\overline{\alpha}}$ = $\dfrac{17.6}{1-0.028}$ =18.11

（四） 依題意，D 值因機器擺放於牆面為半自由空間 :D=2;r=2

$L_p=L_w+10log（D/4（\pi r^2）+4/R）$

$=L_w+10log（\dfrac{2}{4\pi 2^2}+\dfrac{4}{18.11}）=103+10log（0.04+0.22）=$**97.1（dB）**

（五）依題意，D=2;r=10

$L_p=L_w+10log（D/4（\pi r^2）+4/R）$

$=L_w+10log（\dfrac{2}{4\pi 10^2}+\dfrac{4}{18.11}）=103+10log（0.0016+0.22）=96.4（dB）$

97.1-96.4=0.7（dB）

計算後得知若將此作業勞工移至同室，但距機械 10 公尺處作業，則該勞工所接受到的音壓級可減少約 0.7 分貝。

---

38 吸音為噪音控制之重要手段之一，請回答以下問題：

（一）何謂吸音係數（α；absorption coefficient）？

（二）何謂室吸收（A；room absorption）？

（三）若作業場所在設置吸音材料之施工前後，其室吸收分別為 A1 及 A2，試問施工後減少多少音壓準（△L）？

答：

（一） 吸音率 α 表示，其定義為對於入射音的能量而言，聲音能是被吸收強度所佔的比例，即

$\alpha=\dfrac{I_i-I_r}{I_i}$

其中

α = 吸音率，一般介於 0 和 1 之間，0 代表完全反射，1 代表完全吸

I_i= 入射音強度，W/m^2

I_r= 反射音的強度，W/m^2

I_a= 吸收音強度，W/m^2

I_t= 穿透音強度，W/m^2

$I_i - I_r$ 表示所有不反射的聲音能量，亦即被材料吸收的能量（I_a）與穿透的能量（I_t）的合，所以 $I_i - I_r = I_a + I_t$，故可寫成

$$\alpha = \frac{I_i - I_r}{I_i} = \frac{I_a + I_t}{I_i}$$

（二）A（吸音力，單位：米沙賓）＝吸音係數 × 表面積

$$A = \sum_{i=1}^{n} S_i \alpha_i = \bar{\alpha} S$$

$\bar{\alpha}$：室平均吸音係數

S_i: 不同吸音材料之表面積

（三）　$\Delta L_p = L_{P2} - L_{P1} = L_W + 10\log\left(\frac{4}{A_2}\right) - \left[L_W + 10\log\left(\frac{4}{A_1}\right)\right]$

$= 10\log\dfrac{A_1}{A_2} = 10\log\dfrac{\bar{\alpha}_1}{\bar{\alpha}_2}$

$\bar{\alpha}_1$：為改善前之平均吸音係數；$\bar{\alpha}_2$：為改善後之平均吸音係數

A_2：改善後之室吸收；A_1：改善前之室吸收

---

39 吸音材料貼附於剛性壁上，目的在使反射音量降低，如下圖及符號說明。

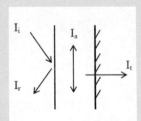

I_i = 入射音強度，W/m²

I_r = 反射音強度，W/m²

I_a = 吸收音強度，W/m²

I_t = 穿透音強度，W/m²

（一）請推導公式：

在剛性壁情況時，吸音率 $\alpha = \dfrac{I_i - I_i}{I_i}$ 可寫成 $\alpha = \dfrac{I_a}{I_i}$。

（二）請應用題（一）之公式，若入射音強度位準為 90dB，吸音率為 0.94。請問被吸收音強度為若干 W/m²？

答：

（一）　請推導公式：

$$\alpha = \frac{I_i - I_r}{I_i} = \frac{I_t + I_a}{I_i} \ , \ I_i = I_r + I_a + I_t$$

若材料背後為剛性壁時，聲音不會穿透，$I_t = 0$，即 $\alpha = \dfrac{I_a}{I_i}$，吸音率以材料內部消失的能量來決定。

（二）　$L_I = 10\log \dfrac{I_i}{I_0} = 90$，$I_0 = 10^{-12}$ W/m²

$$10^9 = \frac{I_i}{10^{-12}} \ , \ I_i = 10^{-3} \ \text{W/m}^2$$

$$\alpha = \frac{I_a}{I_i} = \frac{I_a}{10^{-3}} = 0.94 \ , \ I_a = 9.4 \times 10^{-4} \ \text{W/m}^2$$

7. 防音防護具 (NRR 計算)

（1）基本概念

A. NRR 值（Noise Reduction Rating）是根據使用 1975 年發布的 NIOSH 測試方法，在實驗室條件下測得的聽力防護具降噪數值，目前可在美國市場買到的防護具 NRR 是從 0 到 33dB，NRR 值越大表示其降噪功能等級越高。

B. 將 NRR 值減去 7dB 轉換為 A-weighted（如果噪音測量是使用 C-weighted 則跳過這一步驟。通常在噪音測量上是使用 A-weighted 測量）。將前述的減去 7dB 的數值再除以 2 作為配戴誤差的降額。將得出的數值與噪音聲壓級相減就是預期的噪音聲壓級暴露值

C. 單重防護下 :OSHA 採用的聽力防護具降噪等級（聲音衰減）

（A）使用耳罩或耳塞。

（B）估計暴露的噪音（dBA）=TWA（dBC）-〔NRR×50%〕（公式 3-1-22）

（C）估計暴露的噪音（dBA）=TWA（dBA）-〔（NRR-7）×50%〕（公式 3-1-23）

例 :TWA=100dBA 耳塞 NRR 值 19dB，求配戴該耳塞後暴露的噪音量？

估計配戴防音防護器具暴露的噪音 =100-〔（19-7）×50%〕=94dBA

D. 雙重防護下 :OSHA 採用的聽力防護具降噪等級（聲音衰減）雙重防護

（A）耳罩和耳塞同時使用。

（B）選用標籤上較高的 NRR 值，進行計算。

（C）任何耳罩戴在耳塞上可另外再加最多 5dB 的降噪值

（D）估計暴露的噪音（dBA）=TWA（dBC）-〔（NRR×50%）+5〕（公式 3-1-24）

（E）估計暴露的噪音（dBA）=TWA（dBA）-〔〔（NRR-7）×50%〕+5〕（公式 3-1-25）

例 :TWA=110dBA 耳塞 NRR 值 29dB 耳罩 NRR 值 =25dB，求配戴該耳塞後暴露的噪音量？

估計配戴防音防護器具暴露的噪音 =110-〔（29-7）×50%+5〕=94dBA

（2）精選試題

40 噪音作業場所環境噪音值為 100dBA, 今天提供防音防護具的 NRR 值為 25dBA, 在正確穿戴情況下, 請問暴露值為多少？

估計配戴防音防護器具暴露的噪音（dBA）=TWA（dBA）-〔（NRR-7）×50%〕=100-〔（25-7）×50%〕=91dBA

有一勞工在噪音為 88dB 的環境工作了 1.5 小時後，噪音變為 100dB。該工人還必須工作 6 小時才下班。如果他要符合 ISO 的標準，至少必須佩戴遮音效果為 25dB 的耳塞多少小時？

答：

88dBA 容許暴露時間 :$T = \dfrac{8}{2^{\frac{88-90}{5}}} = 10.56$ hr

$Dose = \dfrac{t_1}{T_1} = \dfrac{1.5}{10.56} = 0.142 = 14.2\%$

依職安法規容許暴露的劑量為 1，所以剩餘時間可暴露的劑量 =1-0.142=0.858

100dBA 容許暴露時間 :$T = \dfrac{8}{2^{\frac{100-90}{5}}} = 2$ hr

估計配戴防音防護器具暴露的噪音（dBA）= TWA（dBA）-〔（NRR-7）×50%〕= 100-〔（25-7）×50%〕=91dBA

91dBA 容許暴露時間 :$T = \dfrac{8}{2^{\frac{91-90}{5}}} = 6.96$ hr ≒ 7 hr

假設配戴耳塞的時間為 X 小時，可得到下面此算式 :

$\dfrac{X}{7} + \dfrac{(6-X)}{2} \leq 0.858$

2X+42-7X≤12.012

-5X = -29.988

X = 5.9976 ≒ 6 hr

8. 振動

（1）基本概念

A. 振動原理

下圖為單一自由度（single degree of freedom）的振動系統模型，它由質量為 M 的質量塊及勁度（彈性係數，stiffness）為 K 的彈簧所構成。當質量塊受到垂直於地面的外力 F 作用時，彈簧將受到壓縮，外力去除後，質量塊在彈簧的彈力與質量的慣性力作用下，將在平衡位置附近作上下往復運動。

振動的固有頻率（或自然頻率）為 $f_0 = \dfrac{1}{2\pi}\sqrt{\dfrac{K}{M}}$ （公式 3-1-26）

系統的彈簧在質量塊 M 受重力作用下，靜態時彈簧將被壓縮，稱為靜態變形量（static deflection） δ ，按虎克定律：

$Mg = K\delta$

$K = \dfrac{Mg}{\delta}$

因此 $f_0 = \dfrac{1}{2\pi}\sqrt{\dfrac{g}{\delta}}$

B. 隔振原理與隔振器

在彈簧-質量-阻尼系統中，作用於質量 M 上的力，通過彈性支撐（即彈簧）將有一部分力傳遞到支持振動系統的基礎上，傳遞至基礎上的力越小，表示該系統的隔振效果越加。

振動傳遞率（TR）在當系統為單一自由度無阻尼振動系統時為：

$$TR = \left| \dfrac{1}{1 - \left(\dfrac{f}{f_0}\right)^2} \right| \quad \text{（公式 3-1-27）}$$

C. ISO5349 所提出局部振動之評估

（A）振動加權劑量（WAS）式以加速度時效值表示，其計算方式如下：

$$a_{eq}(T) = \sqrt{a_x^2 + a_y^2 + a_z^2}\ (m/s^2)\ （公式\ 3\text{-}1\text{-}28）$$

a_x:X 軸加速度（m/s^2）

a_y:Y 軸加速度（m/s^2）

a_z:Z 軸加速度（m/s^2）

（B）因為在每天 8 小時的工作時間，也許真正暴露於振動的時間不會超過 4 小時，所以每天暴露以 4 小時作為評估之依據，即以 4 小時的頻率加權等值加速度均方根值 a_{eq}（4）表示。

（C）評估暴露劑量時，以三軸方向中最大振動加速度均方根值之單軸振動量作為評估 a_{eq}（T）依據，若每天暴露時間 T ≠ 4 小時，可利用下式轉換。

$$a_{eq}(4) = a_{eq}(T) \times \sqrt{\frac{T}{4}}\ \ (m/s^2)\ （公式\ 3\text{-}1\text{-}29）$$

（D）若整個工作日暴露於不同加速度之振動時，也可從個別之工作時間及其振動量速度來評估，其公式如下：

$$a_{eq}(T) = \sqrt{\frac{a_1^2 \times t_1 + a_2^2 \times t_2 + a_3^2 \times t_3.....}{t_1 + t_2 + t_3.....}}\ \ (m/s^2)\ （公式\ 3\text{-}1\text{-}30）$$

（2）精選試題

41 下表為某振動作業工人其手 - 手臂振動暴露的時間及加速度量測結果，請計算全日 8 小時 a_{eq}（8）為若干？

工作型態	加速度（m/S^2）	實際暴露時間（小時）
A	10	1
B	5	1
C	4	2

答：

$$a_{eq}(T) = \sqrt{\frac{a_1^2 \times t_1 + a_2^2 \times t_2 + a_3^2 \times t_3 \ldots}{t_1 + t_2 + t_3 \ldots}} \quad (m/s^2)$$

$$= a_{eq}(4) = \sqrt{\frac{10^2 \times 1 + 5^2 \times 1 + 4^2 \times 2}{1+1+2}} = 6.26 \ m/s^2$$

$$a_{eq}(8) = a_{eq}(T) \times \sqrt{\frac{T}{8}}$$

$$= a_{eq}(4) \times \sqrt{\frac{4}{8}}$$

$$= 6.26 \times \sqrt{\frac{4}{8}} = 4.43 \ m/s^2$$

---

42 下表為手 - 手臂振動的時間及加速度量測結果，請計算全日 a_{eq}（T）及 4 小時 a_{eq}（4）各為若干？（8 分）工作型態加速度（m/s²）實際暴露時間（小時）

工作型態	加速度（m/s²）	實際暴露時間（小時）
A	10.3	0.5
B	5.6	0.7
C	2.5	1

答：

$$a_{eq}(T) = \sqrt{\frac{a_1^2 \times t_1 + a_2^2 \times t_2 + a_3^2 \times t_3 \ldots}{t_1 + t_2 + t_3 \ldots}} \quad (m/s^2)$$

$$= a_{eq}(2.2) = \sqrt{\frac{10.3^2 \times 0.5 + 5.6^2 \times 0.7 + 2.5^2 \times 1}{0.5 + 0.7 + 1}} = 6.08 \ m/s^2$$

$$a_{eq}(4) = a_{eq}(T) \times \sqrt{\frac{T}{4}}$$

$$= a_{eq}(2.2) \times \sqrt{\frac{2.2}{4}}$$

$$= 6.08 \times \sqrt{\frac{2.2}{4}} = 4.51 \ m/s^2$$

43 有一質量為 1,500 kg 的迴轉機械以每分鐘 900 轉的轉速運轉,每轉一圈便會產生一個垂直的正弦(Sinusoid)強制力。若欲以 4 個彈性體將其支撐,使振動傳達率降至 1/5,請問每一個彈性體的彈性係數 k 應為多少 MN/m ?(假設此撓性支撐沒有阻尼)

答:

振動傳達率降至 1/5 所以 TR = 0.2

每分鐘 900 轉,所以 $f = \dfrac{900}{60} = 15$ Hz

$$TR = \left| \dfrac{1}{1 - \left(\dfrac{f}{f_0}\right)^2} \right|$$

$$0.2 = \left| \dfrac{1}{1 - \left(\dfrac{15}{f_0}\right)^2} \right|$$

$$5^{-1} = \left| 1 - \left(\dfrac{15}{f_0}\right)^2 \right|^{-1}$$

$$5 = \left| 1 - \left(\dfrac{15}{f_0}\right)^2 \right|$$

$$1 - \left(\dfrac{15}{f_0}\right)^2 = 5 \ \text{or} \ 1 - \left(\dfrac{15}{f_0}\right)^2 = -5$$

平方值沒有負的所以:$1 - \left(\dfrac{15}{f_0}\right)^2 = -5$

$$6 = \left(\dfrac{15}{f_0}\right)^2$$

$$f_0 = 6.124 \text{ Hz}$$

1500 kg 在地表受受到的重力約為 $1500 \times 9.8 = 14700\,N$，

$14700 \div 4 = 3675N$（每個彈簧所受之牛頓力）

$$f_0 = \frac{1}{2\pi}\sqrt{\frac{K}{M}}$$

$$6.124 = \frac{1}{2\pi}\sqrt{\frac{K}{3675}}$$

$$K = 5441109.227\,（N/m）= 5.44\,（MN/m）$$

二　化學品危害評估

1. 容許濃度（含採樣分析）

（1）基本概念

A. 容許濃度相關法令規定

（A）勞工工作場所容許暴露標準第 8 條

勞工作業環境空氣中有害物之濃度應符合下列規定：

一、全程工作日之時量平均濃度不得超過相當 8 小時日時量平均容許濃度。

二、任何一次連續 15 分鐘內之時量平均濃度不得超過短時間時量平均容許濃度。

三、任何時間均不得超過最高容許濃度。

（B）八小時日時量平均容許濃度（TWA；Time Weighted Average）：為勞工每天工作 8 小時，一般勞工重複暴露此濃度以下，不致有不良反應者。

（C）短時間時量平均容許濃度（STEL；Short Term Exposure Level）：容許濃度乘以下表變量係數所得之濃度，為一般勞工連續暴露在此濃度以下任何 15 分鐘，不致有不可忍受之刺激、慢性或不可逆之組織病變、麻醉昏暈作用、事故增加之傾向或工作效率之降低者。

容許濃度	變量係數	備註
未滿 1	3	表中容許濃度氣狀物以 ppm、粒狀物以 mg/m³、石綿 f/cc 為單位。
1 以上，未滿 10	2	
10 以上，未滿 100	1.5	
100 以上，未滿 1000	1.25	
1000 以上	1	

例：醋酸之 TWA 為 10ppm，則其 STEL = 10ppm × 1.5 = 15ppm 容許濃度

（D）最高容許濃度（C；Ceiling）：為不得使一般勞工有任何時間超過此濃度之暴露，以防勞工不可忍受之刺激或生理病變者。

B. 氣體及固體汙染物的表示方式：

（A）所稱 ppm 為百萬分之一單位，指溫度在攝氏 25 度、1 大氣壓條件下，每立方公尺空氣中氣狀有害物之立方公分數（cm³/m³）。

（B）所稱 mg/m³ 為每立方公尺毫克數，指溫度在攝氏 25 度、1 大氣壓條件下，每立方公尺空氣中粒狀或氣狀有害物之毫克數。

（C）本標準所稱 f/cc 為每立方公分根數，指溫度在攝氏 25 度、1 大氣壓條件下，每立方公分纖維根數。

（D）%：有害物在空氣中所佔體積百分率；1%=10^4ppm

$$\text{mg/m}^3 = \text{ppm} \times \frac{\text{氣體有害物分子量}}{24.45} \quad \text{（公式 3-2-01）}$$

C. 濃度計算方式：

（A）時量平均濃度計算：測量過程中，若非全程長時間單一測量，而屬於單一工作日分段採取數值樣本，為評估全程工作日之時量平均濃度，可利用下列公式計算之：

$$\frac{C_1 \times t_1 + C_2 \times t_2 + \dots C_n \times t_n}{t_1 + t_2 + \dots t_n} \quad \text{（公式 3-2-02）}$$

C_i = 各時段之濃度

t_i = 各時段之時間

法令中之時量平均容許濃度（TWA-PEL）是以每日 8 小時的暴露，每週暴露的小時來計，故於評估每日的平均暴露濃度，首先須化為 8 小時之時量平均濃度後，再與 TWA-PEL 比較。

相當 8 小時之平均濃度（TWA_8）= 工作日時量平均濃度 × $\dfrac{\text{每日實際暴露時間}}{8}$

（B）兩種以上有害物同時存在之混合物容許濃度計算：作業環境空氣中有兩種以上有害物存在時，就必須考慮該兩種有害物混合後對人體健康所產生的影響。

若其相互間效應非屬於相乘效應或獨立效應時，應視為相加效應，並依下列規定計算，其總和大於 1 時，即屬超出容許濃度。

$$\frac{甲有害物成分之濃度}{甲有害物成分之容許濃度} + \frac{乙有害物成分之濃度}{乙有害物成分之容許濃度} + \cdots \leq 1$$

D. 採樣後之污染物之濃度計算步驟：

（A）　將採得之污染物，送至實驗分析，以得知所採得污染物之總量（mg）。

（B）　以脫附效率對汙染物之總量進行校正。假設脫附效率為 95%，就要將採得污染物之總量 $\times \dfrac{100}{95}$

（C）　扣除採樣介質空白樣本的分析量。（以活性碳採樣介質為例：前段 + 後段的分析物的質量再扣除現場空白樣本前段 + 後段的算術平均的質量）

（D）　由採樣泵浦流速 $\times$ 採樣時間得知採樣總體積。（m³）

（E）　現場採樣之總體積要校正為 1 大氣壓 25℃ 之採樣總體積。

校正後之採樣體積（V_2）= 採樣總體積（V_1）$\times \dfrac{P_1}{P_2} \times \dfrac{T_2}{T_1}$

$$= (V_1) \times \frac{P_1}{760} \times \frac{(273+25)}{T_1}$$

（P: 代表大氣壓力，單位 mm-Hg；V: 代表氣體體積；T: 代表絕對溫度）

（F）　污染物之總量除以校正後之採樣體積即可求得濃度

（G）　再經濃度單位換算，求得欲表示之濃度 mg/m³。

E. 空氣中石綿採樣相關計算流程

依照石綿採樣分析建議方法，採樣泵流率 0.5 公升 / 分鐘以上（0.5-16L/min），為使達到適合計數之纖維密度（100 ～ 1300 根纖維 / 毫米），採樣時間預估公式如下：

$$t = \frac{A_c \text{ x } E}{Q \text{x} L \text{ x } 1000} \text{ min}（公式 3-2-03）$$

A_c：濾膜有效收集面積，例如直徑 25 厘米濾膜為 385 厘米平方。

E：纖維密度（根纖維 / 毫米平方）

Q：採樣泵流率（公升 / 分鐘）

L：纖維濃度（根纖維 / 毫升）

1000：變換係數（1000 毫升 / 公升）

採樣完畢，依相關纖維記數規則（A 規則或 B 規則）記數後，再計算求得濾紙上纖維密度。

$$E=\frac{\frac{S}{n_s}-\frac{B}{n_b}}{A_f}$$

E：濾紙上纖維密度（需在 100~1300 f/mm²）

S：計數所得之纖維數

B：空白試驗之纖維數

A_f：計數板之視野面積（0.00785mm²）

n_s：計數之總視野數

n_b：空白樣品計數之視野數

空氣中時石綿暴露濃度計算方式如下：

$$C=\frac{E \times A_c}{V \times 1000}$$

C: 空氣中時論暴露濃度（f/cc）

Ac: 濾紙之有效採集面積

（直徑 25mm 濾紙，385mm²）

V:25℃，一大氣壓之採樣體積（L）

F. 粉塵容許濃度

種類	粉塵	容許濃度	
		可呼吸性粉塵	總粉塵
第一種粉塵	含結晶型游離二氧化矽 10% 以上之礦物性粉塵	$\frac{10mg/m^3}{\%SiO_2+2}$	$\frac{30mg/m^3}{\%SiO_2+2}$
第二種粉塵	含結晶型游離二氧化矽未滿 10% 之礦物性粉塵	1mg/m³	4mg/m³
第三種粉塵	石綿纖維	0.15f/cc	
第四種粉塵	厭惡性粉塵	可呼吸性粉塵	總粉塵
		5mg/m³	10mg/m³

說明：

（A）本表內所規定之容許濃度均為 8 小時日時量平均容許濃度。

（B）可呼吸性粉塵係指可透過離心式等分粒裝置所測得之粒徑者。

（C）總粉塵係指未使用分粒裝置所測得之粒徑者。

（D）結晶型游離二氧化矽係指石英、方矽石、鱗矽石及矽藻土。

（E）石綿粉塵係指纖維長度在 5 微米以上，長寬比在 3 以上之粉塵。

第一種粉塵容許濃度計算範例：

X- 光繞射分析發現某粉塵平均含游離二氧化矽 12% 其 8 小時日時量平均容許濃度

$$= \frac{10mg/m^3}{12+2} = 0.71 mg/m^3$$

G. 行動標準（ACTION LEVEL）

該濃度為 TWA-PEL 之 1/2，意即當環境濃度達 TWA-PEL 之 1/2 時，即應採取適當之措施以減少勞工所受到的健康危害及降低事故發生機率；作業環境中有害物的濃度如超過此一標準，則應實施周期性監測及醫療監視計畫等警戒措施，濃度如低於此一標準，則只須採取有限度的防護措施。

H. 恕限量（TLV）

為美國政府工業衛生師協會（ACGIII）所訂，TLV 是指空氣中某有害物質的濃度，在此濃度下，以每日工作 8 小時，一週工作 5 天，大部份健康勞工不致產生不良影響。TLV 之制訂大部份根據實際觀察經驗；在缺乏人類經驗之數據時，則大部分以動物毒性試驗數據為依據。為 ACGIH 訂定的參考標準，不具有任何法律效力。

混合物 TLV 計算範例：

某混合物中含 A 物質 25%（TLV 1370 mg/m³），B 物質 15%（TLV 377 mg/m³），其餘為 C 物質（TLV 525 mg/m³），請問此混合物之 TLV 為何？

答：

此混合物之 TLV $= \dfrac{100}{\dfrac{V_1}{TLV_1} + \dfrac{V_2}{TLV_2} + \dfrac{V_3}{TLV_3}} = \dfrac{100}{\dfrac{25}{1370} + \dfrac{15}{377} + \dfrac{60}{525}} = 580.3\ mg/m^3$

（2）精選試題

44 某工廠員工每天會經歷三個不同作業流程，針對其進行有機溶劑暴露採樣，其採樣條件與相關規定如下：環境條件為 25℃，760mmHg，分子量：甲苯 92，二甲苯 106，丙酮 58。

採樣時段	暴露溶劑	採樣流率，ml/min	分析樣本量，mg	8 小時時量平均容許濃度，ppm
08：00~12：00	甲苯	50	3	100
13：00~15：00	丙酮	50	3	750
15：00~17：00	二甲苯	50	2	100

（一）請問各時段暴露的相當八小時時量平均濃度分別為多少 ppm？

（二）該勞工的暴露是否合法？

答：

（一）　環境溫度及氣壓皆為 1atm，25℃，所以採樣體積不用校正。

$$甲苯時量平均濃度 = \frac{3mg}{50\frac{ml}{min} \times 60\frac{min}{hr} \times 4hr \times 10^{-6}\frac{m^3}{ml}} = 250 \text{ mg/m}^3$$

甲苯之相當 8 小時日時量平均容許濃度：

$$TWA_8 = 250 \times \frac{4hr}{8hr} = 125 \text{ mg/m}^3$$

$$125mg/m^3 \times \frac{24.45}{92} = 33.22 \text{ ppm}$$

$$丙酮時量平均濃度 = \frac{3mg}{50\frac{ml}{min} \times 60\frac{min}{hr} \times 2hr \times 10^{-6}\frac{m^3}{ml}} = 500 \text{ mg/m}^3$$

丙酮之相當 8 小時日時量平均容許濃度：

$$TWA_8 = 500 \times \frac{2hr}{8hr} = 125 \text{ mg/m}^3$$

$$125mg/m^3 \times \frac{24.45}{58} = 52.69 \text{ ppm}$$

$$二甲苯時量平均濃度 = \frac{2mg}{50\frac{ml}{min} \times 60\frac{min}{hr} \times 2hr \times 10^{-6}\frac{m^3}{ml}} = 333.33 \text{ mg/m}^3$$

丙酮之相當 8 小時日時量平均容許濃度：

$$TWA_8 = 333.33 \times \frac{2hr}{8hr} = 83.33 \text{ mg/m}^3$$

$$83.33 \text{ mg/m}^3 \times \frac{24.45}{106} = 19.22 \text{ ppm}$$

（二）

甲苯 PEL-STEL 為 125ppm（100 × 1.25）、二甲苯 PEL-STEL 為 250ppm（200 × 1.25）、丙酮 PEL-STEL 為 937.5ppm（750 × 1.25），所以甲苯、二甲苯、丙酮各時段之暴露，都小於 PEL-STEL，故短時間暴露符合規定。

作業環境空氣中有兩種以上有害物存在時，就必須考慮該兩種有害物混合後對人體健康所產生的影響。若其相互間效應非屬於相乘效應或獨立效應時，應視為相加效應，並依下列規定計算，其總和大於 1 時，即屬超出容許濃度。

$$\frac{33.22}{100} + \frac{19.22}{100} + \frac{52.69}{750} = 0.59 \leq 1$$

所以該勞工之暴露合法。

---

45 某環測人員在 25℃，1 大氣壓時，以衝擊採樣瓶（Impinger）內置 21mL 吸收液進行甲化學物質（分子量 27.3g/mole）之採樣，採樣流量設定為 2.5L/min，採樣時間為 7 小時，假設採樣瓶之捕集效率為 95%，採樣結束後取出 3mL 進行化學分析，發現內含甲化學物質 2mg。採樣過程亦同時設置現場樣本空白測試，依前述分析步驟發現內含 0.05mg 之該化學物質。

（一）試計算該化學物質之濃度為多少 ppm？

（二）試描述影響衝擊採樣瓶之捕集效率之因子有那些？

（一） 環境溫度及氣壓皆為 1atm，25℃，所以採樣體積不用校正。

$$甲化學物質時量平均濃度 = \frac{2\ mg - 0.05\ mg}{2.5\ \dfrac{L}{min} \times 60\ \dfrac{min}{hr} \times 7\ hr \times 10^{-3}\ \dfrac{m^3}{L}} \times \frac{100}{95} \times \frac{21\ ml}{3\ ml}$$

$=13.68\ mg/m^3$

$13.68\ mg/m^3 \times \dfrac{24.45}{27.3} = 12.25\ ppm$

（二） 影響衝擊採樣瓶之捕集效率的因子如下：

1. 需評估其採樣體積，考慮其衝擊採樣瓶之可能的破出效應。

2. 採樣過程中需留意採樣污染物之水溶性，若採樣環境含水率 ≧ 20% 時，可能導致其採樣回收率降低。

3. 在樣品分析時可能之偏差或干擾，須經實驗室空白測試來確認。

4. 若採樣分析有異常高濃度樣品時，應確認是否有交互污染的現象。

5. 若樣品內含有懸浮物質，宜先以濾紙過濾，以免影響捕集及後續分析成效。

6. 因衝擊瓶採樣後之樣品在運送前需將吸收液倒入專用密封瓶中，但將液體倒出時有部份吸收液會殘餘在衝擊瓶管壁，而需以清潔之吸收液將其洗出；因濃度高時可稀釋，但濃度低時卻不易濃縮，故此時不應使用過多洗液，以免將採樣所得之吸收液過度稀釋而造成分析時之困擾。

7. 為了保護幫浦不吸入從衝擊瓶內衝溢出的液體，務必在衝擊瓶與幫浦間加裝一個緩衝瓶（或稱除霧器）。若衝擊瓶中使用的是揮發性液體，緩衝瓶中可添加固態吸附劑。如有除霧吸附劑可保護幫浦避免有機與無機蒸氣的損害。

8. 空氣採樣體積與吸收液之體積比、採樣流速、汙染物在氣相和液相擴散速率有害物蒸發能力、有害物在吸收液之溶解度、採樣時溫度…等都會造成影響。

46 A 事業單位將其事業內之環境測定委由認定之 B 作業環境測定機構執行。某日該公司接到 B 環測機構之報告如下：

事業單位名稱：A 公司	負責部門：工安課
事業單位地址：新竹市 XX 路 20 號	聯絡人：孫小芸 03-XXXXXXX
測定人員姓名：王大華	測定人員簽名：王大華
測定日期：100 年 01 月 08 日	會同測定人員簽名：李小明

樣本編號	測定方法	測定項目	採樣介質種類	測定條件			採樣時間	測定結果 (mg)	認可實驗室名稱
				現場溫度(℃)	現場壓力 mmHg	採樣流速 (mL/min)			
甲 1	行政院勞工委員會標準分析參考方法 1235	甲苯	活性碳管	27	750	100	08:00~10:30	2.9	C 實驗室
甲 2							10:30~12:00	1.8	
甲 3							13:00~15:00	2.4	
甲 4							15:00~17:00	3.0	
丁 1	行政院勞工委員會標準分析參考方法 1216	丁酮	活性碳管	27	750	100	08:00~10:30	4.0	
丁 2							10:30~12:00	2.5	
丁 3							13:00~15:00	3.2	
丁 4							15:00~17:00	2.1	

已知：甲苯及丁酮的脫附效率分別為 95% 及 85%

甲苯及丁酮的分子量分別為 92 及 72

甲苯及丁酮八小時日時量平均容許濃度分別為 100ppm 及 200ppm

若您為該公司的勞工衛生管理師，試問：

（一） 作業環境測定紀錄中是否有遺漏法令規定應註明之項目，請說明之。

（二） 在該場所工作的勞工，其暴露是否符合法令之規定？（12 分）請列出計算過程

（三） 依測定結果應採取之防範措施為何？

（一）　作業環境測定紀錄中依法令規定應註明之項目尚有遺漏為

1. 行業別。

2. 會同測定之勞工安全衛生人員及工會或勞工代表職稱、姓名。

3. 測定處所。（含位置圖）

4. 依據測定結果採取之必要防範措施事項。

5. 測定人員資格、證號。

（二）　甲苯現場採樣體積：

甲 1：$100\dfrac{mL}{min} \times 60\dfrac{min}{hr} \times 2.5hr \times 10^{-6}\dfrac{m^3}{mL} = 0.015\ m^3$

甲 2：$100\dfrac{mL}{min} \times 60\dfrac{min}{hr} \times 1.5hr \times 10^{-6}\dfrac{m^3}{mL} = 0.009\ m^3$

甲 3：$100\dfrac{mL}{min} \times 60\dfrac{min}{hr} \times 2hr \times 10^{-6}\dfrac{m^3}{mL} = 0.012\ m^3$

甲 4：$100\dfrac{mL}{min} \times 60\dfrac{min}{hr} \times 2hr \times 10^{-6}\dfrac{m^3}{mL} = 0.012\ m^3$

甲苯採樣校正後之體積為：

校正後之採樣體積（V_2）＝採樣總體積（V_1）$\times \dfrac{P_1}{P_2} \times \dfrac{T_2}{T_1} = (V_1)$
$\times \dfrac{P_1}{760} \times \dfrac{(273+25)}{T_1}$

甲 1：$0.015\ m^3 \times \dfrac{750}{760} \times \dfrac{298}{300} = 0.0147\ m^3$

甲 2：$0.009\ m^3 \times \dfrac{750}{760} \times \dfrac{298}{300} = 0.0088\ m^3$

甲 3：$0.012\ m^3 \times \dfrac{750}{760} \times \dfrac{298}{300} = 0.01176\ m^3$

甲 4：$0.012\ m^3 \times \dfrac{750}{760} \times \dfrac{298}{300} = 0.01176\ m^3$

各樣本之甲苯濃度

甲 1: $\dfrac{2.9mg}{0.0147m^3} \times \dfrac{100}{95} = 207.66mg/m^3 = 207.66mg/m^3 \times \dfrac{24.45}{92} = 55.19$ ppm

甲 2: $\dfrac{1.8mg}{0.0088m^3} \times \dfrac{100}{95} = 215.31mg/m^3 = 215.31mg/m^3 \times \dfrac{24.45}{92} = 57.22$ ppm

甲 3: $\dfrac{2.4mg}{0.01176m^3} \times \dfrac{100}{95} = 214.82mg/m^3 = 214.82mg/m^3 \times \dfrac{24.45}{92} = 57.1$ ppm

甲 4: $\dfrac{3mg}{0.01176m^3} \times \dfrac{100}{95} = 268.53mg/m^3 = 268.53mg/m^3 \times \dfrac{24.45}{92} = 71.36$ ppm

甲苯時量平均濃度計算

$$\dfrac{55.19 \times 2.5 + 57.22 \times 1.5 + 57.1 \times 2 + 71.36 \times 2}{2.5 + 1.5 + 2 + 2} = \dfrac{480.725}{8} = 60.09 \text{ ppm}$$

丁酮現場採樣體積：

丁 1: $100\dfrac{mL}{min} \times 60\dfrac{min}{hr} \times 2.5hr \times 10^{-}\dfrac{m}{mL} = 0.015$ m^3

丁 2: $100\dfrac{mL}{min} \times 60\dfrac{min}{hr} \times 1.5hr \times 10^{-6}\dfrac{m^3}{mL} = 0.009$ m^3

丁 3: $100\dfrac{mL}{min} \times 60\dfrac{min}{hr} \times 2hr \times 10^{-6}\dfrac{m^3}{mL} = 0.012$ m^3

丁 4: $100\dfrac{mL}{min} \times 60\dfrac{min}{hr} \times 2hr \times 10^{-6}\dfrac{m^3}{mL} = 0.012$ m^3

丁酮採樣校正後之體積為：

校正後之採樣體積（V_2）＝採樣總體積（V_1）$\times \dfrac{P_1}{P_2} \times \dfrac{T_2}{T_1} = (V_1)$

$\times \dfrac{P_1}{760} \times \dfrac{(273+25)}{T_1}$

丁 1: $0.015m^3 \times \dfrac{750}{760} \times \dfrac{298}{300} = 0.0147$ m^3

丁 2: 0.009 m$^3 \times \dfrac{750}{760} \times \dfrac{298}{300} = 0.0088$ m^3

丁 3: 0.012 m$^3 \times \dfrac{750}{760} \times \dfrac{298}{300} = 0.01176$ m^3

丁 4: 0.012 m$^3 \times \dfrac{750}{760} \times \dfrac{298}{300} = 0.01176$ m^3

各樣本之丁酮濃度

丁 1：$\frac{4mg}{0.0147m^3} \times \frac{100}{85} = 320.13mg/m^3 = 320.13mg/m^3 \times \frac{24.45}{72} = 108.71 \text{ ppm}$

丁 2：$\frac{2.5mg}{0.0088m^3} \times \frac{100}{85} = 334.22mg/m^3 = 334.22mg/m^3 \times \frac{24.45}{72} = 113.5 \text{ ppm}$

丁 3：$\frac{3.2mg}{0.01176m^3} \times \frac{100}{85} = 320.13mg/m^3 = 320.13mg/m^3 \times \frac{24.45}{72} = 108.71 \text{ ppm}$

丁 4：$\frac{2.1mg}{0.01176m^3} \times \frac{100}{85} = 210.08mg/m^3 = 210.08mg/m^3 \times \frac{24.45}{72} = 71.34 \text{ ppm}$

丁酮時量平均濃度計算

$$\frac{108.71 \times 2.5 + 113.5 \times 1.5 + 108.71 \times 2 + 71.34 \times 2}{2.5 + 1.5 + 2 + 2} = \frac{802.125}{8} = 100.27 \text{ ppm}$$

甲苯 PEL-STEL 為 125 ppm（100 × 1.25）、丁酮 PEL-STEL 為 250 ppm（200 × 1.25）

甲苯及丁酮各時段之暴露，都小於 PEL-STEL，故短時間暴露符合規定。

作業環境空氣中有兩種以上有害物存在時，就必須考慮該兩種有害物混合後對人體健康所產生的影響。若其相互間效應非屬於相乘效應或獨立效應時，應視為相加效應，並依下列規定計算，其總和大於 1 時，即屬超出容許濃度。

$$\frac{60.09}{100} + \frac{100.27}{200} = 1.102 > 1$$

所以該勞工之暴露合法經計算後得知該勞工之暴露劑量 (Dose)1.10 > 1，不符合法令規定。

（三）　因該測定結果得知勞工暴露劑量不符合法令規定，應視其性質，採取密閉設備、局部排氣裝置、整體換氣裝置或以其他方法導入新鮮空氣等適當防範措施，使其不超過勞工作業場所容許暴露標準之規定。

47 請依據作業環境空氣中有害物採樣分析參考方法，說明如何經由破出測試，得出採樣管之最大採樣體積？

答：

依據「作業環境有害物採樣分析參考方法驗證程序」經由破出測試得出採樣管之最大採樣體積如下述：

1. 破出測試：測試時，導引測試氣體流經採樣介質，其前後之濃度變化則以經校正後之直讀式儀器作線上連續偵測。進行測試時，當採樣介質出口端的氣體濃度大於入口端測試氣體濃度的 5 %，即稱為破出。

   當線上連續偵測不易操作時（如破出濃度太低致直讀式儀器無法有效量測時），則須用一系列之採樣介質（單支固體採集管不去除後段；衝擊式吸收瓶再串聯一吸收瓶）以不同之總採樣時間來採樣，並用儀器分析方法測定前後段的質量。並將後段質量和前段質量的比值相對於測試時間作圖，當後段質量為前段質量 10 % 時，則定義為破出。

2. 破出時間：破出測試所花時間稱之為破出時間，以不少於 60 分鐘為原則，若破出時間長於 4 小時，則以 4 小時為破出時間。

3. 破出體積：為破出時間和測試氣體流率之乘積。

4. 最大採樣體積：以破出體積乘以 0.67 而得。

48 某 PVC 膠帶廠製程如下：

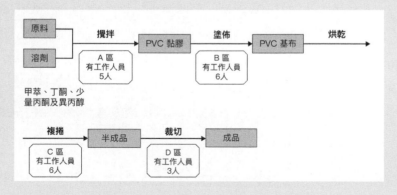

請回答下列問題：

（一） 在訂定作業環境採樣策略時，你會將這些工作的勞工劃分為多少個相似暴露群（Similar Exposure Group，SEG）？理由何在？

（二） 若經作業環境測定後，勞工平均甲苯及丁酮之暴露結果如下：

採樣時間	甲苯（mg／m^3）	丁酮（mg／m^3）
8:00 － 10:30	322	216
10:30 － 12:00	204	283
13:00 － 15:00	368	216
15:00 － 18:00	255	179

已知：甲苯及丁酮之分子量分別為 92 及 72，甲苯及丁酮之 8 小日時量平均容許濃度分別為 100ppm 及 200ppm

試問：在該場所工作之勞工，其暴露是否符合法令之規定？（請例出計算過程）

答：

（一） 相似暴露群（SEGs）定義：一群勞工因為其工作過程的性質（所用的化學物質、其操作方式）及頻率相似，故推測其有相同的暴露實態，該族群勞工稱之為相似暴露群。依上述相似暴露群的定義於在訂定作業環境採樣策略時，劃分如下：在訂定作業環境採樣策略時，將會把這些工作的勞工劃分為三個相似暴露群。

1.A 區工作人員之作業為原料及溶劑之攪拌，暴露於相同之有機溶劑環境。

2.B 區工作人員之作業則為 PVC 黏膠之塗佈，暴露於 PVC 黏膠之環境。

3.C 區及 D 區工作人員之作業則為半成品之複捲及裁切，烘乾之後已經不會有有機溶劑，所以未有特殊化學物品，屬於一般作業區，故劃分為一相似暴露群。

（二） 假設現場環境為 1atm，25℃，所以採樣總體體積不用校正

甲苯時量平均濃度計算

$$\frac{322 \times 2.5 + 204 \times 1.5 + 368 \times 2 + 255 \times 3}{2.5 + 1.5 + 2 + 3} = \frac{2612}{9} = 290.22 \text{ mg/m}^3$$

甲苯之相當 8 小時日時量平均容許濃度：

$$TWA_8 = 290.22 \times \frac{9hr}{8hr} = 326.5 \ mg/m^3$$

$$326.5 \ mg/m^3 \times \frac{24.45}{92} = 86.77 \ ppm$$

丁酮時量平均濃度計算

$$\frac{216 \times 2.5 + 283 \times 1.5 + 216 \times 2 + 179 \times 3}{2.5 + 1.5 + 2 + 3} = \frac{1933.5}{9} = 214.83 \ mg/m^3$$

丁酮之相當 8 小時日時量平均容許濃度：

$$TWA_8 = 214.83 \times \frac{9hr}{8hr} = 241.68 \ mg/m^3$$

$$241.68 \ mg/m^3 \times \frac{24.45}{72} = 82.07 \ ppm$$

甲苯 PEL-STEL 為 125 ppm（100 × 1.25）、丁酮 PEL-STEL 為 250 ppm（200 × 1.25）

甲苯及丁酮各時段之暴露，都小於 PEL-STEL，故短時間暴露符合規定。

作業環境空氣中有兩種以上有害物存在時，就必須考慮該兩種有害物混合後對人體健康所產生的影響。若其相互間效應非屬於相乘效應或獨立效應時，應視為相加效應，並依下列規定計算，其總和大於 1 時，即屬超出容許濃度。

$$\frac{86.77}{100} + \frac{82.07}{200} = 1.28 > 1$$

經計算後得知該勞工之暴露劑量 Dose 1.28 > 1，不符合勞工作業環境空氣中有害物容許濃度標準規定。

49 某鑄造業作業場所其浮游粉塵中二氧化矽的含量經分析後為 35%，該場所之作業勞工暴露情形測定條件及測定結果如下，試評估該勞工暴露情形是否符合規定？

採樣現場之溫度、壓力：25℃、1atm

泵設定的流量：總粉塵（2.0L/min）、可呼吸性粉塵（1.7L/min）

樣品採樣時間及結果如下：

	樣品編號	採樣時間	採樣粉塵定量結果（mg）
總粉塵	T1	08:00 － 12:00	3.02
	T2	13:00 － 14:30	0.85
	T3	14:30 － 17:00	0.25
可呼吸性粉塵	R1	08:00 － 12:00	0.32
	R2	13:00 － 14:30	0.24
	R3	14:30 － 17:00	0.46

答：

已知作業場所浮游粉塵中二氧化矽含量 35%，超過 10% 屬第一種粉塵，

總粉塵容許濃度 $= \dfrac{30mg\,/\,m^3}{35+2} = 0.81$ mg/m³

可呼吸性粉塵容許濃度 $= \dfrac{10mg\,/\,m^3}{35+2} = 0.27$ mg/m³

由於現場環境為 25℃、1atm，所以採樣體積不用校正

總粉塵之各樣本濃度

$$T1 = \frac{3.02mg}{2\dfrac{L}{min} \times 60\dfrac{min}{hr} \times 4hr \times 10^{-3}\dfrac{m^3}{L}} = 6.29 \text{ mg/m}^3$$

$$T2 = \frac{0.85mg}{2\dfrac{L}{min} \times 60\dfrac{min}{hr} \times 1.5hr \times 10^{-3}\dfrac{m^3}{L}} = 4.72 \text{ mg/m}^3$$

$$T3 = \frac{0.25mg}{2\dfrac{L}{min} \times 60\dfrac{min}{hr} \times 2.5hr \times 10^{-3}\dfrac{m^3}{L}} = 0.833 \text{ mg/m}^3$$

總粉塵時量平均濃度計算

$$\frac{6.29 \times 4 + 4.72 \times 1.5 + 0.833 \times 2.5}{4 + 1.5 + 2} = \frac{34.32}{8} = 4.29 \text{ mg/m}^3$$

4.29mg/m³ ＞ 0.81mg/m³，即不符合法規要求

可呼吸性粉塵之各樣本濃度

$$R1 = \frac{0.32\text{mg}}{1.7 \frac{\text{L}}{\text{min}} \times 60 \frac{\text{min}}{\text{hr}} \times 4\text{hr} \times 10^{-3} \frac{\text{m}^3}{\text{L}}} = 0.78 \text{ mg/m}^3$$

$$R2 = \frac{0.24\text{mg}}{1.7 \frac{\text{L}}{\text{min}} \times 60 \frac{\text{min}}{\text{hr}} \times 1.5\text{hr} \times 10^{-3} \frac{\text{m}^3}{\text{L}}} = 1.57 \text{ mg/m}^3$$

$$R3 = \frac{0.46\text{mg}}{1.7 \frac{\text{L}}{\text{min}} \times 60 \frac{\text{min}}{\text{hr}} \times 2.5\text{hr} \times 10^{-3} \frac{\text{m}^3}{\text{L}}} = 1.8 \text{ mg/m}^3$$

可呼吸性粉塵之時量平均濃度計算

$$\frac{0.78 \times 4 + 1.57 \times 1.5 + 1.8 \times 2.5}{4 + 1.5 + 2} = \frac{9.975}{8} = 1.25 \text{ mg/m}^3$$

1.25 mg/m³ ＞ 0.27 mg/m³，即不符合法規要求。

50 某一粉塵作業場所懸浮微粒之游離二氧化矽含量經分析後為 23%，今於現場環境溫度 25℃、大氣壓力 760 mmHg 條件下使用 10 mm 耐龍旋風分離器，做個人可呼吸性粉塵採樣，採樣時間與結果如下表：

採樣時間	濾紙前稱重（mg）	濾紙後稱重（mg）
08:00~11:00	12.675	12.726
11:00~12:00	12.731	12.851
13:00~16:00	12.589	12.637
16:00~17:00	12.447	12.502

假定 2 張空白樣本前後稱重分別減重 0.003 與 0.005mg，試問：

（一） 該勞工該日八小時時量平均暴露濃度為何？答案請取至小數點下二位

（二） 又勞工暴露情況是否符合規定？

答：

10 mm 耐龍旋風分離器採，其可呼吸性粉塵泵浦的流量為 1.7 L/min。

可呼吸性粉塵容許濃度 $= \dfrac{10\text{mg}/\text{m}^3}{23+2} = 0.4$ mg/m³

由於現場環境為 25℃、1 atm，所以採樣體積不用校正

2 張空白樣本前後稱重分別減重 0.003 mg 與 0.005 mg 其算術平均值為 -（0.003+0.005）/2=-0.004 mg

可呼吸性粉塵之各樣本濃度

08:00~11:00: $\dfrac{12.726 - 12.675 - (-0.004)\text{mg}}{1.7\dfrac{\text{L}}{\text{min}} \times 60\dfrac{\text{min}}{\text{hr}} \times 3\text{hr} \times 10^{-3}\dfrac{\text{m}^3}{\text{L}}} = 0.18$ mg/m³

11:00~12:00: $\dfrac{12.851 - 12.731 - (-0.004)\text{mg}}{1.7\dfrac{\text{L}}{\text{min}} \times 60\dfrac{\text{min}}{\text{hr}} \times 1\text{hr} \times 10^{-3}\dfrac{\text{m}^3}{\text{L}}} = 1.216$ mg/m³

13:00~16:00: $\dfrac{12.637 - 12.589 - (-0.004)\text{mg}}{1.7\dfrac{\text{L}}{\text{min}} \times 60\dfrac{\text{min}}{\text{hr}} \times 3\text{hr} \times 10^{-3}\dfrac{\text{m}^3}{\text{L}}} = 0.17$ mg/m³

16:00~17:00: $\dfrac{12.502 - 12.447 - (-0.004)\text{mg}}{1.7\dfrac{\text{L}}{\text{min}} \times 60\dfrac{\text{min}}{\text{hr}} \times 1\text{hr} \times 10^{-3}\dfrac{\text{m}^3}{\text{L}}} = 0.58$ mg/m³

可呼吸性粉塵之時量平均濃度計算

$$\frac{0.18 \times 3 + 1.216 \times 1 + 0.17 \times 3 + 0.58 \times 1}{3 + 1 + 3 + 1} = \frac{2.846}{8} = 0.356 \text{ mg/m}^3$$

0.356 mg/m^3 < 0.4 mg/m^3，即勞工暴露於可呼吸性粉塵情況，符合法規要求。

※ 特別注意旋風分離器的流率要自己背起來：

1.SKC 鋁製旋風分離器 :2.5 L/min

2.Dorr-Oliver 10 mm 尼龍材質之旋風分離器 :1.7 L/min

51　環境條件為 30℃，750 mmHg 條件下實施一噴漆作業工人甲苯（C_7H_8）暴露之空氣採樣，相關資料如下所示：

採樣時間	流量率	甲苯採樣總量
8AM~9AM	100ml/min	0.003g
9AM~12Noon	100ml/min	0.009g
1PM~3PM	100ml/min	0.005g
3PM~5PM	100ml/min	0.004g

試問該工人暴露之八小時時量平均濃度應為多少 ppm ？（答案請取至小數點下一位）

答：

校正後之採樣體積（V_2）＝採樣總體積（V_1）$\times \dfrac{P_1}{P_2} \times \dfrac{T_2}{T_1}$

採樣總體積 $\times \dfrac{750}{760} \times \dfrac{298}{303} =$ 校正後採樣體積

採樣總體積 $\times 0.97 =$ 校正後採樣體積

各時段甲苯採樣濃度：

8AM~9AM 　$\dfrac{0.003\text{g} \times 1000 \dfrac{\text{mg}}{\text{g}}}{100 \dfrac{\text{ml}}{\text{min}} \times 60 \dfrac{\text{min}}{\text{hr}} \times 1\text{hr} \times 0.97 \times 10^{-6} \dfrac{\text{m}^3}{\text{ml}}} = 515.46 \text{ mg/m}^3$

$$9AM \sim 12AM \quad \frac{0.009g \times 1000 \frac{mg}{g}}{100 \frac{ml}{min} \times 60 \frac{min}{hr} \times 3hr \times 0.97 \times 10^{-6} \frac{m^3}{ml}} = 515.46 \text{ mg/m}^3$$

$$1PM \sim 3PM \quad \frac{0.005g \times 1000 \frac{mg}{g}}{100 \frac{ml}{min} \times 60 \frac{min}{hr} \times 2hr \times 0.97 \times 10^{-6} \frac{m^3}{ml}} = 429.55 \text{ mg/m}^3$$

$$3AM \sim 5AM \quad \frac{0.004g \times 1000 \frac{mg}{g}}{100 \frac{ml}{min} \times 60 \frac{min}{hr} \times 2hr \times 0.97 \times 10^{-6} \frac{m^3}{ml}} = 343.64 \text{ mg/m}^3$$

甲苯 8 小時時量平均濃度計算

$$\frac{515.46 \times 1 + 515.46 \times 3 + 429.55 \times 2 + 343.64 \times 2}{1 + 3 + 2 + 2} = \frac{3608.22}{8} = 451 \text{ mg/m}^3$$

$$451 \text{mg/m}^3 \times \frac{24.45}{92} = 119.9 \text{ppm}$$

52 以可呼吸性旋風分離器在一粉塵作業環境，進行 8 小時連續分徑採樣後，發現濾紙採樣前重平均為 1.68625g，濾紙採樣後重平均為 1.68745g（採樣前後均置放於恆溫恆濕箱內調節）。秤重時除了以靜電中和器減少濾紙秤重干擾以外，並以濾紙標準片（持續置放於恆溫恆濕箱內調節）進行比對校正，且已知採樣前濾紙標準片平均重量為 1.68812g，採樣後濾紙標準片重量平均為 1.68802g。此採樣組合於採樣前之幫浦採樣流率校正值平均為 2.500L/min，採樣後幫浦採樣流率校正值平均為 2.405L/min。而採樣後之濾紙以標準 X 射線繞射分析（X-RAY Diffraction,XRD）其成分，得知含有結晶型游離二氧化矽成分占 16%。

（一）8 小時採樣中，可呼吸性粉塵內含之結晶型游離二氧化矽平均濃度為多少 mg/m³？

（二）8 小時採樣中，含結晶型游離二氧化矽之可呼吸性粉塵平均濃度，是否超過法規容許濃度值？請列出計算式證明。

（三）若廠內進行工程控制一段時間後，選擇以總粉塵進行 8 小時連續採樣，發現採樣後濾紙以標準 XRD 分析後，仍含有結晶型游離二氧化矽平均濃度 11%，請問在此種狀況時，含結晶型游離二氧化矽粉塵之法規總粉塵容許濃度值為多少 mg/m³？

答：

（一）採樣泵使用前後應實施流量校正，容許誤差為採樣前後 ±5%，當採樣流率超過此範圍應予廢棄。

（2.405-2.500）/2.5

$$\frac{(2.405 - 2.500)}{2.500} \times 100\% = -3.8\% < 5\% \rightarrow 符合規定$$

（2.500 + 2.405）/2 = 2.453 L/min

$$\frac{[(1.68745 - 1.68625) - (1.68802 - 1.68812)]\,g \times 1000 \frac{mg}{g}}{2.453 \frac{L}{min} \times 60 \frac{min}{hr} \times 8hr \times 10^{-3} \frac{m^3}{L}}$$

$$= \frac{1.3mg}{2.453 \frac{L}{min} \times 60 \frac{min}{hr} \times 8hr \times 10^{-3} \frac{m^3}{L}} = 1.1\ mg/m^3$$

採樣後濾紙含有結晶型游離二氧化矽平均濃度 16%，所以可呼吸性粉塵內含之結晶型游離二氧化矽平均濃度計算如下

1.1 mg/m³ × 16% = 0.176 mg/m³

（二）可呼吸性粉塵容許濃度 $= \dfrac{10mg/m^3}{16+2} = 0.556\ mg/m^3$

可呼吸性粉塵的 8 小時日時量平均濃度由（一）計算得知為 1.1 mg/m³

1.1 mg/m³ > 0.556 mg/m³，即不符合法規要求。

（三）因總粉塵含有結晶型游離二氧化矽平均濃度占 11%，超過 10% 屬第一種粉塵，依法規其總粉塵容許濃度值計算如下：

總粉塵容許濃度 $= \dfrac{30mg/m^3}{11+2} = 2.31\ mg/m^3$

53 某工廠噴漆作業使用有機溶劑，其成分為甲苯、二甲苯，以最大暴露危害群採樣時，用活性碳管為吸附介質評估勞工之暴露情形，測定條件及測定結果如下，試評估該勞工之暴露是否符合規定。採樣現場之溫度、壓力：27℃，760 mmHg，校準現場之溫度、壓力：25℃，750 mmHg。

使用計數型採樣設備 $F_{Tc,Pc}$ =100 ml/min

樣本編號	採樣時間	樣本分析結果 W（mg）	
		甲苯 [a]	甲苯 [b]
1	08:00~12:00	4.7	6.1
2	13:00~17:00	5.4	5.8

a. 甲苯脫附效率 95%

b. 二甲苯脫附效率 96%

答：

題目怪怪的，應該是現場之溫度、壓力：27℃，750mmHg，校準現場之溫度、壓力：25℃，760mmHg 才對，因為依勞工作業場所容許暴露標準，汙染物的濃度是指溫度在攝氏：25℃、1 大氣壓條件下，每立方公尺空氣中粒狀或氣狀有害物之毫克數或 ppm，所以體積校正如下：

校正後之採樣體積（V_2）= 採樣總體積（V_1）× $\dfrac{P_1}{P_2}$ × $\dfrac{T_2}{T_1}$

採樣總體積 $\times \dfrac{750}{760} \times \dfrac{298}{300}$ = 校正後採樣體積

採樣總體積 ×0.98= 校正後採樣體積

各時段甲苯（脫附效率為 95%）採樣濃度：

08:00~12:00：$\dfrac{4.7\text{mg}}{100\dfrac{\text{ml}}{\text{min}} \times 60\dfrac{\text{min}}{\text{hr}} \times 4\text{hr} \times 0.98 \times 10^{-6}\dfrac{\text{m}^3}{\text{ml}}} \times \dfrac{100}{95} = 210.35$ mg/m³

13:00~17:00：$\dfrac{5.4\text{mg}}{100\dfrac{\text{ml}}{\text{min}} \times 60\dfrac{\text{min}}{\text{hr}} \times 4\text{hr} \times 0.98 \times 10^{-6}\dfrac{\text{m}^3}{\text{ml}}} \times \dfrac{100}{95} = 241.68$ mg/m³

甲苯 8 小時時量平均濃度計算

$\dfrac{210.35 \times 4 + 241.68 \times 4}{4 + 4} = \dfrac{1808.12}{8} = 226$ mg/m³

甲苯分子量為 :92、8 小時日時量平均容許濃度為 100 ppm

$$226 \text{ mg/m}^3 \times \frac{24.45}{92} = 60.06 \text{ ppm}$$

各時段二甲苯（脫附效率為 96%）採樣濃度：

08:00~12:00：$\dfrac{6.1\text{mg}}{100\dfrac{\text{ml}}{\text{min}} \times 60\dfrac{\text{min}}{\text{hr}} \times 4\text{hr} \times 0.98 \times 10^{-6}\dfrac{\text{m}^3}{\text{ml}}} \times \dfrac{100}{96} = 270.16 \text{ mg/m}^3$

13:00~17:00：$\dfrac{5.8\text{mg}}{100\dfrac{\text{ml}}{\text{min}} \times 60\dfrac{\text{min}}{\text{hr}} \times 4\text{hr} \times 0.98 \times 10^{-6}\dfrac{\text{m}^3}{\text{ml}}} \times \dfrac{100}{96} = 256.87 \text{ mg/m}^3$

二甲苯 8 小時時量平均濃度計算

$$\frac{270.16 \times 4 + 256.87 \times 4}{4 + 4} = \frac{2108.12}{8} = 263.515 \text{ mg/m}^3$$

二甲苯分子量為 :106、8 小時日時量平均容許濃度為 100 ppm

$$263.515 \text{ mg/m}^3 \times \frac{24.45}{106} = 60.78 \text{ ppm}$$

甲苯 PEL-STEL 為 125 ppm（100×1.25）= 4 70.35 mg/m³、

二甲苯 PEL-STEL 為 125 ppm （100×1.25）= 541.92 mg/m³，

甲苯及二甲苯各時段之暴露，都小於 PEL-STEL，故短時間暴露符合規定

作業環境空氣中有兩種以上有害物存在時，就必須考慮該兩種有害物混合後對人體健康所產生的影響。若其相互間效應非屬於相乘效應或獨立效應時，應視為相加效應，並依下列規定計算，其總和大於 1 時，即屬超出容許濃度。

$$\frac{60.06}{100} + \frac{60.78}{100} = 1.21 > 1$$

但經計算後得知該勞工之暴露劑量 Dose 1.21 > 1，不符合勞工作業環境空氣中有害物容許濃度標準規定。

54 林君平日工作同時接觸甲、乙、丙、丁四種有機溶劑，一日作業暴露時間為 10 小時，假定於溫度 33℃、大氣壓力 755 mmHg 條件下實施全程個人空氣採樣，採樣流量率 50 mL/min，樣本分析如下表，試問林君當日之暴露是否符合法令？

有機溶劑 / 莫爾分子量	採集質量(mg)	8 小時日時量平均容許濃度	毒性標的器官
甲 /124	6.6	100ppm	中樞神經毒性
乙 /148	8.4	200ppm	中樞神經毒性
丙 /114	6.2	100ppm	肝臟毒性
丁 /96	2.1	50ppm	肝臟毒性

答：

校正後之採樣體積（V_2）= 採樣總體積（V_1）$\times \dfrac{P_1}{P_2} \times \dfrac{T_2}{T_1}$

採樣總體積 X $\dfrac{755}{760}$ x $\dfrac{298}{306}$ = 校正後採樣體積

採樣總體積 $\times 0.97$ = 校正後採樣體積

各化學物質採樣濃度：

甲：$\dfrac{6.6mg}{50\dfrac{ml}{min} \times 60\dfrac{min}{hr} \times 10hr \times 0.97 \times 10^{-6}\dfrac{m^3}{ml}}$ = 226.8 mg/m³

= 226.8 mg/m³ $\times \dfrac{24.45}{124}$ = 44.72 ppm

乙：$\dfrac{8.4mg}{50\dfrac{ml}{min} \times 60\dfrac{min}{hr} \times 10hr \times 0.97 \times 10^{-6}\dfrac{m^3}{ml}}$ = 288.66 mg/m³

= 288.66 mg/m³ $\times \dfrac{24.45}{148}$ = 47.69 ppm

丙：$\dfrac{6.2mg}{50\dfrac{ml}{min} \times 60\dfrac{min}{hr} \times 10hr \times 0.97 \times 10^{-6}\dfrac{m^3}{ml}}$ = 213.06 mg/m³

= 213.06 mg/m³ $\times \dfrac{24.45}{114}$ = 45.7 ppm

丁：$\dfrac{2.1mg}{50\dfrac{ml}{min} \times 60\dfrac{min}{hr} \times 10hr \times 0.97 \times 10^{-6}\dfrac{m^3}{ml}}$ = 72.16 mg/m³

= 72.16 mg/m³ $\times \dfrac{24.45}{96}$ = 18.38 ppm

各化學物質之相當 8 小時日時量平均濃度：

丁酮之相當 8 小時日時量平均容許濃度：

甲之 $TWA_8 = 44.72 \times \dfrac{10hr}{8hr}$ = 55.9 ppm

$$乙之TWA_8 = 47.69 \times \frac{10hr}{8hr} = 59.61 \text{ ppm}$$

$$丙之TWA_8 = 45.7 \times \frac{10hr}{8hr} = 57.125 \text{ ppm}$$

$$丁之TWA_8 = 18.38 \times \frac{10hr}{8hr} = 22.975 \text{ ppm}$$

作業環境空氣中有兩種以上有害物存在時，就必須考慮該兩種有害物混合後對人體健康所產生的影響。若其相互間效應非屬於相乘效應或獨立效應時，應視為相加效應，並依下列規定計算，其總和大於 1 時，即屬超出容許濃度，所以甲和乙、丙和丁分別為相加效應。

中樞神經毒性（甲和乙）之暴露情形：

$$\frac{55.9}{100} + \frac{59.61}{200} = 0.86 < 1 \text{，符合法規要求}$$

肝臟毒性（丙和丁）之暴露情形：

$$\frac{57.125}{100} + \frac{22.975}{50} = 1.03 > 1 \text{，不符合法規要求}$$

林君對於肝臟毒性化學物品暴露之情形不合規定

---

55 在某一工作場所測定之化合物濃度如下（注意：採樣時間不同）

時間	am8-10	am10-12	pm1-2	pm2-5
A 化合物（ppm）	3.6	4.8	6.2	3.3
B 化合物（ppm）	0.56	0.87	0.42	0.15
C 化合物（ppm）	32	26	10	16
D 化合物（ppm）	2.5	6.2	4.3	4.4

（一） 請問此環境測定之時量平均濃度（TWA）為何？

（二） 如果此四種化合物之 PEL–TWA 分別為 4.5 ppm、0.6 ppm、20 ppm 及 4.5 ppm，請問此工廠環境暴露濃度是否合格？

（三） 如果要進行進一步測試，請問如何進行？考慮因素有那些？（5 分）

答：

（一） 各化合物之時量平均濃度

$$A \text{ 化合物之時量平均濃度} = \frac{3.6 \times 2 + 4.8 \times 2 + 6.2 \times 1 + 3.3 \times 3}{2 + 2 + 1 + 3}$$

$$= \frac{32.9}{8} = 4.113 \text{ ppm}$$

$$B \text{ 化合物之時量平均濃度} = \frac{0.56 \times 2 + 0.87 \times 2 + 0.42 \times 1 + 0.15 \times 3}{2 + 2 + 1 + 3}$$

$$= \frac{3.73}{8} = 0.466 \text{ ppm}$$

$$C \text{ 化合物之時量平均濃度} = \frac{32 \times 2 + 26 \times 2 + 10 \times 1 + 16 \times 3}{2 + 2 + 1 + 3}$$

$$= \frac{174}{8} = 21.75 \text{ ppm}$$

$$D \text{ 化合物之時量平均濃度} = \frac{2.5 \times 2 + 6.2 \times 2 + 4.3 \times 1 + 4.4 \times 3}{2 + 2 + 1 + 3}$$

$$= \frac{34.9}{8} = 4.363 \text{ ppm}$$

（二）　A 化合物之 PEL-STEL 為 9 ppm（4.5×2）、

B 化合物之 PEL-STEL 為 1.8 ppm（0.6×3）、

C 化合物之 PEL-STEL 為 30 ppm（20×1.5）、

D 化合物之 PEL-STEL 為 9 ppm（4.5×2）

C 化合物在 am8-10 時段之暴露，因 32>30 ppm 超過 PEL-STEL，故短時間暴露不符合規定

依題目所述，採樣時間不同，如假設 A、B、C、D 四種化合物不同時存在，各化合物分別評估時計算如下：

$$A \text{ 化合物} = \frac{4.113}{4.5} = 0.914 < 1，符合法規要求$$

$$B \text{ 化合物} = \frac{0.466}{0.6} = 0.78 < 1，符合法規要求$$

$$C \text{ 化合物} = \frac{21.75}{20} = 1.0875 > 1，不符合法規要求$$

$$D \text{ 化合物} = \frac{4.363}{4.5} = 0.97 < 1，符合法規要求$$

（三）　作業環境空氣中有兩種以上有害物存在時，就必須考慮該兩種有害物混合後對人體健康所產生的影響。若其相互間效應非屬於相乘效應或獨立效應時，應視為相加效應，並依下列規定計算，其總和大於 1 時，即屬超出容許濃度，

$$\frac{4.113}{4.5} + \frac{0.466}{0.6} + \frac{21.75}{20} + \frac{4.363}{4.5} = 3.7 > 1，不符合法規要求。$$

56 某一有機溶劑作業場所內勞工暴露甲、乙、丙三種物質，其中甲物質與乙物質屬中樞神經毒性，丙物質屬肝臟毒性，今執行勞工個人空氣採樣後所得各物質濃度（ppm）如下表（假設環境條件為常溫常壓）。

時間	甲物質	乙物質	丙物質
08:00~11:00	30	3	0.5
11:00~12:00	80	10	0.8
13:00~14:00	60	12	0.6
14:00~17:00	40	2	0.2

假設甲、乙、丙三種物質八小時時量平均容許濃度分別為 100 ppm、10 ppm、1 ppm，試以計算式說明該名勞工之暴露是否合乎法令？

答：

各物質之時量平均濃度

甲物質之時量平均濃度 $= \dfrac{30 \times 3 + 80 \times 1 + 60 \times 1 + 40 \times 3}{3+1+1+3} = \dfrac{350}{8} = 43.75\ \text{ppm}$

乙物質之時量平均濃度 $= \dfrac{3 \times 3 + 10 \times 1 + 12 \times 1 + 2 \times 3}{3+1+1+3} = \dfrac{37}{8} = 4.625\ \text{ppm}$

丙物質之時量平均濃度 $= \dfrac{0.5 \times 3 + 0.8 \times 1 + 0.6 \times 1 + 0.2 \times 3}{3+1+1+3} = \dfrac{3.5}{8} = 0.4375\ \text{ppm}$

A 化合物之 PEL-STEL 為 125 ppm（100×1.25）、

B 化合物之 PEL-STEL 為 15 ppm（10×1.5）、

C 化合物之 PEL-STEL 為 2 ppm（1×2），各時段之暴露，都小於 PEL-STEL，故短時間暴露符合規定。

作業環境空氣中有兩種以上有害物存在時，就必須考慮該兩種有害物混合後對人體健康所產生的影響。若其相互間效應非屬於相乘效應或獨立效應時，應視為相加效應，並依下列規定計算，其總和大於 1 時，即屬超出容許濃度，

$\dfrac{43.75}{100} + \dfrac{4.625}{10} + \dfrac{0.4375}{1} = 1.34 > 1$，不符合法規要求。

57 某一作業場所使用甲苯（Toluene）及丁酮（Methyl Ethyl Ketone,MEK）混合有機溶劑作業。某日（溫度為 27℃，壓力為 750mmHg）對該場所之勞工甲進行暴露評估，其現場採樣及樣本分析結果如下表。若採樣現場溫度、壓力與校正現場相同，且其採樣設備為計數型流量計（流速為 100cc/min）、活性碳管（脫附效率為 95%），請評估勞工甲的暴露是否符合法令的規定並例出計算式。

採樣編號	採樣時間	樣本分析結果	
		甲苯（mg）	丁酮（mg）
1	08:00~10:30	3.0	4.0
2	10:30~12:00	1.5	2.5
3	13:00~15:00	2.5	3.0
4	15:00~17:00	3.0	2.0
分子量		92	72
8 小時日時量平均容許濃度（ppm）		100	200

答：

校正後之採樣體積（V_2）＝採樣總體積（V_1）$\times \dfrac{P_1}{P_2} \times \dfrac{T_2}{T_1}$

採樣總體積 $\times \dfrac{750}{760} \times \dfrac{298}{300}$ ＝校正後採樣體積

採樣總體積 $\times 0.98$＝校正後採樣體積

各時段甲苯（脫附效率為 95%）採樣濃度：

08:00~10:30 $\dfrac{3mg}{100\dfrac{ml}{min} \times 60\dfrac{min}{hr} \times 2.5hr \times 0.98 \times 10^{-6}\dfrac{m^3}{ml}} \times \dfrac{100}{95} = 214.82 \ mg/m^3$

10:30~12:00 $\dfrac{1.5mg}{100\dfrac{ml}{min} \times 60\dfrac{min}{hr} \times 1.5hr \times 0.98 \times 10^{-6}\dfrac{m^3}{ml}} \times \dfrac{100}{95} = 179.02 \ mg/m^3$

13:00~15:00 $\dfrac{2.5mg}{100\dfrac{ml}{min} \times 60\dfrac{min}{hr} \times 2hr \times 0.98 \times 10^{-6}\dfrac{m^3}{ml}} \times \dfrac{100}{95} = 223.77 \ mg/m^3$

15:00~17:00 $\dfrac{3mg}{100\dfrac{ml}{min} \times 60\dfrac{min}{hr} \times 2hr \times 0.98 \times 10^{-6}\dfrac{m^3}{ml}} \times \dfrac{100}{95} = 268.53 \ mg/m^3$

甲苯 8 小時時量平均濃度計算

$$\frac{214.82 \times 2.5 + 179.02 \times 1.5 + 223.77 \times 2 + 268.53 \times 2}{2.5 + 1.5 + 2 + 2} = \frac{1790.18}{8} = 223.77 \text{ mg/m}^3$$

甲苯分子量為 :92、8 小時日時量平均容許濃度為 100 ppm

$$223.77 \text{mg/m}^3 \times \frac{24.45}{92} = 59.47 \text{ ppm}$$

各時段丁酮（脫附效率為 95%）採樣濃度 :

08:00~10:30 $\dfrac{4\text{mg}}{100\dfrac{\text{ml}}{\text{min}} \times 60\dfrac{\text{min}}{\text{hr}} \times 2.5\text{hr} \times 0.98 \times 10^{-6}\dfrac{\text{m}^3}{\text{ml}}} \times \dfrac{100}{95} = 286.43 \text{ mg/m}^3$

10:30~12:00 $\dfrac{2.5\text{mg}}{100\dfrac{\text{ml}}{\text{min}} \times 60\dfrac{\text{min}}{\text{hr}} \times 1.5\text{hr} \times 0.98 \times 10^{-6}\dfrac{\text{m}^3}{\text{ml}}} \times \dfrac{100}{95} = 298.36 \text{ mg/m}^3$

13:00~15:00 $\dfrac{3\text{mg}}{100\dfrac{\text{ml}}{\text{min}} \times 60\dfrac{\text{min}}{\text{hr}} \times 2\text{hr} \times 0.98 \times 10^{-6}\dfrac{\text{m}^3}{\text{ml}}} \times \dfrac{100}{95} = 268.53 \text{ mg/m}^3$

15:00~17:00 $\dfrac{2\text{mg}}{100\dfrac{\text{ml}}{\text{min}} \times 60\dfrac{\text{min}}{\text{hr}} \times 2\text{hr} \times 0.98 \times 10^{-6}\dfrac{\text{m}^3}{\text{ml}}} \times \dfrac{100}{95} = 179.02 \text{ mg/m}^3$

丁酮 8 小時時量平均濃度計算

$$\frac{286.43 \times 2.5 + 298.36 \times 1.5 + 268.53 \times 2 + 179.02 \times 2}{2.5 + 1.5 + 2 + 2} = \frac{2058.715}{8} = 257.34 \text{ mg/m}^3$$

丁酮分子量為 :72、8 小時日時量平均容許濃度為 200 ppm

$$257.34 \text{ mg/m}^3 \times \frac{24.45}{92} = 68.39 \text{ ppm}$$

甲苯 PEL-STEL 為 125 ppm（100×1.25）= 470.35 mg/m^3、

丁酮 PEL-STEL 為 250 ppm（200×1.25）= 736.2 mg/m^3，

甲苯及丁酮各時段之暴露，都小於 PEL-STEL，故短時間暴露符合規定。

作業環境空氣中有兩種以上有害物存在時，就必須考慮該兩種有害物混合後對人體健康所產生的影響。若其相互間效應非屬於相乘效應或獨立效應時，應視為相加效應，並依下列規定計算，其總和大於 1 時，即屬超出容許濃度。

$$\frac{60.06}{100} + \frac{60.78}{100} = 1.21 > 1$$

但經計算後得知該勞工之暴露劑量 (Dose)1.21 > 1，不符合勞工作業環境空氣中有害物容許濃度標準規定。

58 某工廠有石綿暴露狀況，今擬進行勞工個人暴露評估，假設現場的濃度為 0.5 f/cc，為達到石綿鏡檢之可行範圍 **100-1,300 f/mm²**，若規劃為 2 個 4 小時採樣及規劃為 8 小時採樣，請問採樣流率之上限及下限分別應為多少？

答：

因為依照石綿採樣分析建議方法，採樣泵流率 0.5 公升 / 分鐘以上，為使達到適合計數之纖維密度（100 ～ 1300 根纖維 / 毫米），採樣時間預估公式如下：

$$t = \frac{A_c \times E}{Q \times L \times 1000} \text{ min}$$

A_c：濾膜有效收集面積，例如直徑 25 厘米濾膜為 385 厘米平方。

E：纖維密度（根纖維 / 毫米平方）

Q：採樣泵流率（公升 / 分鐘）

L：纖維濃度（根纖維 / 毫升）

（一）規劃 2 個 4 小時採樣流率上下限方式如下：

所以採樣流率上限 Q_{max}

$$Q_{max} = \frac{A_c \times E}{t \times L \times 10} = \frac{385mm^2 \times 1300 \frac{f}{mm^2}}{4hr \times 60 \frac{min}{hr} \times 0.5 \frac{f}{cc} \times 1000 \frac{cc}{L}} = 4.171 \text{ L/min}$$

上限 4.171 L/min < 16 L/min，故可以符合石綿採樣分析建議方法，上限值可以設定為 4.171 L/min。

採樣流率下限 Q_{min} 預估如下：

$$Q_{min} = \frac{A_c \times E}{t \times L \times 10} = \frac{385mm^2 \times 100 \frac{f}{mm^2}}{4hr \times 60 \frac{min}{hr} \times 0.5 \frac{f}{cc} \times 1000 \frac{cc}{L}} = 0.321 \text{ L/min}$$

0.321 L/min < 0.5 L/min，故採樣流率下限仍要設定為 0.5 L/min 才能符合石綿採樣分析建議方法，所以最小採樣流率下限應為 0.5 L/min，並且至少需採 2 個採樣樣本後，再以多樣本採樣之方式來估算濃度，才得進行勞工個人暴露評估。

$$t = \frac{385mm^2 \times 100 \frac{f}{mm^2}}{0.5 \frac{L}{min} \times 0.5 \frac{f}{cc} \times 1000 \frac{cc}{L}} = 154 \text{ min}$$

$$\dfrac{4\text{hr}\times 60\dfrac{\min}{\text{hr}}}{} \div 154 \text{ min} = 1.56 \text{,所以在採樣流率 0.5 L/min 進行 4 小時的採樣至}$$

少需要 2 個採樣樣本。

（二）規劃 8 小時採樣流率上下限方式如下：

所以採樣流率上限 Q_{max}

$$Q_{max} = \dfrac{A_c \times E}{t \times L \times 10} = \dfrac{385\text{mm}^2 \times 1300\dfrac{f}{\text{mm}^2}}{8\text{hr}\times 60\dfrac{\min}{\text{hr}}\times 0.5\dfrac{f}{\text{cc}}\times 1000\dfrac{\text{cc}}{L}} = 2.09 \text{ L/min}$$

上限 2.09 L/min<16 L/min，故可以符合石綿採樣分析建議方法，上限值可以設定為 2.09 L/min。

採樣流率下限 Q_{min} 估預估如下：

$$Q_{min} = \dfrac{A_c \times E}{t \times L \times 10} = \dfrac{385\text{mm}^2 \times 100\dfrac{f}{\text{mm}^2}}{8\text{hr}\times 60\dfrac{\min}{\text{hr}}\times 0.5\dfrac{f}{\text{cc}}\times 1000\dfrac{\text{cc}}{L}} = 0.16 \text{ L/min}$$

0.16 L/min < 0.5 L/min，故採樣流率下限仍要設定為 0.5 L/min 才能符合石綿綿採樣分析建議方法，所以最小採樣流率下限應為 0.5 L/min，並且至少需採 4 個採樣樣本後，再以多樣本採樣之方式來估算濃度，才得進行勞工個人暴露評估。

$$t = \dfrac{385\text{mm}^2 \times 100\dfrac{f}{\text{mm}^2}}{0.5\dfrac{L}{\min}\times 0.5\dfrac{f}{\text{cc}}\times 1000\dfrac{\text{cc}}{L}} = 154 \text{ min,}$$

$$8\text{hr}\times 60\dfrac{\min}{\text{hr}} \div 154 \text{ min} = 3.12 \text{,所以在採樣流率 0.5 L/min 進行 8 小時的採樣至少}$$

需要 4 個採樣樣本。

---

59 某混合物中含 A 物質 25 ％（TLV 1,370 mg/m³），B 物質 15 ％（TLV 377 mg/m³），其餘為 C 物質（TLV 525 mg/m³），請問此混合物之 TLV 為何？（請明計算過程。）

答：

$$此混合物之 TLV = \dfrac{100}{\dfrac{V_1}{TLV_1}+\dfrac{V_2}{TLV_2}+\dfrac{V_3}{TLV_3}} = \dfrac{100}{\dfrac{25}{1370}+\dfrac{15}{377}+\dfrac{60}{525}} = 580.3 \text{ mg/m}^3$$

60 一種工業液體含 50% heptane，30% methyl chloroform，20% tetrachloroethylene，其中個別成分的 TLV 分別是 heptane：1,640 mg/m³，methyl chloroform：1,910 mg/m³，tetrachloroethylene：170 mg/m³，請問這個混合液在 25°C、一大氣壓情況下的 TLV 是多少 ppm ？

答：

heptane 正庚烷 (C_7H_{16}) 分子量 $= 100$

$1640 \text{ mg/m}^3 \times \dfrac{24.45}{100} = 400.98 \text{ ppm}$

methyl chloroform 1,1,1- 三氯乙烷 $(C_2H_3Cl_3)$ 分子量 $= 133.5$

$1910 \text{ mg/m}^3 \times \dfrac{24.45}{133.5} = 349.81 \text{ ppm}$

etrachloroethylene 四氯乙烯 (C_2Cl_4) 分子量 $= 166$

$170 \text{ mg/m}^3 \times \dfrac{24.45}{166} = 25.04 \text{ ppm}$

此混合物之 $TLV = \dfrac{100}{\dfrac{V_1}{TLV_1} + \dfrac{V_2}{TLV_2} + \dfrac{V_3}{TLV_3}} = \dfrac{100}{\dfrac{50}{400.98} + \dfrac{30}{349.81} + \dfrac{20}{25.04}} = 99.09 \text{ ppm}$

2. 環境監測數據應用

（1）基本概念

依勞工作業環境監測實施辦法，實施作業環境監測前，應就作業環境危害特性、監測目的及中央主管機關公告之「相關指引」等，規劃採樣策略，並訂定作業環境監測計畫，確實執行，並依實際需要檢討更新；而在數據分析及評估，必須依監測數據規劃統計分析、歷次監測結果比較及監測成效之評估方式。

從採樣前之準備、儀器校正，採樣、樣品之運輸儲存到分析，每一過程都可能產生誤差。所以採樣所得之結果，只能代表勞工暴露之估計值。如果只有單一次的數據，經由數據的結果無法判別環境的誤差，僅能判別作業環境監測技術的誤差，期造成誤差的原因如下：

- 分析誤差：因為人員技術的限制或儀器之不穩定所產生之誤差。

- 採樣誤差：因為樣品吸附效率、脫附效率、儲存穩定性等因素所產生的誤差。

■ 環境誤差：因為同一 SEG（相似暴露族群）內，不同人員，不同時間、環境變異所產生的差異。

A. 針對監測數據的分析

如果在監測前，善用觀察法並建立佐證資料，找出最高危險時間，即可以利用單次的偵測數據和容許暴露標準互相比較，以判定是否有可能高於容許暴露標準。但單一次的數據，經由數據的結果無法判別環境（人與人間，天與天之間）的誤差，僅能判別作業環境監測技術 (採樣和分析技術) 的誤差。所以 " 測定結果濃度為測定結果濃度為 TWA 時，加上誤差（Error），就會有一數據區間，實際之濃度會處在可信度下限（LCL）與可信度上限（UCL）之間

LCL=TWA–Error

UCL=TWA+Error

PEL: 時量平均容許濃度 TWA-PEL

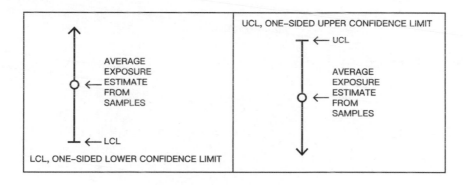

是否超過暴露標準的考量則如下：

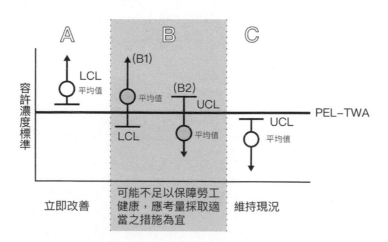

時量平均濃度須以統計方法來估計 95％信賴區間之信賴上限 (Upper Confidence Level，UCL95％) 及下限 (Lower Confidence Level，LCL95%)， 以採樣所得之時量平均濃度（TWA）求得之下限要超過於 TWA-PEL 才可算為違法，當其上限低於 TWA-PEL 視為符合法令維持現況即可。

全程單一樣品採樣 (Full Perios Single Sample): 即法令規定時間內，只採一個樣品

95％信賴上限（Upper Confidence Level，UCL）= $\bar{X}$ +1.645 α = $\bar{X}$ +1.645CV_T*PEL（公式 3-2-04）

95% 信賴下限（Lower Confidence Level，LCL）$\bar{X}$ -1.645 α = $\bar{X}$ -1.645CV_T*PEL

也就是距「採樣所得之時量平均濃度」有 1.645 個標準差時，能夠涵蓋估計母群體平均值（ μ ）的機率為 95%。 $\bar{X}$: 採樣所得之時量平均濃度（TWA）。

$\bar{X}$: 單一樣品之監測值。

α : 標準偏差（standard error）

CV_T × PEL= α （標準偏差，standard error）

CV_T :總變異係數。（採樣變異係數＋分析變異係數；可由公告之採樣分析方法中查詢）

1.645: 統計學上是 95% 信賴區間的關鍵值（單尾面積為 5% 時）。

上述式基本的判定方式，亦可將測定結果之濃度標準化後除以容許濃度標準化後求得暴露嚴重度來進行判定改寫如下：

95％信賴上限（Upper Confidence Level，UCL）=Y+1.645CV_T

95％信賴下限（Lower Confidence Level，LCL）=Y-1.645CV_T

Y（暴露嚴重度）= X/PEL

$UCL_{95\%}$ ≦ 1，不違反

$LCL_{95\%}$ ＞ 1，違反

$LCL_{95\%}$ ≦ 1 及 $UCL_{95\%}$ ＞ 1，可能過暴露

上述是全程單一樣品採樣的判定方式，若為全程多樣品連續採樣，則精確及估計的算法分別由下式說明，環境監測的暴露評估就是透過現場採樣得到的樣本數據來計算推估環境最高濃度的暴露分布，估計的算法就是要以抽樣的樣本標準差來推估母體標準差（б），必須要將樣本標準差除以樣本數開根號（√n）才會是母體標準差（б）的不偏估計值，先將上列

式子在除以 PEL 後求得暴露嚴重度，再依統計方法計算 95% 可信度之可信賴下限（$LCL_{95\%}$），作為測定結果勞工暴露之代表濃度，同一個事業單位只要有 1 個以上勞工測定結果中有 $LCL_{95\%} > 1$ 之情形，就可以認定該事業單位不符合勞工作業環境空氣中有害物容許濃度標準規定，必須輔以後續之改善措施。

全程多樣品連續採樣 - 均勻暴露（Full period uniform exposures with multiple samples）：
現場環境沒有太大的濃度變化，並在法令規定時間內，連續採了 2 個以上之樣本。

精確算法如下：公式 3-2-2-02

$$95\%\text{ 信賴區間的下限（}LCL_{95\%}\text{）} = \frac{\overline{X}}{PEL} - 1.645 * CV_T * \frac{\sqrt{T_1^2 X_1^2 + T_2^2 X_2^2 + ... + T_n^2 X_n^2}}{T_1 + T_2 + ... + T_n}$$

$$95\%\text{ 信賴區間的上限（}UCL_{95\%}\text{）} = \frac{\overline{X}}{PEL} + 1.645 * CV_T * \frac{\sqrt{T_1^2 X_1^2 + T_2^2 X_2^2 + ... + T_n^2 X_n^2}}{T_1 + T_2 + ... + T_n}$$

n: 採樣之樣本數 $\sum_{i=1}^{n} T_i$

$\overline{X}$：全程連續多樣本採樣之勞工時量平均容許濃度

$$\overline{X} = \frac{\sum_{i=1}^{n} X_i T_i}{\sum_{i=1}^{n} T_i}$$

Y（暴露嚴重度）$= \dfrac{\overline{X}}{PEL}$

$UCL_{95\%} \leqq 1$，不違反

$LCL_{95\%} > 1$，違反

$LCL_{95\%} \leqq 1$ 及 $UCL_{95\%} > 1$，可能過暴露

估計的計算方法如下：公式 3-2-2-03

$$95\%\text{ 信賴區間的下限（}LCL_{95\%}\text{）} = \frac{\overline{X}}{PEL} - 1.645 * \frac{CV_T}{\sqrt{n}} = Y - 1.645 * \frac{CV_T}{\sqrt{n}}$$

$$95\%\text{ 信賴區間的上限（}UCL_{95\%}\text{）} = \frac{\overline{X}}{PEL} + 1.645 * \frac{CV_T}{\sqrt{n}}\ Y + 1.645 * \frac{CV_T}{\sqrt{n}}$$

全程多樣本 - 非均勻暴露（Full period non-uniform exposures with multiple samples）：
實際狀況如批次作業就屬於非均勻暴露，並在法令規定時間內，連續採了 2 個以上之樣本。

公式 3-2-2-04

$$95\%\text{ 信賴區間的下限（}LCL_{95\%}\text{）} = \frac{\overline{X}}{PEL} - 1.645 * CV_T * \frac{\sqrt{T_1^2 X_1^2 + T_2^2 X_2^2 + ... + T_n^2 X_n^2}}{(T_1 + T_2 + ... + T_n)\sqrt{1 + CV_T^2}}$$

$$95\%\text{ 信賴區間的上限（}UCL_{95\%}\text{）} = \frac{\overline{X}}{PEL} + 1.645 * CV_T * \frac{\sqrt{T_1^2 X_1^2 + T_2^2 X_2^2 + ... + T_n^2 X_n^2}}{(T_1 + T_2 + ... + T_n)\sqrt{1 + CV_T^2}}$$

B. 對數常態分布（Lognormal Distribution）

環測數據是否超過容許濃度，除了單點資料與 PEL 對比之外，對於多人單次或單人多次的採樣分析結果，可經由暴露實態判斷是否超過容許濃度，一般而言，作業環境監測之數據，多半以對數常態分布（Log-normal distribution）之形式呈現。因此，建議職業衛生師應採用幾何平均數 （GM）、幾何標準差（GSD） 來表示暴露濃度之分布情況；若以算術平均數 （AM） 來表示平均暴露狀況，有可能因為 少數幾個高濃度數據結果，造成 AM 偏高之情形。

由於勞工於作業場所的暴露是呈現不穩定狀態，因此要確實掌握勞工的暴露實態做好預防職業病的發生，必須要累積歷次的監測結果，歸納出每個 SEG 的暴露實態。

假設 $y = \ln(x)$，$sl = \sqrt{\dfrac{y_i - \bar{y}^2}{n-1}}$，$\dfrac{\Sigma y_i}{n} = \bar{y}$

$gm = \exp\left(\dfrac{\Sigma y_i}{n}\right) = \exp(\bar{y})$

$gsd = \exp(sl)$

x: 代表環測的濃度 concentration（ppm 或 mg/m³）

超出職業暴露限值的百分比（Exceedance Fraction）通常以計算第 95% 分位值（$X_{95\%}$）作為判斷依據，對於對數常態分佈的 $X_{95\%}$ 的計算，要先找出常態分佈95%分位值對應的 z 值，此值為 $z = 1.645$（單尾面積為 5% 時）：

$X_{95\%} = \exp(\bar{y} + z \cdot sl) = \exp(\bar{y} + 1.645 \cdot sl)$ （公式 3-2-05）

又可寫成下式：

$X_{95\%} = gm \cdot gsd^{1.645}$ （公式 3-2-06）

也就是距「幾何平均」有 1.645 個幾何標準差時，此值就是第 95% 分位值，暴露實態有95% 的機率會低於此數值。

（2）精選試題

61　（一）所謂的職業病可視為因為職業的原因所導致的疾病，要判定疾病的發生是否真的由職業因素所引起，是相當專業的過程。我國目前是採列舉方式，並且必須由職業病專家判定，一般的判定條件如何？（共 5 項）

　（二）作業環境監測結果與導致職業病具有相當因果關係，請就下圖 A、B、C 三種狀態判定是否合法？並請簡要說明雇主是否應採取因應措施。（註：LCL$_{95\%}$ 可信度下限、UCL$_{95\%}$ 可信度上限）

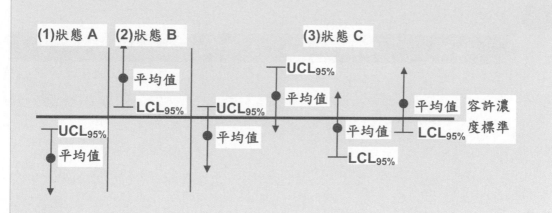

答：

（一）　1.有病的證據：確立職業病診斷的先決條件為先要有疾病的存在。EX：診斷職業性氣喘，則必先診斷氣喘症的確存在。

2.有暴露危害因素之證據：探討該勞工在工作之中，是否的確有某種化學性、物理性、生物性、人因性的暴露及工作時間短。

3.合乎時序性：必須進入工作之後，經事當的時間方才發病，或原有疾病發生明顯的變化。

4.合乎科學一致性：流行病學證據的回顧，常可以提供疾病與各種作業環境危害因子之相關強度的判斷參考。

5.大致上排除其他更重要或明顯之病因：必須考量該疾病的鑑別診斷、非職業的暴露或疾病因子等因素，需合理排除其他致病因子的可能性。

（二）　狀態 A：應視為合法（不違反），應維持現行安全衛生水準。

狀態 B：視為絕對非合法（違反），應立即採取改善措施。

狀態 C：可能不足以保障勞工之健康，仍應考量採取適當的措施為宜。

62 某一工廠粉塵作業環境監測結果如下表：

監測編號	監測濃度（mg/m³）	$(X_i - X)^2$
1	1.1	2.56
2	1.7	1
3	1.3	1.96
4	4.5	3.24
5	2.1	0.36
6	2.2	0.25
7	5.5	7.84
8	2.2	0.25
9	3	0.09
10	2.5	0.04
11	2.5	0.04
12	2.4	0.09
13	3.2	0.25
14	3	0.09
15	3	0.09
	$\Sigma X_i = 40.2$（mg/m³）	$\Sigma \left(x_i - \overline{x} \right)^2 = 18.14$

（一）請計算監測結果平均（$\overline{X}$）及標準差 S（自由度為 n-1）

（二）請計算監測結果之 95% 信賴區間

$(UCL_{1 \cdot 95\%} = \overline{x} + t_{0.95} \left(\dfrac{s}{\sqrt{n}} \right)$ ， $LCL_{1 \cdot 95\%} = \overline{x} - t_{0.95} \left(\dfrac{s}{\sqrt{n}} \right)$ ， t-value 為 1.761）

（三）假設該粉塵容許暴露標準為 5（mg/m³），若您為職業衛生管理師，應採取何作為？

答：

（一）　測結果平均（$\overline{x}$）計算如下：

$$\frac{\Sigma(xi)}{n} = \frac{40.2}{15} = 2.68 （mg/m^3）$$

樣本標準差（s）$= \sqrt{\frac{\Sigma(xi-\overline{x})^2}{n-1}} = \sqrt{\frac{18.14}{15-1}} = 1.14$

（二）　統計學上，描述性統計採用 Z 分布，而推估統計都是使用 t 分布，不過當樣本數達於 30 以上時，T 分布及 Z 分布會分常接近；此題目由於其樣本數低於 30，故採用 t 分布。

$$UCL_{1\cdot 95\%} = \overline{x} + t_{0.95} （\frac{s}{\sqrt{n}}） = 2.68 + 1.761 \times \frac{1.14}{\sqrt{15}} = 3.2mg/m^3$$

$$LCL_{1\cdot 95\%} = \overline{x} - t_{0.95} （\frac{s}{\sqrt{n}}） = 2.68 - 1.761 \times \frac{1.14}{\sqrt{15}} = 2.16mg/m^3$$

（三）　1. 粉塵容許濃度為 $5mg/m^3$，其 $\frac{1}{2}$ PEL 為 $2.5mg/m^3$

2. 濃度的 95% 單側信賴區間上限為 3.2，代表 95% 的數據都會低於此數值。

3. 根據「危害性化學品評估及分級管理辦法」，此次量測結果屬第二級分級管理（$\frac{1}{2}$ PEL $\leq 3.2mg/m^3 <$ PEL），暴露濃度低於容許暴露標準但高於或等於其 1/2 者，應就製程設備、作業程序或作業方法實施檢點，採取必要之改善措施，且至少每年評估一次。

63 某金屬製品工廠主要作業類型包括鑄造、拋光研磨及使用異丙醇（8 小時日時量平均容許濃度 =400ppm）當作清潔劑，職業衛生管理師為評估廠內勞工危害物質暴露，進行勞工作業環境空氣中異丙醇及結晶型游離二氧化矽濃度之採樣分析，試回答下列問題。（未列出計算結果者該小題全部不予計分，計算結果四捨五入至小數點後 2 位）

（一） 某一工作天，規劃採集三個異丙醇空氣樣本，採集時間及異丙醇分析濃度分別為 4 小時（300ppm）、2 小時（450ppm）、2 小時（0ppm），則勞工作業場所 8 小時量平均濃度為何？

（二） 為確認前項數據，另安排時間再次採樣，採集時間及異丙醇分析濃度分別為 2 小時（350ppm）、2 小時（470ppm）、2 小時（500ppm）、2 小時（320ppm），則勞工作業場所 8 小時量平均濃度為何？

（三） 因應旺季需求，工廠要求勞工加班 2 小時，加班日採集時間及異丙醇分析濃度分別為 4 小時（350ppm）、2 小時（450ppm）、2 小時（460ppm）、2 小時（320ppm），則勞工異丙醇暴露是否超過容許濃度標準？

（四） 欲評估勞工結晶型游離二氧化矽暴露情形，採全程連續多樣本採樣，分析結果如下表，則勞工結晶型游離二氧化矽之暴露是否違反作業場所容許暴露標準？（12 分）（計算時應計算濃度之 95% 可信度之可信賴下限（$LCL_{95\%}$），並假設結晶型游離二氧化矽採樣分析建議方法之總變異係數 CV_T 值為 13%，Y 為嚴重度 = $\bar{x}$/PEL，X 為樣本濃度，（$LCL_{95\%}=Y - \dfrac{1.645CV_T}{\sqrt{n}}$，n 為樣本數），空氣中第一種粉塵（可呼吸性粉塵）8 小時日時量容許濃度 =10mg/m³（%SiO₂+2））

採樣時段	採樣時間（小時）	採樣體積（立方公尺）	可呼吸性粉塵重量（毫克）	可呼吸性粉塵濃度（毫克/立方公尺）	樣本中含結晶型游離二氧化矽百分比(%)
08:30-12:30	4	0.42	0.90	2.14	30
13:30-16:30	3	0.31	0.69	2.23	25
16:30-17:30	1	0.11	0.20	1.82	8
18:00-20:00	2	0.20	0.43	2.15	23
合計	10	1.04	2.22		

答：

（一） 異丙醇 8 小時時量平均濃度計算

$$\frac{300 \times 4 + 450 \times 2 + 0 \times 2}{4 + 2 + 2} = \frac{2100}{8} = 262.5 \text{ ppm}$$

（二） 異丙醇 8 小時時量平均濃度計算

$$\frac{350 \times 2 + 470 \times 2 + 500 \times 2 + 320 \times 2}{2 + 2 + 2 + 2} = \frac{3280}{8} = 410 \text{ ppm}$$

（三） 異丙醇時量平均濃度計算

$$\frac{350 \times 4 + 450 \times 2 + 460 \times 2 + 320 \times 2}{4 + 2 + 2 + 2} = \frac{3860}{10} = 386 \text{ ppm}$$

異丙醇之相當 8 小時日時量平均容許濃度：

$$TWA_8 = 386 \times \frac{10hr}{8hr} = 482.5 \text{ ppm}$$

$$\frac{482.5}{400} = 1.21 > 1$$

經計算後得知該勞工之暴露劑量 (Dose)1.21 > 1，不符合法令規定。

（四） 整體採樣樣本中結晶型游離二氧化矽約佔為：

$$\frac{30\% + 25\% + 28\% + 23\%}{4} = 26.5\%$$

粉塵平均含游離二氧化矽 26.5%，其 8 小時日時量平均容許濃度

$$= \frac{10mg/m^3}{26.5 + 2} = 0.35 \text{ mg/m}^3$$

粉塵時量平均濃度計算

$$\frac{2.14 \times 4 + 2.23 \times 2 + 1.82 \times 2 + 2.15 \times 2}{4 + 3 + 1 + 2} = \frac{21.37}{10} = 2.14 \text{ mg/m}^3$$

粉塵之相當 8 小時日時量平均容許濃度：

$$TWA_8 = 2.14 \times \frac{10hr}{8hr} = 2.68 \text{ mg/m}^3$$

$$LCL_{95\%} = \frac{\overline{X}}{PEL} - 1.645 * \frac{CV_T}{\sqrt{n}}$$

$$= \frac{2.68}{0.35} - 1.645 * \frac{0.13}{\sqrt{4}} = 7.55$$

7.55 > 1，為不符合法令規定

所以此勞工結晶型游離二氧化矽之暴露違反勞工作業場所容許暴露標準。

64 某作業環境區域內溫度為 30℃，壓力為 1 大氣壓，作業環境採樣結果顯示苯（C_6H_6）濃度幾何平均值（GM）為 40 ppm，請問：

（一） 在同為 30℃，1 大氣壓下，此濃度相當於若干 mg/m³？（請列出計算式說明）

（二） 若將此環境苯濃度標準化為常溫常壓（25℃，1 大氣壓）之濃度，則其值又為若干 ppm？（請說明理由）

（三） 又若此苯濃度幾何平均值的幾何標準差（GSD）為 2，試問此苯濃度幾何平均值正負二個幾何標準差下其上下限為何？

答：

（一） 1. 苯分子量為 78

2. $\dfrac{P_1V_1}{T_1} = \dfrac{P_2V_2}{T_2}$ ，$V_2=V_1 \times \dfrac{T_2}{T_1}$ ，$V_2=24.45 \times \dfrac{(273+30)}{(273+25)}$ $=24.86$L

3. 濃度 C（mg/m³）$=40\text{ppm} \times \dfrac{78}{24.86}$ $=125.5$（mg/m³）

（二） 1. 30℃ 時，每 1 立方公尺有 125.5mg 的苯

2. $\dfrac{P_1V_1}{T_1} = \dfrac{P_2V_2}{T_2}$ ，$V_2=V_1 \times \dfrac{T_2}{T_1}$ ，$V_2=1 \times \dfrac{(273+25)}{(273+30)}$ $=0.983$ m³

3. 125.5 mg $\div 0.983$ m³$=127.67$ mg/m³

4. 127.67 mg/m³ $\times \dfrac{24.45}{78}$ $=40.02$ ppm

（三） 上下限值 $=\exp\left[\ln(\text{GM}) \pm z \times \ln(\text{GSD})\right]$

上限 $=\exp(\ln 40+2\times\ln 2)=160$ ppm

下限 $=\exp(\ln 40-2\times\ln 2)=10$ ppm

另解：

上限 $=\text{GM}\times\text{GSD}^2 = 40\times 2^2=160$ ppm

下限 $=\text{GM}\div\text{GSD}^2 = 40\div 2^2=10$ ppm

65 某作業場所使用 1-2 環氧丙烷（容許濃度為 20.0 ppm），某次監測得到四筆濃度數據：7.0 ppm、9.0 ppm、10.0 ppm 與 11.0 ppm。假設濃度大小成常態分布。

（一）濃度平均值為何？

（二）濃度樣本標準差為何？

（三）若要計算濃度的 95% 單側信賴區間上限，根據下表，關鍵 t 值應取何值？

（四）濃度的 95% 單側信賴區間上限為何？

（五）根據「危害性化學品評估及分級管理辦法」，此次量測結果屬第幾級管理區分？應多久評估危害一次？

關鍵 t 值：

自由度	顯著性 α			
	0.10	0.05	0.025	0.01
1	3.078	6.314	12.706	31.821
2	1.886	2.92	4.303	6.965
3	1.638	2.353	3.182	4.541
4	1.533	2.132	2.776	3.747

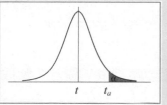

答：

（一）　（7+9+10+11）/4=9.25

（二）　樣本標準差（s）

$$= \sqrt{\frac{\Sigma(xi-\bar{x})^2}{n-1}} = \sqrt{\frac{(7-9.25)^2+(9-9.25)^2+(10-9.25)^2+(11-9.25)^2}{4-1}} = 1.71$$

（三）　自由度 df=4-1=3，查表 α =0.05，自由度 3，t 值為 2.353

（四）　濃度的 95% 單側信賴區間上限

$$= \bar{x} + t_{0.95} \times \frac{s}{\sqrt{n}} = 9.25 + 2.353 \times \frac{1.71}{\sqrt{4}} = 11.26$$

（五）　1. 1-2 環氧丙烷容許濃度為 20 ppm，其 $\frac{1}{2}$ PEL 為 10 ppm

2. 濃度的 95% 單側信賴區間上限為 11.26，代表 95% 的數據都會低於此數值。

3. 根據「危害性化學品評估及分級管理辦法」，此次量測結果屬第 2 級分級管理（$\frac{1}{2}$ PEL $\leq$ 11.26<PEL），暴露濃度低於容許暴露標準但高於或等於其 1/2 者，應就製程設備、作業程序或作業方法實施檢點，採取必要之改善措施，且至少每年評估一次。

66 某一使用整體換氣之作業場所每工作日（8 小時）消耗甲苯（C_7H_8）500 毫升，假設甲苯消耗速率均一，使用後迅速汽化且均勻逸散至作業全場，試問為使作業現場甲苯蒸汽濃度控制在行動基準（Action Level）以下，該現場每分鐘應有多少立方公尺的換氣量？（假設環境條件為常溫常壓，甲苯密度為 $0.867g/cm^3$，甲苯 8 小時時量平均容許濃度為 100ppm）

答：

甲苯每小時的消耗量為：$\dfrac{500ml \times 0.867g/cm^3}{8hr}$ = 54.19 g/hr

行動基準相當於 1/2 PEL=50 ppm

理論換氣量 Q m^3/min = $\dfrac{24.45\dfrac{L}{mole} \times 1000\dfrac{mg}{g} \times 54.19\dfrac{g}{hr}}{50ppm \times 60\dfrac{min}{hr} \times 92\dfrac{g}{mole}}$ = 4.8 m^3/min

---

67 某作業場所中之三氯乙烷（PEL-TWA=350 ppm）以每分鐘 6mg 之速率揮發至空氣中；在 25℃1 大氣壓下，若欲維持該場所空氣中三氯乙烷濃度不得超過 0.5 PEL-TWA 之水準，試問所需之理論與實際換氣量（Q，m^3/min）至少各為何？假設該工作場所之不均勻混合係數 K 為 5；原子量 H=1，C=12，Cl=35.5。

答：

三氯乙烷（$C_2H_3Cl_3$）分子量：$12 \times 2 + 1 \times 3 + 35.5 \times 3 = 133.5$

理論換氣量：

Q m^3/min = $\dfrac{24.45\dfrac{L}{mole} \times 1000\dfrac{mg}{g} \times 0.006\dfrac{g}{min}}{175ppm \times 133.5\dfrac{g}{mole}} \times 5 = 0.0314$ m^3/min

實際換氣量：

依「有機溶劑中毒預防規則」附表一規定：三氯乙烷為第 2 種有機溶劑。

再依「有機溶劑中毒預防規則」第 15 條第 2 項規定，每分鐘換氣量 Q（m^3/min）

= 作業時間內 1 小時之有機溶劑或其混存物之消費量（g/hr）× 0.04

=6（mg/min）× 0.001（g/mg）× 60（min/hr）× 0.04 = 1.44 × 10⁻² （m^3/min）

68 某一不使用有機溶劑之作業場所，其長寬高分別為 25 公尺、10 公尺、4 公尺，某一臨時性作業因故使用甲苯（C_7H_8），但因不慎致使 400 毫升甲苯全數潑灑，假設甲苯迅速汽化且均勻逸散至作業全場，試問甲苯蒸汽最高濃度可達多少 ppm？（假設環境條件為常溫常壓，甲苯密度為 0.867g/cm³）

答：

該作業場所之氣積 $=25 \times 10 \times 4 = 1000$ m³

400 毫升甲苯質量為 400 ml $\times$ 0.867 g/cm³ $=346.8$ g

346.8 g $\times 1000 \dfrac{mg}{g} = 3.468 \times 10^5$ mg

甲苯迅速汽化且均勻逸散至作業全場，甲苯蒸汽最高濃度可達

3.468×10^5 mg $\div 1000$ m³ $= 346.8$ mg/m³ $= 346.8 \times \dfrac{24.45}{92} = 92.17$ ppm

3. 環境化學品（混合物 ATE 計算）

（1）基本概念

A. 急毒性物質

急毒性是指物質經口腔或皮膚服用單一劑量或在 24 小時內服用多劑量，或經呼吸暴露 4 小時後，所出現的危害反應。

B. 急毒性（ATE）相加公式

為確保混合物分類準確，並且確保所有制度、部門和級別只進行一次計算，成分的急毒性估計值（ATE）應考慮如下：

（A）納入落在調和分類系統制度任一已知急毒性級別的急毒成分；

（B）忽略沒有急毒性的成分（例如水、糖）；

（C）如果掌握的數據是來自界限劑量值試驗並且未顯示急毒性，則可不考慮該成份。

（D）關於吞食、皮膚或吸入毒性，混合物的 ATE 利用所有相關成分的 ATE 值計算，計算公式如下：

所有成分都有可用之數據：

$$\frac{100}{ATE_{mix}} = \sum_n \frac{C_i}{ATE_i}$$ （公式 3-2-07）

C_i = 成分 i 的濃度，為重量百分比

n 成分，並且 i 從 1 計算到 n

若混合物之未知成分總濃度 ≦ 10% 仍應使用上相加公式，若混合物之未知成分總濃度 > 10% 則相加公式如下：

$$\frac{100 - \left(\sum C_{未知} if > 10\% \right)}{ATE_{mix}} = \sum_n \frac{C_i}{ATE_i}$$ （公式 3-2-08）

急毒性物質可按照下表所列的數值極限標準，根據吞食、皮膚或吸入途徑的急毒性劃入五種毒性級別之一。急性毒性值用（近似）LD_{50} 值（口服、皮膚）、LC_{50} 值（吸入）或急毒性估計值（ATE）表示，參考如下表 (資料引用：GHS 國際公告文件之 GHS 紫皮書 (2011 年第四版)- 第 3 部分 健康危害。

急毒性危害級別和定義各個級別的急毒性估計值（ATE）

暴露途徑	第 1 級	第 2 級	第 3 級	第 4 級	第 5 級
吞食(mg/kg 體重)	5	50	300	2000	5000 需再參考 GHS 紫皮書的詳細標準
皮膚(mg/kg 體重)	50	200	1000	2000	
氣體（ppmV）	100	500	2500	20000	需再參考 GHS 紫皮書的詳細標準
蒸氣（mg/l）	0.5	2.0	10	20	
粉塵和霧滴(mg/l)	0.05	0.5	1.0	5	

TIPS

氣體濃度以體積百萬分率表示（ppmV）。

例題：

已知混合物（A+B+C+ 水）其成分及 LD_{50} 如下，求其 ATE_{mix} 及急毒性吞食分級類別？

成分 A 40% $OralLD_{50}$：400 mg/kg（Rat）

成分 B 20% $OralLD_{50}$：200 mg/kg（Rat）

成分 C 10% $OralLD_{50}$：1000 mg/kg（Rat）

成分水 30% N.A

答：

查表得知成分 A 之 ATE=500

查表得知成分 B 之 ATE=100

查表得知成分 C 之 ATE=500

$$\frac{100}{ATE_{mix}} = \sum_n \frac{c_i}{ATE_i}$$

$$\frac{100}{ATE_{mix}} = \frac{40}{500} + \frac{20}{100} + \frac{10}{500} = 0.3$$

ATE_{mix} =333，查表後得知為急毒性吞食第 4 級

測試獲得的急毒性範圍值（或急毒性危害級別）換算成混合物分類公式使用的急毒性點估計值如下表

暴露途徑	分類級別	急毒性點估計值（ATE）
吞食 mg/kg	0＜第 1 級≦ 5	0.5
	5＜第 2 級≦ 50	5
	50＜第 3 級≦ 300	100
	300＜第 4 級≦ 2000	500
	2000＜第 5 級≦ 5000	2500
皮膚 mg/kg	0＜第 1 級≦ 5	5
	5＜第 2 級≦ 200	50
	200＜第 3 級≦ 1000	300
	1000＜第 4 級≦ 2000	1100
	2000＜第 5 級≦ 5000	2500

暴露途徑	分類級別	急毒性點估計值（ATE）
氣體 ppmV	0 ＜第 1 級 ≦ 100	10
	100 ＜第 2 級 ≦ 500	100
	500 ＜第 3 級 ≦ 2500	700
	2500 ＜第 4 級 ≦ 5000	3000/4500
蒸氣 mg/l	0 ＜第 1 級 ≦ 0.5	0.05
	0.5 ＜第 2 級 ≦ 2.0	0.5
	2.0 ＜第 3 級 ≦ 10.0	3
	10.0 ＜第 4 級 ≦ 20.0	11
粉塵 / 霧滴 mg/l	0 ＜第 1 級 ≦ 0.05	0.005
	0.05 ＜第 2 級 ≦ 0.5	0.05
	0.5 ＜第 3 級 ≦ 1.0	0.5
	1.0 ＜第 4 級 ≦ 5.0	1.5

（2）精選試題

69　某事業單位購買 100% 的強鹼性化學物質（TMXH），並以水稀釋成不同濃度水溶液供作業場所使用，若可忽略該等水溶液對金屬之腐蝕危害，試依表 1、表 2 及圖 1 等資訊，填答表 3 中 A 至 J 之健康危害相關資訊。

填答說明：

填答 C、D、G 及 J 時，請依圖 1 資訊選答危害圖式之代表數字，若無合適圖式請答 0; 填答 C 與 D 時，圖式代表數字小者為 C，數字大者為 D。

填答 B、F 及 I 時，請依表 2 急毒性估計值範圍之資訊，選答該 TMXH 水溶液之毒性屬 GHS 急毒性危害分類之級別（第幾級）。

填答 A、E 及 H 時，應列出計算式，若有小數位數者，須四捨五入至整數。

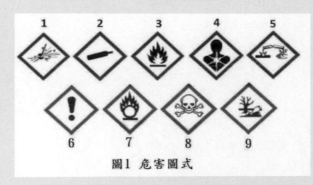

圖1　危害圖式

表 1 危害性化學品分類、級別、危害圖式、警示語及危害警告訊息

急毒性物質：皮膚	第 1 級		危險	皮膚接觸致命
	第 2 級		危險	皮膚接觸致命
	第 3 級		危險	皮膚接觸有毒
	第 4 級		警告	皮膚接觸有害
	第 5 級	無	警告	皮膚接觸可能有害

表 2 急毒性危害級別和定義各個級別的急毒性估計值範圍

暴露途徑	第 1 級	第 2 級	第 3 級	第 4 級	第 5 級
吞食（mg/kg 體重）	≦ 5	>5 ≦ 50	>50 ≦ 300	>300 ≦ 2000	>2000 ≦ 5000
皮膚（mg/kg 體重）	≦ 50	>50 ≦ 200	>200 ≦ 1000	>1000 ≦ 2000	

表 3 TMXH 及其不同濃度水溶液之危害圖式與健康危害分類

TMXH 濃度	100%TMXH	25% 水溶液	1.8% 水溶液	1.0% 水溶液
危害圖式		CD	G	J
健康危害之分類	・急毒性物質第 1 級（皮膚） ・腐蝕 / 刺激皮膚物質第 1 級 ・嚴重損傷 / 刺激眼睛物質第 1 級	・急毒性物質第 B 級（皮膚） ・腐蝕 / 刺激皮膚物質第 1 級 ・嚴重損傷 / 刺激眼睛物質第 1 級	・急毒性物質第 F 級（皮膚） ・腐蝕 / 刺激皮膚物質第 1 級 ・嚴重損傷 / 刺激眼睛物質第 1 級	・急毒性物質第 1 級（皮膚）
混合物急毒性估算	急毒性（皮膚）第 1 級，其 ATE=5	$ATE_{mix} = A$	$ATE_{mix} = E$	$ATE_{mix} = H$

答：

（一）　$C \to 5$、$D \to 8$、$G \to 8$、$J \to 8$

（二）　$\dfrac{100}{ATE_{mix}} = \sum_{n} \dfrac{C_i}{ATE_i}$

1.　25% 水溶液

$A \to \dfrac{100}{ATE_{mix}} = \dfrac{25}{5}$，$ATE_{mix} = 20$

因為 $20 \leqq 50$，屬急毒性（皮膚）第 1 級，$B \to 1$

2.　1.8% 水溶液

$E \to \dfrac{100}{ATE_{mix}} = \dfrac{1.8}{5}$，$ATE_{mix} = 278$

因為 $200 < 278 \leqq 1000$，屬急毒性（皮膚）第 3 級，$F \to 3$

3.　1% 水溶液

$H \to \dfrac{100}{ATE_{mix}} = \dfrac{1}{5}$，$ATE_{mix} = 500$

因為 $200 < 500 \leqq 1000$，屬急毒性（皮膚）第 3 級，$I \to 3$

196 某工廠將一種具 GHS 急毒性物質吞食第 1 級及皮膚接觸第 2 級危害之純化學物質 A 與另一種具 GHS 急毒性物質皮膚接觸第 3 級及吸入（霧滴）第 2 級危害之純化學物質 B，以純水稀釋混合至含化學物質 A 重量百分比為 5% 及化學物質 B 重量百分比 3%，並將該混合水溶液產品稱之為萬用膠。若 A、B 兩種化學物質不起化學反應，試依下表分類此混合水溶液之 GHS 急毒性等級？（3 分），並請製作該產品之標示（其中危害防範措施、製造商或供應商之名稱、地址及電話可不填寫）。

【提示：$1/ATE_{mix} = \Sigma (C_i/ATE_i)$; C_i 為重量百分比】

暴露途徑	分級級別或測試獲得的急毒性範圍估計值	換算得到的急毒性點估計值(ATE)
吞食 (mg/kg體重)	0 < 第1 級 ≤5	0.5
	5 < 第2級≤50	5
	50 < 第3級≤300	100
	300 < 第4級≤2000	500
	2000 < 第5級≤5000	2500
皮膚接觸 (mg/kg體重)	0 < 第1級≤50	5
	50 < 第2級≤200	50
	200 < 第3級≤1000	300
	1000 < 第4級≤2000	1100
	2000 < 第5 級 ≤5000	2500
吸入：氣體(ppm)	0 < 第1 級 ≤100	10
	100 < 第2 級 ≤500	100
	500 < 第3 級 ≤2500	700
	2500 < 第4 級 ≤20000	4500
吸入：蒸氣(mg/L)	0 < 第1 級 ≤0.5	0.05
	0.5 < 第2 級 ≤2.0	0.5
	2.0 < 第3 級 ≤10.0	3
	10.0 < 第4 級 ≤20.0	11
吸入：粉塵/霧滴 (mg/L)	0 < 第1 級 ≤0.05	0.005
	0.05 < 第2 級 ≤0.5	0.05
	0.5 < 第3 級 ≤1.0	0.5
	1.0 < 第4 級 ≤5.0	1.5

危害物質分類			標示要項	
急毒性物質：吞食	第1級		危險	吞食致命
	第2級		危險	吞食致命
	第3級		危險	吞食有毒
	第4級		警告	吞食有害
	第5級	無	警告	吞食可能有害
急毒性物質：皮膚接觸	第1級		危險	皮膚接觸致命
	第2級		危險	皮膚接觸致命
	第3級		危險	皮膚接觸有毒
	第4級		警告	皮膚接觸有害
	第5級	無	警告	皮膚接觸可能有害
急毒性物質：吸入	第1級		危險	吸入致命
	第2級		危險	吸入致命
	第3級		危險	吸入有毒
	第4級		警告	吸入有害
	第5級	無	警告	吸入可能有害

（一）此混合水溶液之 GHS 急毒性等級計算分類如下：

1. 吞食：（第 1 級 -ATE=0.5、重量百分比 5%）$ATE_{mix} = 10$

$$\frac{100}{ATE_{mix}} = \frac{5}{0.5} , \quad ATE_{mix} = 10$$

因為 $5 < 20 \leq 50$，故屬於急毒性（吞食）第 2 級

2. 皮膚接觸：

A 物質（第 2 級 -ATE=50、重量百分比 5%）

B 物質（第 3 級 -ATE=300、重量百分比 3%）

$$\frac{100}{ATE_{mix}} = \frac{5}{50} + \frac{3}{300} , \quad ATE_{mix} = 909$$

因為 $200 < 909 \leq 1000$，故屬於急毒性物質（皮膚接觸）第 3 級。

3. 吸入（霧滴）：（第 2 級 -ATE=0.05、重量百分比 3%）

$$\frac{100}{ATE_{mix}} = \frac{3}{0.05} , \quad ATE_{mix} = 1.7$$

因為 $1 < 1.7 \leq 5$，故屬於急毒性物質（吸入 / 霧滴）第 4 級

（二）此產品之標示如下：

萬用膠

危 險

危害成分：急毒性物質吞食第 2 級、 急毒性物質皮膚接觸第 3 級、 急毒性物質吸入霧滴第 4 級
警示語：危險
危害警告訊息：
（1）吞食有毒。
（2）皮膚接觸有毒。
（3） 吸入有毒
危害防範措施：
（1）緊蓋容器。
（2）置容器於通風良好的地方。
（3）吸入有害。
（4）只能使用於通風良好的地方。
製造者或供應者：
名稱：XX 公司
地址：XX 縣 XX 鄉 XX 路 XX 號
電話：XX － 123456
※ 更詳細資料請參考安全資料表

4. 呼吸防護（危害率比、最高使用濃度、過濾效率）

（1）基本概念

A. 指定防護係數（Assigned Protection Factor,APF）

美國職業安全衛生署（OSHA）針對不同型式、面體的呼吸防護具訂定指定防護係數。

B. 危害率比（Hazard Ratio,HR）

指空氣中污染物濃度高於容許暴露恕限值的倍數，即代表所選擇的呼吸防護具需具有的最低防護係數值，所以可作為呼吸防護具選擇使用之依據；R 值選擇具有適當防護係數（APF）之防護具；亦即 APF 須大於 HR。HR= $\dfrac{\text{環境中污染污之平均濃度}}{\text{有害物容許濃度標準}}$（公式 3-2-09）

C. 最高使用濃度（Maximum Use Concentration,MUC）

指特定款式呼吸防護具在佩戴時，只要有害物質在空氣中不超過此濃度，則使用者可被該款防護具有效保護。

MUC=APF× 暴露閾值（公式 3-2-10）

※ 暴露閾值可為暴露容許濃度（permissible exposure limit,PEL）、短時間時量平均容許濃度（short-term exposure limit,STEL）、最高容許濃度（ceiling,C）等有害物質暴露閾值。

MUC 不適用於暴露濃度達 IDLH 之狀況；OSHA 建議應自該署 IDLH 適用呼吸防護具表單中挑選防護具。

D. 防護具之密合係數（Fit Factor,FF）

FF= $\dfrac{\text{環境中之試驗物質濃度}}{\text{呼吸防護具面體內之試驗物質濃度}}$（公式 3-2-11）

密合係數與指定防護係數間之關係：

密合係數（FF）=指定防護係數（Assigned Protection Factor,APF）× 安全係數（Safety Factor）

安全係數通常為 10，主要是因為防護係數在實際作業時會遠小於密合度測試時的密合係數。

E. NIOSH 針對過濾面體式呼吸防護具防護分級

濾材阻抗防護性類別		測試用懸浮微粒	過濾效能（%）		
			95	99	99.97
N 系例	非抗油性（Notresistant to oil）	NaCl 非油性氣懸膠	N95	N99	N100
R 系例 *	耐油性（Resistantto oil）	DOP 含油性懸浮微粒	R95	R99	R100
P 系例 **	抗油性（Oil-proof）	DOP 含油性懸浮微粒	P95	P99	P100

測試用懸浮微粒 NIOSH 選用大小為 0.3 μm（質量中位數氣動粒徑；aerodynamic mass median diameter）之最易穿透粒徑；依濾材阻抗防護性不同，測試用之懸浮微粒可分為 NaCl（sodium chloride）非油性氣懸膠與 DOP（dioctyl phthalate）含油性懸浮微粒。

TIPS

* 連續或累計使用達 8 小時後即應馬上更換。
** 累計使用 40 小時或 30 天後更換，或參考製造廠商建議。

（2）精選試題

70　某一貨櫃輪船商，於塞港期間將一艘貨櫃輪進行節能減碳維修保養，在塗裝保養最後階段，需使用二劑型 PU 面漆進行噴塗。現場有害作業主管於塗裝時，使用直讀式偵測器測得空氣中二異氰酸甲苯濃度為 0.03ppm；設二異氰酸甲苯之作業環境空氣中容許濃度標準為 0.005ppm，雇主依規定提供勞工可預防二異氰酸甲苯危害之半面體負壓淨氣式呼吸防護具，其指定防護係數為 15，安全係數為 10。請依勞動部職業安全衛生署公告之呼吸防護計畫及採行措施指引與編定之呼吸防護計畫技術參考手冊所載有關事項回答以下

問題：

（一）該塗裝場所之二異氰酸甲苯危害比為多少？

（二）欲使呼吸防護具發揮防護效果，作業環境空氣中二異氰酸甲苯不可超過的最大濃度為多少？

（三）該呼吸防護具之密合係數為多少？

（四）該呼吸防護具使用前，以定量密合度方法執行戴用該呼吸防護具的密合度測試時，所得之密合係數應大於多少？

答：

（一） 危害比（Hazard Ratio，HR），指空氣中有害物濃度高於容許濃度值之倍數，所以該塗裝場所之二異氰酸甲苯危害比為：

$$HR = \frac{環境中污染污之平均濃度}{有害物容許濃度標準} = \frac{0.03}{0.005} = 6$$

（二） MUC ＝防護係數 × 有害物容許濃度。

作業環境空氣中二異氰酸甲苯不可超過的最大濃度為：

$15 \times 0.005 = 0.075$。

（三） 密合係數（FF）＝指定防護係數（Assigned Protection Factor,APF） × 安全係數（Safety Factor）

$15 \times 10 = 150$。

（四） 依職安署頒佈之呼吸防護計畫及採行措施指引規定中，呼吸防護具使用前，以定量密合度方法執行戴用該呼吸防護具的密合度測試時，測試所得之半面體密合係數應要大於 100。

---

71 某種口罩主要分為防潑水層、不織布層及皮膚接觸，若此 3 層對粉塵的過濾效率分別為 30.0%、60.0%、30.0%。此口罩對粉塵的總過濾效率為多少 % ？

答：

此口罩對粉塵的總過濾效率計算如下：

第一層過濾效率＝ 30%

第二層過濾效率＝（1-30%）×60% ＝ 42%

第三層過濾效率＝（1-30%）×（1-60%）×30% ＝ 8.4%

口罩對粉塵的總過濾效率＝ 30%+42%+8.4% ＝ 80.4%

72

某口罩對粉塵的過濾效率為 80.0%，若多加一層活性碳層（對粉塵之過濾效率為 4.0%），此口罩的總過濾效率變為多少 % ？

答：

第一層過濾效率＝ 80.0%

第二層過濾效率＝（1-80.0%）×4.0% ＝ 0.8%

此口罩的總過濾效率＝ 80.0%+0.8% ＝ 80.8%

73

假設某作業環境中粒徑 10 微米及粒徑 0.3 微米之厭惡性粉塵濃度分別為 50 mg/m³ 及 100 mg/m³，今有一勞工佩戴密合度 100% 之 N95 口罩，請計算該勞工對此兩種粉塵之暴露濃度。

答：

（一） 粒徑 10 微米之厭惡性粉塵濃度為 50 mg/m³ 時，因粉塵粒徑高達 10 微米，故 N95 口罩捕集率將達 100%，亦即穿透率為 0%，故得勞工暴露濃度為 0。

（二） 粒徑 0.3 μm 之厭惡性粉塵濃度為 100 mg/m³ 時，因粉塵粒徑為 0.3 μm，故 N95 口罩捕集率可達 95%，亦即穿透率為 5%，故得勞工暴露濃度為 5 mg/m³（100 mg/m³×5% ＝ 5 mg/m³）。

5. 健康風險評估（致癌 / 非致癌）

（1）基本概念

A. 非致癌風險評估

在於比較平均每日暴露劑量（Average Daily Dose）與危害性化學物質的參考劑量，針對特定之暴露途徑，求得兩者的比值而得危害商數（Hazard Quotient, HQ）：

$$HQ= \frac{ADD或LADD}{RfD}$$ （公式 3-2-12）

LADD（Life-time Average Daily Dose）：終生平均每日劑量（單位 :mg/kg/day）

ADD（Average Daily Dose）: 平均每日暴露劑量（單位 :mg/kg/day）

吸入途徑暴露危害性化學物質之終生平均每日暴露劑量，可依下列公式計算：

$$LADD = \frac{C_{tw} \times IR \times AF \times ED}{BW \times AT}$$（公式 3-2-13）

C_{tw}：周界大氣中危害性化學物質之時量平均濃度（mg/m³）

IR：每日呼吸量（m³/day）；如果題目沒特別給以 20（m³/day）計算

AF: 吸入途徑之危害性化學物質吸收率（%）

ED: 體平均暴露時間（yr）

BW: 人體平均體重（kg）；如果題目沒特別給以 70kg 計算

AT：暴露發生的平均時間；如果是終身風險依以 70 年計算

再將各種危害性化學物質之各種暴露途徑之危害商數加總後，獲得危害指標（Hazard Index,HI）如下式：

HI ＝ Σ HQ（公式 3-2-14）

HI<1 →預期將不會造成顯著損害，表示暴露低於會產生不良反應的閾值。

HI>1 →如果危害指標大於 1，則表示暴露劑量超過閾值可能產生毒性

B. 致癌風險評估

對致癌物質而言即使在極低濃度的致癌汙染物下也會增加罹癌的風險，一旦有暴露就會有癌症發生反應，且隨著暴露劑量的增加，產生癌症的反應也會增加，其風險表示為：

Risk=LADD × SF（公式 3-2-15）

斜率係數（slope factor,SF）：來表示劑量反應關係的斜率，有時又稱之為潛在致癌係數（cancer potency facotor），其單位為劑量的倒數（mg/kg/day）$^{-1}$

對於致癌化學物質而言，則終身的可接受致癌風險值（Risk）設定為 1.0×10^{-6}

當暴露的環境中，有多個致癌物質同時存在，總風險為所有致癌風險的加總。通常假設沒有協同作用（synergistic）及拮抗作用（antagonistic）。

$Risk_T = \Sigma \; Risk_i$

$Risk_T$ = 暴露於所有致癌物質的總致癌風險

$Risk_i$ = 致癌物質 i 之風險

TIPS

補充： 依 2022 年 IARC（International Agency for Research on Cancer，國際癌症研究中心）公告對癌症之分類如下表所示

Group	說明
1	確定為人類致癌物
2A	極有可能為致癌物（probably）為致癌物。
2B	可能（possibly）為致癌物
3	無法歸類為致癌物（notclassifiable）
備註	Group4（不太可能為致癌物）之分類，已於 2019 年移除，原該類物質併入 Group3。

（2）精選試題

74 一個有害廢棄物場址附近之地下水中，總共檢測 7 種揮發性有機化學物質，如下表所示，是這些化學物質其所影響人群的長期慢性吸入量（intakes）、吸入參考劑量（inhale reference dose）及吸入斜率係數（inhale slope factor），請用風險分析法和表內提供的資訊，計算這些化學物質的風險值（risk values），並用計算結果，描述這一個有害廢棄物場址的健康風險特徵（risk characteristics）。

化學物質	長期慢性吸入量 mg/（kg-day）	吸入參考劑量 mg/（kg-day）	吸入斜率係數 mg/（kg-day）$^{-1}$
1	1.01E-03	2.56E-03	4.19E-04
2	1.03E-01	1.65E-01	2.00E-03
3	4.65E-02	6.05E-02	6.00E-03
4	2.64E-02	9.00E-03	
5	2.06E-02	6.29E-01	
6	1.54E-02	1.00E-02	
7	3.11E-03	1.25E-01	

答：

（一） 致癌風險：

Risk = LADD×SF

物質 1 之致癌風險：$1.01 \times 10^{-3} \times 4.19 \times 10^{-4} = 4.23 \times 10^{-7}$

物質 2 之致癌風險：$1.03 \times 10^{-1} \times 2 \times 10^{-4} = 2.06 \times 10^{-4}$

物質 3 之致癌風險：$4.65 \times 10^{-2} \times 6 \times 10^{-3} = 2.79 \times 10^{-4}$

暴露於所有致癌物質的總致癌風險 $= 4.23 \times 10^{-7} + 2.06 \times 10^{-7} + 2.79 \times 10^{-4}$

$= 4.85 \times 10^{-4}$

$4.85 \times 10^{-4} > 10^{-6}$，表示可能產生致癌健康效應的風險無法接受。

（二） 非致癌風險：

$$HQ = \frac{ADD或LADD}{RfD}$$
$$HI = \Sigma HQ$$

物質 1 之 HQ $= 1.01 \times 10^{-3} / (2.56 \times 10^{-3}) = 0.39$

物質 2 之 HQ $= 1.03 \times 10^{-1} / (1.65 \times 10^{-1}) = 0.62$

物質 3 之 HQ $= 4.65 \times 10^{-2} / (6.05 \times 10^{-2}) = 0.77$

物質 4 之 HQ $= 2.64 \times 10^{-2} / (9 \times 10^{-3}) = 2.93$

物質 5 之 HQ $= 2.06 \times 10^{-2} / (6.29 \times 10^{-1}) = 0.033$

物質 6 之 HQ $= 1.54 \times 10^{-2} / (1.00 \times 10^{-2}) = 1.54$

物質 7 之 HQ $= 3.11 \times 10^{-3} / (1.25 \times 10^{-1}) = 0.025$

HI $= 0.39 + 0.62 + 0.77 + 2.93 + 0.033 + 1.54 + 0.025 = 6.308$

$6.308 > 1$，表示可能產生非致癌健康效應。

75　有一化學物質之致癌風險（P）可以下列計算式表示：

P ＝ 0.025×（dose in ppm）

其中 P 表示致癌風險之機率；（dose in ppm）表示以 ppm 為單位之劑量。今有一員工在 45 年的工作期間，長期暴露於濃度為 3 ppm 之該致癌性化學物質。若該員工每天工作 8 小時、每星期工作 5 天、每年工作 48 星期，試求該員工之致癌風險？此風險可以接受嗎？

答：

每年約有 52 個禮拜

員工壽命題目沒有提供，依美國環保署之規定以 70 年作為平均壽命

勞工終身每日平均暴露濃度算如下：

$$該員工所接受的劑量 = \frac{3ppm \times 8\frac{hr}{day} \times 5\frac{day}{wk} \times 48\frac{wk}{yr} \times 45yr}{70yr \times 52\frac{wk}{yr} \times 7\frac{day}{wk} \times 24\frac{hr}{day}}$$

＝ 0.424ppm

P ＝ 0.424×0.025 ＝ 1.06×10^{-3}

$1.06 \times 10^{-3} > 10^{-6}$，表示可能產生致癌健康效應的風險無法接受。

76　試說明多階段模式（Multistage Model）之理論基礎，並依以下數據推導四氯化碳（carbon tetrachloride）之劑量效應模式，並計算某工廠工人在特定暴露條件下之終生致癌風險度。（請詳列計算式）

以大鼠進行四氯化碳之毒理試驗劑量為 0、40、80、120 mg/kg/day，結果肝癌發生率分別為 2/100、6/100、10/100、15/100。試以 Multistage Model 推導其劑量效應模式。

某工廠位於某山谷中，此工廠之工人均居住於此山谷中並飲用地下水，經作業環境測定顯示該工廠空氣中工人之四氯化碳平均暴露濃度為 1.6 ppm，而地下水中四氯化碳平均濃度為 25 μg/L，假設某一世居此山谷工人（壽命 75 年）在此工

77 廠每日工作 8 小時，每週 5 天，連續工作 35 年；平均呼吸量為 20 m³/day，飲水量 2.0 L/day 下，試求其終生平均日暴露劑量及終生致癌風險度。【註：Multistage Model 之理論模式如下：

$$P（D）= 1-exp（-（\lambda_0+\lambda_1D+\lambda_2D^2+\lambda_3D^3+\cdots+\lambda_kD^k））】$$

答：

（一） 多階段模式（Multistage Model）之理論基礎：

數學模式根據腫瘤形成的多階段模型，其主要的內容即腫瘤的行程是一系列生物事件所產生的結果。

（二） $0（mg/kg/day）\rightarrow \dfrac{2}{100} = 1- e^{(-\lambda_0)}$ ；$0.98 = e^{(-\lambda_0)}$ ；$\lambda_0 = 0.02$

$40（mg/kg/day）\rightarrow \dfrac{6}{100} = 1- e^{[-(\lambda_0+\lambda_1D)]}$ ；$0.94 = e^{[-(0.02+\lambda_1 40)]}$ ；$\lambda_1 = 10^{-3}$

$80（mg/kg/day）\rightarrow \dfrac{10}{100} = 1- e^{\left(-\left(\lambda_0+\lambda_1D+\lambda_2D^2\right)\right)}$ ；$0.9 = e^{\left(-\left(0.02+80*10^{-3}+\lambda_2 80^2\right)\right)}$ ；

$\lambda = 8.4* 10^{-7}$

$120（mg/kg/day）\rightarrow \dfrac{15}{100} = 1- e^{\left(-\left(\lambda_0+\lambda_1D+\lambda_2D^2+\lambda_3D^3\right)\right)}$ ；0.85

$= e^{\left(-\left(0.02+120*10^{-3}+120^2*8.4*10^{-7}+\lambda_3 120^3\right)\right)}$ ；$\lambda_3 = 6.03* 10^{-9}$

$P（D）= 1- e^{\left(-\left(0.02+D*10^{-3}+D^2*8.4*10^{-7}+D^3*6.03*10^{-9}\right)\right)}$

（三） 攝入四氯化碳：

LADD（mg/kg/day）

$$= \frac{25(\mu g/L)\times0.001\dfrac{mg}{\mu g}\times1000\dfrac{L}{m^3}\times2\dfrac{L}{day}\times0.001\dfrac{m^3}{L}\times365\dfrac{day}{yr}\times75yr}{70kg\times75yr\times365\dfrac{day}{yr}}$$

$= 7.14\times 10^{-4}$（mg/kg/day）

假設作業場所為常溫常壓（1 大氣壓，25℃）

$C（mg/m^3）= 1.6ppm\times\dfrac{153.82}{24.45} = 10.07$（mg/m³）

假設工人體重為 70kg

吸入四氯化碳：

$$LADD（mg/kg/day）= \frac{10.07(mg/m)\times 20\frac{m3}{day}\times 8\frac{hr}{day}\times 5\frac{day}{wk}\times 52\frac{wk}{yr}\times 35yr}{70kg\times 75yr\times 52\frac{wk}{yr}\times 7\frac{day}{wk}\times 24\frac{hr}{day}}$$

$= 0.32$（mg/kg/day）

終生 LADD（mg/kg/day）＝攝入＋吸入＝ $0.32+7.14\times 10^{-4}$

$= 0.320714 \fallingdotseq 0.32$ （mg/kg/day）

D $= 0.32$（mg/kg/day）帶入

P（D）$= 1- e^{[-(0.02+D*10^{-3}+D^2*8.4*10^{-7}+D^3*6.03*10^{-9})]}$

P（0.32）$= 1- e^{[-(0.02+0.32*10^{-3}+0.32^2*8.4*10^{-7}+0.32^3*6.03*10^{-9})]}$

$= 1- e^{-0.02032} = 0.02 = 2\times 10^{-2}$

$2\times 10^{-2} > 10^{-6}$，表示可能產生致癌健康效應的風險無法接受。

---

78 立即對生命健康危害（Immediately Dangerous to Life and Health,IDLH）濃度是評估化學物質危害程度的重要指標。在氯氣下，普羅比（Probit）關係式為：Y ＝ −8.29+0.92ln（ΣC²·⁰T），其中：C 為暴露的濃度（ppm），T 為暴露的時間（分鐘），Y 為普羅比的數值。若已知氯氣的 IDLH 濃度為 10ppm，請計算暴露在此濃度下，經過多少時間後個體的死亡機率將高於 1%？（普羅比數值與發生死亡機率之換算如附表所示）。

附表機率與普羅比（Probit）換算表

%	0	1	2	3	4	5	6	7	8	9
0	–	2.67	2.95	3.12	3.25	3.36	3.45	3.52	3.59	3.66
10	3.72	3.77	3.82	3.87	3.92	3.96	4.01	4.05	4.08	4.12
20	4.16	4.19	4.23	4.26	4.29	4.33	4.36	4.39	4.42	4.45
30	4.48	4.50	4.53	4.56	4.59	4.61	4.64	4.67	4.69	4.72
40	4.75	4.77	4.80	4.82	4.85	4.87	4.90	4.92	4.95	4.97
50	5.00	5.03	5.05	5.08	5.10	5.13	5.15	5.18	5.20	5.23
60	5.25	5.28	5.31	5.33	5.36	5.39	5.41	5.44	5.47	5.50
70	5.52	5.55	5.58	5.61	5.64	5.67	5.71	5.74	5.77	5.81
80	5.84	5.88	5.92	5.95	5.99	6.04	6.08	6.13	6.18	6.23
90	6.28	6.34	6.41	6.48	6.55	6.64	6.75	6.88	7.05	7.33
%	0.0	0.1	0.2	0.3	0.4	0.5	0.6	0.7	0.8	0.9
99	7.33	7.37	7.41	7.46	7.51	7.58	7.65	7.75	7.88	8.09

查表 1% 死亡率，普羅比的數值 Y 為 2.67

$2.67 = -8.29 + 0.92 \ln(10^2 T)$

$10.96 = 0.92 \ln(10^2 T)$

$11.91 = \ln(100T)$

$e^{11.91} = 100 \times T$

$T = 1492 \ min$

∴氯氣洩漏造成 1% 人數死亡之暴露時間 T 為 1,492 分鐘。

三　採光照明

1. 照明設計

（1）基本概念

A. 照度

受光面上單位面積所接受的光通量稱為照度 illumination 或 illuminance，E），以勒克司（Lux）為單位，簡稱 Lx。1 Lx = 1 Lm/m²。

一個點光源照射在一個被照面上的照度可依「平方反比定律」計算；即某點之照度＝點光源之光度 /（某點與點光源之距離）²

$$E（Lx）= \frac{I}{D^2}（\frac{cd}{m^2}）（公式 3-3-01）$$

若 N 表室內燈光數，F 表每一燈其所發出之光通量（Lm），A 表室內面積（m²），M 表維護係數，U 為照明率，則室內平均照度可用下式來計算：

$$E = \frac{N \times F \times M \times U}{A}（公式 3-3-02）$$

照明率（Utilization Factor,U），又稱為利用係數：＝到達作業面光束 / 光源輸出總光束，值為 0.6～0.9；由燈具配光、燈具效率、室指數及各表面反射率決定。

維護率（Maintenance Factor,M），光源在使用中逐漸降低光束，即所謂光體老化，且日久積塵而降低透光率，增加吸收率，故在設計之初即需考慮光束之減弱，此係數稱減光補償率。

M ＝維持原來平均照度的程度，其值為 0.6~0.8。取決於光源光束維持率、光源體殘存率、燈具清淨率、室內表面反射維持率等四種因素；通常密閉型燈具 M ＝ 0.75，開放型投設燈 M ＝ 0.65。

減光補償率（D）是依光源之種類及大小而異，螢光燈形體大，易積塵，減光補償率較燈泡為大。減光補償率之倒數（即 1/D）為維護係數，其值介於 0.55-0.75 之間。

$$\frac{1}{D} = M$$

B. 反射比

由被照面所反射的亮度與照射在被照面上的照度之比稱為反射比（reflectance）。即：

$$反射比 = \frac{\pi \times 亮度\left(\frac{cd}{m^2}\right)}{照度(Lx)} \quad （公式 3-3-03）$$

反射比沒有單位，如果照度為 1 Lx，對一完全漫射反射面（即反射比 ＝ 1.0），其亮度為 $1/\pi$（cd/m²），但若反射面並非完全漫射時，亮度便要乘上反射比（或亮度係數）才行。

C. 室指數

$$RI = \frac{X \times Y}{H(X+Y)} \quad （公式 3-3-04）$$

其中 X ＝房間寬（m），Y ＝房間長（m），H ＝光源至作業檯面高

室指數依值之不同可分為 A 至 J 等十個等級，室指數（RI）愈大，照明率（U）愈大。

室指數	5	4	3	2.5	2	1.5	1.25	1	0.8	0.6
分級代碼	A	B	C	D	E	F	G	H	I	J

D. 亮度對比

$$亮度對比 = \frac{較亮者的光亮反射百分比 - 較暗者的光亮反射百分比}{較亮者的光亮反射百分比} \times 100\% \quad （公式 3-3-05）$$

當亮度對比愈強，所需的對比敏感度愈低，有助於視銳度的提升，亦可提升視覺能力。

例如對於電腦操作人員的視覺保護，基本上，亮度的設定需講求柔和且不刺眼。螢幕亮度至少應在 35 燭光／平方米，螢幕內字體及字間背景的亮度對比至少應為 3：1，當文字或圖形很小時，應增加亮度比。

E. 對比敏感度

係指肉眼觀看目標物與背景間差異的敏感度，亮度對比愈強，所需對比敏感度愈低，
即：對比敏感度＝ 1/ 亮度對比。

（2）精選試題

79 某一辦公大樓大廳面積為 20 m×20 m，天花板高度 8 m，依天花板反射率與牆壁反射率推估照明率，若在照明率 0.50，採用 24,000 Lm 之水銀燈（依廠商型錄查知，維護係數 0.6），來設計室內照度為 160 Lx，試規劃所需燈具數與排例方式。

答：

$$E = \frac{N \times F \times M \times U}{A}$$

$$N = \frac{E \times A}{F \times M \times U}$$

$$N = \frac{160 \times 400}{24000 \times 0.5 \times 0.6}$$

N = 8.89 ≒ 9 盞，排列方式為 3×3。

80 一施工中作業區，長 21 公尺、寬 9 公尺、高 3 公尺，作業面上方 2.45 公尺處設有懸吊式參燈管燈具 21 盞，每燈管光通量為 4,500 流明（lumen, Lm）。若其減光補償率（depreciation factor, D）為 2，照明率為 0.65，試計算回答以下問題：

（一） 其室指數（room index, RI）為多少？

（二） 作業區平均照度為多少勒克司（lux, Lx）？

（三） 若作業面平均反射比為 0.7，作業面之亮度為多少 cd/m² ？

答：

（一） 室指數：

$$RI = \frac{X \times Y}{H(X+Y)}$$

$$RI = \frac{21 \times 9}{2.45(21+9)} = 2.57$$

X＝房間寬（m），Y＝房間長（m），H＝光源至作業檯面高

（二）　作業區平均照度計算：

$$E = \frac{N \times F \times M \times U}{A}$$

$$= \frac{21 \times 4500 \times 0.65 \times 0.5}{21 \times 9} = 162.5 \text{Lux}$$

N：燈具數；F：每一燈具所發出之光通量；E：所需照度

A：被照面面積；D：減光補償率；M：維護係數（M＝1/D）；U：照明率

（三）　亮度計算：

$$反射比 = \frac{\pi \times 亮度(cd/m^2)}{照度(Lx)}$$

$$0.7 = \frac{\pi \times 亮度}{162.5} = 36.21 \ (cd/m^2)$$

亮度 ＝ 36.21（cd/m²）

81　設計一辦公室照明，長寬均為 12m，天花板 3.0m（作業面高度 0.8m），請計算其室指數，和照明率。〔室指數為 1.5，2.0，3.0，4.0 時，其參數依序的照明率為 0.58，0.65，0.74，0.78〕

答：

（一）　室指數（RI）$= \dfrac{X \times Y}{H(X+Y)}$

$$RI = \frac{12 \times 12}{2.2(12+12)} = 2.73$$

X: 房間寬

Y: 房間長

H: 光源至作業檯面高度

H ＝ 3-0.8 ＝ 2.2m

（二） 使用內插法，室指數 2.73 時，假設照明率＝ U。

$$\frac{(2.73-2)}{(3-2)} = \frac{(U-0.65)}{(0.74-0.65)}$$

$$U = 0.72$$

2. 照明測定

（1）基本概念

A. 全般照明照度之測定—四點法

將待測定範圍長分為 m 等分，寬分為 n 等分，間距 2~3 公尺，畫縱橫線得交點，測定時於各交點測其照度值。

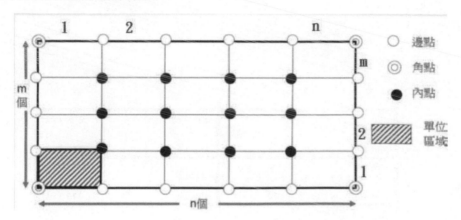

$$E = \frac{1}{4mn} （\Sigma 角點 +2\Sigma 邊點 +4\Sigma 內點）（公式 3-3-06）$$

B. 全般照明照度之測定—五點法

方法同四點法，將待側區域分為 m xn 小區域，於小區域邊之中點與中心點測量其照度值。

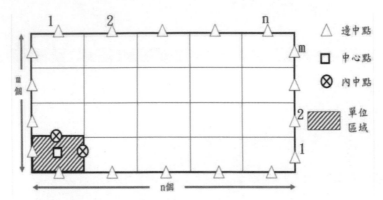

$$E = \frac{1}{6mn} \text{（} \Sigma \text{ 邊中點} +2\Sigma \text{ 內中點} +2\Sigma \text{ 中心點）（公式 3-3-07）}$$

（2）精選試題

82 以四點法 3*2 測得照度相對位置如下，計算平均照度。（四捨五入至整數）

380 Lux		400 Lux	375 Lux
380 Lux		400 Lux	375 Lux
380 Lux		400 Lux	375 Lux

答：

m 有 3 個；n 有 2 個；

$$E = \frac{1}{4mn} \text{（} \Sigma \text{ 角點} +2\Sigma \text{ 邊點} +4\Sigma \text{ 內點）}$$

Σ（角點）= 380+380++375+375 = 1510

Σ（邊點）= 380+400+395+375+395+400 = 2345

Σ（內點）= 400+395 = 795

$$E = \frac{1}{4mn} \text{（} \Sigma \text{ 角點} +2\Sigma \text{ 邊點} +4\Sigma \text{ 內點）}$$
$$= \frac{1}{4x2x3} \text{（}1510+2\times2345+4\times795\text{）} = 390.83 \text{（Lux）}$$

83 某作業場所之照度測定如下圖，黑點為測定點，其旁之數值為測定值，

（一）請列出計算式計算 A 小區的平均照度。

（二）該作業場所整體之平均照度。

640 Lux	540 Lux **A**	670 Lux
550 Lux	720 Lux	550 Lux
470 Lux	640 Lux	540 Lux

答：

m 有 2 個；n 有 2 個；

$$E = \frac{1}{6mn} (\Sigma\ 角點 + 2\Sigma\ 邊點 + 4\Sigma\ 內點)$$

Σ（角點）$= 640+470++670+540 = 2320$

Σ（邊點）$= 550+540+640+550 = 2280$

Σ（內點）$= 720$

$$E = \frac{1}{4mn} (\Sigma\ 角點 + 2\Sigma\ 邊點 + 4\Sigma\ 內點)$$
$$= \frac{1}{4 \times 2 \times 2} (2320 + 2 \times 2280 + 4 \times 720) = 610\ (Lux)$$

四 溫濕環境

1. 綜合溫度熱指數 WBGT

（1）基本概念

A. 綜合溫度熱指數（WBGT，Wet-Bulb Globe Temperature Index）為我國法規評估高溫作業環境對人體健康危害的唯一指標，結合了四項氣候因素，即氣溫、氣濕、氣動、輻射之效應；其主要方式為量測三種溫度計（自然濕球溫度、黑球溫度、乾球溫度）之溫度來計算予以評估環境熱危害程度。

B. 高溫作業場所評估方式：

（A）戶外有日曬情形者：

綜合溫度熱指數（WBGT）＝ $0.7 \times T_{nwb} + 0.2 \times T_g + 0.1 \times T_a$（公式 3-4-01）

T_{nwb}：自然濕球溫度，為溫度計球部包覆潤溼紗布，且未遮斷附近氣流所得知溫度，代表空氣中溫度、濕度、空氣流動等之綜合效應。

T_g：黑球溫度，使用直徑 15 公分，厚度 0.5mm 規格，外表為塗上不會反光之黑色塗料之中空銅球，溫度計插入黑球中心所測得之溫度，代表輻射熱效應。

T_a 乾球溫度，為溫度計量測空氣所得之溫度，代表純空氣溫度之效應。

（B）戶內或戶外無日曬情形者：

綜合溫度熱指數（WBGT）＝ $0.7 \times T_{nwb} + 0.3 \times T_g$。（公式 3-4-02）

（C）室內作業且熱不均勻之作業環境：利用三點四分法，即以作業者之頭部、腹部、腳踝之高度，分別測得綜合溫度熱指數，加權獲得代表性之平均 WBGT，以下列方程式表示。

$$WBGT_{avg} = \frac{WBGT_{頭} + (2 \times WBGT_{腹}) + WBGT_{腳}}{4}$$（公式 3-4-03）

（D）其中 $WBGT_1$、$WBGT_2$……及 $WBGT_n$ 分別為不同工作場所或休息場所之綜合溫度熱指數值，t_1、t_2……t_n 為勞工於各相對應場所停留之時間。

$$時量平均綜合溫度熱指數 = \frac{WBGT_1 \times t_1 + WBGT_2 \times t_2 + ...WBGT_n \times t_n}{t_1 + t_2 + ...t_n}$$（公式 3-4-04）

※ 休息場所之 WBGT 應納入考量計算：依行政院勞工委員會民國 77 年 11 月 21 日（77）台勞三字第 25940 號釋高溫作業環境測定疑義釋疑，高溫作業勞工作息時間標準第五條之規定，係基於休息場所與工作場所之綜合溫度熱指數值一樣或相近之假設，如兩者之綜合溫度熱指數值不同，則應採時間加權平均值法計算其綜合溫度熱指數（即加權平均綜合溫度熱指數）。

C. 高溫作業勞工作息時間標準之高溫作業定義：

現場作業場所及人員作業時間須同時達到兩個條件，即屬於高溫作業之範疇；才需要依職業安全衛生法令後續辦理作業環境監測、減少勞工作業時間、採取必要之安全衛生措施。

（A）條件一：屬於高溫作業勞工休息時間標準第二條指定之下列作業七種作業

a. 於鍋爐房從事之作業。

b. 灼熱鋼鐵或其他金屬塊壓軋及鍛造之作業。

c. 於鑄造間處理熔融鋼鐵或其他金屬之作業。

d. 鋼鐵或其他金屬類物料加熱或熔煉之作業。

e. 處理搪瓷、玻璃、電石及熔爐高溫熔料之作業。

f. 於蒸汽火車、輪船機房從事之作業。

g. 從事蒸汽操作、燒窯等作業。

h. 其他經中央主管機關指定之高溫作業。

（B）條件二：依現場勞工作業方式計勞工工作日時量平均綜合溫度熱指數（WBGT）達到「連續作業」規定值以上。

工作負荷	時量平均綜合溫度熱指數（WBGT）
輕工作	30.6°C（含）↑
中度工作	28.0°C（含）↑
重工作	25.°C（含）↑

輕工作：指僅以坐姿或立姿進行手臂部動作以操縱機器者

中度工作：指於走動中提舉或推動一般重量物體者

重工作：指鏟、掘、推等全身運動之工作者。

依行政院勞工委員會台七十七勞安三字第二五九四零號釋義，輕工作之代謝熱產生速率為低於 200Kcal/hr，中度工作為介於 200~350Kcal/hr，而重工作則大於 350kcal/hr，估需要判別工作複合時，須利用下列方法計算時量平均代謝率（time-weighted average metabolic rate，M_twa）

$$M_{twa} = \frac{(M1 \times t_1) + (M2 \times t_2) + ... + (Mn \times t_n)}{t_1 + t_2 + ... + t_n}$$（公式 3-4-05）

（C）高溫作業判定範例：

a. 某一營建工地勞工作業位置測得時量平均 WBGT 為 30.4°C，勞工的工作為推舉一般建材屬於中度工作，是評估該作業使否屬於高溫作業。

答：不屬高溫作業。30.4°C 依法規，每小時理應採取 30 分鐘高溫作業，30 分鐘休息（50% 作業、50% 休息），但營造作業不屬於指定之七種作業，因此不為高溫作業也不需依高溫作業相關管理規定辦理。

b. 某作業勞工，作業方式為每小時有 10 分鐘於鍋爐房從事巡檢工作（輕工作），50 分鐘於控制室監控儀表，於上述兩處作業測得並計算時量平均 WBGT 為 32.3℃，評估是否符合高溫作業規定？

答：符合規定。該作業為高溫作業規定的作業類型，且時量平均 WBGT 已超過輕工作 50% 作業、50% 休息規定值 32.2℃；每小時已符合法規 75% 休息（45 分鐘）、25%（15 分鐘）作業之法規規定。

D. 高溫作業勞工作息時間分配表：

時量平均綜合溫度熱指數℃

時量平均綜合溫度熱指數℃	輕工作	30.6	31.4	32.2	33.0
	中度工作	28.0	29.4	31.1	32.6
	重工作	25.9	27.9	30.0	32.1
時間比例每小時作息		連續作業	25% 休息 75% 作業	50% 休息 50% 作業	75% 休息 25% 作業

由於原本法定表格（上表）呈現方式容易讓人誤會，例如：中度工作之時量平均 WBGT 為 28.0℃ 時，應採取每小時 25% 休息 75% 作業而非連續作業，且休息並非指完全不能從事任何作業，假設人員從事 45 分鐘高溫作業（每小時 75% 作業），另外 15 分鐘（25% 休息）於控制室從事監控作業（未再執行花費大量體力的作業，不會產生過多的代謝熱），以職業衛生角度來看是可以接受的，故吾人重新整理較不易誤會的表格如下：

每小時作息時間比例	時量平均綜合溫度熱指數℃		
	輕工作	中度工作	重工作
25% 非高溫作業 75% 高溫作業	30.6（含）~31.3	28.0（含）~29.3	25.9（含）~27.8
50% 非高溫作業 50% 高溫作業	31.4（含）~32.1	29.4（含）~31.0	27.9（含）~29.9
75% 非高溫作業 25% 高溫作業	32.2（含）~33.0	31.1（含）~32.6	30.0（含）~32.1

（2）精選試題

84 請回答下列問題：

（一）請問人體對外在環境的冷熱舒適感覺，受那四種因素影響？

（二）請寫出綜合溫度熱指數計算方法：

1. 戶外有日曬情形者。

2. 戶內或戶外無日曬情形者。

（三）某基本金屬製造工廠之室內有一位勞工從事金屬熔煉作業，為間歇性熱暴露，該勞工在熔煉投料區作業 30 分鐘，投料區測得之綜合溫度熱指數為 29.4℃；另於出料區從事檢視作業 90 分鐘，出料區測得之綜合溫度熱指數為 28.6℃，試計算其時量平均綜合溫度熱指數？

（四）承上題，已知該勞工之作業屬中度工作，依高溫作業勞工作息時間標準規定該勞工每小時應至少有多少時間之休息？

（五）某日該工廠有一位勞工在從事投料作業時，突然覺得無力倦怠，體溫微幅升高（經量測約 38.5℃），並伴隨有大量出汗、皮膚濕冷、臉色蒼白、心跳加快等症狀。請問該名勞工可能罹患那種熱疾病？

表、高溫作業勞工作息時間標準

時量平均綜合溫度熱指數℃	輕工作	30.6	31.4	32.2	33.0
	中度工作	28.0	29.4	31.1	32.6
	重工作	25.9	27.9	30.0	32.1
時間比例每小時作息		連續作業	25% 休息 75% 作業	25% 休息 75% 作業	75% 休息 25% 作業

答：

（一）　人體對外在環境的冷熱舒適感覺，受下列 4 種因素影響：

　　1. 溫度。

　　2. 濕度。

　　3. 風速（氣流速度）。

　　4. 輻射熱。

（二）　綜合溫度熱指數（WBGT）計算方法如下列：

戶外有日曬情形者：

綜合溫度熱指數（WBGT）$= 0.7 \times T_{nwb} + 0.2 \times T_g + 0.1 \times T_a$

戶內或戶外無日曬情形者：

綜合溫度熱指數（WBGT）$= 0.7 \times T_{nwb} + 0.3 \times T_g$

T_{nwb}：自然濕球溫度。

T_g：黑球溫度。

T_a乾球溫度。

（三）

$$時量平均綜合溫度熱指數 = \frac{WBGT_1 \times t_1 + WBGT_2 \times t_2 + \ldots WBGT_n \times t_n}{t_1 + t_2 + \ldots t_n}$$

$$= \frac{29.4 \times 30 + 28.6 \times 90}{30 + 90} = 28.8^\circ C$$

（四）

已知該勞工之作業屬中度工作，而時量平均綜合溫度熱指數為 28.8°C（介於 28°C 與 29.4°C 之間），依「高溫作業勞工作息時間標準」規定（25% 休息、75% 作業），所以該勞工每小時應至少有 15 分鐘之休息及 45 分鐘作業。

（五）　勞工體溫微幅升高（經量測約 38.5°C），並伴隨有大量出汗、皮膚濕冷、臉色蒼白、心跳加快等症狀，此勞工可能罹患熱疾病為熱衰竭，其主因是因為流汗過多，未適時補充水分或電解質而導致的血液循環衰竭。主要是大腦皮脂的血液量供應不足而導致的虛脫狀態，此為血管擴張之結果，造成心臟出來的血血壓無法達到要求；非體溫調節機制失敗，而是不能滿足體溫調節之結果。

85　某鋼鐵廠從事鋼鐵熔煉作業勞工，其作業場所各工作時段之溫度測值如下表，試依高溫作業勞工作息時間標準之規定，回答下列問題。（註：本題為假設性題目，與實務上之工作情境不一定相符）

（一）本項作業是否屬高溫？（未列出計算結果者全部不予計分，計算至小數點後 2 位）

（二）若勞工為高溫作業（假設性提問，與前小題無關），則依勞工作業類型，其為連續暴露或間歇暴露？

（三）續前小題（二），你是該廠之職業衛生管理師，試規劃該名勞工之作業及休息時間。（註：高溫作業勞工如為連續暴露達 1 小時以上者，以每小時計算其暴露量平均綜合溫度熱指數，間歇暴露者，以 2 小時計算其暴露時量平均綜合溫度熱指數）。

表、勞工各工作時段溫度監測紀錄

編號	工作時段	時間（分）	作業別	作業種類	自然濕球溫度（℃）	黑球溫度（℃）	乾球溫度（℃）
1	08:00~08:30	30	鋼鐵熔煉作業	從事鏟、掘、推全身運動	26.7	36.7	35.0
2	08:30~08:50	20	鋼鐵熔煉作業	從事鏟、掘、推全身運動	25.6	36.1	32.2
3	08:50~09:05	15	休息		22.8	26.7	25.6
4	09:05~09:30	25	鋼鐵熔煉作業	從事鏟、掘、推全身運動	25.6	35.0	32.2
5	09:30~10:00	30	鋼鐵熔煉作業	從事鏟、掘、推全身運動	26.7	36.7	34.4
6	10:00~12:00	120	辦公室文書處理	坐姿從事文字抄寫	22.8	26.7	25.6
7	午休						
8	13:30~15:30	120	監控室作業	立姿手動操作控儀器	22.0	28.0	24.0
9	15:30~17:30	120	預熱作業	走動中提舉10 公斤重物	26.7	36.7	35.0

時量平均綜合溫度熱指數值℃	輕工作	30.6	31.4	32.2	33.0
	中度工作	28.0	29.4	31.1	32.6
	重工作	25.9	27.9	30.0	32.1
每小時作息時間比例		連續作業	75% 作業25% 休息	50% 作業50% 休息	25% 作業75% 休息

答：

（一）　戶內或戶外無日曬情形者：

綜合溫度熱指數（WBGT）$= 0.7 \times T_{nwb} + 0.3 \times T_g$

各時段的 WBGT 值計算如下：

08:00~08:30 $WBGT_1 = 0.7 \times 26.7 + 0.3 \times 36.7 = 29.7°C$

08:30~08:50 $WBGT_2 = 0.7 \times 25.6 + 0.3 \times 36.1 = 28.75°C$

08:50~09:05 $WBGT_3 = 0.7 \times 22.8 + 0.3 \times 26.7 = 23.97°C$

09:05~09:30 $WBGT_4 = 0.7 \times 25.6 + 0.3 \times 35 = 28.42°C$

09:30~10:00 $WBGT_5 = 0.7 \times 26.7 + 0.3 \times 36.7 = 29.70°C$

10:00~12:00 $WBGT_6 = 0.7 \times 22.8 + 0.3 \times 26.7 = 23.97°C$

$WBGT_7 = $午休時間不計算

13:30~15:30 $WBGT_8 = 0.7 \times 22 + 0.3 \times 28 = 23.8°C$

15:30~17:30 $WBGT_9 = 0.7 \times 26.7 + 0.3 \times 36.7 = 29.7°C$

再計算此勞工的日時量平均綜合溫度熱指數 $WBGT_{TWA}$：

$$WBGT_{TWA} = \frac{(WBGT_1 \times t_1) + (WBGT_2 \times t_2) + ... + (WBGT_n \times t_n)}{t_1 + t_2 + ... + t_n}$$

$$= \frac{(29.70 \times 30) + (28.75 \times 20) + (23.97 \times 15) + (28.42 \times 25) + (29.70 \times 30) + (23.97 \times 120) + (23.80 \times 120) + (29.70 \times 120)}{30 + 20 + 15 + 25 + 30 + 120 + 120 + 120}$$

$$= \frac{891 + 575 + 359.55 + 710.5 + 891 + 2876.4 + 2856 + 3564}{480} = \frac{12723.45}{480} = 26.51°C$$

因上述計算得知，勞工之時量平均綜合溫度熱指數為 26.51°C，故當勞工為重工作連續作業時此項作業屬高溫作業（26.51°C>25.9°C）；若為中度工作（26.59°C<28.0°C）與輕工作（26.59°C<30.6°C）時，此兩項作業就非屬高溫作業，所以上述兩種類型可連續作業。

（二）　若勞工為高溫作業，則依勞工作業類型，其屬於間歇暴露。

（三）　勞工為高溫作業時，且為間歇暴露者，以2小時計算其暴露時量平均綜合溫度熱指數

1. 08:00~10:00 為鋼鐵熔煉作業之從事鏟、掘、推全身運動，故屬於重工作：

此時段之時量平均 WBGT 為

$$WBGT_{TWA} = \frac{(29.70 \times 30) + (28.75 \times 20) + (23.97 \times 15) + (28.42 \times 25) + (29.70 \times 30)}{30 + 20 + 15 + 25 + 30}$$

$$= \frac{891 + 575 + 359.55 + 710.5 + 891}{120} = \frac{3427.05}{120} = 28.56 \, ^{\circ}C$$

此作業屬重工作,且其 WBGT 值 28.56 ℃>25.9 ℃,但 28.56 ℃ < 30.0℃,故作息比例應為每小時 50% 作業,50% 休息。

2. 10:00~12:00 辦公室文書處理,作業種類為坐姿從事文抄寫:

$$WBGT_6 = 0.7 \times 22.8 + 0.3 \times 26.7 = 23.97 ^{\circ}C$$

此作業屬輕工作,其 WBGT 值 23.97℃<30.6℃,故作息比例應為連續作業。

3. 13:30~15:30 監控室作業,作業種類為立姿手動操作控儀器: $WBGT_6$ = 23.80℃,此作業屬輕工作,其 WBGT 值 23.80℃<30.6℃,故作息比例應為連續作業。

4. 預熱作業,作業種類為走動中提舉 10 公斤重物: $WBGT_9 = 29.70$(℃) 此作業屬中度工作,其 WBGT 值 29.70 ℃>28.0 ℃,但 29.70 ℃ < 31.1℃,故作息比例應為每小時 50% 作業、50% 休息。

5. 屬高溫作業每天工作時間不得超過 6 小時,故重新規劃此勞工之作業及休息時間如下:

編號	工作時段	時間(分)	作業別
1	08:00~08:30	30	鋼鐵熔煉作業
2	08:30~09:00	30	休息
3	09:00~09:30	45	鋼鐵熔煉作業
4	09:30~10:00	30	休息
5	10:00~12:00	120	辦公室文書處理
6	午休		
7	13:30~15:30	120	監控室作業
8	15:30~16:00	30	預熱作業
9	16:00~16:30	30	休息
10	16:30~17:00	30	預熱作業
11	17:00~17:30	30	休息

86 （一）志明熱處理公司工作場所為室內無日曬環境，勞工作業時間上午8時至12時，其測得乾球溫度30℃，濕球溫度27℃，黑球溫度為33℃；下午13時至17時測得乾球溫度32℃，濕球溫度30℃，黑球溫度為35℃。請問該作業之工作日時量平均綜合溫度熱指數為若干？（請列出計算公式）

（二）高溫作業勞工熱危害之預防，除優先採取工程改善對策外，可採取那些行政管理措施？

答：

（一）　戶內或戶外無日曬情形者：

綜合溫度熱指數（WBGT）$= 0.7 \times T_{nwb} + 0.3 \times T_g$　$WBGT_1 = (0.7 \times 27℃)$ $+ (0.3 \times 33℃) = 28.8℃$　$WBGT_2 = (0.7 \times 30℃) + (0.3 \times 35℃) = 31.5℃$

時量平均綜合溫度熱指數計算如下：

$$WBGT_{TWA} = \frac{(WBGT_1 \times t_1) + (WBGT_2 \times t_2) + \ldots + (WBGT_n \times t_n)}{t_1 + t_2 + \ldots + t_n}$$

$$= \frac{(28.8 \times 4) + (31.5 \times 4)}{8} = 30.12℃$$

經計算後得知該作業之工作日時量平均綜合溫度熱指數為30.12℃。

（二）　高溫行政管理：

1. 限制熱暴露量：減少每人的熱暴露量，多增人手。（勞工每日工作時間 <6HR）

2. 適當休息：提供有空調的低溫休息區（不得低於24℃）、輪班制度調配使勞工休息時間增加。

3. 個人防護具：提供具有冷卻效果的熱防護衣、局部防護具。

4. 教育訓練：實施熱疾病辨識教育、熱危害防護訓練。

5. 其他：藉體檢來建立選工及配工制度、勞工個人健康管理（腎疾病、呼吸系統疾病、心臟病、無汗症）、尚未熱適應的勞工須多加照應、飲水（10~15℃）補充防脫水。

6. 熱適應：暴露於熱環境下之工作，1至2週後可增加皮膚之熱發散而適應，鹽分則由汗腺及腎之反應機制而維持。

（1）第1次從事熱工作：第1日50%，而後每天增加10%，第6天即完成。

（2）離開熱工作環境又復工：第1日50%，而後每天增加20%，第4天即完成。

87 試回答下列有關高溫作業之問題：

（一） 何謂高溫作業場所？

（二） 某中度工作之勞工，其工作場所戶內作業環境測得之濕球溫度為 30℃，乾球溫度為 33℃，黑球溫度為 37℃。試問依法令規定，該勞工工作與休息時間的分配為何？

（三） 請由環境控制（或工程管理）與行政管理方面說明熱危害的預防對策。

中度工作勞工作業及休息時間分配表如下：

每小時作息時間比例	連續作業	75% 作業 25% 休息	50% 作業 50% 休息	25% 作業 75% 休息
中度工作 時量平均綜合溫度熱指數值℃	28.0	29.4	31.1	32.6

答：

（一） 依據「高溫作業勞工作息時間標準」第 2 條所稱高溫作業，指勞工工作日時量平均綜合溫度熱指數達第五條連續作業規定值以上之下列作業：

1. 於鍋爐房或鍋爐間從事之作業。

2. 灼熱鋼鐵或其他金屬塊壓軋及鍛造之作業。

3. 於鑄造間處理熔融鋼鐵或其他金屬之作業。

4. 鋼鐵或其他金屬類物料加熱或熔煉之作業。

5. 處理搪瓷、玻璃、電石及熔爐高溫熔料之作業。

6. 於蒸汽火車、輪船機房從事之作業。

7. 從事蒸汽操作、燒窯等作業。

8. 其他經中央主管機關指定之高溫作業。

（二）　戶內或戶外無日曬情形者：

綜合溫度熱指數（WBGT）$= 0.7 \times T_{nwb} + 0.3 \times T_g$ WBGT $=（0.7 \times 30℃）+（0.3 \times 37℃）= 32.1℃$ 由於 WBGT 值 32.1℃ $>$ 31.1℃ 但 32.1℃ $<$ 32.6℃，因此依作息時間標準該勞工作息比例應為每小時 25% 作業，75% 休息。即每小時作業 15 分鐘，休息 45 分鐘。

（三）　1. 工程控制：

（1）　勞工工作代謝熱（M）：

A. 盡量減少製程中對於勞力的需求，粗重工作有機具支援。

B. 部分工作或全部工作的機械化或自動化。

（2）　輻射熱傳遞（R）：

A. 熱屏障設置減少在熱源直接輻射範圍內。

B. 熱源或高溫爐壁的絕熱與保溫

C. 熱屏障設置，熱源覆以金屬反射簾幕。ex: 鋁箔

D. 遮蔽或覆該身體羅露在外的部分。

（3）　熱對流傳遞（C）：

A. 降低作業環境空氣溫度。

B. 降低流經皮膚空氣的流速。（溫度 >35℃）

（4）　藉由汗水蒸發的最大排熱量（Emax）：

A. 增加空氣流動速度。（溫度 <35℃）

B. 減少作業環境內的濕度。

（5）　減少衣著量。

2. 高溫行政管理：

（1）　限制熱暴露量：減少每人的熱暴露量，多增人手。（勞工每日工作時間 <6HR）

（2）　適當休息：提供有空調的低溫休息區（不得低於 24℃）、輪班制度調配使勞工休息時間增加。

（3）　個人防護具：提供具有冷卻效果的熱防護衣、局部防護具。

（4）　教育訓練：實施熱疾病辨識教育、熱危害防護訓練。

（4）教育訓練：實施熱疾病辨識教育、熱危害防護訓練。

（5）其他：藉體檢來建立選工及配工制度、勞工個人健康管理（腎疾病、呼吸系統疾病、心臟病、無汗症）、尚未熱適應的勞工須多加照應、飲水（10~15℃）補充防脫水。

（6）熱適應：暴露於熱環境下之工作，1 至 2 週後可增加皮膚之熱發散而適應，鹽分則由汗腺及腎之反應機制而維持。

　　A. 第 1 次從事熱工作：第一日 50%，而後每天增加 10%，第 6 天即完成。

　　B. 離開熱工作環境又復工：第 1 日 50%，而後每天增加 20%，第 4 天即完成

88　勞工在鋼鑄工廠從事澆鑄的工作，需要進行熱暴露的評估，請回答下列相關的問題。

（一）若要計算該工作場所勞工暴露之綜合溫度熱指數（WBGT），需要測量環境的那些變項？

（二）各變項的測量，分別需要使用那些量測設備？

（三）如一勞工之熱暴露不均勻時，如何獲得該勞工代表性之綜合溫度熱指數（WBGT）？

（四）若工作者每小時內花 45 分鐘的時間進行澆鑄工作，15 分鐘的時間在休息室休息；工作現場的綜合溫度熱指數為 31℃，而休息室的綜合溫度熱指數為 27℃；又從事澆鑄工作的新陳代謝速率為 360 仟卡 / 小時；休息時之體能消耗為 120 仟卡 / 小時，請分別計算該勞工熱暴露之綜合溫度熱指數及新陳代謝速率。

答：

（一）戶內或戶外無日曬情形者：

綜合溫度熱指數（WBGT）$= 0.7 \times T_{nwb} + 0.3 \times T_g$

依作業場所無日曬情形需要測量環境的變項為 T_{nwb} 度及 T_g，其中 T_{nwb} 為自然濕球溫度，T_g 則為黑球溫度。

熱環境中，影響人體熱蓄積的主要因子包括空氣溫度、濕度、空氣流動速度及輻射熱等四項。

T_{nwb} 自然濕球溫度之量測設備為自然濕球溫度計。T_g 黑球溫度之量測設備為黑球溫度計。

（二） T_{nwb} 自然濕球溫度之量測設備為自然濕球溫度計。T_g 黑球溫度之量測設備為黑球溫度計。

（三） 室內作業且熱不均勻之作業環境：利用三點四分法，即以作業者之頭部、腹部、腳踝之高度，分別測得綜合溫度熱指數，加權獲得代表性之平均 WBGT，以下列方程式表示。

$$WBGT_{avg} = \frac{WBGT_{頭} + (2 \times WBGT_{腹}) + WBGT_{腳}}{4}$$

（四）時量平均綜合溫度熱指數計算如下：

$$WBGT_{TWA} = \frac{(WBGT_1 \times t_1) + (WBGT_2 \times t_2) + ... + (WBGT_n \times t_n)}{t_1 + t_2 + ... + t_n}$$

$$= \frac{(31 \times 45) + (27 \times 15)}{60} = 30°C$$

$$新陳代謝速率 = \frac{(360Kcal/hr \times 45) + (120Kcal/hr \times 15)}{60} = 300 \ Kcal/hr$$

89

某熱浸鍍鋅工廠表面鍍鋅作業平均週期為 1 小時，約 15 分鐘時間勞工必須於鍍鋅爐旁協助被鍍物料吊裝與搬運（此時自然溼球溫度 32°C，黑球溫度 50°C，乾球溫度 38°C）；其餘 45 分鐘則於控制中心內監看浸鍍過程（控制中心之自然溼球溫度 24°C，黑球溫度 28°C，乾球溫度 25°C）。

（一）請問此作業是否屬於高溫作業（須說明理由否則不計分）？

（二）勞工暴露溫度是否符合法規標準（須說明理由否則不計分）？

（三）雇主應提供的防護措施為何？

答：

（一） 1. 各時段的 WBGT 值計算如下：

戶內或戶外無日曬情形者：

綜合溫度熱指數（WBGT）＝ $0.7 \times T_{nwb} + 0.3 \times T_g$

$WBGT_1 = 0.7 \times 32 + 0.3 \times 50 = 37.4°C$

$WBGT_2 = 0.7 \times 24 + 0.3 \times 28 = 25.2°C$

2. 計算時量平均 WBGT ＝

$$WBGT_{TWA} = \frac{(WBGT_1 \times t_1) + (WBGT_2 \times t_2) + ... + (WBGT_n \times t_n)}{t_1 + t_2 + ... + t_n}$$

$$= \frac{(37.4 \times 15) + (25.2 \times 45)}{60} = 28.25°C$$

3.（1）由於勞工必須於鍍鋅爐旁協助被鍍物料吊裝與搬運，屬於高溫作業勞工休息時間標準第二條指定之下列作業七種作業的「鋼鐵或其他金屬類物料加熱或熔煉之作業」

（2）其作業性質屬於中度工作（指於走動中提舉或推動一般重量物體者），且勞工之時量平均綜合溫度熱指數為 28.25°C>28°C，已達中度工作連續作業規定值以上，故屬於高溫作業。

（二） 1. 因上述計算得知，作業性質屬於中度工作（指於走動中提舉或推動一般重量物體者），且勞工之時量平均綜合溫度熱指數為 28.25°C>28°C 且 <29.4°C，所以每小時的作息因為 75% 作業 25% 休息，故每小時作業 45 分鐘休息 15 分鐘。

2. 由於作業勞工暴露在 2 種不同環境的作業場所，其暴露在高溫之指定作業之時間僅為 15 分鐘，剩下的 45 分鐘皆在控制中心內從事監看作業而已，故高溫作息方面來探討是能符合職安法令規定之要求。

3. 另依據「高溫作業勞工作息時間標準」第 6 條規定，勞工於操作中須接近黑球溫度 50 度以上高溫灼熱物體者，雇主應供給身體熱防護設備並使勞工確實使用。因該作業場所之黑球溫度為 50°C，如果雇主未供給身體熱防護設備並使勞工確實使用時，就是違反法規標準。

（三） 勞工於操作中須接近黑球溫度 50 度以上高溫灼熱物體者，雇主應供給身體熱防護設備並使勞工確實使用。

90 某活塞工廠僱用勞工進行室內高溫鋁錠熔鍊加料作業，經綜合溫度熱指數測定結果如下：

測定時間	乾球溫度（℃）	自然濕球溫度（℃）	黑球溫度（℃）
08：30–12：30	25.0	24.5	45.1
13：30–15：30	27.1	26.2	47.3
15：30–17：30	26.0	25.5	40.8

若該名勞工之八小時平均代謝熱為 286.8（kcal/hr），試問：

（一）該名勞工是否屬於高溫作業勞工？

（二）依以上的測定結果，請述明該名勞工主要的熱危害項目為那些？（7 分）

答：

（一）

1. 各時段的 WBGT 值計算如下：

   戶內或戶外無日曬情形者：

   綜合溫度熱指數（WBGT）$= 0.7 \times T_{nwb} + 0.3 \times T_g$

   08:30~12:30 $WBGT_1 = 0.7 \times 24.5 + 0.3 \times 45.1 = 30.68°C$

   13:30~15:30 $WBGT_2 = 0.7 \times 26.2 + 0.3 \times 47.3 = 32.53°C$

   15:30~17:30 $WBGT_3 = 0.7 \times 25.5 + 0.3 \times 40.8 = 30.09°C$

2. 再計算此勞工的日時量平均綜合溫度熱指數 $WBGT_{TWA}$：

   $$WBGT_{TWA} = \frac{(WBGT_1 \times t_1) + (WBGT_2 \times t_2) + ... + (WBGT_n \times t_n)}{t_1 + t_2 + ... + t_n}$$

   $$= \frac{(30.68 \times 4) + (32.53 \times 2) + (30.09 \times 2)}{8} = 30.1°C$$

3. （1）由於勞工必須於室內從事高溫鋁錠熔鍊加料，屬於高溫作業勞工休息時間標準第二條指定之下列作業七種作業的「鋼鐵或其他金屬類物料加熱或熔煉之作業」

（2）該名勞工之 8 小時平均代謝熱為 286.8（kcal/hr）介於 200~350 Kcal/hr，故屬於中度工作，且勞工之時量平均綜合溫度熱指數為 30.01°C>29.4°C 且 <31.1°C，已達中度工作連續作業規定值以上且每小時作息比例為 50% 作業 50% 休息，故屬於高溫作業。

每小時作息時間比例	連續作業	75% 作業 25% 休息	50% 作業 50% 休息	25% 作業 75% 休息
中度工作 時量平均綜合溫度熱指數值°C	28.0	29.4	31.1	32.6

（二）熱危害項目如如下：

1. 中暑：當人體的體溫調節中樞過度負荷而失常，無法控制體溫，汗腺失去排汗功能，就會發生中暑。（皮膚乾而紅）

2. 熱衰竭：主要是大腦皮脂的血液量供應不足而導致的虛脫狀態，此為血管擴張之結果，造成心臟出來的血壓無法達到要求；非體溫調節機制失敗，而是不能滿足體溫調節之結果。

3. 熱痙攣：在高溫環境中大量流汗，雖喝大量的水分補充，卻無法補足身體流失的鹽分而引起隨意肌產生的疼痛痙攣。

4. 失水：早期的失水會引起血液量的減少，而引起熱衰竭，失水過多時會導致細胞功能的違常。

5. 熱疹：易發生在又熱又濕的環境。皮膚上的汗不易蒸發，使汗管阻塞、汗腺發炎而發生熱疹。

6. 熱暈厥：身體並無水分及鹽分喪失，但由於體表血管喪失功能而使腦部血液供應量不足而引起眼花疲勞的感覺。

91 請參照下表「高溫作業勞工作息時間標準」回答下列問題：

時量平均綜合溫度熱指數值°C	輕工作	30.6	31.4	32.2	33.0
	中度工作	28.0	29.4	31.1	32.6
	重工作	25.9	27.9	30.0	32.1
每小時作息時間比例		連續作業	75% 作業 25% 休息	50% 作業 50% 休息	25% 作業 75% 休息

（一）某煉鋼廠作業現場（室內）綜合溫度熱指數測定結果顯示乾球溫度 31°C、自然濕球溫度 30°C、黑球溫度 33°C，試問現場勞工暴露之綜合溫度熱指數為多少？

（二）某室內熔煉爐熱危害作業勞工進行鏟掘推等作業，今兩小時的綜合溫度熱指數測定結果顯示乾球溫度 32°C、自然濕球溫度 31°C、黑球溫度 35°C，試問該區勞工每小時作息時間比例應如何或雇主應有何適當處置？（5 分）

答：

（一）　戶內或戶外無日曬情形者：

綜合溫度熱指數（WBGT）$= 0.7 \times T_{nwb} + 0.3 \times T_g$

WBGT $= 0.7 \times 30 + 0.3 \times 33 = 30.9$°C

（二）　1. 計算時量平均綜合溫度熱指數

戶內或戶外無日曬情形者：

綜合溫度熱指數（WBGT）$= 0.7 \times T_{nwb} + 0.3 \times T_g$

WBGT $= 0.7 \times 31 + 0.3 \times 35 = 32.2$°C

2. 該勞工於室內熔煉爐進行鏟掘推等作業，故屬於重度工作，且時量平均綜合溫度熱指數 32.2°C>32.1°C，已超過 25% 作業，75% 休息的規範，必須執行作業場所的熱危害改善。

3. 熱危害工程控制及行政管理措施如下：

（1）工程控制

A. 勞工工作代謝熱（M）：

a. 盡量減少製程中對於勞力的需求，粗重工作有機具支援。

b. 部分工作或全部工作的機械化或自動化。

B. 輻射熱傳遞（R）：

　　a. 熱屏障設置減少在熱源直接輻射範圍內。

　　b. 熱源或高溫爐壁的絕熱與保溫

　　c. 熱屏障設置，熱源覆以金屬反射簾幕。ex: 鋁箔

　　d. 遮蔽或覆該身體羅露在外的部分。

C. 熱對流傳遞（C）：

　　a. 降低作業環境空氣溫度。

　　b. 降低流經皮膚空氣的流速。（溫度 >35℃）

D. 藉由汗水蒸發的最大排熱量（E_{max}）：

　　a. 增加空氣流動速度。（溫度 <35℃）

　　b. 減少作業環境內的濕度。

E. 減少衣著量。

（2）高溫行政管理：

A. 限制熱暴露量：減少每人的熱暴露量，多增人手。（勞工每日工作時間 <6HR）

B. 適當休息：提供有空調的低溫休息區（不得低於 24℃）、輪班制度調配使勞工休息時間增加。

C. 個人防護具：提供具有冷卻效果的熱防護衣、局部防護具。

D. 教育訓練：實施熱疾病辨識教育、熱危害防護訓練。

E. 其他：藉體檢來建立選工及配工制度、勞工個人健康管理（腎疾病、呼吸系統疾病、心臟病、無汗症）、尚未熱適應的勞工須多加照應、飲水（10~15℃）補充防脫水。

F. 熱適應：暴露於熱環境下之工作，一至二週後可增加皮膚之熱發散而適應，鹽分則由汗腺及腎之反應機制而維持。

　　a. 第一次從事熱工作：第一日 50%，而後每天增加 10%，第 6 天即完成。

　　b. 離開熱工作環境又復工：第一日 50%，而後每天增加 20%，第 4 天即完成。

92 職業安全衛生法對於高溫作業場所的勞工，規範其作息時間標準，依現場所監測之綜合溫度熱指數（Wet Bulb Globe Temperature, WBGT）

（一）請列出方程式。

（二）某一工廠為有日曬作業，實測其作業環境溫度為乾球溫度 33℃，自然濕球溫度 26℃，黑球溫度 34℃，試計算綜合溫度熱指數。

（三）某工廠為室內作業，實測其作業環境溫度為自然濕球溫度 28℃，乾球溫度 33℃，黑球溫度 28℃，試計算綜合溫度熱指數。

答：

（一）　1. 戶外有日曬情形者：

綜合溫度熱指數（WBGT）$= 0.7 \times T_{nwb} + 0.2 \times T_g + 0.1 \times T_a$

T_{nwb}：自然濕球溫度，為溫度計球部包覆潤溼紗布，且未遮斷附近氣流所得知溫度，代表空氣中溫度、濕度、空氣流動等之綜合效應。

T_g：黑球溫度，使用直徑 15 公分，厚度 0.5 mm 規格，外表為塗上不會反光之黑色塗料之中空銅球，溫度計插入黑球中心所測得之溫度，代表輻射熱效應。

T_a 乾球溫度，為溫度計量測空氣所得之溫度，代表純空氣溫度之效應。

2. 戶內或戶外無日曬情形者：

綜合溫度熱指數（WBGT）$= 0.7 \times T_{nwb} + 0.3 \times T_g$。

（二）　戶外有日曬情形者：

綜合溫度熱指數（WBGT）$= 0.7 \times T_{nwb} + 0.2 \times T_g + 0.1 \times T_a$

WBGT $= 0.7 \times 26 + 0.2 \times 34 + 0.1 \times 33 = 28.3℃$

（三）　戶內或戶外無日曬情形者：

綜合溫度熱指數（WBGT）$= 0.7 \times T_{nwb} + 0.3 \times T_g$。

WBGT $= 0.7 \times 28 + 0.3 \times 28 = 28℃$

2. 熱危害指數（HSI）

（1）基本概念

　　A. 熱危害指數（Heat Stress Index,HSI） 由 Belding 與 Hatch 提出，以皮膚溫度來反映環境對人體造成的熱影響程度，主要用於評估人體排汗調節區的環境熱壓力；依據人體之熱蓄積變化，探討人體維持與週遭環境熱平衡所需之必須蒸發熱散失率（evaporative heat required）以及該環境狀況下允許之最大蒸發熱散失率（maximum evaporative capacity）以計算 HSI，其計算公式如下：

$HSI = （E_{req} / E_{max}）\times 100$（公式 3-4-06）

E_{max} 為最大蒸發熱散失量（單位：kcal/h）

E_{req} 為人體欲維持熱平衡所需的蒸發交換熱（單位：kcal/h）

人體欲維持熱平衡所需的蒸發交換熱（required evaporated loss）可簡單計算如下：

$E_{req} = M \pm R \pm C$（公式 3-4-07）

M：新陳代謝產熱量 （Kcal/hr）

R：輻射熱 （Kcal/hr）

C：對流熱（Kcal/hr）

在一般狀況下，因環境溫度大於人體皮膚溫度，故對流（C）與輻射（R）均為正值；即從環境中獲得熱量。

正常穿著：

$E_{max} = 14\times V^{0.6} \times （42 - P_a）$（公式 3-4-08）

$R = 6.6（\overline{T_r} - 35）$（公式 3-4-09）

$C = 7.0\times V^{0.6} \times （T_a - 35）$（公式 3-4-10）

半裸者：

$E_{max} = 23.3\times V^{0.6} \times （42 - P_a）$（公式 3-4-11）

$R = 11（\overline{T_r} - 35）$（公式 3-4-12）

$C = 11.7\times V^{0.6} \times （T_a - 35）$（公式 3-4-13）

其中 $\overline{T_r} = T_g + 1.8\ V^{0.5} \times (T_g - T_a)$ （公式 3-4-14）

V：空氣中流速 （m/s）

P_{sk}：皮膚飽和蒸汽壓（mmHg） 為 42 mmHg

P_a：空氣中水蒸汽壓（mmHg）

$\overline{T_r}$：平均輻射溫度 （℃）

T_g：黑球溫度 （℃）

T_a：乾球溫度 （℃）

T_{sk}：假設皮膚溫度設定為 35℃，平均出汗量 1 公升 / 小時

熱危害指數（HSI）之危害程度表

HSI 值	8hrs/day 暴露評估
0	無熱危害
10	溫度到達中等熱危害
20	對重體力工作有些微的影響
30	對高度智慧、警覺性工作已有影響
40	嚴重之熱危害
50	對於勞工健康具有威脅
60	必須對勞工健康篩選
70~90	很嚴重之熱危害
100	極少數熱適應之年輕人可以忍受之極限

容許暴露時間（allowable exposure time，AET）：

$2440/(E_{req} - E_{max})$ （公式 3-4-15）

最短恢復時間（minmum recovery time，MRT）：

$2440/(E_{req} - E_{min})$ （公式 3-4-16）

E_{max}：休息狀態下之蒸發散熱量

C. 熱危害指數（HSI）優點：

（A）能顯示熱暴露者生理與心理之危害程度。（HSI 越大，傷害越大）

（B）作業環境改變時各項交換熱適時修正。

（C）能計算容許暴露時間及最短修復時間。

（D）能夠定量且可以明顯表示出相關危害得程度。（HSI 越大，傷害越大）

（E）也能將生理影響的有關因素考量了。Ex: 體重、體溫

（F）易於使用，計算量測簡便。

（G）能夠利用環境中存在的各種相關資料計算求得。Ex: 空氣流速、空氣中水蒸氣壓。

（2）精選試題

93 若某一正常穿著勞工之代謝熱為 350 仟卡／小時，作業現場條件如下：通風濕球溫度為 26°C，乾球溫度為 28°C，黑球溫度為 36°C，Va 為 0.5 m/s，大氣水蒸氣壓為 22 mmHg，則請以 HSI 來評估該名員工的熱危害程度，並依據 HSI 的結果提供適當的危害改善建議。（熱環境場所勞工皮膚平均溫度設為 35°C，濕潤皮膚飽和水蒸氣壓為 42 mmHg）

答：

（一）　HSI 計算評估

正常穿著勞工之代謝熱 350 仟卡／小時

輻射熱交換率（R）：

正常穿著 $R = 6.6 (\overline{T_r} - 35)$

$\overline{T_r} = T_g + 1.8 \ V^{0.5} \times (T_g - T_a)$

$= 36 + 1.8 \times 0.5^{0.5} \times (36 - 28) = 46.52°C$

$R = 6.6 (\overline{T_r} - 35)$

$R = 6.6(46.52 - 35) = 76.03$ cal/hr

流熱交換率（C）：

正常穿著 $C = 7.0 \times V^{0.6} \times (T_a - 35)$

$C = 7 \times 0.5^{0.6} \times (28 - 35) = $ -32.33 Kcal/hr

需求最大蒸發熱（Emax）：

正常穿：$E_{max} = 14 \times V^{0.6} \times (42 - P_a)$

$E_{max} = 14 \times 0.5^{0.6} \times (42 - 22) = 184.73$（Kcal/hr）

人體欲維持熱平衡所需的蒸發交換熱 $E_{req} = M \pm R \pm C$

$= 350+76.03-32.33 = 393.7$（Kcal/hr）

HSI $= (393.7/184.73) \times 100 = 213.12$，表示勞工熱暴露應受限制應採取工程控制、行政管理、健康管理等措施。

（二）　熱危害改善建議：

1. 工程控制

（1）勞工工作代謝熱（M）：

　　A. 盡量減少製程中對於勞力的需求，粗重工作有機具支援。

　　B. 部分工作或全部工作的機械化或自動化。

（2）輻射熱傳遞（R）：

　　A. 熱屏障設置減少在熱源直接輻射範圍內。

　　B. 熱源或高溫爐壁的絕熱與保溫

　　C. 熱屏障設置，熱源覆以金屬反射簾幕。ex: 鋁箔

　　D. 遮蔽或覆該身體羅露在外的部分。

（3）熱對流傳遞（C）：

　　A. 降低作業環境空氣溫度。

　　B. 降低流經皮膚空氣的流速。（溫度 >35°C）

（4）藉由汗水蒸發的最大排熱量（E_{max}）：

　　A. 增加空氣流動速度。（溫度 <35°C）

　　B. 減少作業環境內的濕度。

（5）減少衣著量。

2. 高溫行政管理：

（1）限制熱暴露量：減少每人的熱暴露量，多增人手。（勞工每日工作時間 <6HR）

（2）適當休息：提供有空調的低溫休息區（不得低於 24°C）、輪班制度調配使勞工休息時間增加。

（3）個人防護具：提供具有冷卻效果的熱防護衣、局部防護具。

（4） 教育訓練：實施熱疾病辨識教育、熱危害防護訓練。

（5） 其他：藉體檢來建立選工及配工制度、勞工個人健康管理（腎疾病、 呼吸系統疾病、心臟病、無汗症）、尚未熱適應的勞工須多加照應、飲水（10~15℃）補充防脫水。

（6） 熱適應：暴露於熱環境下之工作，1 至 2 週後可增加皮膚之熱發散而適應，鹽分則由汗腺及腎之反應機制而維持。

　　A. 第 1 次從事熱工作：第 1 日 50%，而後每天增加 10%，第 6 天即完成。

　　B. 離開熱工作環境又復工：第 1 日 50%，而後每天增加 20%，第 4 天即完成

五　游離輻射

1. 基本概念

（1）游離輻射的分類

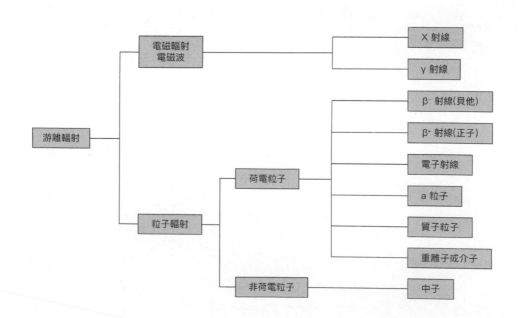

（2）活度（A，activity）

指一定量之放射性核種在某一時間內發生之自發衰變數目。單位為貝克，每秒自發衰變一次為一貝克。

$$A（t）= \lambda N（t）= \lambda N（0）\times e^{-\lambda t} = A（0）\times e^{-\lambda t}（公式 3-5-01）$$

其中：

A：活度，單位為貝克（Bq）。每秒自發衰變一次為一貝克；

t：時間

λ：衰變常數

N：原子數目

傳統單位：居里（Curie，Ci），定義為 1gRa-226 每秒發生自發性蛻變的次數。

1 g ^{226}Ra（$T_{1/2}$ = 1600y）的活性為 1 Ci。

國際單位：貝克（Becquerel（Becquerel，Bq）

Bq ＝每秒的衰變次數；1Ci ＝ 3.7×10^{10}Bq

（3）劑量：指物質吸收之輻射能量或其當量

A. 吸收劑量 D：（單位：戈雷 Gy）

指單位質量物質吸收輻射之平均能量，其單位為戈雷，1kg 質量物質吸收 1J 能量為 1Gy。

$$D = dE/dm（公式 3-5-02）$$

其中：

D：吸收劑量，單位為戈雷（Gy）。1,000 克質量物質吸收 1 焦耳能量為 1 戈雷；

E：吸收之能量（erg）；

m：物質質量（g）。

1 Gy = 1 J/Kg = 100 rad = 100 erg/g

B. 等效劑量 H：（單位：西弗 Sv）

指人體組織或器官之吸收劑量與射質因數之乘積，其單位為西弗。

射質因數 Q（L）：為以國際放射防護委員會在第 60 號報告中規定之水中非限定線性能量轉移 L 表示之。

各類輻射加權因數中未包括之輻射類型或能量，可以取人體組織等效球中 10 毫米深處之 $\overline{Q}$ 值作為 W_R 值，其公式如下：

$$\overline{Q} = \frac{1}{D} \int_0^\infty Q(L)D(L)dL \quad\dots\dots\dots\dots\dots\dots\dots\dots\dots \quad （1.1）（公式 3-5-03）$$

式中 D 為吸收劑量，D（L）為 D 對於 L 中之分布。

$$Q(L) = \begin{cases} 1 & (L \leq 10) \\ 0.32L - 2.2 & (10 < L \leq 100) \\ 300/\sqrt{L} & (L \geq 100) \end{cases} \quad\dots\dots\dots\dots \quad （1.2）（公式 3-5-04）$$

（1.1）、（1.2）式中 L 之單位為千電子伏／微米（keV · μ m⁻¹）

C. 個人等效劑量：以 $H_p(d)$ ：（單位：西弗 Sv）

指人體表面定點下適當深度處軟組織體外曝露之等效劑量，其單位為西弗（Sv）。

對於強穿輻射，為 10 毫米深度處軟組織；

對於弱穿輻射，為 0.07 毫米深度處軟組織；

眼球水晶體之曝露，為 3 毫米深度處軟組織。

D. 器官劑量：（單位：戈雷 Gy）

指單位質量之組織或器官吸收輻射之平均能量，其單位為戈雷。

$$D_T = \frac{1}{m_T} \int_{m_T} Ddm （公式 3-5-05）$$

其中：

D_T：人體某一特定組織或器官 T 內的平均吸收劑量，單位為戈雷（Gy）；

m_T：組織或器官 T 的質量；

D：質量元 dm 內的吸收劑量。

E. 等價劑量 H_T ：（單位：西弗 Sv）

指器官劑量與對應輻射加權因數乘積之和，其單位為西弗。

輻射加權因數（W_R）：指為輻射防護目的，用於以吸收劑量計算組織與器官等價劑量之修正因數，係依體外輻射場之種類與能量或沉積於體內之放射性核種發射之輻射的種類與射質訂定者，能代表各種輻射之相對生物效應。本標準之輻射加權因數如下表：

各類輻射加權因數

輻射種類與能量區間	輻射加權因數 WR
所有能量之光子	1
所有能量之電子及 μ 介子	1
中子能量 <10 千電子伏（keV）	5
10 千電子伏（keV）— 100 千電子伏（keV）	10
>100 千電子伏（keV）— 2 百萬電子伏（MeV）	20
>2 百萬電子伏（MeV）— 20 百萬電子伏（MeV）	10
>20 百萬電子伏（MeV）	5
質子（回跳質子除外）能量 >2 百萬電子伏（MeV）	5
α 粒子，分裂碎片，重核	20

F. 約定等價劑量 $H_T(\tau)$ ：（單位：西弗 Sv）

指組織或器官攝入放射性核種後，經過一段時間所累積之等價劑量，其單位為西弗。

$$H_T(\tau) = \int_{t_0}^{t_0+\tau} H_T(t)dt \quad （公式 3-5-06）$$

其中：

$H_T(\tau)$：約定等價劑量，單位為西弗（Sv）；

t_0：攝入放射性物質的時刻；

$H_T(t)$：t 時刻組織或器官 T 的等價劑量率；

τ：攝入放射性物質之後經過的時間。

未對 τ 加以規定時，對 17 歲以上者，τ 取 50 年；對未滿 17 歲者，攝入計算至 70 歲。

G. 有效劑量 E：（單位：西弗 Sv）

指人體中受曝露之各組織或器官之等價劑量與各該組織或器官之組織加權因數乘積之和，其單位為西弗。

$$E = \sum_T W_T H_T \quad (公式 3-5-07)$$

E：有效劑量，單位為西弗（Sv）；

H_T：組織或器官 T 所受的等價劑量，單位為西弗（Sv）；

W_T：組織或器官 T 的組織加權因數。

其中：

由等價劑量的定義可得：

$$E = \sum_T W_T \times \sum_R W_R \times D_{T,R} \quad (公式 3-5-08)$$

其中：

W_R：輻射 R 的輻射加權因數；

$D_{T,R}$：輻射 R 在組織或器官 T 內的平均吸收劑量。

組織加權因數（W_T）：指為輻射防護目的，用於以各組織或器官等價劑量 HT 計算有效劑量之修正因數。此一因數係考慮不同組織或器官對輻射曝露造成機率效應之敏感度而訂定，本標準之組織加權因數如下：

組織或器官	組織加權因數 WT	組織或器官	組織加權因數 WT
性腺	0.20	肝	0.05
紅骨髓	0.12	食道	0.05
結腸	0.12	甲狀腺	0.05
肺	0.12	皮膚	0.01
胃	0.12	骨表面	0.01
膀胱	0.05	其餘組織或器官	0.05（2）（3）
乳腺	0.05		

H. 約定有效劑量 E（τ）：（單位：西弗 Sv）

指各組織或器官之約定等價劑量與組織加權因數乘積之和，其單位為西弗。

$$E(\tau) = \sum_T W_T H_T(\tau) \quad (公式 3-5-09)$$

其中：

E（τ）：約定有效劑量，單位為西弗（Sv）；

E（τ）：積分至 τ 時間時，組織或器官 T 的約定等價劑量；

W_T：組織或器官 T 的組織加權因數。

未對 τ 加以規定時，對 17 歲以上者，τ 取 50 年；對未滿 17 歲者，攝入計算至 70 歲。

I. 集體有效劑量：（單位：人西弗 man-Sv）

指特定群體曝露於某輻射源，所受有效劑量之總和，亦即為該特定輻射源曝露之人數與該受曝露群組平均有效劑量之乘積，其單位為人西弗。

指特定群體曝露於某輻射源，所受有效劑量之總和，亦即為該特定輻射源曝露之人數與該受曝露群組平均有效劑量之乘積，其單位為人西弗。

$$S = \sum_i \overline{E_I} \times N_i \text{（公式 3-5-10）}$$
其中：

S：集體有效劑量，單位為人西弗（man-Sv）；

$\overline{E_i}$：群體分組 i 中成員的平均有效劑量；

N_i：該分組的成員數。

集體有效劑量亦可以用積分定義：

$$S = \int_0^\infty E \frac{dN}{dE} dE \text{（公式 3-5-11）}$$
其中：

$\frac{dN}{dE} dE$：所受的有效劑量在 E 和 E+dE 之間的成員數。

（4）強度隨時間成指數衰減

$$A = A_0 \times e^{-\lambda xt} \text{（公式 3-5-12）}$$
$$\lambda \doteqdot \frac{\ln 2}{T_{1/2}}$$
A：衰減後之活度，單位為貝克（Bq）。

A_0：衰減前之活度，單位為貝克（Bq）。

$T_{1/2}$：半衰期，放射性核種衰變至原有數量一半所需的時間

λ：衰變常數，單位時間內放射性核種進行衰變的機率

t: 時間

（5）游離輻射防護原則

A. 體外輻射防護原則

（A）時間（Time）：縮短於輻射場中的逗留時間。

（B）衰減（Decay）：注意射源原始強度與衰減時間。

（C）距離（Distance）：加馬射源強度隨距離平方成反比。

（D）屏蔽（Shielding）：使用各種有效的屏蔽材料。

（E）半值層（HVL）法：

將輻射場強度減為一半之屏蔽材質厚度，稱為此材質之半值層（HVL；Half Value Layer）

$$H_t = H_0 \times \left(\frac{1}{2}\right)^{\frac{t}{HVL}} \quad （公式 3-5-13）$$

H_0：未加屏蔽前的輻射場（Sv/h）。

H_t：加屏蔽後的輻射場（Sv/h）

t: 屏蔽厚度

B. 體內輻射防護原則

（A）阻絕（Blockage）：阻絕放射性物質經由飲食、呼吸、皮膚吸收、傷口侵入進入人體內的途徑。因此，個人體內曝露的防護方法就是避免在污染地區逗留、避免食入、減少吸入、增加排泄。

（B）稀釋（Dilution）：對受輻射污染的空氣或水以未受污染的空氣或水加以大量稀釋，使其達到可以排至大氣或水域中之排放規定。

（C）分散（Dispersion）：對受輻射污染的物質藉由空氣或水域加以分散。

（D）除污（Decontamination）：加強污染管制及除污的工作，利用各種除污方法對受輻射污染的人體或物體進行除污，使其所附著的放射性污染減少。

2. 精選試題

94 試說明體外游離輻射防護之四大原則及其要旨。屏蔽游離輻射防護時需考慮半值層，試說明何謂半層值？現有一 X 射線非破壞檢測儀操作在 8,000 伏特時，以鉛為屏蔽防護時其半層值為 0.17mm，若要將 X 射線屏蔽至原有強度的 5% 時，則鉛屏蔽之厚度需為何？（25 分）

答：

（一） 體外輻射防護原則

1. 時間（Time）：縮短於輻射場中的逗留時間。

2. 衰減（Decay）：注意射源原始強度與衰減時間。

3. 距離（Distance）：加馬射源強度隨距離平方成反比。

4. 屏蔽（Shielding）：使用各種有效的屏蔽材料。

（二） 半值層：將輻射場強度減為一半之屏蔽材質厚度。

（三） 輻射穿透屏蔽材質後之強度與屏蔽材質厚度之關係為：

$$H_t = H_0 \times \left(\frac{1}{2}\right)^{\frac{t}{HVL}}$$

H_0：未加屏蔽前的輻射場（Sv/h）。

H_t：加屏蔽後的輻射場（Sv/h）

t: 屏蔽厚度

$$0.05\ H_0 = H_0 \times \left(\frac{1}{2}\right)^{\frac{t}{0.17}}$$

$$0.05 = \left(\frac{1}{2}\right)^{\frac{t}{0.17}}$$

$$\log(0.05) = \frac{t}{0.17}\ \log(0.5)$$

$$-1.3 = \frac{t}{0.17} \times (-0.301)$$

$$t = 0.73mm$$

95 某放射性物質作業人員欲進行銫 -137（Cs -137）、鈷 -60（Co -60）之管理，試回答下列問題：

（一）銫 -137 的半衰期為 30.05 年，若其放射活性（radioactivity）為 1 居里（curie,Ci），30 年後此放射性物質之放射活性為多少巴克（Becquerel,Bq）？（A $= A_0\, e^{-0.693 \times \frac{t}{T_{1/2}}}$，1Ci $= 3.7 \times 10^{10}$Bq，答案四捨五入取至小數點後 3 位）

（二）鈷 -60 之放射活性為 0.5 居里，若其儲放設備發生破損，於距離破裂處約 1 公尺處之偵測點，所測得之游離輻射暴露劑量為 5rad/hr，經估計此儲放設備需一星期才能修復，請問距離偵測點多少公尺處，一般作業勞工之一週 40 小時工時之游離輻射暴露劑量（假設射質因數（quality factor）＝ 1，不考慮組織器官之影響），可控制在 0.4 毫西弗（mSV）之下？（1 西弗＝ 100 rem，答案四捨五入取至小數點後 1 位）

答：

（一）　$A = A_0\, e^{-0.693 \times \frac{t}{T1/2}}$

　　　　$= 3.7 \times 10^{10}\, e^{-0.693 \times \frac{30}{30.05}}$

　　　　$= 3.7 \times 10^{10}\, e^{-0.692}$

　　　　$= 1.852 \times 10^{10}$（Bq）

經計算後得知 30 年後此放射性物質之放射活性為 1.852×10^{10} 巴克（Bq）

（二）　此儲放設備需一星期（40 hr）才能修復，所以當暴露 40 hr 時的暴露劑量當量為：

rem ＝ 40（hr）×5（rad/hr）×1 ＝ 200（rem）＝ 2,000（mSv）

（1Sv ＝ 1,000 mSv ＝ 100 rem）

因輻射強度與距離平方成反比也會隨時間衰減，故設距離偵測點 d 公尺處，可控制在 0.4（mSV）之下的計算如下列：

$$\frac{2000}{0.4} = \frac{d2}{12}$$

$$0.4 \times d^2 = 2000 \times 1^2$$

$$d^2 = \frac{2000}{0.4}$$

$$d = \sqrt{5000}$$

$$d = 70.7\ (公尺)$$

經計算後得知距離偵測點 70.7 公尺處,可控制在 0.4(mSV)之下。

---

96 已知距離一個鈷六十點射源一米處之曝露率為 25mSv/hr,若需要將該地點之劑量率降至 5 μ Sv/hr,請問:

(一)該點與鈷六十點射源之間的透射度為何?

(二)需要幾個半值層才可達到?

(三)需加多厚的鉛(鉛之半值層厚度為 1.2 公分)?

(四)需加多厚的混凝土屏蔽(混凝土之半值層厚度為 6.2 公分)?

答:

(一)　透射度:即指透射波與入射波的功率比。

$$\frac{5\times10^{-6}}{25\times10^{-3}} = 2\times10^{-4}\ \times100\% = 0.02\%$$

(二)　$H_t = H_0 \times\left(\frac{1}{2}\right)^{\frac{t}{HVL}}$

H_0: 未加屏蔽前的輻射場(Sv/h)。

H_t: 加屏蔽後的輻射場(Sv/h)

t: 屏蔽厚度

$$5\times10^{-6} = 25\times10^{-3} \times\left(\frac{1}{2}\right)^{\frac{t}{HVL}}$$

$$2\times10^{-4} = \left(\frac{1}{2}\right)^{\frac{t}{HVL}}$$

$$\log\left(2\times10^{-4}\right) = \log\left(\frac{1}{2}\right)^{\frac{t}{HVL}}$$

$$\frac{t}{HVL} = 12.29,故須 2.322 個半值層$$

(三)　$X = 12.29\times1.2 = 14.75$ cm

(四)　$X = 12.29\times6.2 = 76.2$ cm

97 某核能電廠員工在某年度的前半年，其甲狀腺及紅骨髓分別接受到 400 及 100 毫西弗的劑量，試問：

（一） 其接受之劑量是否超過法規的限值（甲狀腺及紅骨髓之組織加權因數分別為 0.03 及 0.12）？請依個別器官之等效劑量和全身之有效等效劑量分別說明之。

（二） 試問若在後半年僅甲狀腺受照射，則甲狀腺還可接受多少劑量？

答：

（一）前半年之等效劑量

	等效劑量（毫西弗）	有效等效劑量（毫西弗）
甲狀腺	400	$400 \times 0.03 = 12$
紅骨髓	100	$100 \times 0.12 = 12$
全身		24

（二）

1. 游離輻射防護安全標準第 7 條：

   輻射工作人員職業曝露之劑量限度，依下列規定：

   一、 每連續 5 年週期之有效劑量不得超過 100 毫西弗，且任何單 1 年內之有效劑量不得超過五十毫西弗。

   二、 眼球水晶體之等價劑量於 1 年內不得超過 150 毫西弗。

   三、 皮膚或四肢之等價劑量於 1 年內不得超過 500 毫西弗。

2. 全身之有效等效劑量 1 年內不得超過 50 毫西弗。

   上半年已接受之有效等效劑量為 24 毫西弗，下半年不可超過 26 毫西弗

   換算成甲狀腺之等效劑量＝ $26/0.03 = 866.67$ 毫西弗

第4章 人因工程

一　人的體力活動

1. 活動界限（AL）

（1）公式

$$AL = 40kg \times (15/H) \times (1-0.004 \times |V-75|) \times (0.7+7.5/D) \times (1-F/Fmax)$$
（公式 4-1-01）

AL：kg

H：負荷中心至兩踝中心的水平距離（cm）

V：地面至負荷中心的垂直距離（cm）

D：垂直抬舉高度範圍（cm）

F：抬舉頻率（lifts/min）

F_{max}：可維持之最大抬舉頻率（lifts/min）

（2）最大容許界限（MPL）

$$MPL = 3 \times AL \quad （公式 4-1-02）$$

MPL：kg

（3）說明

A. 流行病學

工作負荷超過 AL，受傷的風險會增加；工作負荷超過 MPL 時，肌肉骨骼受傷率及嚴重性均會顯著增加。

B. 生物力學

大部份作業員 L5/S1 椎間盤可忍受的 AL 壓力約為 3,400N，無法忍受之 MPL 為超過 6,400N。

C. 生理學

可忍受之 AL 為 3.5 kcal/min；無法忍受之 MPL 為超過 5.0 kcal/min。

D. 心理物理學法

有 99% 的男性或 75% 的女性可從事 AL 的工作；僅有 25% 的男性或 1% 的女性能從事 MPL 程度的工作。

2.NIOSH（1991 年）抬舉指引

（1）建議重量極限值（Recommended Weight of Limit, RWL）

RWL（recommended weight of limit, 建議重量極限值）（公式 4-1-03）

$= LC \times HM \times VM \times DM \times AM \times FM \times CM$

$= 23kg \times （25/H） \times （1\text{-}0.003 \times |V\text{-}75|） \times （0.82+4.5/D） \times （1\text{-}0.0032A） \times FM \times CM$

LC：負荷常數（Load Constant）

HM：水平距離乘數（multiplier）

HM $= 25 ／ H$（單位：公分）

$H \leqq 25,HM = 1;H > 63,HM = 0;H > 63,HM = 0;0.4 \leqq HM \leqq 1$

VM：起始點的垂直高度乘數

VM $= 1 - 0.003 ｜ V - 75 ｜$（單位：公分）

$0 \leqq V \leqq 175;V > 175,VM = 0;0.7 \leqq VM \leqq 1,V = 0,VM = 0.78$

DM：抬舉的垂直移動距離乘數

DM $= 0.82 + （4.5 ／ D）$（單位：公分）

$25 \leqq D \leqq 175;D < 25,DM = 1;D > 175,DM = 0;0.85 \leqq DM \leqq 1$

AM：身體扭轉角度乘數

AM $= 1 - 0.0032A$（單位：度）

A：身體扭轉角度（相對於矢狀面，sagittal plane）

$0 \leqq A \leqq 135;A > 135,AM = 0;A = 90,AM = 0.71;0.57 \leqq AM \leqq 1$

FM：抬舉頻率乘數（Frequency Multiplier），查表可得， $1 \geqq FM \geqq 0.9$ 。

CM：握把乘數（Coupling Multiplier），查表可得。

（2）抬舉指標（**LI,Lifting Index**）

$$LI = \frac{Load\ Lifted}{RWL} \quad （公式\ 4\text{-}1\text{-}04）$$

LI≤1 則不致產生下背痛，若 LI>1 則會產生下背人因性傷害，當 LI>3 得下背痛的機率大幅增加。

（3）精選試題

1　美國國家職業衛生署於 1991 年提出抬舉指數 LI 來評估人公物料搬運作業對人員下背部傷害的風險。其中 LI- 實際抬舉物品重量 /RWL，而 RWL 為建議抬舉重量限度（Recommended Weight Limit）：RWL = LC×HM×VM×DM×AM×CM×FM 某作業員作業時將箱子由 A 輸送帶（手部到地面高度為 30 公分）上台到 B 輸送帶（高度為 75 公分），每分鐘 3 次，每天不到 2 小時，作業時不須轉身，握持情況良好。此作業經 NIOSH 1991 公式分析其 RWL = 6 kg，則若將 A 輸送帶高度提高到 V1 = 75 公分，且改為每分鐘 1 次，其他條件不變的情況之下，RWL 值會變成多少 kg ？

Frequency（lift/min）	≤ 2hr	
	V<75	V ≧ 75
0.5	0.92	0.92
1	0.88	0.88
2	0.84	0.84
3	0.79	0.79

答：

依題旨，

$$VM_1 = 1 - 0.003 \times |30 - 75| = 0.865$$

$$VM_2 = 1 - 0.003 \times |75 - 75| = 1$$

$$DM_1 = 0.82 + \left(\frac{4.5}{45}\right) = 0.92$$

$$D_2 < 25cm, \therefore DM_2 = 1$$

$$FM1 = 0.79, FM2 = 0.88$$

綜上，

$$\frac{RWL_1}{RWL_2} = \frac{(VM_1 \times DM_1 \times FM_1)}{(VM_2 \times DM_2 \times FM_2)} = \frac{6}{RWL_2} = \frac{(0.865 \times 0.92 \times 0.79)}{(1 \times 1 \times 0.88)} = 0.7144$$

$$RWL2 = 8.4\ kg$$

2 一位工人從輸送帶上將裝箱好之零件放在貨物推車上，這些箱子每箱重 12 公斤，因為箱子缺乏把手，工人只好抓住每一箱子的底部，箱子的重心衛再離工作者腰椎 35 公分處，此貨物推車的高度自動調整至 90 公分，以及輸送帶的高度是在地板上 60 公分，工人每次搬運需轉身 45 度，每分鐘抬舉 2 次，每天作業 8 小時。請依美國國家職業安全衛生研究所發展的人工物料抬舉公式（1994 NIOSH Lifting Equation）為例，如【表】，回答下列問題：

（一） 列出抬舉公式設計所依據的原理、設計效標及截切值。

（二） 計算推薦重量限值（Recommended Weight Limit, RWL）（計算至小數點後第 1 位，以下四捨五入）。

（三） 評論此工作之安全性。

【表】

HM ＝水平乘數（horizontal multiplier）	25/H
VM ＝垂直乘數（vertical multiplier）	$1-(0.003 \mid V-75 \mid)$
DM ＝距離乘數（distance multiplier）	0.82+（4.5/D）
AM ＝不對稱乘數（asymmetric multiplier）	1-（0.0032A）

抬舉 次數／秒	工作時間長度					
	≤1 小時		≤2 小時		≤8 小時	
	V<75	V≥75	V<75	V≥75	V<75	V≥75
0.2	1.00	1.00	0.95	0.95	0.85	0.85
0.5	0.97	0.97	0.92	0.92	0.81	0.81
1	0.94	0.94	0.88	0.88	0.75	0.75
2	0.91	0.91	0.84	0.84	0.65	0.65
3	0.88	0.88	0.79	0.79	0.55	0.55
4	0.84	0.84	0.72	0.72	0.45	0.45
5	0.80	0.80	0.60	0.60	0.35	0.35
6	0.75	0.75	0.50	0.50	0.27	0.27
7	0.70	0.70	0.42	0.42	0.22	0.22
8	0.60	0.60	0.35	0.35	0.18	0.18
9	0.52	0.52	0.30	0.30	0.00	0.15
10	0.45	0.45	0.26	0.26	0.00	0.13
11	0.41	0.41	0.00	0.23	0.00	0.00
12	0.37	0.37	0.00	0.21	0.00	0.00
13	0.00	0.34	0.00	0.00	0.00	0.00
14	0.00	0.31	0.00	0.00	0.00	0.00
15	0.00	0.28	0.00	0.00	0.00	0.00
>15	0.00	0.00	0.00	0.00	0.00	0.00

	力偶乘數	
	V<75cm	V≥75cm
好	1.00	1.00
普通	0.95	0.95
差	0.90	0.90

答：

（一）依 NIOSH 人工抬舉公式的建議抬舉重量限制（RWL）公式如下：

$$RWL = LC \times HM \times VM \times DM \times AM \times FM \times CM$$

$$= 23 \times (25/H) \times (1\text{-}0.003 \times |V\text{-}75|) \times (0.82\text{+}4.5/D) \times (1\text{-}0.0032A)$$
$$\times FM \times CM$$

LC：負荷常數＝ 23

HM：水平距離乘數＝ 35

VM：起始點的垂直高度乘數＝ 60

DM：抬舉的垂直移動距離乘數＝ 30（90-60）

AM：身體扭轉角度乘數（A ＝ 45）

FM：抬舉頻率乘數＝ 0（每分鐘抬舉 2 次，當題目為抬舉次數 / 秒）

FM：抬舉頻率乘數＝ 0.65（每分鐘抬舉 2 次，將題目修改為抬舉次數 / 分鐘）

CM：力偶乘數＝ 0.95

（二）將上列數值代入 RWL 公式，

情況 1（題目仍為抬舉次數 / 秒）：

RWL ＝ 23 ×（25/35）×（1-0.003 ×|60-75|）×（0.82+4.5/30）×（1-0.0032 × 45）× 0 × 0.95 ＝ 23 × 0.714 × 0.955 × 0.97 × 0.856 × 0 × 0.95 ＝ 0.0kg

情況 2（題目修改為抬舉次數 / 分鐘）：

RWL ＝ 23 ×（25/35）×（1-0.003 ×|60-75|）×（0.82+4.5/30）×（1-0.0032 × 45）× 0.65 × 0.95 ＝ 23 × 0.714 × 0.955 × 0.97 × 0.856 × 0.65 × 0.95 ＝ 8.0kg

（三）此工作的安全性說明如下：

情況 1（題目仍為抬舉次數 / 秒）：LI ＝ L/RWL ＝ 12/0 ＝ 0。

因 LI<1，表示該抬舉作業不會有下背傷害的風險。

情況 2（題目修改為抬舉次數 / 分鐘）：LI ＝ L/RWL ＝ 12/8.0 ＝ 1.5。

因 LI>1，表示該抬舉作業會有下背傷害的潛在風險。

3 美國國家職業安全衛生署（National Institute for Occupational Safety & Health, NIOSH）於 1991 提出抬舉指 （Lifting Index, LI） 評估人工物 搬運作業對人員下背部傷害的風險。其中 LI= 實際抬舉物品重 /RWL，而 RWL 為建議抬舉重 限（recommended weight limit）：RWL = LC×HM×VM×DM×AM×CM×FM。某作業員作業時將箱子由輸送帶（此時手部到地面高 為 60 公分）上抬至物 架上（此時手部到地面高 為 100 公分），開始抬舉時作業員雙腳腳踝終點 線到手部握持處的水平距 為 35 公分，物 抬舉時 用轉身。另外，手部握持條件為普通，因此 CM 為 0.95，物 搬運頻 為每分鐘三件，因此 FM 為 0.55。請問此作業的建議抬舉重量極限值為多少公斤？（20 分）

答：

（一）依 NIOSH 人工抬舉公式的建議抬舉重量限制（RWL）公式如下：

RWL = LC×HM×VM×DM×AM×FM×CM

= 23×（25/H）×（1-0.003×|V-75|）×（0.82+4.5/D）×（1-0.0032A）×FM×CM

LC：負荷常數 = 23 kg

HM：水平距離乘數 = 35

VM：起始點的垂直高度乘數 = 60

DM：抬舉的垂直移動距離乘數 = 40（100-60）

AM：身體扭轉角度乘數（不用轉身，所以不考慮）

FM：抬舉頻率乘數 = 0.55（每分鐘抬舉 3 次，當題目為抬舉次數 / min）

CM：力偶乘數 = 0.95

（二）將上列數值代入 RWL 公式，

RWL = 23×（25/35）×（1-0.003×|60-75|）×（0.82+4.5/40）

×0.55×0.95 = 23×0.714×0.955×0.97×0.933x0.55×0.95 = 7.42 kg

3. 生物力學法

（1）垂直應力合力

一合力系統，如下圖所示

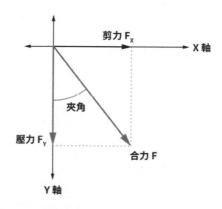

其中，X 軸為水平方向，對於脊椎而言所受之力為橫向剪力 F_x（在此定義向右為正）；Y 軸為垂直方向，對脊椎而言所受之力為正向壓力 F_y（在此定義向下為正）。F_x 和 F_y 的合力為 F，F 與 F_y 之夾角為 θ。

$$F = \sqrt{\left(F_x^2 + F_y^2\right)} \quad （公式\ 4\text{-}1\text{-}05）$$

$$\theta = \tan^{-1}\left(\frac{F_x}{F_y}\right) \quad （公式\ 4\text{-}1\text{-}06）$$

（2）非垂直應力合力

一個非垂直應力系同如下圖所示，

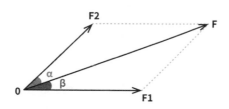

$$\vec{F} = \vec{F_1} + \vec{F_2} \quad （公式\ 4\text{-}1\text{-}07）$$

$$|F| = \sqrt{|F_1|^2 + |F_2|^2 + 2|F_1||F_2|\cos(\alpha + \beta)} \quad （公式\ 4\text{-}1\text{-}08）$$

（3）精選試題

4 依生物力學模式可計算在脊椎骨的力，壓力（compress force）為垂直作用在脊柱盤平面的力，剪力（shear force）為平行作用在脊柱盤的力，請計算以下的合力和該合力與脊柱盤平面的夾角為多少度。（提示：剪力＝0時，夾角為90度，使用反三角函數）

（一）壓力＝3,200 NT，剪力＝200NT。

（二）壓力＝6,350 NT，剪力＝900NT。

（三）上述人工搬運二力是否大於NIOSH的建議？

答：

（一）　$F = \sqrt{3200^2 + 200^2} = 3206.24 < 3400(AL)$，

（此題 θ 的定義和前述不同，為（90-θ）。

$$\theta = \tan^{-1}\left(\frac{3200}{200}\right) = 86.424$$

θ 為水平向下86.424度方向之角度。

（二）　$F = \sqrt{6350^2 + 900^2} = 6413.64 > 6400(MPL)$

$$\theta = \tan^{-1}\left(\frac{6350}{900}\right) = 81.933$$

θ 為水平向下81.933度方向之角度。

（三）　綜上：

題(一)之合力3,206.04 NT<3,400 NT，未超過NIOSH之建議活動極限(AL)。

題(二)之合力6,413.64>6,400NT，超過NIOSH之建議無法忍受之最大容許界線(MPL)。

4. 關鍵指標法（Key Indicator Method, KIM）

　　KIM將一個不同型態的搬運/物料處理工作特性，拆解為姿勢、荷重和頻率等來進行評估，經過評估與分析後會得到一個分數，再將此分數對應到相關肌肉骨骼傷害之風險等級（如下表），適用於快速進行現場人因的風險評估。常用的KIM工具項目如下：

- 人工物料處理檢核表（KIM LHC）

- 手工物料作業檢核表（KIM MHO）

- 推拉作業檢核表（KIM PP）

風險值計算方式：

風險值＝（荷重＋姿勢＋工作狀況）× 暴露時間

決定暴露時間量級					
抬舉或放置（<5 秒 s）		握持（>5 秒 s）		搬運（>5 公尺 m）	
工作日總次數	暴露時間量級	工作日總時間	暴露時間量級	工作日總距離	暴露時間量級
< 10 次	1	< 5min	1	< 300m	1
10to < 40	2	5to < 15min	2	300mto < 1km	2
40to < 200	4	15mimto < 1hr	4	1kmto < 4km	4
200to < 500	6	1hrto < 2hrs	6	4kmto < 8km	6
500to < 1000	8	2hrto < 4hrs	8	8kmto < 16km	8
≥ 1000[3]	10	≥ 4hrs	10	≥ 16km	10
例：砌磚，將工件置入機器，由貨櫃取出箱子放上輸送帶		例：握持和導引鑄鐵塊進行加工，操作手動研磨機器，操作除草機		例：搬運家具，運送鷹架至建築施工現場	

決定荷重、身體姿勢與工作狀況量級			
男性實際負荷（公斤 kg）	荷重量級	女性實際負荷（公斤 kg）	荷重量級
< 10kg	1	< 5kg	1
10to < 20kg	2	5to < 10kg	2
20to < 30kg	4	10to < 15kg	4
30to < 40kg	7	15to < 25kg	7
≥ 40kg	25	≥ 25kg	25
說明：實際負荷代表移動負荷所需的實際作用力，此作用力並不代表施力對象的質量大小。			
例：當傾斜一個紙箱時，僅有 50% 的質量會影響作業人員，而當使用手推車時僅有 10%。			

典型姿勢與荷重位置		姿勢量級
	■上身保持直立，不扭轉 ■當抬舉、放置、握持、運送或降低荷重時，荷重靠近身體	1

	典型姿勢與荷重位置	姿勢量級
	▪軀幹稍微向前彎曲或扭轉 ▪當抬舉、放置、握持、運送或降低荷重時，荷重適度地接近身體	2
	▪軀幹稍微向前彎曲或扭轉 ▪軀幹略前彎扭同時扭轉 ▪負荷遠離身體或超過肩高	4
	▪軀幹彎曲前身同時扭轉 ▪負荷遠離身體 ▪站立時姿勢的穩定受到限制 ▪負蹲姿或跪姿	7

說明：決定姿勢量級時必須採用物料處理時的典型姿勢。

例：當有不同荷重姿勢時，須採用平均值而不是偶發的極端值。

工作狀況	工作狀況量級
具備良好的人因條件。例：足夠的空間，工作區中沒有物理性的障礙物，水平及穩固的地面，充分的照明及良好的抓握條件。	0
運動空間受限或不符合人因的條件。例：運動空間受高度過低的限制或工作面積少於 1.5m2，姿勢穩定性受地面不平或太軟而降低。	1
空間／活動嚴重受限與／或重心不穩的荷重。例：搬運病患。	2

風險等級評估表

風險等級	風險值（X）	說明
1	X < 10	低負荷，不易產生生理過載的情形
2	10 ≤ X < 25	中等負載，生理過載的情形可能發生於恢復能力較弱者。 針對此族群應進行工作再設計
3	25 ≤ X < 50	中高負載，生理過載的情形可能發生於一般作業人員。 建議進行工作改善
4	X ≥ 50	高負載，生理過載的情形極可能發生。必須進行工作改善。

5. 摩雷爾休息公式（Murrell's work-rest equation）

（1）基本概念

當人員工作平均能量支出（已扣除基本代謝需求）超過一負荷上限值（如 4 或 5 kcal/min），就必須有適當休息。

1965 年 Murrell 即發展一個簡單的公式，由平均能量支出來估算某項工作所需的總休息時間，公式如下：

$$R = \frac{T(K-S)}{K-1.5}$$ （公式 4-1-09）

R：所需的總休息時間（min）

T：總工作時間（min）

K：平均工作所需能量（kcal/min），亦採 W：工作之平均代謝熱（kcal/min）代替

S：所訂標準極值（kcal/min），或不需提供額外休息之全天最大工作代謝熱

1.5：休息時能量消耗

（2）精選試題

5　在以 4 kcal/min 為工作的平均能量支出為上限之下，若某作業員以估計能量消耗率 8 kcal/min 連續工作 20 分鐘，且休息能量消耗為 1.5 kcal/min，請以摩雷爾的休息公式（Murrell's work-rest equation）估計該作業員所需要的總休息時間？

答：

摩雷爾的休息公式 $R = \frac{T(W-S)}{W-1.5}$

R：工作所需的總休息時間（min）

T：所有工作時間的總合（min）

W：工作之平均代謝熱（kcal/min）

S：不需提供額外休息之全天最大工作代謝熱

$$R = \frac{T(W-S)}{W-1.5} = \frac{20(8-4)}{(8-1.5)} = \frac{20 \times 4}{6.5} = \frac{80}{6.5} = 12(\text{min})$$

摩雷爾的休息公式估計該作業員所需要的總休息時間約為 12 分鐘。

6. 工作效率

$$效率(\%)=\frac{工作產出}{消耗量}\times100 \quad （公式\ 4\text{-}1\text{-}10）$$

7. 費茨法則 (Fitt's Law)

費茨法則主要用於人機互動，以實驗觀察並記錄動作時間，來預測快速移到到目標區域所需的時間。下圖是一個距離為 D，寬度為 W 的作業環境：

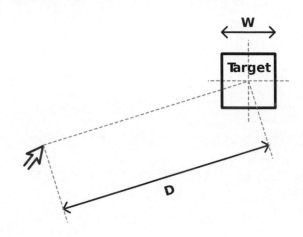

其動作時間公式，如下公式·

$$MT = a+b\times\log_2\left(\frac{D}{\frac{W}{2}}\right)=a+b\times\log_2\left(\frac{2D}{W}\right)=a+b\times ID \quad （公式\ 4\text{-}1\text{-}11）$$

其中，各項參數說明如下

MT = 動作時間

D = 由起點至目標中心之距離

W = 目標之寬度

P.S. 寬度和距離須為同一單位。

ID = 困難指數

a 和 b = 經由實驗導出之常數，不同情境下對困難指數及動作時間作圖，得截距 a 及斜率 b(如下圖)：

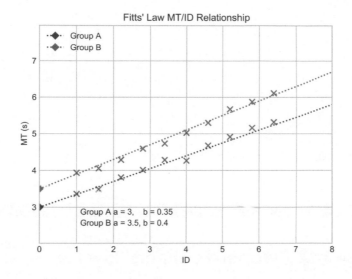

8. 香農哈特利定律 (Shannon-Hartley's Theorem)

與 Fitt's Law 類似，但是將困難指數修正如下：

$$ID = \log_2 (1 + \frac{D}{W}) \quad （公式 4-1-12）$$

修正後之動作時間公式如下：

$$MT = a + b \times \log_2 (1 + \frac{D}{W}) \quad （公式 4-1-13）$$

二 人的感覺

1. 韋伯定律（Weber' slaw）

(1) 基本觀念

$$\frac{\Delta I}{I} = K \quad （公式 4-2-01）$$

ΔI：差異閾

I：標準刺激之強度

K：比例常數或稱韋伯常數（Weber's constant）

(2) 精選試題

6 若在一定條件下之韋伯常數為 0.1225，有某國硬幣 5 角重量為 8 公克，試問 1 元硬幣要比 5 角硬幣增加多少重量 (取到整數) 才能增加其可辨性？

答：

差異閾 = 刺激強度 × 韋柏常數 =8×0.1225=0.98 ≒ 1

須增加 1g 才足以分辨。

2. 韋伯－費希納定律（Weber-Fechners' law）

$$\psi = K \log(\phi)$$ （公式 4-2-02）

Ψ 代表感覺強度

ϕ 代表刺激強度

K 代表常數。

P.S. 和噪音音壓及計算的公式類似。

3. 視力與視角

（1）基本概念

人因工程當中關於視銳度或視力的類型不少，對於視力的量測方法而言，其中最普遍使用者為「最小可判離敏銳度」或「最小可分度」（minimum separable acuity），係指能夠辨別某一標的物其組成要素間乃呈分離狀態的最小間隙或能夠分辨標的物的最小組成要素之視力。量測時可變換這些標的物的大小或判讀距離，而受測者的視力則取決於其所能辨別的最小標的物。

此種視力通常以受測者所能辨別的最小細節，對眼睛所成的視角的倒數來加以量度。

視力及視角之計算方法如下：

視力 = 1/ 視角（弧度，以分表示）（公式 4-2-03）

視角＝ 3438h/d（h ＝視覺刺激物的高度、d ＝視覺刺激物到觀察者眼睛的距離）

$$\frac{h}{2\pi d} = \frac{\theta}{360 \times 60} \Rightarrow \theta = \frac{360 \times 60 \times h}{2 \times 3.14159 \times d} \Rightarrow \theta = 3438\frac{h}{d}$$（公式 4-2-04）

注意事項如下說明：

■ 計算時 h 及 d 的單位務必相同，不論使用吋、呎、公分、公尺均可。

■ 通常以弧度為 1 分的視角倒數（剛好為 1.0）為單位，可當作比較視力好壞的基準。

（2）精選試題

7 若視覺刺激物的高度為 0.1 公分，該物到眼睛的距離 3 公尺時，請計算視力為幾度？

答：

視力＝ 1/ 視角，視角＝ 3438h/d（h 為視覺刺激物高度、d 為該物至眼睛的距離，h 與 d 的單位需相同）

視角＝ 3438h/d ＝ 3438*0.1/300=1.146

視力＝ 1/ 視角＝ 1/1.146 ≒ 0.9 度數（0.9）

8 某受試者作視力測驗，其所能辨別視力表上 C 開口最小的間距（h）為 2 厘米（20mm），視力表與受試者的距離（d）為 5 公尺，則該受試者之視力為多少？

答：

視力＝ 1/ 視角，視角＝ 3438h×d（h 為視覺刺激物高度 d 為該物至眼睛的距離，h 與 d 的單位需相同）

1 厘米＝ 1 公分 (cm)

視角＝ $\frac{3438 \times 2\ cm}{500\ cm}$ =13.752

視力＝ 1/ 視角＝ 1/13.752 ≒ 0.727

資訊傳達量

1. 事件機率相等時

$H_s = \log_2 N$ （公式 4-3-01）

H_s 為資訊傳達量，單位為位元。

N 為事件選項數目。

當 2 個選項的時候，所傳遞資訊為 1.0 位元 $(\log_2 2 = 1)$；而有 4 個選項的時候，所傳遞資訊為 2 位元 $(\log_2 4 = 2)$。

2. 事件機率不相等時

$$H_s = \log_2 \left(\frac{1}{P_i}\right)$$ （公式 4-3-02）

H_s 為資訊傳達量，單位為位元。

P_i 為事件 i 選項的發生機率。

P.S. 當各選項發生機率相同時，$P_i = 1/N$，同 （公式 4-3-01）

3. 平均資訊量

$$H_{ave} = \sum_{i=1}^{N} P_i \left[\log_2 \left(\frac{1}{P_i}\right)\right]$$ （公式 4-3-03）

H_{ave} 為平均資訊傳達量，單位為位元。

括弧內的數量為第 i 個選項所傳資訊量，而 H_{ave} 為所有選項的加權平均值。

機率較低選項雖然傳送較多量資訊，但由於其加權比值較小，對 H_{ave} 平均值之貢獻也反而較小；當各選項出現機率相同時，則所傳平均資訊量最大。

4. 餘備（Redundancy）

$$餘備(\%) = \left(1 - \frac{H_{ave}}{H_{max}}\right) \times 100\%$$ （公式 4-3-04）

H_{ave} 為考慮前述三變項時所傳平均資訊量

H_{max} 為當 N 個選項出現機率相等時所傳資訊量。

此一餘備百分比在很多情況下有其功能；在信號識別較為困難的作業，例如警戒（vigilance）和絕對判斷（absolute judgment），餘備設計有助於工作績效之提升。

附錄 參考資料

說明 / 網址	QR Code
勞動部職業安全衛生署網站 https://www.osha.gov.tw/	
勞動部勞動及職業安全衛生研究所 https://www.ilosh.gov.tw/	
勞動部發展署技能檢定中心網站參考題庫 https://techbank.wdasec.gov.tw/owInform/PastQuestions.aspx	
全國法規資料庫 https://law.moj.gov.tw/Index.aspx	
勞動部 勞動法令查詢系統 https://laws.mol.gov.tw/FLAW/index-1.aspx	
陳藹然 . (2009, June 30). 拉午耳定律 (一) (黃俊誠 , Ed.). 科學 Online. https://highscope.ch.ntu.edu.tw/wordpress/?tag=raoults-law	
張育唐 . (2011, June 2). 絕熱過程 (Adiabatic Process) (陳藹然 , Ed.). 科學 Online. https://highscope.ch.ntu.edu.tw/wordpress/?p=28375	
Coward, H. F., & Jones, G. W. (1952). Limits of Inflammability of Gases and Vapors (Issues 503–508). U.S. Government Printing Office. https://www.google.com.tw/books/edition/Limits_of_Flammability_of_Gases_and_Vapo/Pz_aKHw03IQC?hl=zh-TW&sa=X&ved=2ahUKEwjcg9e2vPmFAxUkavUHHcsYDYIQiqUDegQIFBAC	

說明 / 網址	QR Code
Crowl, D. A., & Louvar, J. F. (2011). Chemical Process Safety (Third). Prentice Hall. https://www.tsanghai.com.tw/book_detail.php?c=307&no=430	
危害分析與風險評估，黃清賢著，三民書局 https://www.sanmin.com.tw/product/index/000092406	
危害分析與風險評估操作手冊 (第二版) 黃清賢著，新文京 https://www.books.com.tw/products/0010485701	
人因工程：人機境介面工適學設計 (第七版) 許勝雄等 著，滄海 https://www.tsanghai.com.tw/book_detail.php?c=218&no=4879	
化學工業安全概論 (第五版) 于樹偉、周更生 著，高立 https://www.sanmin.com.tw/product/index/001447920	
安全工程 (第三版) 張一岑著，全華圖書 https://www.opentech.com.tw/#/bookInfo?ISBN=9789864635061	
專技高考：工業安全技師歷屆考題彙編，蕭中剛等著，碁峰 https://www.osh-soeasy.com/	
專技高考：職業衛生技師歷屆考題彙編，蕭中剛等著，碁峰 https://www.osh-soeasy.com/	
職安一點通｜職業安全衛生管理乙級檢定完勝攻略｜，蕭中剛等著，碁峰 https://www.osh-soeasy.com/	

說明 / 網址	QR Code
職安一點通｜職業安全管理甲級檢定完勝攻略｜，蕭中剛等著，碁峰 https://www.osh-soeasy.com/	
職安一點通｜職業衛生管理甲級檢定完勝攻略｜，蕭中剛等著，碁峰 https://www.osh-soeasy.com/	
公務人員考試 - 職業安全衛生類別 高等考試 + 地特三等歷屆考題彙編，蕭中剛著，碁峰 https://www.osh-soeasy.com/	
國營事業考試 - 職業安全衛生類別歷屆考題彙編，蕭中剛著，碁峰 https://www.osh-soeasy.com/	
Le chatelier, H. L. (1891). Note Sur Le Dosage Du Grisou Par Les Limites d'inflammabilité. Annales Des Mines, 19, 388–395. https://patrimoine.minesparis.psl.eu/document/Annales_Mines_1891_S08_19#?c=0&m=0&s=0&cv=216&z=252.2158%2C434.9505%2C1850.6948%2C1207.4188&r=0	
Coward, H. F., Carpenter, C. W., & Payman, W. (1919). I.—The Dilution Limits of Inflammability of Gaseous Mixtures. Part III. The Lower Limits of Some Mixed Inflammable Gases with Air. Part IV. The Upper Limits of Some Gases, Singly and Mixed, in Air. Journal of the Chemical Society, Transactions, 115, 27–36. https://doi.org/10.1039/CT9191500027	
Liaw, H. J., Lin, Y. F., & Yur, C. C. (2000). A Mathematical Model for Predicting Thermal Hazard Data. Journal of Loss Prevention in the Process Industries, 13(6), 499–507. https://www.sciencedirect.com/science/article/pii/S0950423099000832	
Liaw, H. J., Lee, Y. H., Tang, C. L., Hsu, H. H., & Liu, J. H. (2002). A Mathematical Model for Predicting the Flash Point of Binary Solutions. Journal of Loss Prevention in the Process Industries, 15(6), 429–438. https://www.sciencedirect.com/science/article/pii/S0950423002000682	

說明 / 網址	QR Code
Liaw, H. J., & Chiu, Y. Y. (2003). The Prediction of the Flash Point for Binary Aqueous-Organic Solutions. Journal of Hazardous Materials, 101(2), 83–106. http://dx.doi.org/10.1016/S0304-3894(03)00168-7	
陳建村（2007），部份互溶雙成份水溶液之閃火點預測，〔碩士論文，中國醫藥大學〕臺灣博碩士論文知識加值系統 https://hdl.handle.net/11296/dms6r2	
作業環境控制工程 洪銀忠著，揚智 http://www.ycrc.com.tw/yangchih/A6015.html	
工業衛生 莊侑哲著，高立 https://www.gau-lih.com.tw/tier/front/bin/ptlist.phtml?Category=100106296	
職業病概論 郭育良著，華杏 https://www.farseeing.com.tw/?p=6416	
作業環境測定實驗 莊侑哲著，全威 https://www.gau-lih.com.tw/tier/front/bin/ptdetail.phtml?Part=00634&Category=100106298	
職業衛生 侯宏誼著，全華 https://books.google.com.tw/books/about/%E8%81%B7%E6%A5%AD%E8%A1%9B%E7%94%9F_%E7%AC%AC%E5%9B%9B%E7%89%88.html?id=MrLSEAAAQBAJ&redir_esc=y	
噪音原理防制材料簡介手冊 ，環保署 http://ivy1.epa.gov.tw/noise/dd/DD06/990107_1.pdf	
勞工作業環境監測及暴露評估訓練教材 ，中華民國工業安全衛生協會	
GHS 化學品全球調和制度	

說明 / 網址	QR Code
GHS 國際公告文件	
化學品評估及分級管理 (健康危害化學品 - 定量暴露評估推估模式)	
職業安全衛生管理員教材 (上)、(下) 中華民國工業安全衛生協會	
職業安全管理師抵充教材 中華民國工業安全衛生協會	
職業衛生管理師抵充教材 中華民國工業安全衛生協會	
勞工作業環境監測及暴露危害管理平台	
OSHA 化學品公眾雲	
財團法人職業災害預防及重建中心	

說明 / 網址	QR Code
職業安全衛生數位學習平台	
衛生福利部疾病管制署	
衛生福利部國民健康署	
健康職場資訊網	
預防熱傷害衛教專區	

職業安全衛生經典計算題解析｜適用各類科考試

作　　者：蕭中剛 / 許曉鋒 / 王韋傑 / 張嘉峰 / 劉誠
企劃編輯：郭季柔
文字編輯：詹祐甯
設計裝幀：張寶莉
發 行 人：廖文良

發 行 所：碁峰資訊股份有限公司
地　　址：台北市南港區三重路 66 號 7 樓之 6
電　　話：(02)2788-2408
傳　　真：(02)8192-4433
網　　站：www.gotop.com.tw
書　　號：ACR011700
版　　次：2024 年 06 月初版
建議售價：NT$590

國家圖書館出版品預行編目資料

職業安全衛生經典計算題解析：適用各類科考試 / 蕭中剛,許曉鋒,王韋傑,張嘉峰,劉誠著. -- 初版. -- 臺北市：碁峰資訊, 2024.06
　　面 ； 公分
　　ISBN 978-626-324-820-5(平裝)
　　1.CST：工業安全　2.CST：職業衛生　3.CST：考試指南
555.56　　　　　　　　　　　　　　　113006887